Als die Frauen noch sanft und engelsgleich waren.
Die Sicht der Frau in der Zeit der Aufklärung und des Biedermeier

Hildegard Westhoff-Krummacher

Als die Frauen noch sanft und engelsgleich waren

*Die Sicht der Frau in der Zeit der Aufklärung
und des Biedermeier*

19. November 1995 bis 11. Februar 1996

Westfälisches Landesmuseum für Kunst und Kulturgeschichte Münster
Landschaftsverband Westfalen-Lippe

Wir danken allen Leihgebern für die Unterstützung der Ausstellung:

Ballenstedt, Städtisches Heimatmuseum
Berlin, Bildarchiv Preußischer Kulturbesitz
Berlin, Kupferstichkabinett der Staatlichen Museen
Berlin, Nationalgalerie der Staatlichen Museen
Berlin, Galerie Westphal
Bonn, Rheinisches Landesmuseum
Bremen, Focke-Museum, Landesmuseum für Kunst und Kulturgeschichte
Bremen, Kupferstichkabinett der Kunsthalle
Celle, Bomann-Museum
Coburg, Kunstsammlungen der Veste, Coburger Landesstiftung
Darmstadt, Hessisches Landesmuseum
Dessau, Anhaltische Gemäldegalerie, Schloß Georgium
Detmold, Lippische Landesbibliothek
Dortmund, Museum für Kunst und Kulturgeschichte der Stadt
Düsseldorf, Galerie G. Paffrath
Düsseldorf, Goethe-Museum, Anton-und-Katharina-Kippenberg-Stiftung
Düsseldorf, Kunstmuseum im Ehrenhof
Essen, Museum Folkwang
Enschede, Vereniging Oudheidkamer Twente
Frankfurt am Main, Historisches Museum
Hamburg, Kunsthalle
Hamburg, Museum für Kunst und Gewerbe
Hannover, Historisches Museum
Hannover, Niedersächsisches Landesmuseum
Heidelberg, Kurpfälzisches Museum der Stadt
Heinsberg/Geilenkirchen, Kreismuseum
Karlsruhe, Staatliche Kunsthalle
Kassel, Staatliche Museen, Neue Galerie
Kiel, Kunsthalle
Kleve, Städtisches Museum Haus Koekkoek
Köln, Wallraf-Richartz-Museum
Krefeld, Deutsches Textilmuseum
Krefeld, B. Stegemann
Lübeck, Museum für Kunst und Kulturgeschichte der Hansestadt
Marbach am Neckar, Schiller-Nationalmuseum / Deutsches Literaturarchiv
München, Modemuseum im Stadtmuseum
München, Puppentheatermuseum im Stadtmuseum
Münster, Universitäts- und Landesbibliothek
Nürnberg, Germanisches Nationalmuseum
Poznań, Muzeum Narodowe
Stuttgart, Galerie der Stadt
Stuttgart, Staatsgalerie
Wesel, Städtisches Museum, Galerie im Centrum
Wiesbaden, Kunsthandel Rolf Oberacker
Wuppertal, Historisches Zentrum
Wuppertal, Von der Heydt-Museum

sowie allen Leihgebern, die ungenannt bleiben möchten.

Inhalt

Vorwort

Egalité, liberté, fraternité - so lauteten die Verheißungen der Französischen Revolution, die das Ende des Ancien régime und der höfischen Gesellschaft bedeuteten. Leider bescherte dieser Aufbruch ins bürgerliche Zeitalter nur den Männern neue Freiheiten und Rechte. Dem in jeder Hinsicht als schwach angesehenen weiblichen Geschlecht dagegen wies man, scheinbar legitimiert durch die Erkenntnisse der in der Zeit der Aufklärung aufblühenden naturwissenschaftlichen Anthropologie, die Position der Gattin, Hausfrau und Mutter zu. Sie sollte den von seinen Tagesgeschäften erschöpften Ehemann erheitern, ihm durch einen perfekt organisierten Haushalt den „Rücken freihalten" und die Entvölkerung Europas durch viele Geburten stoppen. Viele dieser Erwartungen haben auch heute nichts von ihrer Aktualität verloren.

Die neue Rollenzuweisung spiegelt sich vielfältig im weiblichen Porträt wider. Die Damen der Gesellschaft erscheinen nun nicht mehr im mythologischen Gewand oder mit den Attributen ständischer Repräsentation, sondern als rastlos tätige Hausfrauen, glückliche Mütter oder den Gatten aufmunternde Ehefrauen. Sanftmut, Unschuld und Frömmigkeit wurden zu gefeierten weiblichen Tugendidealen der Zeit.

Das Verdienst, diese Zusammenhänge erstmals dargestellt zu haben, gebührt Dr. Hildegard Westhoff-Krummacher, der erfahrenen Porträtspezialistin und Kuratorin der Ausstellung. Durch die nur auf das weibliche Bildnis konzentrierte Sicht und aus der intimen Kenntnis des Zeithintergrundes gelangen ihr eine beeindruckend ergiebige Auswertung der Bildquellen und die Aufdeckung vieler neuer, bisher übersehener Motivzusammenhänge. Ihr Beitrag zur Ikonographie des weiblichen Bildnisses erschließt in wesentlicher Weise die Stellung der Frau in der Zeit der Aufklärung und des Biedermeier. Sie trug das in seiner Fülle und Aussagekraft beeindruckende Material aus ganz Deutschland zusammen und erarbeitete den umfangreichen Katalog. Hierfür möchte ich ihr besonders danken und ihr meine Anerkennung aussprechen.

Danken möchte ich auch den zahlreichen öffentlichen und privaten Leihgebern, die großzügig für die lange Dauer der Ausstellung ihre tugendhaftesten und sanftmütigsten Damen auf die Reise nach Münster gehen ließen und so die Einrichtung dieser „Schönheitengalerie auf Zeit" erst ermöglichten.

Die Ausstellung wurde finanziell unterstützt durch das Kultusministerium des Landes Nordrhein-Westfalen. Die reichhaltige Ausstattung des Kataloges mit Farbabbildungen verdanken wir Spenden der Kunst- und Auktionshäuser Carola van Ham (Köln), Matthias Lempertz (Köln) und Dr. Fritz Nagel (Stuttgart), Zuwendungen der Münsterschen Firmen Josef Freisfeld KG, Wilhelm Kösters GmbH, Krukenkamp Einrichtung GmbH & Co. KG, Leffers AG, First Reisebüro Lückertz, Modehaus Madeleine, Rudolf Oeding-Erdel, Heinrich Petzhold KG, Parfümerie Pieper GmbH sowie von Margot Müller-Habig und Erica Terfloth.

Allen Mitarbeiterinnen und Mitarbeitern des Hauses möchte ich meine Anerkennung aussprechen für ihren engagierten Einsatz bei der Realisierung dieses Projektes. Insbesondere ist Dr. Vera Losse zu danken, die mit großem Engagement die Organisation der Ausstellung durchführte und die Redaktion des Kataloges besorgte. Petra Haufschild trug niemals ermüdend die Hauptlast der mit der Manuskripterarbeitung verbundenen Schreibarbeiten. Eleonore Roskamp-Klein ist die Restaurierung mehrerer wichtiger Exponate sowie die konservatorische Betreuung der ausgestellten Gemälde zu danken. Beate Holtmann und Irmhild Claas betreuten sachkundig und engagiert die zahlreichen Grafiken. Die zuverlässig durchgeführte Organisation der Transporte lag in den Händen von Harriet Groneuer. Heike Kruschinski und Christa Kuchenbecker waren für die Pressearbeit verantwortlich. Für zeitweise Unterstützung ist den studentischen Praktikanten Claudia Bulk, Ulrike Ritzerfeld, Patrick Schmitz und Gabriela Vogelberg zu danken.

Klaus Bußmann

Einleitung

Nennt man Herren den Titel der Ausstellung - „Als die Frauen noch sanft und engelsgleich waren. Die Sicht der Frau in der Zeit der Aufklärung und des Biedermeier" -so verklärt beim Gedanken an wieder „sanfte und engelsgleiche Frauen" nostalgisches Entzücken ihre Züge. Nennt man Frauen den Ausstellungstitel, antwortet ein triumphales Blitzen in den Augen: „Sanft und engelsgleich" - damit ist's ein für alle Mal aus und vorbei! Ob beim männlichen oder weiblichen Geschlecht, das Thema der Ausstellung löst heitere Anteilnahme aus. Das mag für den aktuellen Lebensbezug und die kommunikativen Reize des Ausstellungsthemas sprechen. Denn, was mitunter die männliche Rollenerwartung an das „schöne Geschlecht" noch heute bestimmt, ist ihr aus der Biedermeierzeit stammendes Weiblichkeitsideal. Nach genauerem Einblick in die Zeit und ihre Zusammenhänge, ist man immer wieder erstaunt festzustellen, daß im Hintergrund vieler heutiger Ehekräche die patriarchalischen Idealvorstellungen des Biedermeier stehen. Aus diesen alten gutbürgerlichen Zeiten bezieht so mancher Herr, übermannt von seinem biedermeierlichen Unterbewußten, seine Vorstellung vom idealen Funktionieren der Familie. Wenn das Bild der als so beschaulich, heil und geordnet überlieferten guten alten Zeit durch die Ausstellung gravierende Kratzer bekommt, wenn vor allem die wackeren Hausväter Blessuren davontragen, dann mag dies einem weniger patriarchalisch-repressiven und somit glücklicheren Zusammenleben zugute kommen.

Das Thema ist unter anderen Aspekten im letzten Jahrzehnt mehrfach angesprochen worden. 1986 veranstaltete die Hamburger Kunsthalle die Ausstellung „Eva und die Zukunft - Das Bild der Frau seit der Französischen Revolution". Hier bildete in europäischem Rahmen die „Kunst um 1800" jedoch nur eine Ausgangsposition. Das Schwergewicht lag jedoch auf der Kunst der 2. Hälfte des 19. und des 20. Jahrhunderts. 1989 gab es zum 200jährigen Gedenken der Französischen Revolution im Historischen Museum in Frankfurt eine große Ausstellung unter dem Titel „Sklavin oder Bürgerin", die sich frauengeschichtlich mit der Zeit von 1760-1830 befaßte und sehr viel interessantes Material zutage förderte, von dem auch diese Ausstellung profitieren konnte. Inzwischen hat das Thema weiter an Aktualität und Interesse gewonnen. Gerade in den letzten fünf Jahren ist eine beeindruckende Fülle von Quellenmaterial veröffentlicht worden: Selbstzeugnisse, Briefe, autobiographische Aufzeichnungen. Zudem macht die Heranziehung philosophischer, pädagogischer und anthropologischer Schriften dieser Zeit das Bild der Frauen und der ihnen zugewiesenen Rolle immer deutlicher. Ein Hauptanliegen dieser Ausstellung ist die Auswertung der Bildquellen. Dabei erstaunt es immer wieder, wie sehr das Hintergrunddenken der Zeit, die kirchlich gepflegten Erblasten (vgl. S. 166f.), die eingegrenzte Rolle der Frau, ihre geistige Unterdrückung, ihre Zähmung und Käfighaltung in dem Bildmaterial zum Ausdruck kommt. Die Adjektive „sanft" und „engelsgleich" erweisen sich geradezu als Schlüsselworte. Sie bezeichnen das äußerste Zähmungsziel - allduldende, nichts mehr für sich wollende weibliche Vollkommenheit.

Um die damalige Einordnung der Frau zu verdeutlichen, aber auch, um die Interpretation der Bilder dem Denken der Zeit direkt gegenüberzustellen, garnieren Kommentare der männlichen Zeitgenossen die Ausstellung. Die von der Lebenswirklichkeit überholten, mittlerweile grotesk wirkenden, Zitate stellen das Heiterkeitspotential der Ausstellung. Sie mögen manchen motivieren, seine Ansichten etwas zu aktualisieren. Die Ausstellung zeigt in Gemälden und Grafiken Frauen aus allen deutschen Landschaften, aber durchaus mit etwas rheinisch-westfälischer Akzentuierung; denn es geht auch darum, das Material um die Belege der eigenen Landschaft zu bereichern. Dabei ist interessant, wie sich das Frauenbild der eigenen Region zeitgerecht in das gesellschaftliche Gesamtgemälde einordnet.

Bei dieser Ausstellung geht es nicht darum, bekannte Namen in Bildnissen zu dokumentieren. Es werden nicht die „Ausnahmefrauen" gezeigt, die aufgrund ganz singulärer Bedingungen ihr Ich haben retten können. Wie zu allen Zeiten verschafften Schönheit und Jugend zeitweilig etwas mehr an Freiheitsraum. Als „beauté angelique", wie Madame de Genlis Henriette Herz nannte, erfuhr diese Beflügelung und Bestätigung. Adel schaffte eine Sonderstellung; man denke an Amalia Fürstin Gallitzin oder Bettina von Arnim geb. Brentano. Auch Sophie von La Roche,

Gattin eines illegitimen Sohnes des Grafen Stadion, gewann als junge Frau in dessen Hofhaltung entscheidend an Bewegungsfreiheit. Die Herkunft aus großzügigen, wohlhabenden kaufmännischen Kreisen bedeutete einen unbefangeneren, freiheitsbewußten Einstieg ins Leben. Dies gilt auch für Rahel Varnhagen und Johanna Schopenhauer. Ebenso konnten Gelehrtentöchter wie Dorothea Schlegel geb. Mendelsohn geschiedene Veit, Dorothea von Schlözer oder Caroline Schelling geb. Michaelis verwitwete Böhmer geschiedene Schlegel, Tochter des Göttinger Orientalisten, aufgrund ihrer Anteilnahme an einer geistigen Welt nicht mehr völlig in die Entmündigung zurückgestoßen werden. Sprachkenntnisse brachten Bewegungsfreiheit. Henriette Herz sprach mehrere Sprachen. Eine ungewöhnliche Startchance für eine Tochter bestand darin, als Einzelkind ohne Bruder aufzuwachsen. Somit entfiel das Dasein im Schatten eines Bruders, dem ansonsten alle Förderung zuteil wurde.

Der Wohnort entschied über Freiheit oder lebenslange Inhaftierung. Rahel Varnhagen, Henriette Herz, Bettina von Arnim, Dorothea Schlegel wären nicht ohne den Entfaltungsrahmen der Großstadt Berlin, Frau Rat Goethe nicht ohne die Freie Reichsstadt Frankfurt, Johanna Schopenhauer nicht ohne weltoffene Hansestädte, ohne Danzig und Hamburg, ohne ihre vielen Reisen denkbar. Scheidung oder Tod des Mannes waren vielfach Voraussetzungen, daß eine Frau eigenständiges Denken und Handeln entwickelte. Sophie von La Roche gewann erst 1788, wie sie schreibt, „die Freiheit nach meinem Charakter zu leben, in der Tat nach ihm zu leben, was bisher nur mit meiner Feder geschehen konnte". Dorothea Schlegel und Therese Huber schriftstellerten aus Not, um zu überleben - und dies unter den Namen ihrer Männer.

Geht es im Gespräch um die Frauen der Goethezeit, die sich haben durchsetzen können, werden sofort diese Namen als Alibi-Figuren mit dem Spruch aus der Tasche gezogen: Begabte Frauen haben sich doch immer durchsetzen können. Welch hohen Preis sie zahlten, unter welchen Lebensumständen sie mit ein paar literaturfähigen Briefen, einer Übersetzung, ein paar Gedichten überlebten, das wird selten hinzugesehen. In dieser Ausstellung geht es nicht um die Ausnahmefrauen, sondern um das allgemeine Frauenbild. In seinem Lebensbezug mag es für uns sogar wichtiger sein, denn dieses Frauenbild übt in der Rollenvorstellung auch noch heute seinen Einfluß aus. Im übrigen kann diese Ausstellung zwangsläufig nur die Frauen zeigen, deren Ehemänner „es zu etwas gebracht" und genug Geld hatten, sich und ihre Frauen für die Nachwelt porträtieren zu lassen. Man hat es also mit der gemalten gut- und großbürgerlichen, und in einigen Fällen auch adeligen, Weiblichkeit zu tun. Es sind die Frauen, die den damaligen Konventionen entsprachen. Als „Höhergestellte" hatten sie einen besonderen Orientierungswert. Vorbildlichkeit für sich in Anspruch nehmend, lösten sie als bürgerliche Leitbilder innere Nachfolge aus.

Die Frau als schönes blühendes Wesen

Schönheit und Jugend bleibenden Ausdruck zu geben ist ein Grundmotiv, weibliche Wesen im Bildnis zu „verewigen". Um „blühende Schönheit", um weibliche Anmut und Liebreiz zu veranschaulichen, waren Blüten und Blumen unerläßlich. Sie sind fester Bestandteil weiblicher Bildnisse. Wie höchst selten verirrte sich dagegen seit dem 17. und 18. Jahrhundert einmal eine Blume in ein männliches Porträt. Blumen bestätigen die männliche Verehrung und bringen zum Ausdruck, daß weibliche Schönheit in all ihren Reizen auch gewürdigt wird. In dem auf Heiterkeit programmierten Rokoko waren Blumen, Blüten und Bouquets das Mittel, dem Lebensgefühl von immerwährender Jugend, ewigem Frühling, Frohsinn und Überfluß Ausdruck zu geben. Blumen signalisierten, daß man als Standesperson auserwählt war, an der „Götter Blumenmahl" teilzuhaben.

In göttlicher Maskerade ließ man sich als Göttin der ewigen Jugend, als Hebe, als Göttin des Frühlings, als Flora, als Venus oder als Bacchantin blumenbekränzt, blumenstreuend - ob Sommer oder Winter - in blütenhaft lichtweißer, -gelber, -blauer oder -rosa Gewandung malen. In mythologischer Verkleidung entindividualisiert, in zeitloser Hülle und blütengeschmückt, verlieh man dem Traumbild von Jugend und Schönheit Dauer. Man trägt Blüten im Haar, am Hut, am Busen, am Gürtel, man hält mit manirierter, verabredeter Balletteusengrazie eine Rose oder ein Bouquet in der Hand. Blumen bezeichneten die abgehobene, elitäre Lebenssphäre, aber auch die Welt des Luxus, in der man sich Vergänglichkeit leisten konnte.

Statt Diamanten Blüten

François Fénelon de Salignac de la Mothe (1651-1715), Erzbischof von Cambrai und Erzieher des Enkels von Ludwig XIV., schrieb als 28jähriger an eine mit 8 Töchtern geschlagene, ratsuchende Mutter, die Marquise de Beauvilliers, einen Brief, der als „Traité de l'éducation des filles" zuerst 1687, dann in mehreren Auflagen zwei Jahre später ins Deutsche übersetzt erschien. Da der französische Hof auf allen Lebensgebieten tonangebend war, wurden seine Erziehungsideen richtungsweisend für ganz Europa. Im Hinblick auf das weibliche Grundübel der Eitelkeit und die Verderbnis der Sitten durch Luxus empfahl er ein Schönheitsideal ohne Schmuck. „Wahre Anmut bedarf keines eitlen und gesuchten Putzes", „Wahre Anmut kann nur mit dem Natürlichen, nie mit dem Naturwidrigen bestehen."[1] Seine Empfehlungen beherzigend, lassen sich fortan die Damen des höfischen Europa nicht mit prunkvollem Geschmeide, sondern mit Blüten und Girlanden malen. Nicht Putzsucht und Eitelkeit verfallen, sondern blütengeschmückt, als Vorbild, überliefert man sich der Nachwelt - so allen voran Madame Pompadour.[2] Seltener läßt man sich nun aus Anlaß der Hochzeit brillantenbehangen im Brautschmuck porträtieren. Rousseau schließt sich in seinem 1762 erschienenen Erziehungsroman „Emile" diesem kirchlich legitimierten Schönheitsideal an und akzentuiert es im Sinne seines Einfachheits- und Natürlichkeitsideal. Er tritt für eine Schönheit ein, „die durch sich selber strahlt", er empfiehlt Bänder, Gaze, Musseline und Blumen, ohne Diamanten, ohne Pompons, ohne Spitzen,,, „sie lassen ein junges Mädchen hundert Mal reizvoller erscheinen, als der gesamte Modeputz."[3] So bestimmen - Schmuck vermeidend - natürlicher oder auch künstlicher Blütenschmuck aus den Manufakturen Lyon, Paris oder Weimar das weibliche Porträt des 18. Jahrhunderts.

Im Klassizismus reduziert sich der Einsatz von Blumen. Man geht funktionaler mit ihnen um, man dekoriert nach dem Vorbild der Antike. Man bekränzt Statuen, Büsten, Bildnisse, Altäre, Sarkophage und Tempel mit Girlanden. Man schmückt Herkules, Bacchus oder Hymen, den Gott der Hochzeit, bekrönt Homer und Virgil mit Kränzen, identifiziert Flora und Venus durch Blumen und bringt an Altären Blumenopfer dar. Adolf Senff (Halle 1785 - 1863 Ostrau) malt 1828, angeregt durch Goethes Gedicht, die einst vom Maler Pausias von Sykion gemalte Kranzwinderin Glycera.[4] Der Berliner Akademieprofessor Heinrich Anton Dähling (Hannover 1773 - 1850 Potsdam) malt 1828 sechs schön bewegte „Kranzwinderinnen", die einen antiken Tempel schmücken (vgl.Kat. 3).

Im bürgerlichen Bildnis Blumen als Gleichnis der Unschuld und der Ichlosigkeit

Im bürgerlichen Bildnis hat der Blumenüberfluß der höfischen Welt keinen Platz. Bei Georg Ferdinand Waldmüller sind Blumenarrangements in kostbaren silbernen Gefäßen, in Kristall- und Porzellanvasen, Blumen an Kleidern und Hüten der Welt des Luxus und des Reichtums vorbehalten. Feldblumen und Kornblumenkränze schmücken das Leben des Bürgertums und der einfachen Leute.

In der sich allmählich etablierenden bürgerlichen Welt, die demonstrativ ihre eigenen Glücks- und Wertvorstellungen in bewußter Absetzung von adeliger Lebensauffassung zum Ausdruck brachte, mußte auch die weibliche Schönheit einer Versittlichung unterzogen werden. Wenn Ernst Moritz Arndt in seinen 1819 veröffentlichten „Briefe[n] an Psychidion oder Über weibliche Erziehung" zur „blütenhaften Schönheit weiblicher Wesen" schrieb: „So stehst du da in deinem Wesen, holdes Weib, eine unbewußte Blume, eine himmlische Pflanze, ein spielender Singvogel, der von seinem Gesange nichts weiß. Dein Name heißt Einfalt, Stille, Sehnsucht und Freude. Deine Kraft und Deine Würde liegt mehr im Sein, als im Tun, mehr im Stillstehen, als Vordringen, mehr im Gehorsam als im Befehl, mehr in Demut, als im Willen"[5], dann hat er nicht mehr den barocken Blumenüberfluß aus göttlichen Sphären, nicht mehr dekorierenden klassizistisch antiken Umgang mit Kränzen und Girlanden vor Augen, sondern die einzelne Blume. Bei aller hochgestimmten Liebe und Verehrung zum „holden Weib", nüchtern betrachtet, schätzt man „durch die Blume" gesagt den Mangel an Selbstbewußtsein, die Orientierungs- und Willenlosigkeit, die Passivität und die völlige Realitätsfremdheit.

Angesichts der blumenkelchartigen, ins Vegetabile stilisierten biedermeierlichen Haubenpracht, die bis ins Alter verpflichtend ist, fragt man sich, ob hierin nicht auch die aus der antiken Zeugungsbiologie übernommene, von Schelling, Hegel, Schlegel, Novalis und den Anthropologen aktualisierte Polarität - der Mann das Tier, die Frau die Pflanze - nachlebt?[6] Eine Rolle als Pflanze betont den Materiecharakter, das nicht seiner selbst Bewußte, Willenlose, Ungeprägte und schließt ein, vom Tier gefressen zu werden. Ein besonderer Vorzug des Mangels an eigenem Bewußtsein: Er schließt alle Gefahren der Eitelkeit aus (vgl. hierzu S. 351ff.). Diesem Weiblichkeitsentwurf entspricht in hoher Übereinstimmung z.B. ein 1845 entstandenes Mädchenbildnis „Feldblume" von dem durch die Nazarener geprägten Lyoner Maler Louis Janmot (vgl. Abb. 1).[7]

Der eigenen Zeit entrückt, in der feierlichen Gewandung einer raffaelitischen Heiligen sitzt das junge Mädchen vor einer weiten Landschaft, aber, eingefriedet, in einem Garten, im Haar ein Kränzchen aus Ackerwinden, in der schlaffen Hand ein paar Feldblumen, nichts mehr für sich wollend und schicksalsergeben als Exemplum demütiger Selbstaufgabe. Für Jean Paul sind Blumen Gleichnisse der „idealen Zartheit und Reinheit der weiblichen Seele"[8], Gleichnisse der Unschuld. Das männliche Wunschbild will blumenhafte Schönheit, frei von dem sündigen Trieb, den man seit der Antike einseitig dem fehlgeschaffenen weiblichen Geschlecht anlastete (vgl. hierzu S. 165-167).

Die Frauen lächelnde Blumen - die Männer starke Bäume

„Das Weib ... den Blumen und den Sternen angehörend, aber schnell verwelkend und erlöschend wie sie"[9] ist ein zartes, schwaches Geschöpf, das des männlichen Halts bedarf. Wie man dem männlichen Geschlecht starke Bäume zuordnet (z.B. Philipp Otto Runge, Wir Drei, 1804/05. C.F. Gröger und H.J. Aldenrath, Bildnis der beiden Künstler, 1801. Unbekannter Maler um 1800, Familie eines Architekten im Garten, Tempera/Papier, Museum Wiesbaden[10]. Johann Christoph Rincklake, Ernst von Bennigsen und seine Familie, 1803[11]. Caroline Bardua, Das Ehepaar Gillé, 1832, vgl. Kat. Nr. 28), so dem schwachen weiblichen die zarten Blumen. Während die „Mannswurzeln den weiten rohen Boden und Felsen durchgreifen und sprengen"[12], während man den baumhaften Männern erlaubt, „mit ungebundener Üppigkeit zu wachsen", „tiefe Wurzeln zu schlagen", um dann allen Stürmen zu trotzen"[13], während der Mann „auf dem festen Boden der Erde in der Mitte der Tat und des Schicksals steht"[14], wird für die Frau ein abgeschirmter konfliktfreier Ort, ein umzäunter Garten, besser noch eine „Blumenvase und Blumenerde" oder ein Dasein als „Stubenblume" empfohlen.[15]

Abb. 1   Louis Janmot, Feldblume, 1845, Öl/Lw., Musée des Beaux-Arts, Lyon

Die weibliche Kritik der männlichen Blumenträume durchschaute die Realitätsferne und den Egoismus dieses Wunschbildes. Die Engländerin Mary Wollstonecraft, verbittert, daß aus der 1789 allgemein verkündeten „Freiheit und Gleichheit" nichts für die Frauen resultierte, veröffentlichte 1792 ihre Schrift „Eine Verteidigung der Rechte der Frau", die sie an den Staatsmann Talleyrand-Périgord sandte. Hier nimmt sie auch zu dem Blumenwunschbild der Männer Stellung: „... das gesamte weibliche Geschlecht ist seiner Würde beraubt", stellt man es „auf eine Stufe mit den lächelnden Blumen, die nur die Erde schmücken", die „als süße Blumen ... dem Mann am Wege zulächeln." Sie fordert eine eigenständige Ausbildung der Vernunft und des Verstandes und warnt davor, nur auf Schönheit zu bauen und das Dasein „kurzlebiger Königinnen" zu führen.[16] „Hast Du", so ruft sie den Schöpfer an, „ein Wesen wie das Weib zu keinem besseren Zweck geschaffen? ... Kann sie glauben, daß sie nur geschaffen wurde, um sich dem Manne zu unterwerfen, einem Wesen, das gleich ihr auf die Welt kam, um sich Tugend zu erwerben? Kann sie sich damit abfinden, nur damit beschäftigt zu sein, ihm zu gefallen und die Erde zu schmücken, wenn ihre Seele doch fähig ist, sich zu Dir zu erheben?"[17] „Wenn Frauen allein durch ihre körperliche Beschaffenheit Sklavinnen sind und die scharfe belebende Luft der Freiheit nicht atmen dürfen, dann müssen sie wie exotische Pflanzen dahinwelken..."[18]

Im Blütenkelch der Haube

Wie sehr die männlichen Blütenträume, die Vorstellung von einem blütenhaften Dasein, auf die Frauen übergegangen sind, spiegelt sich in der biedermeierlichen Hauben- und Hütepracht wider. Feine, gestickte Blüten-, Zweig- und Blattmuster an Rüschen, Volants und Haubenbändern bestätigen die beabsichtigte blumenhafte, pflanzliche Wirkung. Mit der Verehelichung werden Jugend und Schönheit „unter die Haube gebracht", d.h. das junge Mädchen wird zur Familiengründung einem Führer, Gebieter, Beschützer und Versorger zugeführt. Wie lockiges Haar Zeichen des freien mündigen Mannes ist, so das abgeschnittene oder verborgene Hinweis auf die verlorene Freiheit.[19] Wie die Nonne mit dem Verlust des langen Haares sich Gott zueigen gibt, so das junge Mädchen dem Ehemann. Das Tragen einer Haube bedeutet aber auch: Die Zeit der kindlichen Unschuld ist vorüber. Da ist es dem sündenwachsamen Biedermeier eine sittliche Herausforderung, die bei der Frau ausgeprägten Reste ihrer nach aristotelischer Biologie tierisch besonders belasteten Natur, nämlich ihre Haare, zu bekleiden, auf daß die seit der Antike festgeschriebenen von der Frau ausgehenden animalischen Gefahren - Rousseau sind sie noch bedrängend präsent -, die mit der Verehelichung geweckt werden, den Männern nicht zum Verhängnis werden (vgl. hierzu S. 166). Und wollte man sich in dem sich etablierenden bürgerlichen Zeitalter durch Tugend und Moral von der sittenverderbten Standeswelt absetzen, dann war ein Verhüllen der Haare moralisch geboten.

Weibliche Entfaltung nicht im, sondern auf dem Kopf

Doch die Frauen verwandeln das Gebot des Verbergens in eine hoffärtige Schau aus Spitzen, Rüschen und Volants. Sie setzen die ihren Haaren nachgesagte Animalität in sublimierter Form in neue lockende Reize um. Auf ihre Entsexualisierung antworten sie mit Putzsucht. Da rahmen blütenweiße, duftige Spitzen, zart bestickte Tüllbänder wie Blütenkelche das Gesicht. Hauchzarte Bänder wecken den Sinn für Zärtlichkeit und kokette Schleifen zwischen der aufgetürmten Lockenpracht fordern zur Verfolgung auf. Wenn auch sonst in den langen, züchtig hochgeschlossenen Kleidern aus klösterlich blickdichten Stoffen eine Verdeutlichung weiblicher Reize - der Figur, des Busens, der Beine - nicht möglich ist, wenn eine geistige Entfaltung in ihren Köpfen weitgehend unterbunden wird, auf ihren Köpfen als einziger Stelle, wo sich das Ichbewußtsein äußern kann, findet legitimiert und ungehemmt geradezu ein Ausbruch ihrer Kreativität statt.

Hatte man ihnen dies nicht als Früchte aller strickenden, stickenden Mühen, als Belohnung für allen Fleiß und einer Jugend in sittsamer Langeweile in Aussicht gestellt? „Und tatsächlich lernen fast alle kleinen Mädchen mit Widerwillen lesen und schreiben, aber sie lernen immer gern, wie man die Nadel führt. Sie sehen sich als Erwachsene und denken voller Lust daran, daß diese Fertigkeit ihnen eines Tages dazu dienen wird, sich herauszuputzen", heißt es bei Rousseau.[20] War man seit Kindesbeinen - mit vier Jahren begann das Handarbeiten - auf den Umgang mit Nadel und Faden abgerichtet, dann war spätestens mit der Verheiratung der Moment für eine Leistungs- und Erfolgsschau gekommen: Den prall mit Leinen gefüllten Wäscheschrank konnte man nicht mit ins Bildnis bringen, die Präsentation als tüchtige, reinliche, fingerfertige Hausfrau mußte über die Haube erfolgen. Bei sonst entfallender Würdigung hervorhebenswerter individueller Eigenschaften hatte die Haube im Porträt einen hohen Mitteilungswert. Schließlich trug man seine gesamte weibliche Bildung auf dem Kopf, die nur noch durch ein Gebetbuch in der Hand die notwendige Abrundung erhielt. So nur konnte man seiner Verpflichtung nachkommen, Zierde und Schmuck des Mannes zu sein. Dies fällt vor allem ins Auge, wenn man ein weibliches Bildnis nicht isoliert betrachtet, sondern in Zusammensicht mit seinem männlichen Pendant. Neben den fast asketischen, schmächtigen, vom harten Lebenskampf gezeichneten Ehemännern wirken die Damen mit ihren gewaltigen, in Schleifen- und Spitzenwerk ausufernden, raumbeherrschenden Hauben als Dekorationsausbruch, als geballtes Fleißpotential, aber auch als Schaufenster für den wirtschaftlichen bzw. beruflichen Erfolg des Ehegatten. Wenn er der durchgeistigte Repräsentant der „Kopf"-arbeit ist, so sie die Vertreterin der „Hand"-arbeit; während sie für das erarbeitete und ersparte häusliche Glück steht, so er - in bürgerlicher Selbstheroisierung - für die Entsagungen und die Last des Lebens (vgl. hierzu Kat. Nr. 15, 24, 26 und 27).

Zu Dauerblüte verpflichtet

Schließlich prägt die männliche Erwartung von unvergänglicher weiblicher Schönheit und Blüte die Bildnisse. Der Mythos vom Ewigweiblichen erwartet selbstverständlich eine Dauerblüte. Das führt nicht selten zu einem grotesken Auseinanderklaffen von Traum und Wirklichkeit. Als beschwörende Kraft gegen die Realität blüht der Mythos im Rüschenzauber des Haubenrunds fort und Falten und Frustration bilden die Blütenmitte (vgl. Kat. Nr. 7, 9, 134). Wenn der Mythos versagt, verkümmern die Schleifen, die Rüschen erschlaffen und die lustlos sich ringelnden Löckchen, nicht mehr des Vorzeigens wert, verschwinden unter einer zur Nachtmütze rückgebildeten Haube. Vielfach überzeugt die textile Blütenentfaltung nicht mehr recht. Sie scheint wie von Innen gesprengt, wenn das Naive fehlt, wenn ein zu selbstbewußtes und zu intelligentes Gesicht aus der Haube schaut. Bei aller weiblichen Freude an persönlichem Ausputz, in den Blüten - den bis zum Narrenhaften sich entwickelnden Hauben - zeigt sich das durch die Erziehung bewußt beschränkt gehaltene Bild der Frau, das eine Entfaltung als Blume, nicht aber als Persönlichkeit zuließ.

[1] Fénelon, S. 66f. [2] François Boucher, Madame Pompadour, 1756, Alte Pinakothek, München – [3] Rousseau, S. 749 – [4] Karl Adolf Senff, Die Kranzwinderin, Bayerische Staatsgemäldesammlungen, Staatsgalerie Regensburg, Inv. Nr. 14991 – Kat. Kunst des Biedermeier, München 1988, Abb. S. 119, Kat. 75 – [5] Arndt, S. 211 – [6] Vgl. hierzu Claudia Honegger, Die Ordnung der Geschlechter. Die Wissenschaften vom Menschen und das Weib, Frankfurt/New York 1991, S. 187ff., 194, 208 – [7] Kat. Die Nazarener, Frankfurt 1977, S. 346 – [8] Jean Paul, S. 271 – [9] Arndt, S. 194 – [10] Vgl. Abb. Kat. Runge in seiner Zeit, Hamburg 1977, S. 231, Abb. 1, S. 276, Abb. 294, S. 319, Abb. 364 – [11] Vgl. H. Westhoff-Krummacher, S. 248, Abb. 205 – [12] Jean Paul, S. 271 – [13] Wollstonecraft, S. 178 – [14] Arndt, S. 208 – [15] Jean Paul, S. 239 u. 271 – [16] Wollstonecraft, S. 101, 103 u. 113 – [17] Wollstonecraft, S. 120 – [18] Wollstonecraft, S. 77 – [19] Jacob und Wilhelm Grimm, Deutsches Wörterbuch, Leipzig 1877, Artikel Haar – [20] Rousseau, S. 739

Eine rheinische Baronesse als Blütentraum

Jodokus Matthias Kappers malte die aus Bonn stammende, 1774 nach Münster heiratende Tochter des Kammerherrn Maximilian Wilhelm von Heiden-Belderbusch und der Johanna Gräfin Satzhoven, Nichte des kurkölnischen Ministers von Heiden-Belderbusch in der Blüte ihrer 23 Jahre! In ihrer Präsentation in Blütenschmuck folgte sie den Empfehlungen Fénélons und Rousseaus, die ein Schönheitsideal ohne Schmuck propagierten (vgl. S. 11). Rousseau empfahl Bänder, Gaze, Musselin und Blumen statt Diamanten, Pompons und Spitzen. „Sie lassen ein junges Mädchen hundert Mal reizvoller erscheinen, als der gesamte Modeputz." (Rousseau, S. 749)

Diese Empfehlungen beherzigend, erscheint die junge rheinische Baronesse als „Blütentraum", in einem lindgrünen Seidenkleid, das ganz mit duftigen, gestreiften, zu Bändern gerafften Gazeschleiern, künstlichen Blüten und Blumengirlanden dekoriert ist. Mit einer Ballmaske in der Hand signalisiert die „blühende" Braut eine noch rokokohaft ungetrübte Lebenssicht, die Erwartung eines Lebens als Fest ewiger Jugend, Schönheit, Heiterkeit und Kurzweil. Es kam etwas anders. Das Leben bescherte ihr keine Blüten und Girlanden, sondern die Realität von neun Kindern, von denen zwei früh starben und zwei wie ihr Mann gemütskrank wurden. Ein schwerkranker Mann, die Erziehung von sieben Kindern, die Verwaltung von zwei Gütern, erdrückende Schulden, ein langjähriger Prozeß, Krankheit und Tod ließen alle Blütenträume ihrer Jugend zerschellen.

Bei ungewöhnlicher Schönheit „Frauenförderung" bis zur Göttergleichheit

Henriette Herz geb. de Lemos (Berlin 1764-1847) war die Tochter eines wohlhabenden Arztes portugisischer Herkunft. Sie wuchs unter acht Kindern auf, gab mit acht Jahren ihr erstes öffentliches Konzert, lernte Sprachen und begann mit zehn Jahren die Bibel zu übersetzen. Mit 15 Jahren heiratete sie den hochangesehenen Berliner Arzt, Philosophen und Freund Kants Marcus Herz (Berlin 1747-1803). Nach Rahel Varnhagen führte sie den bekanntesten Berliner Salon, einen literarisch-ästhetischen Zirkel, in dem die Brüder Humboldt, Schleiermacher, Karl Philipp Moritz, Friedrich von Gentz, die Brüder Schlegel verkehrten.

Anna Dorothea Therbusch porträtierte die ungewöhnlich schöne 14jährige Berliner Arzttochter in höfisch-französischem Geschmack. Sie inszenierte sie in mythologischer Verwandlung als Zeus und Heras Tochter Hebe, die Göttin ewiger Jugend und Schönheit, deren Aufgabe es ist, beim Mahl den Göttern als Mundschenkin aufzuwarten. Blumenbekränzt, zeitlos gewandet, mit entblößter Schulter und gelöstem schwarzen Haar sitzt sie als Göttin in den Wolken. In der linken Hand hält sie eine Blütengirlande, in der rechten einen goldenen Pokal, neben dem eine kostbare Schenkkanne steht. In warmen, leuchtenden Farben gelingt es der Malerin, etwas von der blühenden sinnlichen Schönheit der jungen Frau mitzuteilen.

Anna Dorothea Therbusch, die Malerin des preußischen Adels, vollzieht hier mit Pinsel und Palette eine bleibende Standeserhöhung der bürgerlichen und bürgerlich heiratenden Arzttochter. Denn Blumenluxus, Maskerade, ein Leben in der Sphäre göttlichen Überflusses und göttlicher Heiterkeit waren 1778, als das Bild entstand, im wesentlichen Standespersonen vorbehalten. Doch ungewöhnliche Schönheit und Jugend machten diese „Frauenförderung" bis zur Götter-Gleichheit möglich. „Ich glaube, daß ich damals in der Tat schön war...", erinnert sich Henriette Herz 65jährig. Sie schreibt von ihrer „damaligen anerkannten Schönheit", von ihren „dunklen, glänzenden Augen", ihrem „rabenschwarzen Haar", ihren „weißen, perlartigen Zähnen" und von dem „schönen Oval des Gesichts" (R. Schmitz [Hg.], Henriette Herz, Erinnerungen, Frankfurt 1984, S. 44ff.). Obwohl Henriette Herz, als sie 15jährig heiratete, schon ein sehr individuell ausgeprägtes, ungewöhnlich vielseitig talentiertes und gebildetes junges Mädchen war - dies mag auch bestimmend gewesen sein, daß der Arzt und Kant-Freund Marcus Herz sie ehelichte - bei ihrem Porträt zählte all dies nicht. Entindividualisiert, in zeitloser Gewandung und mit Blüten geschmückt, auf ihre weiblichen Reize reduziert, ging es - dem Zeitgeschmack entsprechend - nur darum, ihrer Jugend und Schönheit Dauer zu verleihen und als künftige häusliche Mundschenkin dem Gatten zu gefallen.

Ein Fest der Blumen und der Schönheit

Der Berliner Akademieprofessor Heinrich Anton Dähling malte mit Sinn für Inszenierung, Attitüde, Draperie und Blumen ein klassizistisches Sujet - junge Griechinnen beim Kränzewinden. Ein auf einer Anhöhe im Schatten des Waldes stehender Tempel soll zu einem Fest geschmückt werden. Während im Hintergrund die Männer und Knaben schmucklos grau und braun bekleidet, mit knappen, rational funktionalen Gesten fast farblose, schwere Girlanden zwischen den Säulen des dorischen Tempels befestigen, scheint im Vordergrund, bei den Frauen, den sechs jungen Griechinnen, das Fest der Blumen und der Schönheit bereits gefeiert zu werden. „Eine heitere Mädchenschaar, selbst Blumen unter Blumen winden Kränze der Freude", schreibt ein Berliner Kunstkritiker 1828 (Carl Seidel, Berliner Kunstblatt, Berlin 1829, S. 228). In ihren leuchtenden, farbenprächtigen Gewändern, in dem leichten, plaudernden, mußevollen Miteinander, in der schönen Bewegung ihrer statuarisch ausgewogenen, antikisierenden Gesten veranschaulichen sie zwischen Blüten, Kränzen und Girlanden eine bunte unbeschwerte weibliche Lebenswelt. Das Flechten der schweren Kränze, das Füllen der Körbe und Vasen ist frei von allen Anzeichen der Arbeit und der Mühe.

Schön, jung, recht nackt, in stets anmutiger Attitüde mit ein paar Bändern, Schals und Blumen glücklich, malte Dähling unbeschwertes weibliches Wesen und Wirken, wie man es sich erträumte. Zeitgenössische Rezensenten würdigten die „malerisch-poetische Idee", die „reizende Handlung", die „schöne Gruppierung", die „richtige und elegante Zeichnung des Nackenden", die natürliche Bewegung, die Drapierung der Gewänder und das „Colorit" (Carl Seidel, Die schönen Künste zu Berlin im Jahre 1828, Nr. 6, S. 228. - Toelken, in: Berliner Kunstblatt, Berlin 1829, S. 261).

Doch der Historienmaler Dähling scheint, wie schon Hella Reelfs (Kat. Asta von Bethmann Hollweg/Volker Westphal - 25 Jahre Kunsthandel in Berlin, Berlin 1991, S. 96) vermutete, ganz konkret die Vorbereitungen zum Frühlingsfest, der Heiligen Hochzeit der Aphrodite in Paphos auf Cypern, ihr berühmtestes Heiligtum, gemalt zu haben. Hier hatte Aphrodite einen Tempel, einen heiligen Garten mit einem Berg, den „Venusberg". Er galt als Ort ausschweifender Sinnlichkeit und Liebeserfüllung (E. Langlotz, Aphrodite in den Gärten, Heidelberg 1854, S. 9 und 34). Der Motivzusammenhang spricht für diese Bestimmung des Themas. Dargestellt wären Aphrodite mit ihren fünf Gespielinnen Kleopatra, Eunomie, Paidia, Peitho und Endaimonia. Die am vollständigsten bekleidete junge Frau (links) wäre als Aphrodite, die Braut, zu identifizieren und der über ihr, in der Vorhalle des Tempels bekränzt und in Feiertracht erscheinende Hohe Priester als ihr Bräutigam, der sie erwartet. Bei der verbreiteten Kenntnis der alten Sprachen und der antiken Autoren, bei der Vielzahl der antiken Schriftsteller - ob Homer, Herodot, Ovid, Pindar, Tacitus, Sueton, Plinius, Hesiod, Theokerit und viele andere - die den Aphrodite-Kult in Paphos beschrieben oder erwähnten, ist es wahrscheinlich, daß dem Historienmaler Dähling die inhaltlichen Hintergründe bekannt waren.

Kat.Nr. 3

Heinrich Anton Dähling
Kranzwinderinnen, 1828
Galerie Westphal, Berlin

„Himmlische Rosen ins irdische Leben"

Vor südlicher Landschaft kniet ein junges Mädchen am Boden und schüttet aus einem Korb Blüten auf den steinigen Boden. Man mag an Flora denken, die mit vielen Blumen den Frühling bringt. Auffallend ist der Gegensatz von den Blüten und dem steinigen Boden. Es mag daher auch allgemein an die Frauen als Beglückerinnen des im harten Daseinskampf des Lebens stehenden Mannes gedacht sein. Ihre Bestimmung ist es, die männliche Welt mit Blumen und Blüten zu verschönern, „himmlische Rosen ins irdische Leben zu flechten und weben" (Schiller, Würde der Frauen, 1796). Daß eine kahle und steinige Umgebung mit der männlichen Welt bildlich gleichgesetzt wird, der das sorglose blumenhaft harmonische Leben der Frauen gegenübersteht, belegt z.B. ein 1792 von J.G. Rincklake gemaltes Familienbild des Freiherrn von Korff (vgl. S. 47).

Kat.Nr. 4

Marie Ellenrieder
Kniendes Mädchen, einen Blumenkorb ausschüttend, 1841
Staatliche Kunsthalle, Karlsruhe

Im mythologischen Abseits als Kranzwinderin

Das „Flora" betitelte Gemälde zeigt vor blauem Himmel und weiter Flußlandschaft ein dunkelhaariges, hübsches junges Mädchen, das auf einer steinernen Bank sitzt. Mit anmutig geneigter Kopfhaltung betrachtet sie einen Kranz aus dunkelgrünem Blattwerk und bunten Blüten; ihm sind noch zwei Blüten einzufügen, die in der weißen Schürze auf ihrem Schoß liegen. Ihre linke Hand hat sie ausruhend auf eine große steinerne Vase gelegt, an der sich Weinlaub hochrankt. Links sieht man eine Schale, darin Rosen und Orangen. Neben den Blumen sind auch Wein und Früchte dem Schutz der Blumengöttin anbefohlen. Doch es ist unwahrscheinlich, daß Flora selbst ihr Attribut, den Kranz, herstellt. Vermutlich klingt hier das Motiv der Kranzwinderin „Glycera" an, die der Maler Pausias von Sykion liebte und porträtierte. Plinius erzählt die Geschichte an zwei Stellen in seiner Historia Naturalis (Plinius, Historia Naturalis, XXI, 3 und XXV, 11 und 40). Caroline Bardua, die mit Goethe befreundet war, könnte durch Goethes Gedicht „Der neue Pausias und sein Blumenmädchen" (1796) und die von Karl Adolf Senff 1828 gemalte „Blumenwinderin" Glycera (heute in der Staatsgalerie Regensburg) auf das Motiv gekommen sein. Die auffallend großen grünen Blätter des Kranzes könnten ein Hinweis auf die Anregung durch Goethes Gedicht sein, wo es heißt: „Gib auch Blätter, den Glanz der blendenden Blumen zu mildern; Auch das Leben verlangt ruhige Blätter im Kranz."

Da es nicht, wie in Karl Adolf Senffs Kranzwinderin um das antike Mädchen Glycera, sondern um das „Blumenmädchen" des „neuen Pausias" geht, kann die Kranzwinderin auch in altdeutscher Kleidung erscheinen. Mit geflochtener altdeutscher Frisur, d.h. mit Zöpfen und geflochtenem Haarkrönchen, das ein goldener Pfeil als Haarnadel ziert und in farbenprächtiger, malerischer altdeutscher Kostümierung, einem leuchtend roten Rock, einem goldfarbenem Mieder und einer lilafarbenen Jacke ist ein sanftes, liebliches, kindlich unschuldiges junges Mädchen dargestellt. Vermutlich stand der Malerin - wie auch für weitere Bilder nachweisbar - Maximiliane von Arnim, die spätere Gräfin Oriola (1818-1894), Modell. (Diesen freundlichen Hinweis verdanke ich Frau Margit Ziesché von der Anhaltischen Gemäldegalerie in Dessau.) Unter den drei Töchtern der Bettina von Arnim soll sie die hübscheste gewesen sein. „Max ist und bleibt der Juwel unter den dreien" (Armgard, Gisela und Maximiliane von Arnim), liest man in den Aufzeichnungen der Schwestern Bardua (vgl. Johannes Werner [Hg.], Die Schwestern Bardua, 1929, S. 207). Nimmt man ein Alter von 25 Jahren für Maximiliane von Arnim an, dann dürfte ihr Bildnis um 1843 entstanden sein.

Caroline Bardua malt hier nicht die reale wache, agile, selbstbewußte Maximiliane von Arnim, sondern ein gefälliges männliches Wunschbild, bei dem das Individuelle zugunsten allgemein weiblicher Schönheit und erwünschter Sanftmut zurücktritt. Dies entsprach ganz dem reduzierten weiblichen Dasein im realen Leben, in dem eine junge hübsche Person wie Maximiliane von Arnim lediglich als Verheiratungsobjekt und Dekorationsfigur der Gesellschaft zählte. An diesem Bildnis bestätigt sich die angepaßte, männlichem Wunschdenken entgegenkommende Porträtauffassung der Caroline Bardua (ähnlich Kat. Nr. 28), die auch ihren großen porträtistischen Erfolg erklärt. Noch im späten Biedermeier huldigte sie vorbehaltlos Rousseaus Grundforderung an die Weiblichkeit - „zu gefallen". Sie beschränkt Maximiliane von Arnim darauf, als Kranzwinderin entpersönlicht im mythologischen Abseits - noch um 1843 - (mit Schiller) „himmlische Rosen ins irdische Leben zu flechten und weben".

Kat.Nr. 5

Caroline Bardua
Flora oder die Kranzwinderin, um 1843
Anhaltische Gemäldegalerie, Dessau

Kein Verhältnis zu ihrer Blüte

Vor angedeuteter hügeliger Landschaft sitzt, das Haar mit einem Kranz aus Wiesenblumen geschmückt, eine junge Frau. Wahrscheinlich malte Schroedter 1839 seine Braut, die 19jährige Alwine Heuser (1819-1892 Karlsruhe). Die unkonventionelle Haarfrisur, das aus der allgemeinen Mode herausfallende, eher selbst entworfene, künstlerisch eigenwillige altdeutsche Kleid könnten für diese Identifizierung sprechen. Alwine Schroedter war Blumenmalerin. Darauf mag auch der Kranz Bezug haben. Sie zeichnete ornamentale Pflanzen und Initialen, illustrierte Kindergebetbücher und -sprüche und entwarf blumenumrankte Künstlerporträts. Doch vornehmlich gilt der Kranz ihrem Brautstand.

„Die Brautzeit ist sicher für das Mädchen die Wonnezeit des Lebens. Alles trägt die Farbe des Jubels und der Freude. Alles ist mit Blüten bekränzt, von Rosen umhüllt", so beschreibt 1814, aus dem Empfinden der Zeit heraus, die Bremer Pädagogin Betty Gleim die Zeit der „jungen Liebe": „Das Haus benedei ich / und preis es laut, / Das empfangen hat eine liebliche Braut / Zum Garten muß es erblühen / Die Frauen erglühen / Zu Lilien und Rosen / Wie die Lüfte die losen, / Die durch Blumen ziehen / Rauscht das Scherzen und Kosen", heißt es in einem von dem Brautpaar Schroedter gemeinsam verfaßten Gedicht.

Doch das verzagte Gesicht macht nicht den Eindruck von „Jubel und Freude" und einem unbekümmerten „Lilien"- oder „Rosen"-dasein. Die „liebliche Braut" lächelt nur unter Bangen. Bei aller Blumeneuphorie scheint sie eher an die Vergänglichkeit und Bedrohung der Blüte zu denken, die mit der Heirat, mit der Geburt eines jeden Kindes verbunden war. Die Blumenmalerin hat ein gebrochenes Verhältnis zu ihrer Blüte und vielleicht auch zu viel Individualität, um als blütenhaftes Wesen zu überzeugen. Was hier divergiert, ist die heitere Blumendekoration und der fast leidvolle Gesichtsausdruck. Er entsprach dem vorherrschenden nazarenisch beeinflußten weiblichen Schönheitsideal der 30er Jahre. Auf dem Höhepunkt bürgerlichen Tugendstrebens war seelische Schönheit gefragt. Sie sprach sich in Sanftmut, schwermütigem Ernst und Schicksalergebenheit aus (vgl. Kat. Nr. 113, 124, 125 und 126).

Kat.Nr. 6

Adolf Schroedter
Bildnis Alwine Schroedter als Braut, 1839
Museum für Kunst und Kulturgeschichte, Dortmund

In lieblicher Spitzenblüte nicht mehr ganz überzeugend

Die pralle, vitale Aachenerin steht in den besten Matronenjahren. Sie ist der lieblichen Jugendblüte mit Löckchen, Rüschen und Schleifen eindeutig entwachsen. Die gleichgültig gebundene Haubenschleife verrät, daß sie eigentlich über diesen Weiberputz hinaus ist. Doch weil mit männlicher Würde weibliche Anmut korrespondieren muß - wahrscheinlich muß sie auf die männlichen Geschäftspartner Rücksicht nehmen -, weil es sozusagen einen männlichen Anspruch auf unvergängliche weibliche Schönheit, auf den Traum vom Ewig-Weiblichen gibt, muß eine gestandene Frau wie diese Aachenerin ihrer Verpflichtung zu illusionistischer Dauerblüte nachkommen und sich für die Mit- und Nachwelt in so grotesker blütenhafter Spitzenpracht porträtieren lassen. Dabei ist der Blütenkelch durch erstarktes Selbstbewußtsein längst von innen gesprengt! Für sich hat sie die Égalité realisiert, und nichts hindert sie, ihren „Mann zu stehen". Sie läßt sich nicht mehr, so hat man den Eindruck, etwa als Frau ins zweite Glied verdrängen. Ein Leben mit Strickstrumpf und Gebetbuch kommt für sie nicht in Betracht. Schon durch ihre bildfüllende, massige Körperlichkeit, durch ihren strahlend weißen, schildartigen „Bauch"-Kragen ist sie ganz nahgerückt und präsent. Zwar blicken aus dem kugelrunden, breitknochigen Gesicht die von kleinen Löckchen gerahmten Augen mit einer gewissen kindlichen Treuherzigkeit, doch weibliche Sanftmut und Passivität ist nicht ihre Sache. Ganz nüchtern, praktisch die Realität im Blick, auf ihre Stärke vertrauend, sieht sie aus dem Bild. Da mögen die wackeren Hausväter, Pädagogen und die Geistlichkeit vom „schwachen Geschlecht" reden, ein Blick auf ihren nackten, kräftigen Arm, den der Maler bewußt in das Bildnis einbezieht, lassen erahnen, was die zupackende Frau durch Tatkraft erreicht hat. (Zum Motiv der Arme vgl. Kat. Nr. 38, 101, 136 und Abb. 5)

Man fragt sich, womit eine solche Frau wohl ihr Auskommen verdient hat. Wenn der gestärkte und gebügelte Weißzeug-Ausputz sie auch als gute Hausfrau mit Sinn für Qualitätsleinen ausweist, ihr Geltungsanspruch im Bildnis übersteigt den einer Hausfrau. Dafür sprechen die langen eleganten Handschuhe, die besagen, daß sie nicht mehr alles selbst tun muß. Die Handschuhe weisen über Metzgerin, Kolonialwarenhändlerin, Gastwirtin oder ähnliches hinaus. Nach Kuetgens (1928) ist die Dargestellte unbekannt. Rolf Andree (1964) identifiziert die Unbekannte als eine „Frau Hasselbach". Nach dem Ansehen und den Lebensdaten käme - um 1820 gemalt - die 58jährige Friederica Veronika Hasselbach, eine Aachen-Burtscheider Tuchfabrikantengattin, als Dargestellte in Betracht. Nachdem 1810 der Mann gestorben war, führte Frau Friederica die Tuchfabrik weiter.

Mit der formalen Bändigung dieser lebensvollen rheinischen Frohnatur erwies sich Johann Baptist Bastiné als ein überlegener Porträtist. Es gelang ihm, ein sehr eigenwilliges, in seinen Realismen unüberwindliches, „den Rahmen fast sprengendes" Modell in ganzer Frische und Urwüchsigkeit auf die Leinwand zu bringen.

Kat.Nr. 7

Johann Baptist Joseph Bastiné
Bildnis der Frau Hasselbach, um 1820
Wallraf-Richartz-Museum, Köln

In bleibender waschbarer Blüte

Als lächelnde Blume erfüllt diese Bremerin den Traum von weiblicher blütenhafter Schönheit. Mit einer solchen Haube, einem solch zarten Gebilde aus duftigem weißen und hellblauen Tüll konte man dem männlichen Wunsch nach bleibender Blüte, nach Dauerblüte, voll entsprechen. Mehr als die Hälfte des Bildnisses nimmt der textile Blütenzauber ein. Die übrige Figur erscheint nur als Sockel für das blütenblätterumrahmte Haupt. Die Haube, eigentlich dazu bestimmt das Haar zu verbergen, bringt rahmend die üppige Lockenpracht besonders wirkungsvoll heraus. Solch harmonisch in Rollen gelegte Locken waren spezifisch weiblich. Glattes, strähniges Haar oder eine wildbewegte Lockenpracht kam den Herren zu. Selbst, wenn man Haare wie Schnittlauch hatte, man mußte sie um des recht weiblichen Eindrucks willen mit Zuckerwasser in kleine weiche Locken zwingen. Sie waren für ein weibliches Erscheinungsbild unerläßlich. Auch das in runden, weichen Falten sich um die Schulter legende blütendurchwirkte Kaschmirtuch unterstreicht den Eindruck ihres gefälligen, blumenhaften, sanften Naturells.

Die Haube scheint allerdings schon maschinengestickt zu sein. Damit entfiel das Zeugnis einer tüchtigen Handarbeit. Doch Frau Schröder ist dennoch eine in allem bedachte und praktische Hausfrau, worauf ihr „Weißzeug", der Einsatzkragen aus weißem Leinenbatist, hinweist. Das Waschen oder Reinigen eines empfindlichen Kleides war sehr mühevoll und meist kaum möglich. Deshalb war die „Lingerie", der weiße Ausputz, so sehr praktisch. Er schonte die Kanten des Halsausschnittes, konnte einzeln gewaschen werden und verhalf auch einem schon abgetragenen Kleid wieder zu Ansehnlichkeit und Frische. Doch mit ihrem adretten weißen Ausputz - gewaschen, gebleicht, gestärkt und gebügelt - möchte sich Frau Schröder nicht nur als tüchtige, umsichtige Hausfrau präsentieren, sondern mit einer so eleganten geschmackvollen Haube vor allem als Dame der Bremer Gesellschaft.

Kat.Nr. 8

Bernhard Dietrich Funke
Bildnis der Regina Schröder geb. Droop, 1832
Focke-Museum, Landesmuseum für Kunst und Kulturgeschichte, Bremen

31

Was das Leben auch brachte, die Blüte bleibt

Franziska Freifrau von Twickel (Flaesheim 1766 - 1850) war die Ehefrau von Clemens August von Twickel, des fürstbischöflichen Oberstküchenmeister und fürstlich münsterschen Erbschenken. Sie gehörte also zu den ersten Damen des Münsterschen Hofes. Der Maler Sprick porträtierte sie im Alter von 63 Jahren. Die westfälische Baronin ist solide, gut bürgerlich, nicht modisch gekleidet. Die vollen Haare sind mit Zuckerwasser in stattliche Rollen gedreht. Mit dem Schmuck hält sie sich, den bürgerlichen Zeiten angepaßt sehr zurück. Die Diamanten und die doppelte Goldkette sind durch Frömmigkeit, durch ein daranhängendes Schmuckkreuz und die diamantenbesetzte Schnalle durch die Notwendigkeit eines Gürtels legitimiert.

Dafür kann die ganze Prachtentfaltung aber ungehemmt in Textilien, in dem weißen Ausputz, im Kragen und in der Haube stattfinden. Viele Meter feinster und sehr breiter Klöppelspitze, durchwogt von großen duftigen Bändern, sind in Einsatz gebracht. Ihr Hauben-„staat" erklärt sich auch aus dem Pendant-Bildnis ihres Gatten, der mit mächtigen Epauletten und ordensgeschmückt in der preußischen Stände-Uniform porträtiert ist. Mit diesen wertvollen Spitzen galt es, den Stand zu repräsentieren und Herrschaftlichkeit zu signalisieren, vor allem aber, auch noch 63jährig in weiblicher Anmut mit der männlichen Würde zu korrespondieren und dem männlichen Anspruch auf Wohlgefallen in lieblicher textiler Ersatz- und Dauerblüte zu entsprechen.

Im Gegensatz zu der Rollenerwartung unvergänglicher weiblicher Lieblichkeit steht das entschlossene leid- und kampferprobte charaktervolle Gesicht der gestandenen Frau. Franziska von Twickel war die Mutter von zehn Kindern. Der entschlossene Blick und die absinkenden Mundwinkel deuten an, daß das Leben sie nicht nur auf Rosen wandeln ließ. Man hat den Eindruck, daß sie als Persönlichkeit längst dem Rüschen- und Bänderkram entwachsen war. Da aber die Konvention, die Ordnung der Geschlechter, diese indifferent pflanzenhafte Kennzeichnung wollte, mußte sie mit diesem Erscheinungsbild in die Ahnengalerie eingehen.

Auch noch mit 66 Jahren zart blühend

Maria Anna von Haxthausen geb. von Wendt-Papenhausen (1755-1829) war die Stiefgroßmutter von Annette von Droste-Hülshoff. Mit 19 Jahren hatte sie Adolf Werner von Haxthausen als dessen zweite Frau geheiratet. Sie hatte 14 Kinder. Als sie ihr letztes Kind bekam, war sie 45 Jahre alt. Ihr widmete Annette von Droste-Hülshoff geistliche Lieder, aus dem ihr Gedichtzyklus das „Geistliche Jahr" wurde. 1821 bei seinem Besuch in Boekendorf, dem ostwestfälischen Stammsitz der Familie, zeichnete Ludwig Emil Grimm Maria Anna von Haxthausen nach dem Leben („ad vivum") im Alter von 66 Jahren. Er zeichnete sie wohl von vornherein mit der Absicht, die Zeichnung als Grundlage für einen Steindruck und ein Ölgemälde zu benutzen. Eben anläßlich dieses Aufenthaltes in Boekendorf beschreibt er die alte Dame in seinen Erinnerungen: „Die alte Frau von Haxthausen, eine geborene v. Wendt, war eine freundliche Frau und in ihrer Jugend sehr schön gewesen, sie saß meist in ihrem Sessel, mit Handarbeit beschäftigt, oder las in einem Gebetbuch, oder erzählte." (Adolf Stoll [Hg.], Ludwig Emil Grimm, Erinnerungen aus meinem Leben, Leipzig 1911, S. 388)

Das Handarbeiten und Beten, das war alles, was von einer Frau übrig blieb nach einem Leben, das von Kindergebären und -großziehen ausgefüllt war. 1821, als Ludwig Emil Grimm Maria Anna von Haxthausen zeichnete, war die jüngste Tochter 21, der älteste Sohn 46 und ihre 18köpfige Familie hatte sich um 24 Enkelkinder vermehrt; zusammen mit denen, die sie nicht mehr erlebte, hatte sie 36 Enkelkinder. Kinder und Enkel zusammengenommen, hatte sie eine 50 Personen zählende Nachkommenschaft. Mit ihrer Stieftochter, der Mutter von Annette von Droste-Hülshoff, ihren Schwiegertöchtern, -söhnen und Enkelkindern galt ihre Sorge einer 59köpfigen Familie. Vielleicht verlieh ihr Ludwig Emil Grimm für diese Familienverdienste ein kleines „Eisernes Kreuz". Es kehrt sowohl in der Lithographie als auch in dem Gemälde wieder. Es gab zwar eine Ausgabe des Eisernen Kreuzes für Frauen. Doch, was brauchen Frauen Orden! „Für das Weib gibt es nur einen Stern, ein Großkreuz, ein lilienweißes Ordensband, das reine tiefe Herz..." (Der Deutsche Horizont, München 1832, Nr. 66, S. 521) Doch weder von den Familienchronisten noch von Ordensspezialisten konnte es identifiziert werden.

Sie muß ein sehr gütiger und verstehender Mensch gewesen sein, daß Ludwig Emil Grimm sie mit so freundlicher Verehrung zeichnete. Mit weichen parallelen Schraffuren zeichnet er das Schultertuch, mit feinen, schütteren Strichen die Wollfransen des Tuches und kleinteilig sich ringelnd den Rüschenkragen und die Haube als eine Art Psychogramm der alten Dame. Den Kopf hob er beherrschend hervor, und in dem Gesicht ließ er die hohe Stirn und die großen, gütigen Augen dominieren. Wenn die 66jährige Frau von Haxthausen auch vom Alter, den Sorgen und Nöten des Lebens gezeichnet ist, eine Frau hatte ungeachtet aller Lebensstürme die Verpflichtung zu Anmut und blütenhafter Erscheinung. Gab das Gesicht eine Blüte in Schönheit und Anmut nicht mehr her, war die Haut welk und von feinen Faltenrinnsalen durchzogen, der zahnlose Mund eingefallen, ringelte sich das spärlich gewordene Haar nicht mehr zu Locken, dann mußte die Haube die Entfaltung der Blüte übernehmen. Bei der Baronin Haxthausen kündigt sich die Blüte schon in dem kleinteilig gekräuselten Lochstickereikragen an, und in dem gestickten Tüll der Haube läßt der Bleistift - ewig blühender weiblicher Schönheit liebenswürdig huldigend - die zart gestickten Rüschen in kleine frühlingshafte Blüten übergehen.

Boekendorf 13 24^t
Nov: 1821. ad vivum.

Die Bestimmung als Gattin, Hausfrau und Mutter

Wenn man auf Familienbildnisse und Bildnisse aus der Zeit der Aufklärung und des Biedermeier trifft, ist man immer wieder erstaunt über die festgelegten Rollen der dargestellten männlichen und weiblichen Personen. Lediglich bei Bildnissen aus dem Familienkreis der Künstler, ob von ihren Frauen, Müttern, Schwestern oder Töchtern, stößt man auf einen freieren Umgang mit der Konvention. Ebenso ist bei Bildnissen des Adels ein größerer Spielraum der Möglichkeiten zu beobachten. Wie bestimmend diese Rollenfestlegung war, welcher Druck hinter diesem Rollendiktat stand, wird in der Erziehungsliteratur der Zeit, z.B. bei Johann Heinrich Campe (1746-1818), eindrucksvoll greifbar. Campes von Rousseaus „Emile" beeinflußte Erziehungsschriften waren sehr lange verbreitet und erreichten hohe Auflagen. Zunächst war von Rolleneinschränkung nicht die Rede: „Alle Menschen ... haben zwar das unläugbare Recht und den natürlichen Beruf, ohne Ausnahme auszubilden und zu veredeln", schreibt Campe 1796 in seinem „Väterlichen Rath für meine Tochter".[1] Dann aber fällt aller Entfaltungsanspruch wieder wie ein Kartenhaus zusammen, denn dieser kann sich nur im Wirken als Gattin, Hausfrau und Mutter realisieren. An dieser Bestimmung gibt es auch nichts zu rütteln, und aus diesem vorgesehenen Wirkungskreis gibt es kein Entrinnen. Denn schließlich wollen das Wirken der Frauen im „inneren Hauswesen", ihren Ausschluß vom öffentlichen Leben die „Vorsehung", „Gott selbst", „die ganze Verfassung der menschlichen Gesellschaft auf Erden", „die Weltsitte"! Es ist der „übereinstimmende Wille der Natur und der menschlichen Gesellschaft". Und schließlich will es die „dermahlige Weltverfassung".[2]

Daß man solch schwere Geschütze zur Einschüchterung auffuhr, alle höchsten Autoritäten bemühte, spricht dafür, daß man sich der Unterdrückung bewußt war und daß mit ganz anderen Hoffnungen und Erwartungen gerechnet wurde. Vor allem war auszuräumen, daß die Errungenschaften der französischen Revolution „Freiheit, Gleichheit, Brüderlichkeit" auch für die Frauen gelten sollten. Mit Nachdruck mußte, unter Berufung auf allerhöchste Instanzen, die Ausgrenzung aus dem öffentlichen Leben klargemacht werden, Hausarrest verhängt und ein Akzeptieren der „ungünstigen Verhältnisse des Weibes zur menschlichen Gesellschaft"[3] durchgesetzt werden. Da war nur die Frage, wie bringe ich dies „meinem Kinde", d.h. meiner Frau und meiner Tochter bei? Campe nahm diese Aufgabe in seinem „Väterlichen Rath für meine Tochter" wahr: „Du fühlst vielleicht Kräfte des Geistes und einen Trieb zu gemeinnütziger Wirksamkeit in dir, die dich fähig und begierig machen, an den öffentlichen Geschäften des Staates Antheil zu nehmen, dich durch große ruhmreiche Handlungen auszuzeichnen, aber die bürgerliche Verfassung hat dir jede Gelegenheit dazu abgeschnitten, hat jeden Standort, auf dem sich etwas Großes und Rühmliches verrichten läßt fast ohne Ausnahme mit Männern besetzt und ein demüthiges zurück! scheucht dich sobald du es dennoch wagen wolltest, dich einem solchen Standorte zu nähern, fort und verweiset dich wieder in den kleinen Kreis deiner, zwar an sich sehr wichtigen, aber von allen Seiten beschränkten und wenig bemerkbaren häuslichen Wirksamkeit."[4] Und statt Entfaltung der jedem innewohnenden „ursprünglichen Menschenkraft" stellte er deren „Verrenken und Lähmen", eine „erbärmliche Schwächung an Leib und Seele", „drückende Abhängigkeit", „Willkür", „Ungerechtigkeit", „alle Grade der Herrschaft und der Unterthänigkeit, von der höchsten Zwangsherrschaft bis zur niedrigsten Sklaverei" in Aussicht und empfahl „Abhärtung", „Seelenstärke", „Sanftmut", „Nachgiebigkeit" und „Selbstverläugnung".[5] Campe stimmte so seine fünfzehnjährige Tochter auf das „Loos" (ihres) Geschlechtes, ihre lebenslange „Einschränkung der menschlichen Freiheit" ein, wobei sie auch einen „Tirannen" als Ehemann einkalkulieren sollte.

Und eine weitere Abhängigkeit bestimmte das Leben, auch das gemalte Erscheinungsbild weiblicher Wesen und legte ihre Rolle in engen Grenzen fest - die Abhängigkeit vom Urteil der Männer und der von ihnen beschlossenen Konventionen. „Der rechtschaffene Mann", so heißt es bei Rousseau, „hängt nur von sich selber ab und kann der öffentlichen Meinung trotzen, aber die rechtschaffene Frau hat damit nur die Hälfte ihrer Aufgabe erfüllt, und was man über sie denkt, ist nicht weniger bedeutend für sie als das, was sie wirklich ist." „Es genügt (für die Frauen) nicht, daß sie achtenswert sind, sie müssen geachtet werden! es genügt nicht, daß sie schön sind, sie müssen gefallen, es genügt nicht, daß sie sittsam sind, sie müssen als sittsam anerkannt werden; ihre Ehre liegt nicht nur in ihrem Verhalten, sondern in ihrem Ruf...", d.h. die Frauen waren in allem dem Urteil der Männer preisgegeben. Es blieb nur, sich unter den Schutz eines Mannes in eine Ehe zu begeben, in der Campe „das einzige euch noch übrig gelassene Mittel" sah, „einen bestimmten Standort, Wirkungskreis, Schutz, Ansehen und einen höheren Grad von Freiheit und Selbständigkeit zu erhalten"[6]. Hieraus mag ersichtlich werden, wie verletzlich „der gute Ruf" war und welche Bedeutung die Konvention auch für die Darstellung im Bildnis hatte.

Nachdem man im Ancien régime erlebt hatte, was Herrschaft und entmündigendes Untertanendasein bedeutete, richtete man sich nun in der Familie, unter Berücksichtigung aller gemachten schlechten Erfahrungen, eine eigene bequeme Herrschaft ein. Doch ohne Dienerschaft, ohne Gefolge, ohne Service, ohne Unterdrückung, ohne bedingungslosen Gehorsam und ohne Willkür verliert Herrschaft jeden Reiz. Da paßt es ganz ins Bild dieser bürgerlichen Etablierungsphase, daß man das von Rousseau 1762 in seinem „Emile" angeratene Domestizierungsprogramm begeistert aufnahm. Er empfahl, Mädchen frühzeitig an Zwang zu gewöhnen, ihnen klar zu machen, daß Abhängigkeit ein natürlicher Zustand ist, daß sich junge Mädchen zum Gehorsam geschaffen fühlen, daß sie in einem gewohnheitsmäßigen Zwang gehalten werden müssen, um die Gefügigkeit zu haben, der sie ihr ganzes Leben lang bedürfen.[7] Und von diesem pädagogischen Fundament ausgehend, kreierte man als Ausgleichseigenschaften für den Mann einen neuen Tugendkatalog speziell für den weiblichen Teil der Menschheit. Bei Rousseau heißen sie Gehorsam, Gefügigkeit, Sanftmut, Frömmigkeit und „liebenswerte Unwissenheit".[8] Ob Erziehung, Eigenschaften oder Betätigungsfelder, alles war bei der bürgerlichen Neuordnung im Sinne des Interesses und der Bequemlichkeit der Männer einzurichten. „So muß sich die ganze Erziehung der Frauen im Hinblick auf die Männer vollziehen. Ihnen gefallen, ihnen nützlich sein ... für sie sorgen, sie beraten, sie trösten, ihnen ein angenehmes und süßes Dasein bereiten."[9]

[1] Johann Heinrich Campe, Väterlicher Rath für meine Tochter, Braunschweig 1796, S. 11 – [2] Campe 1796, S. 8, S. 21-33 – [3]Campe 1796, S. 21 – [4] Campe 1796, S. 28f. – [5]Campe 1796, S. 21-34 – [6] Campe 1796, S. 33 – [7] Rousseau, S. 743 – [8] Rousseau, S. 81 – [9] Rousseau, S. 733

Von der Natur verpflichtet, dem Mann zu gefallen

„*Da die Frau dazu geschaffen ist, zu gefallen und sich zu unterwerfen, muß sie sich dem Mann liebenswert zeigen und ihn nicht herausfordern...*"

„*... Die ganze Erziehung der Frauen [muß sich] im Hinblick auf die Männer vollziehen. Ihnen gefallen, ihnen nützlich sein, sich von ihnen lieben und achten zu lassen, sie großzuziehen, solange sie jung sind, als Männer für sie sorgen, sie beraten, sie trösten, ihnen ein angenehmes und süßes Dasein bereiten: das sind die Pflichten der Frauen zu allen Zeiten, das ist es, was man sie von Kindheit an lehren muß.*"
J.J. Rousseau, Emile oder Über die Erziehung, 5. Buch, S. 721 u. 733.

„*... Vernachlässigt das Weib also seine Eigenthümlichkeiten in denen sie Meisterin werden kann und soll, und hascht sie nach anderen, in denen sie doch nur mittelmäßig bleiben wird, so gefällt sie nicht dem Mann, dem sie doch zu Gefallen bestimmt ist.*"
J.L. Ewald, Die Kunst, ein gutes Mädchen, eine gute Gattin, Mutter und Hausfrau zu werden, Frankfurt 1807, Bd. 1, S. 324.

Der Ehegatte muß erheitert werden!

„*Die Frauenzimmer sind geschaffen, die liebe heitere Sonne in dieser Menschenwelt nachzuahmen und ihr eigenes und unser Leben durch milde Sonnenblicke zu erheitern. Wir stürmen und regnen und schneien und machen Wind, ihr Geschlecht soll die Wolken zerstreuen, die wir auf Gottes Erde zusammengetrieben haben, den Schnee schmelzen und die Welt durch ihren Glanz wieder verjüngen.*"
Friedrich von Schiller, Brief vom 27.11.1788 an Lotte von Lengefeld

„*Das Weib ... soll wie ein glücklicher Sonnenschimmer hin und her zitternd seine finstere Wolke beleuchten.*"
Ernst Moritz Arndt, Fragmente über Menschenbildung, 1805, S. 198

Die Frauen sollen dem Mann:
„*mit Grazienhänden den Staub von der Stirne wischen...*",
als „*... freundliche Horen ... seine Streitrosse auf- und abschirren*"
„*... als eine leichte und liebliche Welle den Mann umspielen, das Rauhe an ihm abglätten, das Spröde geschmeidigen, die Jugend erfrischen in dem Wesen, das ... eines ernsten und furchtbar stummen Schicksals Diener und Ausleger sein soll.*"
Ernst Moritz Arndt, Fragmente über Menschenbildung, 1805, S. 195-197

„*... Wie ein Lamm will sie um Deine Wünsche spielen und Dir die Seele erheitern.*"
Zusage des Brautvaters Friedrich Adolf Krummacher an seinen Schwiegersohn Wilhelm von Kügelgen 1827.
Wilhelm von Kügelgen, Jugenderinnerungen eines alten Mannes, Leipzig 1925, 2. Bd., S. 153.

„... *Sie schmiegt sich mit unbeschreiblicher Zärtlichkeit in seinen Willen, wenn er auch noch so sonderbar, noch so despotisch seyn sollte; sie pflegt und wartet ihm in seinen Krankheiten und nach den Arbeiten des Tages"; „... sie bestreut sein Lager mit duftenden Blumen, sie verkürzt ihm die Zeit mit Liebkosungen und naiven Plaudereien; sie küßt ihm Zorn und Gram von der Stirn ... entwaffnet seinen Zorn durch ein liebevolles Zuvorkommen, durch jene freundliche Sanftheit, durch jene unnachahmliche Milde des Ausdrucks, die so unwiderstehlich auf unser Herz wirkt."*
C.F. Pockels, Versuch einer Charakteristik des weiblichen Geschlechts, Hannover 1797, 1. Bd., S. 8.

„*Sie sind ja dazu gemacht, dem Manne auf der sauren Lebensreise, wo er immer wieder vorangehen muß, um den Weg zu ebnen, den Schweiß von der Wange zu wischen und ihm Heiterkeit, Trost, Freude und Muth ins Herz zu lächeln, ...*"
Joachim Heinrich Campe, Väterlicher Rath für meine Tochter, Braunschweig 1796, S. 191

„*Ihr seid geschaffen ..., um beglückende Gattinnen ... zu werden; Gattinnen, die der ganzen zweiten Hälfte des menschlichen Geschlechtes, der männlichen, welche die größern Beschwerden, Sorgen und Mühseligkeiten zu tragen hat, durch zärtliche Theilnahme, Liebe, Pflege und Fürsorge das Leben versüßen sollen...*"
Joachim Heinrich Campe, Väterlicher Rath für meine Tochter, Braunschweig 1796, S. 17

„*Nimm jederzeit, wenn er von seinen anstrengenden Geschäften zurückkommt, ihn mit dankbarer Freude auf, und suche ihn für seinen Arbeitseifer recht zu erquicken. Sorge nicht nur für seine Gemächlichkeit, sondern auch für seinen sinnlich-angenehmen Zustand, und scheue dafür keinen Aufwand ... Klage ihm nicht unnöthig vor, am wenigsten von jeder kleinen Unbehaglichkeit, die deinem Körper oder sonst dir äußerlich zustößt. Umgib ihn heiter und unterhalte ihn mit munteren und trauten Gesprächen über beliebte Gegenstände...*"
C.F. Sintenis, Der Mensch im Umkreise seiner Pflichten, 2 Theile, Leipzig 1804-07, S. 151.

„*Glaubt aber das Weib, ... sie seye um ihrer selbst willen in die Welt gesetzt worden, nur sich zu vergnügen und zu belustigen und zwar alles dieses auf Kosten des männlichen Geschlechtes ... so vergißt sie ihre Bestimmung und hört auf eine Gehülfin zu seyn, und ist ihrer Bosheit Schuld, wenn sie das Schicksal eines Stockfisches bekommt, dem der Kopf abgenommen wird. Dann nur eine solche Frau, die ihre Bestimmung weiste und derselben gemäs lebt, ist der würdigste Gegenstand der Verehrung des Mannes.*"
Christian Ludwig Beck, Grenzstein der weiblichen Rechte in und ausser der Ehe von einem Freunde der Wahrheit, Basel 1786, S. 23ff.

„... *Mit Liliengedanken und Rosengefühlen die Welt des Mannes verschönern ... und ihm immer wieder als der magische Spiegel zu dienen, der sein Bild in doppelter Größe wiedergibt.*"
Renate Feyl, Sein ist das Weib / Denken der Mann, Köln 1991, S. 130.

Der Gatte muß erheitert werden

Wie die „süßen Beglückerinnen des Lebens"[1] „gefallen und nützlich" sein sollen, wie das „angenehme und süße Leben" gestaltet, wie die Erheiterung des Gatten vonstatten gehen soll, dazu gibt es die ansprechendsten Vorstellungen. Schiller imaginiert in den Frauen höhere Wesen, „sie flechten und weben himmlische Rosen ins irdische Leben", er ist der Überzeugung, „daß die Frauenzimmer geschaffen sind, die liebe heitere Sonne in dieser Menschenwelt nachzuahmen und ihr eigenes und unser Leben durch milde Sonnenblicke zu erheitern. Wir stürmen und regnen und schneien und machen Wind, ihr Geschlecht soll die Wolken zerstreuen, die wir auf Gottes Erde zusammengetrieben haben, den Schnee schmelzen und die Welt durch ihren Glanz wieder verjüngen."[2]

Campe äußert sich zur Bestimmung der Frau als Gattin: „Sie ist ja dazu gemacht, dem Manne auf der sauren Lebensreise, wo er immer vorangehen muß, um den Weg zu ebnen, den Schweiß von der Wange zu wischen und ihm Heiterkeit, Trost, Freude und Muth ins Herz zu lächeln."[3] Ernst Moritz Arndt (Rügen 1769 - 1860 Bonn) artikuliert in seinen 1805 erschienenen „Fragmenten zur Menschenbildung" zur Bestimmung der Frau als Gattin die poesievollsten Vorstellungen. Er wünscht sich, daß sie als „spielende Huldinnen der ernsten Männer das ganze Leben in einen bunten Traum" verwandeln. „Wie ein glücklicher Sonnenschimmer" soll ihm das Weib „hin und her zitternd seine finstere Wolke beleuchten" oder auch „den Mann als eine leichte liebliche Welle umspielen". Als „freundliche Horen" sollen sie „seine Streitrosse auf- und abschirren".[4] Mit dem Wunsch, „seine Töchter liebenswürdig" als Ehegattinnen zu machen, äußert sich ganz detailliert und aus dem „Leben gegriffen" ein englischer Prediger „Dr. Gregory" in seinem „Vermächtnis an seine Töchter", wie man mit dem Ehegemahl zu verfahren hat, um das Haus zu einem „Ort häuslichen Glückes" zu machen. Er fordert von den Frauen „noch mehr ehrerbietige Aufmerksamkeit" und „ausgeglichene Zärtlichkeit" und rät, „die Launen aufmerksam zu verfolgen, die Fehler zu übersehen, die eigene Meinung in unbedeutenden Dingen anzupassen, kleine Äußerungen von Unausgeglichenheit, Launenhaftigkeit oder Leidenschaft zu übergehen, sanfte Antworten auf übereilte Worte zu geben, sich so selten wie möglich zu beklagen und es sich zur täglichen Pflicht zu machen, ihre Sorgen (der Männer) zu erleichtern und ihren Wünschen zuvorzukommen, die trüben Stunden zu erhellen und glückliche Gedanken heraufzubeschwören." Mary Wollstonecraft, die 1792 den zur Behandlung des Ehegatten anempfohlenen Katalog der Aufmerksamkeiten und Zärtlichkeiten des englischen Predigers in ihrer Schrift „Verteidigung der Rechte der Frauen" referiert, kommentiert erfrischend und befreiend: „Eine solche Frau müßte ein Engel sein oder eine Närrin. Denn ich kann nicht die geringste Spur eines menschlichen Charakters, weder Vernunft noch Leidenschaft in diesem Aschenbrödel erkennen, dessen ganzes Wesen in dem eines Tyrannen aufgeht."[5]

Dieses Denken widerspiegelt sich in vielfältiger Weise auch in den Familienbildnissen und Bildnissen der Zeit. Will man in den Familiendarstellungen ein Thema oder Ansätze einer Handlung ausmachen, so geht es, abgesehen von dem Beieinander der Familie, überwiegend darum, den Ehegatten zu erheitern, wobei das Erheiterungsprogramm im Wesentlichen der Mutter - und sie vertretend - den Töchtern obliegt und auch auf weitere männliche Wesen, den Großvater, den Bruder, vor allem den Stammhalter ausgedehnt werden kann. In dem 1775 von Georg Melchior Kraus gemalten Bildnis des Dichters Christoph Martin Wieland und seiner Familie, das sich heute in der Landesbibliothek in Weimar befindet (vgl. Abb. 2), unterbricht Frau Wieland ihren Gatten bei seiner anstrengenden dichterischen Arbeit, indem sie ihm zu seiner Erheiterung seine kleinen „Grazien", seine vier „putz"-munteren, „gefällig" wie Hofdämchen gekleideten Töchter hereinführt. Eins der kleinen Mädchen schmiegt sich liebevoll an seinen Arm, das andere drängt sich zwischen seine elegant seidenbestrumpften Beine, ein Töchterchen führt die kleine, mit neckischem Kopfputz und Reifrock verkleidete Schwester, „Gefallen" erwartend, an den aber leider völlig geistesabwesenden Vater heran. Und Frau Anna Dorothea neigt sich ihrem Mann, dem gefeierten und vielgelesenen Dichter, dem Professor der Philosophie, dem seit 1772 herzoglichen Hofrat in Weimar, liebend und ehrerbietig zu, um ihn durch den Anblick des Jüngsten im Steckkissen zu erfreuen. Die Augsburger Kaufmannstochter soll ihren Mann derart verehrt haben, daß sie es nicht über sich brachte, ihn zu duzen und zeitlebens bei dem ehrerbietigen „Sie" blieb.[6] Huldvoll reicht er dem weit über „seine Monate" verständig lächeln-

Abb. 2   Georg Melchior Kraus, Christoph Martin Wieland und seine Familie, 1775, Öl/Lw., Stiftung Weimarer Klassik, Weimar

den Stammhalter geistesabwesend in einer proforma-Geste die Hand. Die Bedeutungskulisse im Hintergrund - die Statuetten der „drei Grazien" anspielend auf sein Lehrgedicht „Musarion" oder die „Philosophie der Grazien" sind Hinweis auf seinen literarischen, die Büste Sokrates auf seinen philosophischen Auftrag -, vor allem aber das Schlachtfeld von Papieren, Schriftstücken, Büchern, Gänsekielen auf dem Schreibtisch und das Durcheinander gestapelter, umgestürzter, aufgeschlagener Bücher verdeutlichen, daß man ihn mit dem liebevoll gemeinten Kinderbesuch aus harten geistigen Kämpfen und aus weiten Gedankenflügen herausgeholt hat. Man hat den Eindruck, Frau Anna Dorotheas Mission als „süße Beglückerin" des Ehegatten, ging etwas ins Leere. Schließlich wollte sie doch nur - um es mit Campe zu sagen - dem sich wieder einmal völlig überarbeitenden Gatten ein wenig „Heiterkeit, Trost, Freude und Muth ins Herz zulächeln."

Gleiches hatten auch die Frau des Architekten Fischer, ihre Töchter und der Jüngste im Sinn, wie das 1788 von Philipp Friedrich Hetsch gemalte Familienbild bezeugt. Doch der erfolgreiche Architekt des Herzogs hat gar keine Zeit! Er nimmt nur kurz mit Hut und Mantel auf dem Sofa im Kreis der ihm alle Aufmerksamkeit erweisenden Familie Platz, um klar zu machen, daß rastloses Tätigsein ihn treibt, daß wichtige Aufgaben ihn rufen, daß er auf heitere Stunden in der Familie verzichten muß und daß er nur, „wie die großen Stiefel" dartun, „auf einen Sprung" zuhause bleiben kann (vgl. Kat. Nr. 11). Das Erheiterungsprogramm scheitert desgleichen bei dem von Johann Georg Edlinger um 1790 gemalten Bildnis des Hofbildhauers Roman Anton Boos und seiner Familie im Bayerischen Nationalmuseum in München. Auch hier scheitert ein Erheiterungsversuch (Abb. 3). Edlinger malt den Bildhauer erschöpft und niedergeschlagen. Auch die in Blick und Geste deutliche Teilnahme der älteren Tochter

Abb. 3   Johann Georg Edlinger, Roman Anton Boos und seine Familie, um 1790, Öl/Lw., Bayerisches Nationalmuseum, München

und auch der freundlich gereichte Apfel der jüngeren Tochter reißen ihn nicht aus seinen Sorgen. Unberührt von aller Last des Lebens dagegen, scheinbar in einer glücklicheren Welt lebend, schön und harmonisch als sorgenfreies Pendant fügt der Maler die Frau des Bildhauers in das Gemälde der Familie ein. Gleichfalls vergeblich scheint auch der Versuch einer wohlmeinenden Arztfrau, ihren völlig in seiner Arbeit aufgehenden Gatten aufheitern zu wollen, wie das 1809 von Johann Baptist Seele gemalte Familienbild des Leibmedicus und Medizinprofessors Dr. Karl

Abb. 4   Ferdinand Georg Waldmüller, Der Kartograph Prof. Joseph Jüttner und seine Frau, 1824, Öl/Lw., Privatbesitz

Christian Klein mit Frau und Töchterchen Lotte in der Staatsgalerie Stuttgart veranschaulicht (vgl. Kat. Nr. 80). Die reizend gelockte, junge, unbekümmerte Gattin reicht ihm sein unbefangen auf seinen Arm drängendes Töchterchen hin. Doch der am Schreibtisch bei seinen Büchern sitzende Leibmedicus, dessen bedeutendes Haupt, die hohe freie Stirn, der abwesende Blick, ihn als verdienten Mann der Wissenschaft ausweisen, scheint so von seinen Gedanken gefangen, daß er nur eine schwache Reaktion auf das ihn aufheitern wollende Töchterchen zeigt.

Bei Ferdinand Georg Waldmüller treffen wir zweimal auf das Ehegattenerheiterungsmotiv: in dem 1824 entstandenen Bildnis des Kartographen Professor Josef Jüttner und seiner Frau (Abb. 4) und dem im gleichen Jahr gemalten Bildnis eines Kartographen mit seiner Frau (vgl. Kat. Nr. 16). Beide Kollegenfrauen wollen nur für einen Moment ihre völlig in die Arbeit vertieften Männer stören, um sie durch eine Erfrischung vom Markt und aus dem Garten, mit einem Blumensträußchen zu erheitern. Sie treten an den Schreibtisch heran, die eine mit Blumen. Liebevoll legen sie dem Gatten die Hand auf die Schulter. Wie sehr der Herr Professor in der Arbeit steckt, sieht man an seinem Schreibtisch, der durchaus eine gewisse Verwandtschaft zu dem geistigen Schlachtfeld des Wielandschen Schreibtisches (vgl. Abb. 2) zeigt. Da stapeln sich fast den ganzen Schreibtisch bedeckend die Bücher. Dazwischen liegen Briefe, Schriftstücke, Notizzettel, stumpf geschriebene Federkiele. Für den Obstkorb ist kein Platz mehr! Die Arbeit läßt keinen Raum, nicht für Erholung, nicht für Erfrischungen und eigentlich auch nicht für einen freundlichen Blick als Antwort auf das liebende Lächeln seiner jungen hübschen Frau. In Gedanken ist der Professor ganz woanders, wie sein völlig abwesender Blick verrät. Indem er das Blatt des Buches, in dem er gerade las, beim Umblättern festhält, macht er deutlich, daß er eigentlich gar keine Zeit hat, ebensowenig wie sein Kollege, der nicht einmal den Tuschpinsel aus der Hand legt, um einen Augenblick mit seiner Frau zu plaudern (vgl. Kat. Nr. 16).

In dem von Carl Begas 1821 gemalten Bildnis seiner Familie (vgl. Kat. Nr. 15) macht die ganze Familie bei Gitarrenspiel und dem Gesang einer Tochter „Wir sitzen so fröhlich beisammen" den vergeblichen Versuch, den tiefernsten Vater aufzumuntern. Und dieser, von der heiteren, unbekümmerten Welt des weiblichen Geschlechtes trennende Ernst umwölkt auch schon die Knaben, sofern sie Stammhalter sind, wie der Sohn des Malers Kolbe (vgl. Kat. Nr. 14) und die von Friedrich Wasmann 1840 gemalten Kinder Putzer zeigen (vgl. Kat. Nr. 18). Die jüngere Schwester versucht, ihn mit ein paar saftigen Traubenbeeren zu erfreuen, doch der von seiner Sendung und seiner Verantwortung erfüllte Bruder nimmt keine Notiz von der schwesterlichen Erheiterung.

Die ersten bürgerlichen „Streß"-Männer

Kennzeichen dieser selbstheroisierenden bürgerlichen Ehepaarbildnisse - der Ehegemahl sitzt meist mit vielen Büchern, möglichst selbst schreibend, auf jeden Fall geistig tätig am Schreibtisch. Sie erscheint als aufgehende Sonne mit der Absicht, ihn mit Blumen, Früchten oder Kind zu erfreuen und ihn durch die auf die Schulter gelegte Hand ihrer Liebe zu vergewissern. Diese Geste echter menschlicher Verbundenheit hat insofern einen besonderen bürgerlichen Demonstrationswert, als man sich damit absetzt von dem „Glückseligkeitsmangel" der höfischen Welt. Das „rastlos" Tätigsein des Gatten wird durch die Fixierung des Momentes noch intensiviert. Man hat nicht einmal die Zeit zum Plaudern, wie die festgehaltene Buchseite, der nicht abgelegte Tuschpinsel, der nicht abgenommene Hut, der nicht abgelegte Mantel, das nicht auf den Arm genommene Kind verdeutlichen. Jedesmal ist mangelnde Beachtung der Frau zu beobachten. Beide müssen Entsagung im Dienst der zu gewinnenden neuen bürgerlichen Ordnung üben.

Diesem Motiv der Erheiterung des sorgenvollen und nur seiner Arbeit lebenden, hart am Schreibtisch geistig schaffenden Gatten oder Familienvaters begegnet man Mitte der siebziger Jahres des 18. Jahrhunderts bis zum Ende der zwanziger Jahre des 19. Jahrhunderts. Später erscheinen die Familienväter aufgehellter. Bezeichnenderweise findet sich ein solches Motiv nie in Bildnissen des Adels. Es ist ein Thema des aufstrebenden Bildungsbürgertums. Bei den erläuterten Beispielen handelt es sich bei den so überlasteten Gatten und Vätern um einen Schrift-

Abb. 5   Kaspar Benedikt Beckenkamp, Porträt Marie Antoinette   Abb. 6   Kaspar Benedikt Beckenkamp, Porträt des Juristen Baptist
Fuchs, 1823, Öl/Lw., Verbleib unbekannt   Fuchs, 1823, Öl/Lw., Verbleib unbekannt

steller, einen Künstler, einen Arzt, zwei Wissenschaftler und einen Beamten. In ihren Bildnissen wird Adel durch Leistung und Verdienst, sittlicher Adel, Adel durch Tugend dem in seiner Legitimation fragwürdig gewordenen Adel von Geburt entgegengesetzt. War den Männern eine Legitimation durch Leistung und Verdienst erreichbar, so mußten die Frauen das Bild des aufsteigenden Bürgertums durch ein besonderes Maß an Häuslichkeit, durch echte Gattenliebe, Sparsamkeit, Fleiß und vor allem Frömmigkeit bereichern. Aus dieser Anerkennungsmentalität, die um 1800 eine besondere Ausprägung erfährt, resultiert die Selbstfeier und Selbstheroisierung im bürgerlichen Bildnis. Charakteristisch ist die Rolle, die die Frauen in diesen „Zweipersonenstücken" spielen. Als aufgehende Sonne treten sie in die entsagungsvolle Arbeitswelt der Männer. Jung, mit anmutiger Kleidung und Lockenfrisur, bieten sie ein „gefälliges" Erscheinungsbild. Gegenüber dem männlichen Haupt wird ihr Kopfumfang erheblich zurückgenommen, die Stirn mit Löckchen verhängt und der Kopf mit einer Haube „beschränkt" oder dominierend durch einen Hut oder eine Haube ersetzt. Eine Kommunikation des Herzens wird versucht. Sie entfällt aber wegen des Mangels an Zeit. Eine geistige Kommunikation ist ausgeschlossen. Man lebt in verschiedenen Welten. Im Hinblick auf die bürgerliche Selbstheroisierung geistigen Schaffens, in der Betonung völlig verschiedener Lebenswelten gehören auch die 1801 von Johann Christoph Rincklake als Pendants gemalten Bildnisse eines Naturwissenschaftlers und seiner Frau (Kat. Nr. 22, 23) und die von Kaspar Benedikt Beckenkamp 1805 gemalten Porträts des Juristen Fuchs und seiner Frau (Abb. 5, 6).

Aber nicht nur geistig tätige Väter müssen aufgemuntert werden. Allen Gatten und Vätern gebührt Ehrung und Aufmerksamkeit. Dies kann auf vielerlei Weise geschehen - durch Gestik, kleine Geschenke, Bewirtung und Unterhaltung. Durch bewundernden, fast himmelnden Blick schmeichelt man dem Herrn Gemahl (Kat. Nr. 11). Die Führungsrolle des Vaters betonend, schmiegen sich Ehefrauen Liebe, Halt und Schutz suchend an den Arm des Gatten, Töchter an den Arm des Vaters (vgl. Kat. Nr. 15 und 29).[7] Welch weitreichende Vorstellungen man mit dem Sichanschmiegen verband, was man davon für die Stellung des Mannes, der Frau ableitete, liest man bei Campe: „daß der Mann des Weibes Beschützer und Oberhaupt, das Weib hingegen, die sich ihm anschmiegende, sich an ihm haltende und stützende, treue, dankbare und folgsame Gefährtin und Gehülfin seines Lebens sein sollte - er die Eiche, sie das Efeu, der einen Theil seiner Lebenskraft aus den Lebenskräften der Eiche saugt, der mit ihr in die Lüfte wächst, mit ihr den Stürmen trotzt, mit ihr steht und mit ihr fällt - ohne sie ein niedriges Gesträuch, das von jedem Vorübergehenden zertreten wird."[8] Man schart sich Kopf an Kopf mit allem, was der Vater gerne sieht um ihn, der Sohn mit einer ihn erfreuenden Mal- oder Schreibarbeit, die Töchter und die Mutter mit Strickstrumpf und Wäschestücken.[9]

Wer die Herren nicht erheitert, muß stricken

Man bringt Kuchen, Blumen, Gedichte und Geschenke.[10] Mit antikisierender Grazie reicht die Tochter dem Vater eine Schale dampfenden Tees.[11] Man erfreut die Herren mit einem Täßchen Kaffee, unterhält sie durch Musizieren, Gespräch oder durch Vorlesen. Dabei gilt die Regel, wer von den Damen nicht in der Betreuung der Herren tätig ist, muß stricken oder (wie in einem Fall) Gemüse putzen.[12] Während es für die Damen - auch wenn die Familie in Muße beieinander sitzt - verbindlich ist, immer etwas zu tun, ist es stets das gute Recht der Herren, als ausnahmslos geistbegabte Kopfarbeiter, die Hände in den Schoß zu legen oder ein Pfeifchen zu rauchen, die Söhne fangen Schmetterlinge[13] oder spielen mit dem Hund[14]. Fast zwanghaft drückt man weiblichen Wesen eine Arbeit, meist einen Strickstrumpf in die Hand. In „Hermann und Dorothea" sieht Goethe für Frau Apotheker keine Beschäftigung vor, während sie und ihr Ehegemahl unter dem Torhaus sitzen und dem Treiben auf dem Markt zusehen. Da sie aber als Untätige aus der Konvention der weiblichen Ikonographie dieser Zeit herausfallen würde, versieht sie Ludwig Richter mit Strickstrumpf und mit Nachschubnäharbeiten in einem Korb (Abb. 7). Selten gilt die Erheiterung, gelten die Ehrungen gleichrangig beiden Elternteilen[15] und nur im Ausnahmefall weiblichen Familienmitgliedern, wenn die Mutter oder die Tochter Geburtstag oder Namenstag hat.[16] Erst am Ende der Biedermeierzeit erfahren die Gattin, die Mutter und die Großmutter etwas mehr Hervorhebung.[17] Bemerkenswert ist, daß es bei den Bildnissen des Adels weder die überlasteten sorgenvollen Familienväter noch die patriarchalische Mittelpunktstellung der Väter, noch kaffeeservierende, selbstgemachte Geschenke bringende Familienmitglieder gibt. Selbstverständlich haben die Damen von Stand einen gleichen Anspruch auf Entspannung und Lebensgenuß. Da bringt Bedienung Schnäpse, Brot, Milch und Früchte für den mit seinen Damen am Tegernsee weilenden König Max I. Joseph von Bayern heran.[18] Und auch in Westfalen muß Baronin von Twickel den Teetisch für die Herren nicht selbst auf- und abräumen, wie die hinter dem Türfenster erscheinende Magd klarstellt. Allerdings gilt auch hier das bürgerlich erscheinende Prinzip, wer die Herren nicht unterhält, muß stricken. Aufgrund der pädagogischen Autorität als Erzieher des Enkels von Ludwig XIV. werden Fénelons Warnungen vor weiblichem Müßiggang (vgl. näheres S. 165) auch in Standeskreisen beherzigt.[19] Selbstverständlich ist bei Bildnissen des Adels die gleichrangige Darstellung von Mann und Frau gegeben. Sie sind nicht nach höherwertigem Kopfarbeiter und minderrangiger Handarbeiterin unterschieden, die in völlig verschiedenen Welten leben. Die Führungsrolle des Mannes wird zwar durch seine stehende Haltung, durch ein Überragen in der Größe, die geistige Führung der Familie durch ein Buch in der Hand ablesbar, aber aufgrund von Abkunft und Geburt wird der Frau eine gleiche Würde, ein gleicher Anspruch auf Geltung zugestanden.[20]

Selten ist die weibliche und männliche Lebenswelt herausgestellt. Zwar spielt Schillers Vorstellung „der Mann muß hinaus ins feindliche Leben" mit hinein, aber nicht in bürgerlich heroischem Sinn wie bei Campe, der von „der sauren Lebensreise" des Mannes spricht, „wo er immer vorangehen muß, um den Weg zu ebnen", und auch nicht mit der Konsequenz der Darstellung eines weiblichen Haus- und Küchendaseins. Wenn die Vorstellung von männlicher und weiblicher Lebenssphäre angesprochen wird, dann die weibliche mehr im Sinne einer abgehobenen Welt ohne störende Realitäten, einer Welt, wo man als höheres Wesen „auf Rosen wandelt". In eindrucksvoller Weise ist dies auf einem von Johann Christoph Rincklake 1795 gemalten Familienbild des Freiherrn von Korff im Park von Tatenhausen abzulesen[21]. Das Familienbild wird nach männlicher und weiblicher Welt geteilt. Zur Charakterisierung der männlichen Welt ist der Boden, da wo die Söhne stehen, steinig, unbewachsen und im Dunkeln liegend. Wo die Mutter sitzt, ist der Boden mit Gras und Blumen bewachsen und ein Rosenstock blüht ihr zur Seite. Wie Blumen zieren die Mutter und ihre Töchter den Garten. Sie haben eine eigene Farbwelt, in der es nur lichte Töne gibt, leichte Stoffe, auf denen das Licht in vielen Brechungen festlich schimmert. Die Söhne, im Halbdunkel stehend, in dunklen, lichtabsorbierenden Stoffen, stehen mit festen Stulpenstiefeln fest auf dem

Die Eltern unter dem Torweg. 92 x 80

Abb. 7   Ludwig Richter, Die Eltern unter dem Torweg, aus: Goethe-Album, 1856

steinigen Boden der Wirklichkeit, während die Töchter und die Mutter nur Füßchen haben, die kaum sichtbar den Boden berühren, die alle natürliche Statik leugnen und, entmaterialisiert, nur als silberne oder goldene Tupfer erscheinen.

[1] Arndt, S. 187 – [2] Friedrich Schiller, Brief an Charlotte von Lengefeld vom 27. 11. 1788 – [3] Campe, S. 196 – [4] Arndt, S. 196-198 – [5] Wollstonecraft, S. 161 – [6] Ute Frewert, S. 42 – [7] Vgl. Abb. 2, G. M. Kraus, Wieland mit seiner Familie, um 1775; Kat. Nr. 15, Carl Begas, Die Familie Begas, 1821; Abb. Kronberger Frentzen, S. 46, Philipp Otto Runge, Wir drei, 1805 – [8] Campe, S. 23 – [9] Friedrich Wilhelm Schäfer, Der Künstler und seine Familie, um 1800, Städelsche Kunstsammlungen Frankfurt/Main, Abb. Kronberger Frentzen, S. 50 – [10] Anonymer Maler, Die Familie des Silberschmiedes A. Westermayer, um 1845, Stadtmuseum München, Lorenz, Abb. 31 – [11] Josef Reinhart, Familienbild Legran, um 1800, Privatbesitz Basel, Kronberger Frentzen, Abb. S. 42 – [12] Januarius Zick, Die Familie Remy, 1776, Germanisches Nationalmuseum Nürnberg, Kronberger Frentzen, Abb. S. 35; P. F. Hetsch, Oberbaudirektor R. F. Fischer mit seiner Familie, 1788, Kat. Nr. 11; J. M. oder Th. Dornbusch, Bildnis einer niederrheinischen Familie, um 1830, Städtisches Museum Wesel, Kat. Nr. 38; G. L. Vogel, Familienbild, 1830, Zürich, Lorenz, Abb. 32; Ludwig Emil Grimm, Ein Nachmittag in Stapel, 1827, Kat. Nr. 55; mit gemüseputzenden Töchtern: Louise Henry, Die Gärtnersfamilie Matthieu, um 1820, Privatbesitz Berlin, Kronberger Frentzen, Abb. 60 – [13] Johann Christoph Rincklake, Die Familie Bennigsen, 1803, Westhoff-Krummacher, Abb. 248 – [14] Friedrich Wilhelm Schäfer, Der Künstler und seine Familie, um 1800, Kronberger-Frentzen, Abb. 50; Karl Begas, Die Familie Begas, 1821, Lorenz, Abb. 43 – [15] Johann Friedrich Dieterich, Die Familie des Bürgermeisters Steder in Biberach, 1813, Privatbesitz Biberach, Lorenz, Abb. 18. – [16] Johann Christoph Rincklake, Die Familie des Buchhändlers Coppenrath, 1807, Privatbesitz Münster, H. Westhoff-Krummacher, Abb. 209; Simon Meister, Familie Werbrun 1834, Wallraf-Richartz-Museum Köln, Lorenz, Abb. 33 – [17] Heinrich Gaudenz Franz Rustige, Die Familie Farina, 1837, Westfälisches Landesmuseum Münster, Kat. Nr. 29; Egidius Mengelberg, Familienbild, 1834, Kunstsammlungen Düsseldorf, Abb. bei W. Geismeier, Biedermeier, Leipzig 1986, Abb. 54 – [18] Lorenzo Quaglio, König Max I. Joseph mit Familie am Tegernsee, 1824, Stadtmuseum München, Lorenz, Abb. 55. – [19] Johannes Sprick, Die Familie des Freiherrn Clemens August von Twickel, Kat. Nr. 97 – [20] G. O. May, Die Familie des Clemens August von Droste zu Vischering, um 1784, Westhoff-Krummacher, Abb. 189; Anton Graff, Familie des Ministers Karl Abraham Freiherr von Zedlitz-Leipe, 1789, Kronberger Frentzen, Abb. S. 40; Philipp Friedrich Hetsch, Graf Ferdinand von Zeppelin mit seiner Familie, um 1800, Kronberger Frentzen, Abb. S. 48; Johann Christoph Rincklake, Die Familie von Bennigsen, 1803, Westhoff-Krummacher, Abb. 248; Joseph Wintergast, Graf Adelmann mit seiner Familie, 1822, Kronberger Frentzen, Abb. S. 59 -- [21] Westhoff-Krummacher, Kat. Nr. 101. S. 334f..

Für die „häusliche Glückseligkeit" des Vaters ist die ganze Familie im Einsatz

Der Stuttgarter Maler Philipp Friedrich Hetsch - in Rom und an der Pariser Akademie geschult -, seit 1787 Professor für Historienmalerei und „Zeichnen nach der Natur" an der Hohen Carlsschule, malt 1788 die Familie seines Freundes. Er inszeniert sie in einem anspruchsvoll höfischen repräsentativen Gesellschaftsraum mit elegantem Mobiliar im herrschenden französischen Geschmack des „Louis-seize". Schwere geraffte Seidenportièren rahmen die sechsköpfige Gruppe; eine französische Bildtapete „en grisaille", eine Terrakotta-Büste von Vitruv, ein im Maßstab großzügig bemessener Parkettfußboden und die moderne kühl gestimmte klassizistische Farbigkeit verdeutlichen einen vornehm schlößlichen Lebensrahmen.

In vollkommener Weise folgt die Ehegattin des Stuttgarter Architekten Reinhard Ferdinand Fischer (1746-1813) ihrer Bestimmung als Gattin, den Ehegatten „in dem Schoße einer heitern glücklichen Familie" zu erfreuen, um hier auszuruhen und „zu neuen Arbeiten Kraft und Heiterkeit zu gewinnen" (Campe, S. 196). Sie hat alle vier Kinder mobilisiert, den heimgekehrten Vater zu erheitern und ihm „zu Gefallen" zu sein. Mit Hut und Mantel hat der Hausherr, der herzoglich württembergische Baumeister, neben seiner jungen Frau Juliana Charlotte geb. Bilfinger (35) auf dem schräg in den Raum gestellten eleganten Sofa Platz genommen. Frau Juliana, sich an den Ehegatten schmiegend, an seiner Seite sitzend, präsentiert ihm den Stolz der Familie, den Stammhalter im Sonntagsstaat, in blauem Hosenanzug nach neuester englischer Mode mit einer fast „prinzlich" purpurfarbenen Schärpe. Strahlend - auch durch den auf seinen Kopf gelenkten Lichteinfall - streckt der Vierjährige dem Vater - selbst darauf verzichtend - einen Lebkuchen und einen Apfel entgegen. Die älteste, die fünfzehnjährige Tochter Franziska, spielt dem Vater zur Begrüßung eine „Allemande", ein Tanzstück nach deutscher Art.

Damit angesichts der hübschen Spinettspielerin in festlich weißem Kleid und mit schmückendem Schleifenband im Haar nicht der Gedanke aufkommt, daß die Töchter sich einmal zu Plaisir suchenden Hofdamen entwickeln könnten, wird das Erziehungsideal an den beiden jüngeren Töchtern, Charlotte Juliane (10) und Heinrike Franziska (13) demonstriert. Sie erscheinen zur Zufriedenheit des Vaters mit Strickzeug und Handarbeitsbeutel und entsprechen damit dem häufiger auf Familienbildnissen dieser Zeit zu beobachtenden Reglement: wer nicht in der Betreuung oder Ermunterung der Herren tätig ist, muß stricken! Auch in der etwas ins Alltägliche zurückgenommenen Farbigkeit der Kleidung zeigen sie, daß sie auf dem besten Wege sind, einmal sparsame, fleißige und pflichtbewußte bürgerliche Hausmütter zu werden.

Nach der im 18. Jahrhundert üblichen nicht allein gegenwärtigen, sondern zugleich auch zukünftigen Sicht der Kinder deuten Strickstrumpf und Handarbeitsbeutel auf die Erwachsenenrolle der Mädchen, die Büste des römischen Architekten Vitruv auf die bedeutungsvolle Sendung des Stammhalters hin. Sie ist zwar in erster Linie Hinweis auf den Beruf des Vaters, aber formal auf den kleinen Sohn bezogen; denn von den zwei Gruppen der Familie gerahmt, ragt zukunftsträchtig über dem Vierjährigen, sozusagen sein Patronat übernehmend, das mächtige Haupt des antiken Architekten auf. Bezeichnenderweise nimmt der gefeierte Sproß, die Zukunft der Familie verkörpernd, den ehrenvollen Platz im Zentrum der Komposition ein. Dies spricht für das Einfühlungsvermögen des Malers, denn für einen Vater von drei Töchtern konnte es, nach der Gattin, nichts Erfreulicheres als einen

Kat.Nr. 11

Philipp Friedrich Hetsch
Die Familie des Architekten Fischer, 1788
Staatsgalerie Stuttgart

Stammhalter geben. Die 1762 von Rousseau in seinem Erziehungsroman „Emile" empfohlene Gleichbehandlung hatte sich 1788 noch nicht überall herumgesprochen. Frau Juliana hat mit Stammhalter, musizierenden und strikkenden Töchtern für die in jener Zeit vielbeschworene „häusliche Glückseligkeit" ihres Gatten alles arrangiert, und doch fragt es sich, ob die „Beglückung" des Hausvaters gelungen ist. Es sieht nicht danach aus. Der vielgefragte Baumeister und Professor der Architektur, der gerade (1788) den Auftrag für den Bau von Schloß Hohenheim vom Herzog bekam, hat keine Zeit! „Gestiefelt", wenn auch nicht mehr „gespornt", mit Mantel und Hut, macht er deutlich, daß er hinausdrängt ins „feindliche Leben" und auf ein Mußestündchen im Kreis der Familie verzichten muß. Der um ein Bleiben flehende Blick und die Enttäuschung ausdrückenden herabgezogenen Mundwinkel seiner Frau bestätigen dies. Zudem versinnbildlichen seine als markante Diagonale in das Bild gestreckten langen gestiefelten Beine sein „rastloses Tätigsein" und seine männliche Dynamik. Dies fällt vor allem im Vergleich zu den kaum angedeuteten und sogar mehrfach fehlenden Schuhen der übrigen Familie ins Auge. Ebenso scheint sein ins Leere oder bereits zur Tür gehender Blick dafür zu sprechen, daß der vielbeschäftigte Architekt, mit neuen Projekten befaßt, gedanklich bereits unterwegs ist. Diese Interpretation würde den dynamischen Familienvater auch einordnen in die Reihe der übrigen der Muße entsagenden, auf Familienglück Verzicht leistenden, unermüdlich für das Gemeinwohl tätigen gemalten Ehegatten (vgl. S. 45f. und Kat. Nr. 12, 15).

Dem tüchtigen Architekten und Professor für Civilbaukunst wird als „natürlichem Sohn" Herzog Carl Eugens daran gelegen gewesen sein, klarzustellen, daß ein „fürstlicher" Lebensstil, ein fast lebensgroßes Familienbild in einem festsaalartigen Raum seines vierzehnachsigen Wohnhauses und auch eine heitere und zufriedene Familie einem nicht aufgrund von Stand und Rang zufallen, sondern ein mit bürgerlichem Fleiß und Können hart erkämpftes und von allen kleinere und größere Opfer forderndes Glück sind. Man lebt nicht in den Tag hinein (der Vater), vertreibt nicht die Zeit mit Spiel und Kurzweil (die handarbeitenden Mädchen), denkt nicht nur selbstsüchtig an den eigenen Genuß (der Jüngste), lebt nicht in gleichgültigem Nebeneinander, sondern in der Sorge für den anderen (die Mutter) und betont seine deutschen, nicht höfisch französischen Lebensauffassungen (die älteste, die „Allemande" spielende Tochter). Wenn beim Adel neben der Sittenverderbnis der „Glückseligkeitsmangel" (Campe, S. 39) kritisiert wird, hier wird bürgerliche „Glückseligkeit" exemplarisch vorgeführt.

Im Rahmen der damaligen Porträtkonvention, die aufgrund des Geschlechtes, des Alters, der Familienfunktion rollen- und altersgemäße Aktivitäten und Attribute vorgab, setzt Philipp Friedrich Hetsch aus naher Kenntnis der bürgerlichen Auffassungen der Familie seine feinen verdeutlichenden Akzente, dank seiner freundschaftlichen Vertrautheit gibt er allen eine sympathisch glaubwürdige Lebensfrische und Gegenwärtigkeit. Ein Jahr vor dem Ausbruch der französischen Revolution malte er seine Auffassungen vom Sinn und Glück des Lebens mit dem Anspruch und der Monumentalität (160,0 x 294,0 cm) eines Historienbildes als bürgerlichen Lebensentwurf in eine noch höfische Welt.

Zur Freude des Vaters eine häusliche Schlacht

Auch bei dieser Darstellung einer Familie geht es darum, den Ehegatten in seinem rastlosen Tätigsein für einen Augenblick durch seine Kinderschar aufzuheitern und zu erfreuen. Nach der Kleidung und der Einrichtung dürfte es sich um eine Familie von Stand handeln. Mit Fernrohr und Globus bedeutungsvoll ins Weltgeschehen involviert, sitzt der Vater arbeitend an einem mit Papieren und Karten übervollen Tisch. Zirkel, Wasserglas, Farbnäpfchen, Tuschpinsel, Tintenfaß und Federkiel lassen kartographische Arbeiten vermuten. Prinz Eugen, goldgerahmt an der Wand (eine Kopie nach Jakob von Schuppens Gemälde im Rijksmuseum Amsterdam), der geharnischt und mit fliegenden Locken in die Schlacht zu reiten scheint, ein von Pulverdampf umwölkter Reiterkampf in der Art Jan Martsen d.J. über der Tür, zwei Pistolen an der Wand, Säbel, Uniformrock und auch das Schlachtfeld, in das seine Kinder das Arbeitszimmer des Vaters - ohne Rücksicht auf die Einrichtung - verwandelt haben, deuten auf einen kriegsstrategischen Beruf des Vaters hin.

Wie der Vater, so die Söhne! Die Attacke der Kinder ist gelungen, das Arbeitszimmer des Vaters gestürmt! Sozusagen als Brückenkopf haben sie - den guten Teppich nicht schonend - die Wiege mitten ins Zimmer geschoben. Der Insasse, ein paar Monate alter Hemdenmatz, trommelt zur Schlacht. Er haut so temperamentvoll auf die Trommel ein, daß ein Schlagstock als Geschoß bereits auf dem Teppich gelandet ist. Das weiße Schoßhündchen ist zum Feind deklariert. Es übernimmt die Gegenwehr. Auf ihn ist der Gewehrlauf des erstgeborenen Stammhalters, eines schon sehr ältlich und kaltblütig dreinblickenden etwa Vierjährigen gerichtet. Die wenig ältere Schwester steht im Hintergrund in einer Randrolle, ist aber „gefällig" mit Hut und reizendem Seidenkleid ins Bild gebracht. Zwischen dem wohlgefällig auf die häusliche Schlacht blickenden Vater und den hoffnungsvoll draufgängerischen Söhnen steht, ihm zur Seite, im Zentrum des Bildes, die Familie überragend, in goldfarbener Schärpe und reinstem Weiß, herausgehoben aus der alltäglichen Farbigkeit - die Mutter! Während die Herren mit nach Außen drängender Aktivität kraftvoll das männliche Geschlecht repräsentieren, hat die blaß gepuderte Mutter, ergeben erduldend, etwas kraftlos eine Stütze suchend, ihren rechten Arm auf die Schulter ihres Gatten legend, die Personifikation des schwachen Geschlechtes zu stellen. Von kindlicher Unschuld, „von Natur aus gut", die Sanftmut selbst, die tobenden Kinder und den allzu dynamischen Ehegatten erduldend - nichts für sich in Anspruch nehmend, weist sie auf die hoffnungsvoll dem Vorbild des Vaters folgenden Sprößlinge hin.

Geht von ihr Ruhe und Harmonie, von dem Töchterchen gefällige Anmut aus, so Chaos von den männlichen Familienmitgliedern! Man beachte, wie der Vater die Stiefel unter und den Uniformrock auf den Stuhl, den Federhut auf den Teppich geschmissen hat, wie die Söhne das Zimmer verwüstet haben.

Definiert man das in den Zügen des Vaters ablesbare Wohlgefallen, so ist es die Freude an seinen kampfeslustigen Stammhaltern und das einmal auf ihn zurückfallende vaterländische Verdienst, zwei so wackere zukünftige Soldaten gezeugt zu haben, deren eventueller Heldentod auch ihm zum Ruhm gereichen wird. Angesichts der hohen Kindersterblichkeit infolge des Ammenunwesens (vgl. hierzu S. 184f.) und der damit erschreckend zurückgehenden Bevölkerungszahlen demonstriert dieses um 1790 entstandene Familienbild in fast propagandistischer Weise die von den Moralisten, Ärzten, Ökonomen geforderte vaterländische Pflicht, Kinder zu zeugen, zu gebären und sie mit Verständnis und freundlicher Zuwendung selbst großzuziehen.

Kat.Nr. 12

Willem Joseph Laquy
Familienbild, um 1790
Städtisches Museum Haus Koekoek, Kleve

Gefühlvolle Harfenklänge für den Herrn Professor

Friedrich Georg Weitsch, Hofmaler und Akademiedirektor, porträtierte die Prominenz von Berlin: Königin Luise und auch, in einem teuren Porträt „mit Armen" in reichlicher Halbfigur, Frau Professor Rudolphi (1783-1821), Gattin des Berliner Physiologen und Universitätsprofessors Carl Asmund Rudolphi (1771-1832). Mit schöner, elegant den Körper querender Geste, greift sie gefühlvoll und sanft in die Saiten einer Harfe. Dabei blickt sie selbstgewiß, freundlich lächelnd aus dem Bild. Möglicherweise ist neben dem Spiel auf der Harfe auch noch mit ihrem Gesang zu rechnen. Da nichts darüber bekannt ist, daß Frau Rudolphi sich im Berliner Konzertleben betätigte, kann die musikalische Erheiterung - um ihm „das Leben zu versüßen" (Campe, S. 131) - nur ihrem Gatten gelten, wie der in dieser Zeit für das Bürgertum maßgebliche Pädagoge Johann Heinrich Campe über den zugelassenen Rahmen künstlerischer Betätigung von Frauen schreibt (Campe, S. 131). Dies wäre auch die einzige Rechtfertigung musikalischer Ambitionen für eine Frau, die ihre weibliche Bestimmung als Gattin, Hausfrau und Mutter ernst nahm.

Betrachtete man es im 18. Jahrhundert für eine Dame von Stand als eine Selbstverständlichkeit, sich beim Harfen-spiel porträtieren zu lassen, für eine bürgerliche Ehefrau der ersten Hälfte des 19. Jahrhunderts war dies sehr bedenklich und nur unter bestimmten Voraussetzungen möglich. Wenn musikalische Interessen nicht zu Servi-ce-Ausfall führten und so zum „Hinderniß seiner Glückseligkeit" wurden, d.h. wenn die Gattin nicht die „Ge-schäfte in Küche und Keller, Hof und Garten" vernachlässigte, wenn in keinerlei Weise ihre „weibliche Bestim-mung" beeinträchtigt wurde, wenn ihr musikalisches Engagement nicht in Ehrgeiz und die „Befriedigung einer eiteln Begierde nach Lob und Bewunderung" ausartete mit den fatalen, nicht absehbaren Folgeerscheinungen mangelnder Demut und sich entwickelnden Selbstbewußtseins; nur unter diesen Umständen konnte ein Ehe-mann, wie Campe ausführt, die Ausübung einer solchen „Geschicklichkeit in den schönen Künsten" zugeste-hen. Dann war sie, wie Campe einräumt, sogar sinnvoller, als die Zeit „mit zwecklosen und verderblichen Lese-reien oder mit tändelndem Nichtstun" zu vergeuden (Campe, S. 139).

Man mag dieser gewagten, weil Eigeninteressen zulassenden, weiblichen Bildnisinszenierung zugute halten, daß sie in dem liberalen Milieu Berlins und daß sie 1813, in noch freiheitlich beflügelter Zeit, entstand. Sie mag auch noch durch den Kult der Empfindsamkeit begünstigt gewesen sein, der der Weiblichkeit feine Empfindung und eine gewisse Geltung aufgrund der Fähigkeit zu Gefühlen zugestand. Falls es auch ein männliches Bildnis gab, korrespondierte dann in schönem Einklang weibliches Gefühl mit männlicher Gelehrsamkeit. Zudem erfuhr die Herausforderung dieses Bildnisses eine gewisse Milderung durch die Inszenierung à la grecque. Mit der schönen statuarischen Geste des übergreifenden Armes, der tugendhaften Schmucklosigkeit, der kurzen Lockenfrisur, in die in antikem Geschmack Perlenketten (als Naturprodukt die einzige zugelassene Dekoration) gewunden sind (vgl. hierzu die Frisur-Anregungen im Journal des Luxus und der Moden, Weimar, Oktober 1798), war Frau Rudolphi den kleinlichen Maßstäben der Realität etwas entrückt.

Kat.Nr. 13

Friedrich Georg Weitsch
Bildnis Charlotte Friederike Wilhelmine Rudolphi geb. Meyer, 1813
Von der Heydt-Museum, Wuppertal

Die Schwester übt sich schon ermunternd und aufrichtend als Ehefrau

Dargestellt sind die Kinder des Malers Heinrich Christoph Kolbe. Luise (geb. 1807 in Paris) ist etwa im Alter von 13 Jahren und Etienne Maria (Paris 1809 - 1836 Düsseldorf) im Alter von elf Jahren gemalt. Etienne wurde wie sein Vater Maler. Liebevoll, mit beschützender Geste hält Luise Kolbe ihren jüngeren Bruder im Arm. Sie ist in Übereinstimmung mit Rousseau auf dem richtigen Wege und übt sich bereits in ihrer Aufgabe als künftige Ehefrau, das männliche Geschlecht gefühlvoll zu betreuen, ihm zu „gefallen", „nützlich zu sein", für es „zu sorgen", es zu „beraten", es zu „trösten" und ihm „ein angenehmes und süßes Dasein" zu bereiten (Rousseau, S. 733). Auch der Bruder legt seinen linken Arm um seine Schwester, aber seine Geste hat keine Gefühlsintensität. Er hat nicht den fast bekenntnishaften Ausdruck der Verantwortlichkeit und der Sorge. Er wendet den Kopf - anderen wichtigeren Zielen nachsinnend - weg und reagiert nicht auf die Gefühlsentfaltung seiner Schwester.

Bezeichnend, wie hier schon im Bildnis zweier Kinder die männliche und die weibliche Rollenbestimmung charakterisiert wird. Obwohl Luise wach, intelligent und mit einer für ein Mädchen ungewöhnlichen Entschlossenheit aus dem Bild schaut, ist dem jüngeren Bruder mit einem Buch in der Hand die geistige Führungsrolle zugedacht. Man könnte seinen Gesichtsausdruck als verträumt deuten. Doch im Hinblick auf den bevorstehenden harten männlichen Lebenskampf wird er eher als sorgenvolle Nachdenklichkeit zu interpretieren sein. Die 13jährige Schwester wird ohne Attribut gemalt. Möglicherweise haben ihr beherrschend ins Bild gebrachter Arm und die gut ausgebildete Hand - wie immer wieder zu beobachten - das korrespondierende Äquivalent weiblicher Arm- und Handarbeit (vgl. Kat. Nr. 38 und Abb. 5) zu der männlichen Kopfarbeit zu stellen. Auch deutet sich seine zukünftige männliche Dynamik in den leicht bewegten Haarsträhnen und dem Seitenscheitel an und ihre auf ruhendes Sein programmierte weibliche Lebensweise in dem für weibliche Wesen obligatorischen Mittelscheitel.

Kat.Nr. 14

Heinrich Christoph Kolbe
Luise und Etienne Kolbe, die Kinder des Künstlers, um 1820
Von der Heydt-Museum, Wuppertal

Die Damen „beleuchten seine finstere Wolke" vergebens

Sucht man über das Beieinander der Familie hinaus nach einem alle verbindenden Motiv, so geht es auch hier um die Erheiterung des Gatten und des Vaters. „Wir sitzen so fröhlich beysammen" liest man auf dem Notenblatt der Gitarre spielenden Tochter. Sie scheint den ernst, fast verfinstert dreinblickenden Vater durch Gesang und Gitarrenspiel aufheitern zu wollen. Auch eine zweite Tochter bemüht sich (beide sozusagen in Stellvertretung der Mutter) um den von seinen schweren Gedanken gefangengenommenen Vater. Liebevoll schmiegt sie sich an ihn, um ihn aus seiner sorgenvollen Welt herauszuholen und ihn Nähe und Wärme der Familie spüren zu lassen. Auch die die Mutter und den Vater im Halbkreis umstehenden Töchter, die mit ihren sonntäglichen Kleidern festliche Farben in die grau-grün-schwarze Alltagsfarbigkeit der Herren bringen, selbst das leuchtend rote Kleid der Gattin, kann sein Gemüt nicht erhellen. Wenn es bei E.M. Arndt heißt, das Weib solle „seinen Ernst mildern" und wie ein glücklicher Sonnenschimmer hin und her zitternd seine finstere Wolke beleuchten,, (Arndt, S. 198), der „glückliche Sonnenschimmer" der Damen scheint nichts zu nützen. Sie „beleuchten seine finstere Wolke" vergebens (Arndt, S. 198).

Als einziger erscheint der Kölner Landgerichtspräsident in entrückender strenger Profilansicht, als einziger vor der schwarzen, von keinem Lichtstrahl aufgehellten schwarzen Tapete des Hintergrundes. Seine „saure Lebensweise", sein „größerer und ernster Wirkungskreise", die „größere Mühseligkeit seiner Geschäfte", die „oft sehr bedenklichen und mißlichen Zusammenstöße, die sich alle Augenblicke zwischen ihm und anderen Männern ereignen", „Verdruß und Kummer" durch „große und verwickelte Geschäftigkeit", „die Sorge für das Ganze seines Hauswesens", wie Campe die Lebenswelt des Mannes beschreibt (Campe, S. 191-197), erklärt des Hausvaters Blässe, sein Gealtertsein, daß „seine Stirn sich unwillkürlich in ernste oder unwillige Falten legt". Da ist es die Aufgabe von Frau und Töchtern, ihm „Heiterkeit ... ins Herz zu lächeln", mit den „Tugenden der Gutlaunigkeit, der Freundlichkeit, der Geduld, der Sanftmuth, der Biegsamkeit und Selbstverleugnung" aufzuwarten. Diesen verläßlichen Zustand heiterer Gleichmut glaubt man bei den Frauen sozusagen naturgegeben. Ihre „minder starken und tiefen Empfindungen", „das leichtere Blut", der geringere „Hang zu ernsten und trüben Gedanken", ein „glücklicher Leichtsinn", der sie „Unangenehmes im Hui! wieder vergessen macht", der „beschränktere Wirkungskreis", kurz, ihre etwas begrenzte, geistig unterentwickelte Natur prädestiniert sie zu Harmonie (Campe, S. 191-197)! Dieses Hintergrunddenken bedingt die heroisierende Stilisierung des Vaters und die nur Freundlichkeit und Herzensgüte ausstrahlenden Gesichter der Damen.

Der anbehaltene Mantel, sein festes Schuhwerk, seine stehende Haltung, sein Standort in der Nähe des Fensters verdeutlichen die Beziehung des Vaters zur Außenwelt, zu seinen Aufgaben im öffentlichen Leben. Nur die lange Pfeife in seiner Hand weist darauf hin, daß er ein paar Augenblicke der Muße im Kreise seiner Familie verbringen und seiner Verantwortung als Vater von vier Töchtern und drei Söhnen gerecht werden will. Seine Verantwortlichkeit gilt vor allem den Söhnen. Mit seiner alle überragenden, stockgeraden Gestalt flankiert er - von der schwarzen Tapete hinterfangen - die asketische, sozusagen „geistige Mittelachse" des Bildes, die durch ein religiöses Gemälde mit der Darstellung der „Ausgießung des Heiligen Geistes", durch eine Kleinplastik der Justitia, durch das männliche Würdemöbel, den Schreibsekretär und zwei Söhne gebildet wird. Der breite rote Vorhang hinter dem Vater verlängert die männliche Mittelachse nach oben und visualisiert den auszehrenden Sog der Außenwelt. Dem dritten Sohn Carl hat der Vater den Rücken zugekehrt. Er hat sich über die Autorität des Vaters hinweggesetzt und ist nicht Jurist, sondern Maler geworden. Der unter der Aufsicht der Justitia und des Vaters

Kat.Nr. 15

Carl Joseph Begas
Die Familie Begas, 1821
Wallraf-Richartz-Museum, Köln

schreibende Sohn ist sicherlich zum Juristen bestimmt. Doch über seinen weiteren Lebensweg weiß man nichts. Der Jüngste wurde Arzt. Ihre männlichen, ins Lebens drängenden Kräfte werden durch die Zick-Zack-Linie der gewinkelten Arme und die ins Bild gestreckten Beine des Jüngsten verdeutlicht. Aus der dem Vater und nachfolgend den Söhnen auferlegten Lebenslast ergibt sich nachgeordnet und ergänzend die Rolle der weiblichen Wesen.

Dem stehenden Vater korrespondiert als ruhender Pol die sitzende Mutter. Den wachen, von schnellem Wechsel bestimmten Blicken und Gesten der agilen Brüder entsprechen die ruhevollen sanften Blicke, die harmonischen und fast wie sediert wirkenden Gesten der Mutter und der Töchter. Aktivität kennzeichnet die männlichen, fast Passivität die weiblichen Familienangehörigen. Der Vater und die Söhne sind durch das Fenster mit dem Ausblick auf St. Andreas und den Kölner Dom oder auch, wie der Jüngste, sprungbereit mit Mantel, Stiefel und Hund der Außenwelt verbunden. Dagegen ist die Mutter mit zwei Töchtern, hinterfangen von dem ranken- und blütendekorierten Paravant, in eine kleinere heitere Welt eingepaßt. Die fünf weiblichen Personen sind als häusliche Wesen charakterisiert. Von den zehn für sie anzunehmenden Schuhen sind sie nur mit einer Schuhspitze im Bild vertreten. Den vier Herren wird immerhin eine Vertretung durch sechs kräftige Lederschuhe zugestanden. Ganz demonstrativ - man wird an die von Hetsch gemalten, in die Szene gestreckten Stiefel des Architekten Fischer erinnert (vgl. Kat. Nr. 11) - streckt der Jüngste, der lieber draußen mit dem Hund herumtollen würde, als für ein Familienbild Modell zu sitzen, dem Betrachter seine festen schwarzen Lederstiefel so entgegen, daß er auch noch in Untersicht deren soliden Eisenbeschlag bewundern kann.

Während der nachdenkliche Vater, der schreibende und skizzierende Sohn durch kreative „Kopf"-arbeit die geistigen und auch die kulturellen Werte einbringt, läßt die Mutter die Frucht ihrer „Hand"-arbeit und ihres Hausfleißes als Hinweis auf ihre erarbeiteten Vermögenswerte - ein großes Laken - in die Szene fallen. In seinem harmonischen Faltenfall fungiert es als bürgerliche Lobesformel für die Mutter. Und auch die ihr zugeordneten wohlgeratenen Töchter haben in der Nachfolge ihrer Mutter den Wert sorgfältiger Handarbeit erkannt. Das putzende, reinliche Weißzeug ihrer Kragen - wenn diese auch noch nicht ganz den hohen Standard des mütterlichen Rüschencapottes erreichen - das von näherischem Können zeugende und besonders herausgestellte blaue Kleid der zweiten Tochter, die schwarze, das gute Kleid schonende Schürze der Gitarre spielenden Tochter, die eine Erziehung zum Schonen und Sparen signalisiert, sind der Beweis, daß sie bereits heiratsfähige gute Hausfrauen sind. Die älteste Tochter in schwarzem Kleid hat diesen Status fast erreicht. Sie stickt feine Kränzchen auf ihr Haubenband. Wo man auch hinsieht - von dem unbürgerlichen Sohn Carl, dem Maler, einmal abgesehen - eine vorbildliche Familie des Bildungsbürgertums mit frommem Sinn, dem Gemeinwohl verpflichtet und der Kunst verbunden (vgl. Gotteshäuser im Fenster, Justitia, das Gemälde über dem Sekretär). Man kann vier wohlgeratene fleißige und häusliche Töchter vorweisen, die einmal „dankbare und folgsame Gefährtinnen" eines Ehemannes sein werden (Campe. S. 23). Man hat drei hoffnungsvolle, geistig wache und bewegliche, in die Welt drängende Söhne, die einmal Bedeutendes vollbringen werden.

In geradezu beispielhafter Weise ist auf diesem neunfigurigen Familienbild die bürgerliche Neueinrichtung der Familie mit gestrengem Herrscher und Gefolge und der unterschiedliche männliche und weibliche Lebens- und Geltungsanspruch sichtbar gemacht.

Keine Zeit und keinen Platz für Blumen

Eine liebende Gattin möchte mit Schiller „himmlische Rosen" in ihres Gatten hartes „irdisches Leben flechten und weben", ihn für einen Moment aufheitern und bei der Arbeit mit freundlichem Zuspruch bedenken. Doch es wird nichts daraus. Der Ehegatte hat keine Zeit! (vgl. auch S. 32f.). In sonntäglicher Kleidung mit modischem Straußenfederhut, der dafür spricht, daß sie ausgehen will (vermutlich in die Kirche), mit zum Sonntag frisch frisiertem Haar, tritt sie, wie es scheint, aus der Welt „des Luxus und der Moden" in seine entsagungsvolle Arbeitswelt, an seinen mit Büchern, Meßinstrumenten und Kartenschubern beladenen Schreibtisch, um ihn mit ihrer Gegenwart, ihrer hübschen Sonntagsgarderobe und einem Blumensträußchen zu erfreuen. Nur für einen Moment möchte sie stören, so lange es braucht, die Blumen in die Vase zu stellen.

Doch mit völlig abwesendem, verglastem Blick, ganz gedankenverloren, sieht ihr Mann sie an. Er realisiert sie kaum und legt nicht einmal den Tuschpinsel aus der Hand, um mit ihr ein Wort zu wechseln. Er hat keine Zeit! Mit dem Blumengruß aus dem Garten soll ihr nur noch arbeitender Ehegatte am Sonntag wenigstens etwas an dem licht hereinscheinenden Sommer teilhaben. Doch wie die Blumenvase, die gar keinen Platz auf seinem Schreibtisch hat - sie muß schon auf einer ausgerollten Landkarte stehen - so haben auch Blumen, d.h. die schönen Dinge des Lebens, kaum Raum in seiner unerbittlich harten Arbeitswelt. Dabei ist von der Gattin alles so liebevoll gemeint. Seine für das Gemeinwohl wichtigen Forschungen, die keinen Aufschub dulden, sind der kartographischen Landaufnahme gewidmet, wie man den Beschriftungen der rechts stehenden Kästen entnehmen kann. Sie enthalten eine „KARTE VON VORARLBERG" und die Landaufnahme von „TIROL NACH P. ANICH SECT. I-V".

Es fällt auf, wie sehr ihre ganze Erscheinung beherrscht wird von dem an einer zweifachen Goldkette hängenden Kreuz auf dem blauen Grund ihres Kleides. Würdigt man ihren ernsten Gesichtsausdruck, berücksichtigt man, daß ihre stehende Gestalt in den Bereich der religiösen Gemälde ragt, daß es sich bei der ebenfalls blau gewandeten Gestalt des rechten Gemäldes um die von Vermeer van Delft gemalte „Allegorie des Glaubens" handelt, mit der sie auch farblich in ihrer auf Blau und Weiß abgestimmten Garderobe korrespondiert, dann wird ersichtlich, daß die Frau des Wissenschaftlers das Bildnis als ihren Beitrag mit Frömmigkeit bereichern soll.

Sein wissenschaftliches Wirken dagegen ist ganz dem humanitären Fortschritt und dem Gemeinwohl gewidmet, weshalb seine sitzende Gestalt auch im Bereich der profanen Gemälde bleibt. Bei der ehelichen Aufgabenteilung scheint es ihr zuzukommen, im Dienst an seiner männlichen Vollkommenheit, wie es bei Pestalozzi von „Gertrud" heißt, „den Himmel für ihn mitzuverdienen" (vgl. S. 335). Eine solche Ehe ist dann auch mit adelsgleichem Wohlstand gesegnet, wie die elegante Kleidung und der hochrangige Besitz niederländischer Gemälde im Hintergrund deutlich machen.

Klaus Albrecht Schröder deutet die beiden 1824 von Waldmüller gemalten „Zwei-Personen-Stücke" (vgl. Abb. 4) als von Künstlerbildnissen mit Muse angeregte Inspirationsszenen. Sie mögen formal nachwirken. Nach der bürgerlichen Ideologie der Zeit, die Frauen strikt von geistiger Tätigkeit ausschließt, ist es jedoch kaum denkbar, daß Inspiration gemeint ist. Vielmehr geht es um die Selbstheroisierung des Bürgertums. Der Mann erbringt hart und ruhelos arbeitend Leistung und Verdienst. Die Frau steuert Tugend und Frömmigkeit bei. Wenn man in höfischen Kreisen die Zeit vertat, das Bürgertum nutzt sie unter Verzicht und Entbehrung. Nur so kann man Wohlstand und eine humane Erneuerung der Gesellschaft erkämpfen.

Kat.Nr. 16

Ferdinand Georg Waldmüller
Bildnis eines Kartographen mit seiner Frau, 1824
Westfälisches Landesmuseum für Kunst und Kulturgeschichte Münster, Dauerleihgabe der Bundesrepublik Deutschland

Zum Geburtstag - die leibhaftige Gattin

Bisher vermutete man in der Dargestellten eine Witwe, im Hintergrund das Porträt ihres verstorbenen Mannes. Doch der zufriedene, wohlgemute Gesichtsausdruck und die festliche Kleidung lassen an dieser Bestimmung zweifeln. Die ermittelten Lebensdaten klären die Entstehungsumstände. Nicht Trauer um den verstorbenen, sondern Erheiterung des lebenden Ehegatten ist das Anliegen dieses Porträts. Es ging darum, den Ehegatten, den Kaufmann Johann Michael Krittner (Wien 1760-1846) zu seinem 70. Geburtstag zu erfreuen und ihn mit ihrem und seinem Bildnis als „Bild im Bilde" zu überraschen. Sie hatte den Jubilar 1798 in zweiter Ehe geheiratet. Der erste Mann der Wirtstochter, der Kaufmann Johann Babics (1749-1797), von dem sie fünf Kinder hatte, war nach 14 Ehejahren 48jährig gestorben. Er kommt nach dem weit älteren Aussehen, der Mode und dem Stil des Porträts als Dargestellter nicht in Betracht. Ihr zweiter Mann, der Ziehvater ihrer fünf aus erster Ehe stammenden Kinder, verdiente an seinem 70. Geburtstag Dank und eine besondere Ehrung. Dies mag die Wiener Kaufmannsfrau zu einem kostspieligen Porträtauftrag bewogen haben. Als reichliches Kniestück in großem Format, mit Armen, Händen und einem „Porträt im Porträt" war es sicher ein Bildnis, das sie einiges kostete.

Waldmüller malte das „Geburtstagspräsent", die 67jährige, festlich ausstaffiert, in einem Lehnsessel sitzend. Sie trägt ein braunes Kleid. Es ist von hochwertiger Seide, auf die Waldmüller in dem Faltenspiel der Ärmel in realistischer stofflicher Kennzeichnung aufmerksam macht. Auf der frisch frisierten Lockenpracht, die das Gesicht mit üppigen seitlichen Locken rahmt, türmt sich in zartestem, lichtschimmerndem Weiß, eine mächtige blütenhafte Bänderhaube. Aus vielen Metern Haubenband ist sie in großen Schleifen über besticktem, duftig sich wölkenden Tüll gelegt. Mit Federn, Blüten und Zweigen bestickt, lugt er zwischen den Schleifen in üppigen Tuffs hindurch. Die die kleine Figur günstig streckenden, noch einmal nahsichtig vorgeführten hauchzarten Haubenbänder lassen ermessen, was die luxuriöse Haube aus einer ersten Wiener Putzwarenhandlung gekostet haben mag - dazu der Kragen mit doppelten Flügelärmeln, Rüschenkragen aus feinstem besticktem, tüllrüschen- und spitzengesäumtem Organza und der große, über die Lehne drapierte grüne Kaschmirschal. Mit viel Fleiß und Arbeit hat es Frau Krittner-Babics zu etwas gebracht. Darauf deuten die abgearbeiteten Hände, die Waldmüller hier bewußt in die Charakterisierung einbezieht. Nach allgemeiner Porträtgepflogenheit wäre eigentlich zu erwarten, daß in einer solchen Zwei-Personen-Darstellung bei so divergierendem Maßstab der Mann und Jubilar groß und bedeutsam die ganze Leinwand einnehmend im Bildnis erschiene und die Frau klein und kümmerlich im Hintergrund (vgl. Kat. Nr. 25 u. Abb. 13).

Wenn sonst zunehmend im patriarchalischen bürgerlichen Biedermeier gilt „erst der Herr und dann die Dame", erst die „Würde", dann die „Anmut", so kehrt Waldmüller - wenig konventionskonform, mit unmittelbar reagierendem Sinn für menschliche Besonderheiten - nicht nur die Reihenfolge um, sondern präsentiert die selbstbewußte Wiener Kaufmannsfrau bildbeherrschend, fünfmal größer als ihren Ehemann.

Kat.Nr. 17

Ferdinand Georg Waldmüller
Bildnis Theresia Krittner-Babics, 1830
Von der Heydt-Museum, Wuppertal

Trauben für den Stammhalter

Im 19. Jahrhundert gehörten die Putzer zu den reichsten Bozener Familien. Man hielt es für eine der acht Seligkeiten, mit einer Tochter Putzer verheiratet zu sein. Das alte Bozener Geschlecht war im 18. Jahrhundert durch Handel zu großem Reichtum gekommen. Dargestellt sind drei der vielen Kinder des Johann Florian Putzer Edler von Reibegg (1801-1892) und der Anna Freiin von Ingram. Johann Florian Putzer stand einem großen Bozener Handelshaus vor und war liberaler Abgeordneter im Tiroler Landtag und im österreichischen Reichstag. Der Dargestellte neunjährige Paul heiratete eine Wilhelmine Freiin von Kübeck.

Ob Gattin, Schwester, Tante, Tochter, Base, Nichte oder Enkelin, ob alt oder jung, alle sind bestimmt, das männliche Geschlecht, das den schweren Lebenskampf auf sich nimmt, durch Aufmerksamkeiten aufzuheitern. „Die ganze Erziehung der Frauen muß sich im Hinblick auf die Männer vollziehen. Ihnen gefallen, ihnen nützlich zu sein, sich von ihnen lieben und achten zu lassen.... ihnen ein angenehmes und süßes Dasein bereiten, das sind die Pflichten der Frauen zu allen Zeiten, das ist es, was man sie von Kindheit an lehren muß." (Rousseau, S. 733) Diesen Gedanken weiblichen Gefallens und männlicher Aufmunterung hat der Hamburger Maler Friedrich Wasmann auch in das Bildnis der drei Kinder Putzer aufgenommen, bei dem es einen Stammhalter mit seinen beiden jüngeren Schwestern vor blauem Himmel und der Kulisse der südtiroler Berge zu inszenieren galt. Schon in unschuldigem Kindesalter folgt die jüngste weißgekleidete Schwester dieser geforderten weiblichen Bestimmung.

Die Kinder sind zu einem weinüberrankten Aussichtsplatz ihres Anwesens gegangen, wo auf einem runden Tisch ein großer Zinnteller mit frischem Obst und eine weite Sicht über Berg und Tal zum Verweilen einladen. Die Kinder rasten am Hang des Tschöggelberges mit dem Ausblick auf Gries. Die kleinste Schwester hat sich auf den einzigen Stuhl gesetzt. Sie hält eine große blaue Traube auf dem Schoß. Zu ihrem großen Bruder aufschauend, reicht sie ihm, ihn zu erfreuen, aufzuheitern und zu verwöhnen, mundgerecht eine einzelne Beere. Doch um mehr als eine Kopfeslänge die sitzende kleine Schwester überragend, würdigt der große Bruder die freundliche Fürsorge seiner kleinen Schwester nicht eines Blickes. Wie bei den Waldmüller-Bildnissen der bedeutungsvollen, völlig von verantwortungsvoller Arbeit absorbierten beiden Kartographen (vgl. Kat. Nr. 16 und Abb. 4) geht sein Blick ernst und sendungsbewußt, mit Wichtigerem beschäftigt, in die Ferne. So wie er die Verantwortung für seine beiden kleinen Schwestern auf dem kleinen Ausflug übernommen hat, so wird er es auch im Leben tun. Doch um keins der Kinder Putzer muß man sich sorgen, wie die Kirche im Tal und die Kapelle auf dem Berg andeuten, sind sie in festem christlichen Lebensrahmen erzogen. Seine zukünftige Führungsaufgabe als Stammhalter der Familie wird durch die bestimmte Geste, mit der er seine ältere Schwester bei der Hand nimmt, und seine richtungs- und zielbewußte Beinstellung hervorgehoben. Nicht nur, daß der Stammhalter nach seinen verständigen Gesichtszügen den Ernst des Lebens erkannt hat, im Gegensatz zu seinen Schwestern, hat er - wie in der Kleidung zum Ausdruck kommt - aufgrund seines Geschlechts ein anderes Realitätsbewußtsein. Während die kleine, hellblonde lockenköpfige Schwester entsprechend ihrem noch unschuldigen Kindsein ein weißes Kleidchen trägt, die ältere der beiden Schwestern ein festtäglich leuchtend rotes Kleid, kommt es allein dem Sohn zu, in den Farben des Alltags und der Realität eine braune Hose, einen tintenblauen karierten Rock, eine braunrote, rotgepunktete Weste zu tragen.

Es ist bemerkenswert, wie nuanciert der Maler die unterschiedlichen Grade kindlichen Bewußtseins und schon im Kindesalter die zukünftige männliche und weibliche Rollenverteilung sichtbar macht.

Kat.Nr. 18

Friedrich Wasmann
Paul, Maria und Filomena von Putzer, 1840
Nationalgalerie der Staatlichen Museen zu Berlin

Höhepunkt und Ende der Ehegatten-Erheiterung

Das 1849 entstandene Gemälde „Der Geburtstag des Großvaters" von Johann Peter Hasenclever überbietet alles, was zur Beglückung, Erheiterung und „zu Gefallen" eines Ehegatten möglich ist. Es stellt den Höhepunkt der Ehegatten-Erheiterungs-Ikonographie dar. Dabei scheint ein Großvater die Steigerungsform eines Ehegatten zu sein. Die ganze weibliche Familie - Gattin, Tochter und Schwiegertöchter, Enkelkinder und das Hausgesinde - sind zur Erheiterung des Jubilars im Einsatz. Da die Söhne und Schwiegersöhne nicht der von Rousseau allen weiblichen Wesen aufgegebenen Lebensverpflichtung unterliegen, zu gefallen und gefällig zu sein, halten sie sich mit Ehrungen zurück und widmen sich ganz egozentrisch der günstigen Gelegenheit, einmal ordentlich zu zechen. Hier wird der Großvater nicht nur reich mit den schönsten Blumen des Gartens beschenkt und bekränzt, so daß er selbst in einer Art Metamorphose als Dahlienbusch mit Nachtmütze erblüht, hier wird auch sein Bildnis mit Blumengirlanden behängt und der großbürgerliche Salon zur Blütenwiese umfunktioniert. Reich wie der Blumen- ist auch der Geschenkesegen. Fünf porzellanerne Gesteckpfeifen, zwei Tabaksbeutel, zwei Kisten Zigarren mit spanischen und englischen Sorten „DOS AMYGOS / YELLOW" und „FLOR REGALI(A) LIGHT BROWN", Rollentabak in der Stärke „Nš II Dünn", ein Paar neue Pantoffeln und ein Riesenexemplar von Schokoladentorte mit der in Zuckerguß gespritzten Aufschrift „Vivat Geburtstag" hat die Familie aufgeboten.

Während ein Enkel unter den aufmerksamen Blicken der Mutter und der Geschwister Geburtstagsfreundlichkeiten vorträgt, sind die Herren - wahrscheinlich ganz im Sinne des Jubilars - zu dem feuchtfröhlichen Teil der Festlichkeiten übergegangen. Der Wein fließt bereits in den holländischen Fadengläsern. Einer trinkt mit erhobenem Glas auf das Wohl des Jubilars, einer gießt nach und ein „junior" beteiligt sich wohl verbotenerweise an den Zechfreuden. Doch der Großvater ist einstweilen durch die große Torte auf den Knien noch blockiert und damit hilflos allen gutgemeinten Ehrungen ausgeliefert. Das Programm geht unerbittlich weiter. Denn, wie man durch die zur Küche geöffneten Tür sieht, wartet das vom Schein und der Wärme des Herdfeuers rosig erglühte Küchenpersonal schon darauf, dem gnädigen Herrn seine Glückwünsche zu sagen. Die Geburtstagsgabe ist ein großer Blumentopf, darin die Lieblingsblume dieser Zeit, eine in einer einsamen weißen Blüte blühende Calla. Die Geburtstagsaktivitäten haben überhand genommen. Der Jubilar zeigt bereits Symptome von Geburtstagsstreß. Nicht anders geht es dem dicklichen Enkel, der es nicht abwarten kann, daß die große Geburtstagstorte angeschnitten wird. Nur auf Diät gesetzt, wie die aus seiner Hosentasche herausguckende Möhre zeigt, im Geiste und mit den Augen die Schokoladentorte schon verschlingend - tropft ihm der Speichel aus dem Mund.

Das Bildnis des Großvaters mit Girlanden schmückend, ihn erheiternd, ihn liebevoll betreuend, sind die Damen sorgend und dienend, dagegen feiernd und genießend die Herren tätig. Übernimmt in der kleinen bürgerlichen „Herrschaft" der Großvater die Rolle des zu ehrenden Fürsten, vertreten die munter pokulierenden Herren die Höflinge, so haben die weiblichen Festteilnehmer die Rolle der bemühten Dienerschaft übernommen. Besteht die Festeslust der Herren egozentrisch in reichlichem Weingenuß, so ist die Festesfreude der Frauen ganz selbstlos. Ihre Freude ist allein das Wohl und das Glück des Großvaters. Das entspricht auch den Auffassungen der Zeit, wonach die Frau nicht - wie die Herren - ihr eigenes Vergnügen hat. Für sie gibt es das häusliche und das eheliche Familienglück (Campe, S. 186). Ihr Glück findet sie als Hausfrau, Gattin und Mutter in der Sorge für die Familie. Ihre Freuden liegen ichlos im Glück der Familie (Rousseau, S. 819).

Kat.Nr. 19
Johann Peter Hasenclever
Der achtzigste Geburtstag, 1849
Galerie G. Paffrath, Düsseldorf

Der Vater muß geehrt und erfreut werden

Wenn es einen Tag im Jahr gibt, an dem es gilt, den Ehegatten, den Vater, aufzuheitern, durch kleine Geschenke und Aufmerksamkeiten zu erfreuen, dann ist es sein Geburtstag. Denn letztlich ist ihm das ganze „häusliche Glück" - Kindersegen und Wohlstand, zu danken.

Hier hat ein Vater in der Blüte seiner Jahre und seines Erfolges Geburtstag. Ein geraffter Samtvorhang über ihm, ein würdevoll zu einer Säule gesteigerter Prachtofen, eine elegante Einrichtung mit Kronleuchter, Konsoluhr, modischem Mobiliar weisen dezent auf sein Ansehen, seine Bedeutung in Familie und Beruf hin. Drei Söhne, zwei Töchter, die Puppe und die Mutter schreiten als fröhlicher Zug festlich gewandeter Gabenbringer auf ihn zu. Der erste überreicht ein Blumentöpfchen, der zweite eine Geburtstagstorte, dazu ein langes Gedicht, der dritte einen großen Kranz aus Sommerblumen und die Tochter eine neue Pfeife und einen Tabaksbeutel. Als Schlußlicht naht die Mutter mit dem Kaffeetablett, die Kleinste an ihrer Seite.

Nicht nur die Geschenke und die Gratulanten sollen den Vater ehren und erfreuen, auch der lichte aufgeräumte Glanz der Wohnstube, die Ordnung, die bis in die aufgeräumten Tellerregale der Küche einsehbar ist, die Schönheit der frisch geordneten Blumensträuße, die Anmut der mit Schleifen und Bändern festlich geschmückten Damen. An der Wand erscheinen in goldenen Rahmen, aus Anlaß der Heirat gemalt, jung und schön die Bildnisse von Vater und Mutter. Die Bilanz von ca. „10 Jahren Familie" - der tüchtige Hausvater hat es durch Klugheit und Fleiß zu etwas gebracht, nicht ganz ohne die Mitwirkung der im Hintergrund erscheinenden, mehr der Küche, als der Wohnstube zugeordneten, vor allem tugendhaften Mutter. Darauf weist das über ihr hängende Gemälde einer Lukretia hin, die ihr Leben für die Tugend gab.

Kat.Nr. 20

Johann Michael Voltz (?)
Der Geburtstag, Nürnberg, um 1830
Westfälisches Landesmuseum für Kunst und Kulturgeschichte Münster

Der Geburtstag . Le jour de la naissance.

Nürnberg, in G. N. Renners Kunsthandlung.

Der Geburtstag der Mutter etwas glanzloser

Neben dem Geburtstag des Vaters, sehr viel glanzloser und alltäglicher der Geburtstag der Mutter! Während dem Vater (vgl. Kat. 20) der Prachtraum des Hauses zugeordnet wird, gedenkt man der Mutter, in ihrer Zuständigkeit für das Wochenbett, das Schlafgemach zu. Erfuhr der Vater durch einen wallenden Samtvorhang und einen antikisierenden, säulenartigen Ofen eine Steigerung seiner Person, so verhilft man der Mutter durch das würdevolle Himmelbett zu mehr Bedeutung und Feierlichkeit. Jeweils die Spitzenwerte damaliger bürgerlicher Einrichtung - der Ofen und das Bett - sind zur Demonstration bürgerlichen Ansehens ins Bild gebracht. Zwischen den Fenstern ein hoher Spiegel mit Konsoltisch, zwei säbelbeinige Biedermeierstühle à l'antique, eine elegant drapierte, weiße Tüllgardine, ein Waschgeschirr à la Wedgwood ergänzen die sparsame, aber geschmackvolle Einrichtung des Schlafgemachs.

Die Jubilarin hat das große Fenster geöffnet, um den hellen Tag in die Stube zu lassen. Die Morgenwäsche ist beendet. Schlicht wie an jedem Tag mit Haube, Rock und Schulterschal bekleidet, hat sie zu morgendlicher Andacht gerade das Gebetbuch aufgeblättert, als die Kinder mit ihren Gaben, einem Schokoladenkuchen, einem Blumenkranz, einer Flasche Wein und einem Gedicht hereinstürmen. Der Vater erscheint im Hintergrund in der Tür, aber nicht wie die Mutter an „Vaters Geburtstag" in der Küchentür mit Ausblick auf Teller und Töpfe, sondern hinterfangen von Gegenständen der Kunst und Kultur. Man sieht Gemälde, das Bildnis des Hausherrn in der Blüte seiner Jahre und auf einer Konsole eine Uhr. Sie signalisiert den bürgerlichen Aufstieg. Man mußte nicht mehr, wie die anderen auf die Kirchturmuhr sehen und hören, man genoß bereits den Komfort einer eigenen Zeitmessung. Und mit Selbstbewußtsein und Würde wußte man ein häusliches Fest zu begehen!

Kat.Nr. 21

Johann Michael Voltz
Das Geburtstagsfest, Nürnberg, um 1820-1825
ehemals Sammlung Lankheit (Faksimile)

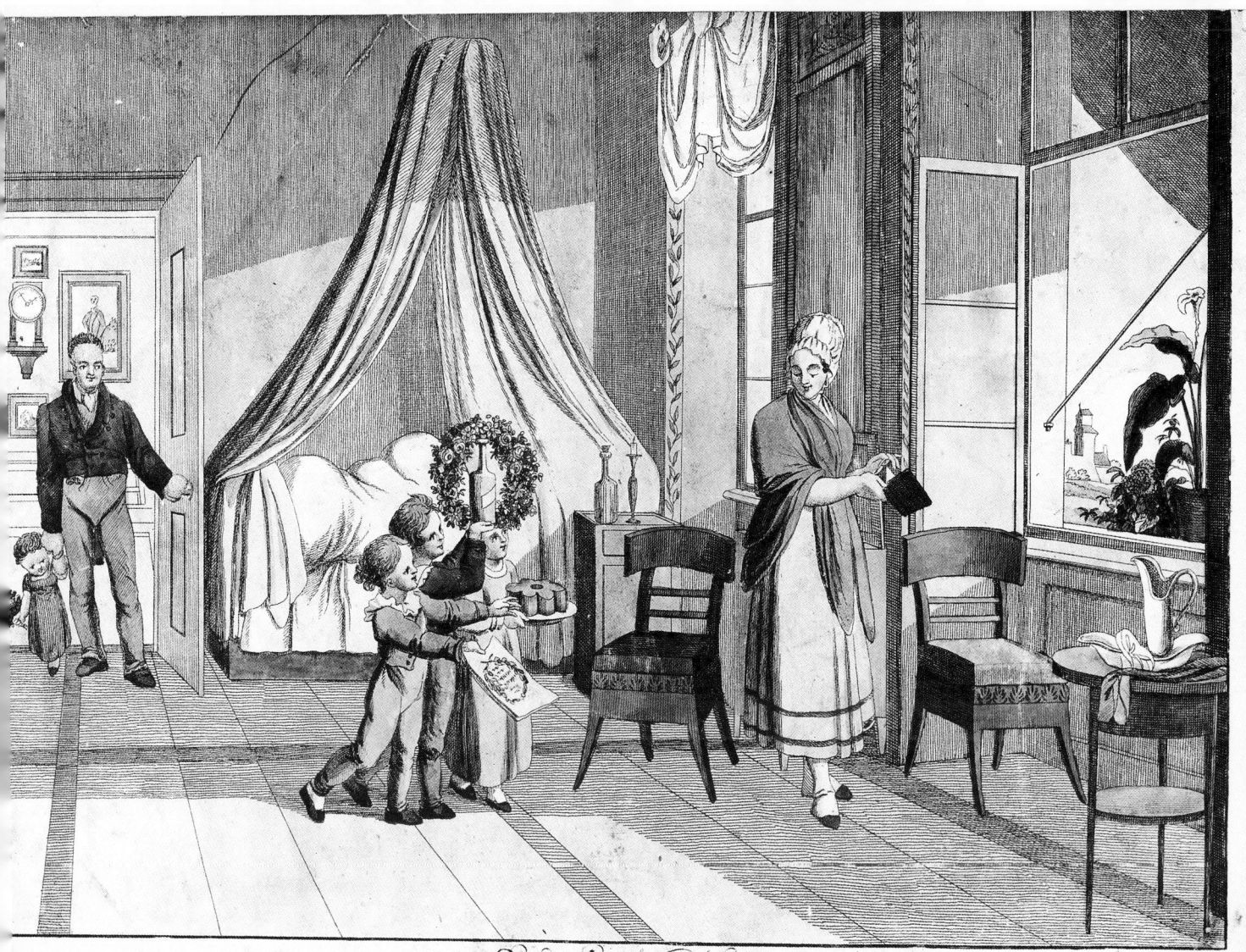

Das Geburtsfest.

Nürnberg bei G. N. Renner & Schuster

Würde der Frauen

Ehret die Frauen! Sie flechten und weben
Himmlische Rosen ins irdische Leben,
Flechten der Liebe beglückendes Band,
Und in der Grazie züchtigem Schleier
Nähren sie wachsam das ewige Feuer
Schöner Gefühle mit heiliger Hand.

Ewig aus der Wahrheit Schranken
Schweift des Mannes wilde Kraft,
Unstät treiben die Gedanken
Auf dem Meer der Leidenschaft;
Gierig greift er in die Ferne,
Nimmer wird sein Herz gestillt,

Rastlos durch entlegne Sterne
Jagt er seines Traumes Bild.

Aber mit zauberisch fesselndem Blicke
Winken die Frauen den Flüchtling zurücke,
Warnend zurück in der Gegenwart Spur.
In der Mutter bescheidener Hütte
Sind sie geblieben mit schamhafter Sitte,
Treue Töchter der frommen Natur.

Feindlich ist es Mannes Streben,
Mit zermalmender Gewalt
Geht der wilde durch das Leben
Ohne Rast und Aufenthalt.
Was er schuf, zerstört er wieder,
Nimmer ruht der Wünsche Streit,
Nimmer, wie das Haupt der Hyder
Ewig fällt und sich erneut.

Aber, zufrieden mit stillerem Ruhme,
Brechen die Frauen des Augenblicks Blume
Nähren sie sorgsam mit liebendem Fleiß,
Freier in ihrem gebundenen Wirken,
Reicher als er in des Wissens Bezirken
Und in der Dichtung unendlichem Kreis.

Streng und stolz, sich selbst genügend,
Kennt des Mannes kalte Brust,
Herzlich an ein Herz sich schmiegend,
Nicht der Liebe Götterlust,
Kennet nicht den Tausch der Seelen,
Nicht in Thränen schmilzt er hin;
Selbst des Lebens Kämpfe stählen
Härter seinen harten Sinn.

Aber, wie leise vom Zephyr erschüttert
Schnell die äolische Harfe erzittert,
Also die fühlende Seele der Frau.
Zärtlich geängstigt vom Bilde der Qualen
Wallet der liebende Busen, es strahlen
Perlend die Augen von himmlischem Thau.

In der Männer Herrschgebiete
Gilt der Stärke trotzig Recht;
Mit dem Schwert beweist der Scythe,
Und der Perser wird zum Knecht.
Es befehden sich im Grimme
Die Begierden wild und roh,
Und der Eris rauhe Stimme
Waltet, wo die Charis floh.

Aber mit sanft überredender Bitte
Führen die Frauen den Zepter der Sitte,
Löschen die Zwietracht, die tobend entglüht,
Lehren die Kräfte, die feindlich sich hassen,
Sich in der lieblichen Form zu umfassen,
Und vereinen, was ewig sich flieht. "
Friedrich von Schiller (1796)

Das muskelstarke, aktive und das muskelschlaffe, passive Geschlecht

Man kann „das schwache Geschlecht", seine Sanftmut und Engelsgleichheit nicht ohne „das starke Geschlecht" verstehen. Denn weibliche Sanftmut und Engelsgleichheit waren weitgehend das Ergebnis unermüdlichen männlichen Strebens. Als ins Moralische stilisierte Vollkommenheitsformen der Schwäche waren sie das Ziel aller pädagogischen Domestizierungskonzepte. Daher ist das männliche Geschlecht in einigen wenigen Exemplaren auf Einzel- und Familienbildnissen zu Demonstrationszwecken im Kreis der sonst nur weiblichen Ausstellungsteilnehmer zugelassen. Dem Rollenverständnis von Mann und Frau in dem anthropologischen Denken der Zeit und ihrem aus diesem sich ergebenden Mit-, Zu- oder Nebeneinander in den Bildnissen sei deshalb etwas nachgegangen.

Die Klassifizierung als starkes, aktives und schwaches, passives Geschlecht ergab sich, naturwissenschaftlich fundiert und schlagend einfach, aus „der Natur des Mannes" und aus „der Natur der Frau". Schon aus dem Geschlechtsakt - mit dieser Feststellung beginnt auch Rousseau seine Rollenverteilung der Geschlechter - ergibt sich die aktive Rolle des Mannes und die passive der Frau.

„Das eine muß aktiv und stark, das andere passiv und schwach sein - notwendigerweise muß das eine wollen und können, und es genügt, wenn das andere nur schwachen Widerstand zeigt."[1]

Wie Monika Simmel zu dieser Rousseau-Äußerung schreibt: „der Geschlechtsakt" ist der „Angelpunkt, ... aus dem sich das Verhältnis der Geschlechter zueinander bestimmt, aus dem alles erklärt und jede Unterordnung der Frau unter den Mann verherrlicht werden kann."[2] Daraus wird in Variationen, in weiterer Verarbeitung und Anreicherung:

„Der Mann ist zur Thätigkeit, die Frau zur Ruhe bestimmt. Jener soll seine natürlichen Kräfte hervorbringen, diese soll sie empfangen; seine Rolle ist aktiv, ihre ist passiv... Der Mann ist der Erzeuger, das Weib ist blos Gebärerin... Der Mann erhielt den Schatz der Fortpflanzung, in seinen Adern fließt die Urquelle des Lebens; das Weib ist bestimmt dieselbe aufzunehmen, zu erhalten und zu nähren..."[3]

„Die beiden Geschlechter verhalten sich untereinander wie Allgemeines und Besonderes. Das eine ist das Schaffende, wahrhaft Erzeugende, Positive, das andere ist das lediglich Empfangende, Negative, und der ganze Zeugungsprozess ist nur eine Vernichtung aller Negativität des Weiblichen durch die positive belebende Kraft des Männlichen."[4]

Und Ernst Moritz Arndt findet 1805 noch eine exzessiv pathetisch gesteigerte Variante für Rousseaus Ausführungen:

„Der Mann ist das Symbol des Schaffenden und Zerstörenden, das Weib das Symbol der Gebärenden und Erhaltenden. Man könnte im Sinn der Alten auch sagen: Der Mann ist der Gott, das Weib die Materie... Der Mann ist das Tätige und das Bestimmende, das Weib das Leidende und Empfindende."[5]

Aus dem Aktiv-Passiv-Verhältnis also ergaben sich bereits im Wesentlichen die Rollen und ihre Bewertung. Bei dieser naturwissenschaftlich fundiert erarbeiteten und immer wieder bestätigten Grundkonstellation - der eine „Gott", der andere „Materie" - stand „Gleichheit" nicht im entferntesten zur Diskussion, nicht einmal Nach- und Unterordnung, sondern nur Unterwerfung. Alles übrige an sozialer Einordnung war den Hinweisen der Anatomie zu entnehmen. Man lese hierzu die grundlegende Untersuchung über „Die Ordnung der Geschlechter" von Claudia Honegger[6]. Sie hat die eindrucksvolle Denkarbeit der von Rousseau beflügelten Mediziner, Anthropologen, Philosophen, Chirurgen, Gynäkologen, Theologen, Weltweisen, Erfahrungsseelenkundler sowie ihrer Multiplikatoren und Popularisierer zutage gefördert.

Aus der starken oder schwachen Muskelkraft ergibt sich die Einordnung des Mannes als des starken und der Frau als des schwachen Geschlechtes. Mit dem Gebären unter Schmerzen hat die Natur die Bestimmung der Frau zum Leiden und Erdulden, mit den bei der Geburt nachgebenden Muskelfasern die Verpflichtung zum Nachgeben, zu stets nachgebender Sanftmut festgelegt. Aus der äußeren Anbringung des männlichen Fortpflanzungsorgans folgen nach dem Willen der Natur das männliche Schaffen und Wirken im Äußern, „Weltoffenheit", „Selbständigkeit" und „Individuation". Aus der inneren Unterbringung des weiblichen Fortpflanzungsorgans ergibt sich naturgesetzlich vorgegeben das weibliche „innerliche Leben, Bilden und Erhalten". Die kleinere Lunge der Frau und das damit gegebene geringere Bedürfnis nach frischer Luft diktiert ihr ein Leben im Hause. Aus dem Sitz der Energie des Mannes im Hirn resultieren dessen „Fähigkeit zu Consequenz im Handeln", sein höheres Abstraktionsvermögen, aus dem Sitz des Gefühls der Frau im Rückenmark ihr reiches und feines Empfindungsvermögen, aber auch ihre Unfähigkeit, Eindrücke lange festzuhalten, konsequent zu handeln und zu abstrahieren. Und ob Lunge, Harnröhre oder Stuhlgang, alles enthält unumstößliche Hinweise der Natur für die soziale Einordnung.[7] Weil der Mann einen ausgeprägteren und längeren Harnweg hat und mehr ungünstige Materie ausgeschieden wird, weil bei der Frau die Harnwege kürzer sind, dafür aber die Fortpflanzungsorgane dominieren, kommt der popularisierende Anthropologe Karl Friedrich Burdach 1837 in seiner „Anthropologie für das gebildete Publicum" zu dem Ergebnis: „Im weiblichen Organismus ist die Beziehung zur Fortpflanzung, zur Erhaltung der Gattung, im männlichen die Individualität und deren Erhaltung vorherrschend."[8] Diese in hunderten von Veröffentlichungen verbreiteten Auffassungen[9] wirkten auch prägend in den Bildnissen der Zeit nach. Sie erklären die in fest gesteckten Grenzen sich bewegende, uniforme Rollenverteilung im Bildnis. Wie akzeptiert und verbreitet die von den Anthropologen erarbeitete Rollenzuweisung war, liest man bei Joachim Heinrich Campe in seinem 1787 - bis 1799 schon in fünf, bis 1832 in zehn Auflagen - erschienenen „Väterlichen Rath für meine Tochter". Sein „Rath" soll seine und alle Töchter „über die ungünstige Verhältnisse des Weibes zur menschlichen Gesellschaft", über das ganze Unglück des männlicherseits zugewiesenen Restlebensraumes aufklären. Und „natürlich" führt Campe als erstes zu einer klaren Etablierung des starken und des schwachen Geschlechtes die Anatomie ins Feld - „die stärkere Muskelkraft, die strafferen Nerven, die unbiegsamen Fasern, das grobe Knochengebäude" des Mannes, das „den größern Muth, den kühneren Unternehmungs-Geist ... [die] Anlagen zu einem größern, weiterblickenden und mehr umfassenden Verstande" bedingt. Bei weniger Muskelkraft und biegsamen Fasern bleibt dem Weib nur „schwach, klein, zart, empfindlich, furchtsam, kleingeistig" zu sein und das sich ihm „anschmiegende, sich an ihm haltende und stützende, treue, dankbare und folgsame" schwache Geschlecht zu stellen[10].

Die Auswirkungen im Bildnis

Eine der wichtigsten Konsequenzen der neuen „Ordnung der Geschlechter" - die Dominanz des Mannes, mußte wiederhergestellt werden. Eine erste zu beobachtende Folge bei Pendant-Bildnissen: Bei allen Malern, die die Botschaft der Anthropologen verinnerlicht hatten und die sich ihrer Vorbilder schaffenden Verpflichtung einer bürgerlichen Gesellschaft gegenüber bewußt waren, galt nun - auch angesichts des „Gott"-„Materie"-Verhältnisses - nicht mehr das „höf"-liche „erst die Dame, dann der Herr", sondern natürlich „erst der Mann und dann die Frau". Nur bei der Oberschicht, in großbürgerlichen Kreisen, beim Adel, da, wo man auf bestehende Ahnenbildreihen Rücksicht nehmen mußte, blieb es bei der alten Regelung. Die Umkehrung der Reihenfolge war auch eine notwendige Schlußfolgerung, die sich aus dem nun anatomisch ermittelten starken bzw. schwachen Geschlecht ergab.

Bei der Verherrlichung männlicher Muskelkraft und ihrem hohen Stellenwert in der Geschlechterdiskussion sollte man eigentlich damit rechnen, daß zur Klarstellung des starken und schwachen Geschlechtes die männliche Muskulatur auch im Bildnis Spuren hinterließ. Gelegentlich trifft man auf eine bewußt gemalte Gesichts- und Fingermuskulatur wie bei dem Naturwissenschaftler (vgl. Kat. Nr. 22), die im Unterschied zu der seiner muskelschwachen Frau (vgl. Kat. Nr. 23) ablesbar wird.

Bei einem von Waldmüller gemalten Bildnis einer Mutter und Kind, das auf den ersten Blick nicht als Junge oder Mädchen zu bestimmen ist (vgl. Kat. Nr. 84), stellt ein betont muskulöser Fuß das Geschlecht klar. Wo die männliche Kraft nicht direkt in der Person zum Ausdruck kommt, muß sie stellvertretend ein mächtiger, diagonal ins Bild gebrachter Baumstamm symbolisieren (vgl. Kat. Nr. 28). Kraft, Bewegung und Dynamik werden an einem „starken, eckigen, muskelreichen Mannsarm"[11], an sprungbereiten Beinstellungen anschaulich, wie bei dem dynamischen Schwiegersohn Farina, einem Mann in den besten Unternehmerjahren (vgl. Kat. Nr. 29), bei den Söhnen Begas (vgl. Kat. Nr. 15), bei dem von Waldmüller gemalten Jungen (vgl. Kat. Nr. 84); weibliche Schwäche kommt in der Haltung der sich beim Vater anlehnenden Tochter Begas (vgl. Kat. Nr. 15), der am Arm ihres Gatten haltsuchenden jungen Frau Farina zum Ausdruck (vgl. Kat. Nr. 29). Männliche Dynamik, männliche Kraft wird in Bildnissen vor allem auf den Köpfen bei obligatorischem Seitenscheitel in asymmetrisch bewegten Haaren anschaulich. Blättert man einmal einen Bildband mit gemalten oder gezeichneten „Köpfen der Goethezeit" durch, dann wird das auf männlichen Köpfen sich entladende Dynamik-Potential erlebbar. Ist man aber, wie der Senior Farina (vgl. Kat. Nr. 29), im Ruhestand, dann kann in einem Dreigenerationenbild im Hinblick auf die Verdeutlichung der „Lebensalter" auf Dynamik der Haare verzichtet und eine wärmende Kappe über den Kopf gestülpt werden. Dann braucht man nicht mehr, wie der Verleger Schreiner (vgl. Kat. Nr. 26), die dünn gewordenen Haare mühsam zu sortieren und säbelförmig aufeinander zuschießen zu lassen oder, wie der Landgerichtspräsident Begas durch agil ins Gesicht züngelnde Resthaarsträhnen und einen kühn diagonal die Wange querenden Backenbart, in vorgerückten Jahren das Image männlicher Dynamik aufrechtzuerhalten. (Kat. Nr. 15 u. Kat. Nr. 24)

Selbstverständlich muß auch die Unabhängigkeit des starken, vollendeteren von dem schwachen, unvollendeteren Geschlecht, das ohne den Mann „nicht schwanger werden, gebären und säugen kann" in den Bildnissen klargestellt werden[12]. So trägt nur die Frau des von J.C. Rincklake gemalten Naturwissenschaftlers einen Ehering. Bei ihm findet sich nichts dergleichen (vgl. Kat. Nr. 22). In dem von Georg Friedrich Kersting gemalten weiblichen Lebensweltbild der Stickerin hat alles Bezug auf den Mann (vgl. Kat. Nr. 90), während seine in den Ateliers und Schreibstuben gemalten Herren gänzlich ohne Bezug zu Frauen auskommen. Nicht anders kommt es in einem Bilderbogen zum Ausdruck, der exemplarisch einen männlichen und einen weiblichen Lebenslauf gegenüberstellt (vgl. Kat. Nr. 32). Während sie, einen Brief des Geliebten in der Hand, schmachtend sein Bild betrachtet, zeigt die entsprechende männliche Darstellung einen im Kaufmannskontor nüchtern seine Geschäfte abwickelnden Mann. Allgemein widerspiegelt sich die männliche Unabhängigkeit in der geistigen Beziehungslosigkeit der auf Pendant-bildnissen oder Familienbildnissen dargestellten Paare.

Der Drang in die Welt, ins feindliche Leben, wird vielfach - wie auch bei Hetschs Familienbildnis des Architekten Fischer - durch Hut und Mantel, durch sehr gutes Schuhwerk und Bezug zum Fenster angedeutet (vgl. Kat. Nr. 11 u. Abb. 19, Kat. Nr. 15 u. S. 60-62, Kat. Nr. 99).

Individualität und Persönlichkeit nur für den Mann

Auffallend ist immer wieder der höhere Grad der Individualität bei dem Mann und die undifferenzierte allgemeine Kennzeichnung der Frau. Es wäre jedoch gegen die nach der Natur des Mannes und der Frau nun erstellte bürgerliche Ordnung gewesen, die Frau im Bildnis mit gewinnender Individualität auszustatten. Denn „... im weiblichen Organismus ist die Beziehung zur Fortpflanzung, zur Erhaltung der Gattung, im männlichen die Individualität und deren Erhaltung vorherrschend"[13]. Zudem schließt das Animalische, der Materie-Charakter des schwachen Geschlechtes Individualität aus. Den Frauen kommt aufgrund ihrer Natur nicht Individualität, sondern in ihrer Funktion als Ernährungsmaterie eher Austauschbarkeit zu, wie sie sich z.B. in G.F. Kerstings Gemäldefassungen der Stickerinnen vollzieht, wo Luise Seidler ohne jede Veränderung mit der jungen Frau Kersting ausgetauscht wird (vgl. Kat. Nr. 90). Und wie oft liest man in der Zeit, daß Männer, die ihre Frauen verloren, nachfolgend eine Schwester der Verstorbenen heirateten. „Wenn nämlich im Weibe überhaupt Animalität und folglich schärfere Individualität sowie Selbständigkeit weniger vorherrscht, so wird sich dies auch im Psychischen äußern, und wir finden daher die Energie der Geisteskraft im Weibe nicht, welche dem Manne möglich ist. Das eigentliche Feld der Wissenschaft und Spekulation, die Schärfe des Urtheils, die Tiefe der männlichen Vernunft, sind der weiblichen Seele unzugänglich.“[14] Dies erklärt nicht nur die gegen die Männer sehr abfallende individuelle Kennzeichnung der Frauen, sondern auch die völlige Beziehungslosigkeit der Frauen zu ihren Männern. Ob Frau Wieland (Abb. 2), die Frau des Naturwissenschaftlers (vgl. Kat. Nr. 23), die Frau des Kartographen (vgl. Kat. Nr. 16 u. Abb. 4), ob Frau Begas (vgl. Kat. Nr. 15), die Damen Rustige (vgl. Kat. Nr. 29) oder Frau Schreiner (vgl. Kat. Nr. 27), alle erscheinen wie ausgeschlossen von der Lebenssphäre ihrer Männer. Im Gegenteil, ihre völlig andere Ausrichtung wird hervorgehoben. Während der Mann in großen, bedeutungsvollen Zusammenhängen denkt, ist sie auf recht feine Maschen des Strickstrumpfes verwiesen, wie die Frau des Münsterschen Naturwissenschaftlers dokumentiert (vgl. Kat. Nr. 22 u. Kat. Nr. 23). Organisch bedingt, ist dies auch gar nicht anders möglich. Nicht geistige Gemeinsamkeit, nicht der Intellekt, über den nur das starke Geschlecht verfügt, sondern nur das aus organischer Differenz, aus der weiblichen Schwäche, aus weiblicher Empfindlichkeit resultierende Gefühl kann die Frau mit dem Mann verbinden. Denn „Schwäche und Empfindlichkeit, welche als eine Folge derselben anzusehen ist, sind ... die beiden herrschenden Eigenschaften des weiblichen Geschlechts“[15].

Dem Mann den Intellekt, der Frau das Gefühl

Wie Schwäche und Stärke korrespondieren, so korrespondieren Intellekt und Gefühl. Hierauf beruht die innere Übereinstimmung der jungen Frankfurter Bankiersgattin Gillé mit ihrem Mann (vgl. Kat. Nr. 28). Das Gefühl ist die Verbindung der monumental trauerumflorten Frau Schmidt-Capelle zu ihrem verstorbenen Mann (vgl. Kat. Nr. 131) und der trauernden Baronin von Elverfeldt (vgl. Kat. Nr. 133). Das Gefühl verbindet auch die Geschwister Kolbe, die Schwester mit ihrem jüngeren, „natürlich intellektuellen“, schon mit Buch ausgestatteten Bruder (vgl. Kat. Nr. 14). Und wie geschlechtsspezifisch Gefühl und Intellekt miteinander harmonieren, so auch „Vernunft und Philosophie“ und „Glaube und Religion“[16]. Diese „Zuständigkeiten“ kennzeichnen den Kartographen und seine Frau (vgl. Kat. Nr. 16).

Es fragt sich, ob auch die Definition der Frau als Materie in ihre Darstellung miteingeht, trifft man in den 1807/08 veröffentlichten Betrachtungen des Gelehrten der Philosophie, Medizin und Chirurgie Ph. F. Walther auf die Behauptung: „Das Weibliche (Geschlecht) ist durchaus stoffig; daher ist in ihm überall die Fülle unzerlegten Zellstoffes, durch welchen die edlern Gebilde verhüllt, in weniger deutlichen Umrissen und minder bestimmten Formen sich offenbaren. Es ist das vorzugsweise Reproduktive, nach Masse strebende, daher mehr zu Fettigkeit sich neigende Geschlecht. Das Männliche aber ist sich selbst verzehrend und hat gleichsam mehr Form und weniger Stoff.“[17] Man assoziiert bei diesen Ausführungen sogleich die wohlgenährten und „zu Fettigkeit“ neigenden Damen Begas und den „sich selbstverzehrenden“ Vater der Familie (vgl. Kat. Nr. 15), die voluminöse Frau Schreiner und ihren mageren Gatten (vgl. Kat. Nr. 26 u. Kat. Nr. 27) oder die stillende, vollschlanke, aus den Bettvorhängen, Laken, Kleidern und Lappen zwischen Kindern diffus hervorquellende Madame de la Borde und ihren schlanken drahtigen, umrißreich und in klar artikulierter Form in das Bild gestellten muskelstarken Mann (vgl. Kat. Nr. 72).

[1] Rousseau, S. 721 – [2] Simmel, S. 49 – [3] W. v. Rebeur, Elisa oder das Weib wie es seyn sollte, Bd. 2, Leipzig 1800, S. 8 – [4] Ph. F. Walther (Chirurg und Philosoph), Physiologie des Menschen mit durchgängiger Rücksicht auf die comparative Physiologie der Tiere, 2 Bde., Landshut 1807-1808, S. 375ff. – [5] Arndt, S. 191 – [6] Claudia Honegger, Die Ordnung der Geschlechter. Die Wissenschaften vom Menschen und das Weib, Frankfurt 1991. – [7] Honegger, S. 181, 189f., 199, 206 – [8] Karl Friedrich Burdach, Anthropologie für das gebildete Publicum, Stuttgart 1847, 2. Aufl., S. 483ff. – [9] Vgl. das Verzeichnis der Primärliteratur bei C. Honegger – [10] Campe, S 22f. – [11] C. F. Pockels, Versuch einer Charakteristik des weiblichen Geschlechts, Bd. 1, Hannover 1797, S. 14 – [12] J. C. G. Jörg und H. G. Tschirner, Die Ehe aus dem Gesichtspunkte der Natur, der Moral und der Kirche betrachtet, Leipzig 1819, S. 23 bzw. 58, zitiert nach Honegger, S. 205 – [13] C. F. Burdach, Anthropologie für das gebildete Publicum, Stuttgart 1847, S. 483f. – [14] Carl Gustav Carus, Lehrbuch der Gynäkologie oder Systematische Darstellung der Lehren von Erkenntniß und Behandlung eigenthümlicher gesunder und krankhafter Zustände, sowohl der nicht schwangern, schwangern und gebärenden Frauen, als der Wöchnerinnen und neugeborenen Kinder, 2 Bde., Leipzig 1820, S. 46, zitiert nach Honegger, S. 208. – [15]Zitiert nach Honegger, S. 149, 192 – [16] Josepf Hillebrand, Die Anthropologie als Wissenschaft, Mainz 1822/23, 2. Bd., S. 405 – [17] Vgl. Ph. F. von Walther, Physiologie des Menschen, 1807/08, Bd. 2, S. 375f.

Das Geistwesen Mann

In auffallend großem Format, in reichlicher Halbfigur mit Armen, einer Porträtform, die sonst hierzulande nur dem Adel zukam, mit großer Achtung malte Rincklake diesen unbekannten münsterschen Gelehrten. Dynamisch, in diagonaler Korrespondenz der Hände, in der Torsion des Körpers, des Kopfes und des Blickes, mit spitz gewinkelt gegebenen Armen, ausgreifendem Umriß, setzt Rincklake ihn ins Bild. Das lebensgroße, mächtige Haupt hebt er im Licht erstrahlend besonders hervor. Gleiches Licht und Gewicht gibt er dem aufgeschlagenen Folianten. Vier darin abgebildete Ansichten eines Schädels weisen auf seine naturwissenschaftlichen Forschungen hin, und Tintenfaß und Feder kennzeichnen es als eigenes Werk. Ihm gelten auch die hinweisend erklärenden Gesten seiner „redenden Hände".

Die Verdienste, die Leistung des Gelehrten sind bewußt hinzugemalt. Die Kleidung ist als unwichtig zurückgenommen. Die Gesichtszüge sind verinnerlicht, zugleich monumentalisiert und heroisiert. Weitblickende, übergroße Augen, ein von großer Verantwortung zeugender ernster Blick, eine hohe gewölbte Denkerstirn, eine richtungsbetonte Nase, ein Entschlossenheit signalisierender Mund, ein energisches Kinn vermitteln den Eindruck innerer Größe und Zielklarheit, seine Haltung den innerer Überlegenheit und geistigen Sendungsbewußtseins.

Kat.Nr. 22

Johann Christoph Rincklake
Bildnis eines Naturwissenschaftlers, 1801
Westfälisches Landesmuseum für Kunst und Kulturgeschichte, Münster,
Geschenk von Prof. H. Hüffer, Bonn

Keine Gesprächspartnerin für Schädelfragen

Wenn im Werk Rincklakes für Pendant-Bildnisse zunächst in höfischer Weise galt: „erst die Dame, dann der Herr", so änderte sich dies um 1800 nach seiner Rückkehr aus Berlin und Dresden. In bürgerlicher Höherbewertung des Mannes hieß es jetzt - die Bildnisse des Adels und auch die Familienbildnisse waren mit einbezogen -, „erst der Mann und dann die Frau". In dieser nachrangigen Einordnung widerspiegelt sich der die Geschlechterrollen prägende Einfluß der Anthropologen, ihre Klassifizierung der Frau als „schwaches Geschlecht" und ihre unter Bevölkerungszuwachsgesichtspunkten epidemisch sich verbreitende Auffassung der Frau als ausschließlich zu Fortpflanzungszwecken bestimmtes „Naturwesen".

Mit dieser fortpflanzungsfixierten Naturwesen-Sicht der Frau gehen auch alle übrigen Rollenmerkmale dieses weiblichen Bildnisses zusammen. Ist der Mann als groß und stark, bis in die Finger und die Stirn unter kraftvoller Muskelspannung stehend gekennzeichnet, so ist sie - bei Hervorhebung der Busen- und Gesäßpartie - auf schwach und muskelschlaff stilisiert. Signalisiert er mit allen Körperteilen Dynamik, so zeigt sie mit den abfallend gerundeten Schultern, den schlaffen, fast knochenlos erscheinenden Armen, den ruhend übereinandergelegten, völlig spannungslosen Händen in ihrem beruhigten Umriß keinerlei Anzeichen von Aktivität. Denn als weiblichem Wesen kommt ihr nach den anthropologisch ermittelten Absichten der Natur der passive Part zu. Ist das männliche Haupt des Pendants ins Erhabene und Bedeutungsvolle gesteigert, so gehen von ihrem kleinen Kopf keinerlei geistige Wirkungen aus. Entsprechend korrespondiert sein wichtiges, gelehrtes Werk mit ihrem Strickstrumpf, seine männliche „Kopf"- mit ihrer weiblichen „Hand"-arbeit, seine Bedeutung als dem allein geistbegabten mit ihrer Bedeutungslosigkeit als nur materiebestimmten Wesen, seine Persönlichkeit mit ihrer Ich-Losigkeit, seine geistigen Verdienste für das Gemeinwohl mit ihrem auf das Haus beschränkten Fleiß.

Doch das sehr feine Garn, die dünnen Nadeln, die winzigen Maschen des Strickstrumpfes veranschaulichen nicht nur ihren besonders achtunggebietenden Fleiß, sondern sie verweisen auch wieder auf eine wesentliche Bestimmung des weiblichen Geschlechtes: „Die Weiber müssen ... Arbeiten vorziehen, welche nicht sowohl Stärke der Muskeln, als feine Geschicklichkeit erfordern. Sie müssen sich mit Kleinigkeiten beschäftigen. Ihr Geist wird daher nicht sowohl Ausdehnung und Gründlichkeit als vielmehr Feinheit und Scharfsichtigkeit erlangen." (P.J.G. Cabanis, Über die Verbindung des Physischen und Moralischen in dem Menschen, 2 Bde., Halle/Leipzig 1804, S. 303f.) Zählt bei ihm nur das Große, so bei ihr das Kleine. Blitzen bei ihm, den Rock etwas gliedernd, nur ein paar Knöpfe auf, so ist bei ihrer sehr wahrscheinlich selbstgefertigten Bekleidung jede einfassende Kordel, jede Musterung der Bluse als wichtig gemalt und das dünne, bescheidene Ringlein als eheliche Bedeutsamkeit herausgestellt. Auch das gehört zu dem ehelichen Mann-Frau-Verhältnis, daß sie ganz in dem Bezug auf den Mann lebt, daß er jedoch auch ohne sie auskommen kann! (vgl. Kat. Nr. 36 und die Studierstuben und Atelierbilder von Georg Friedrich Kersting) Aus all dem erklärt sich, daß sie nicht etwa eine Ansprechpartnerin für seine Schädelfragen, sondern nur ein schwacher „Nachlaut des Mannes" (Lavater) ist.

Sein von höchsten Erkenntnissen gedankenschwerer Blick geht völlig über sie und ihre beschränkte Kleinwelt hinweg. Es findet keinerlei geistige Kommunikation statt. Denn das Geistwesen Mann und das Naturwesen Frau leben in völlig verschiedenen Welten. Es scheint fast, als verträte sie eine andere Entwicklungsstufe des Menschseins!

Kat.Nr. 23

Johann Christoph Rincklake
Bildnis einer jungen Frau, 1801
Gegenstück zur vorigen Kat.Nr. 22
Westfälisches Landesmuseum für Kunst und Kulturgeschichte, Münster,
Geschenk von Prof. H. Hüffer, Bonn

Sorglose weibliche Anmut und ernste männliche Würde

1826 porträtierte Begas seine Eltern in korrespondierenden Rundbildnissen auf rahmendem Goldgrund. In sehr ehrender Weise, wie auf Gedenk- und Verdienstmedaillen, wählt er antikisierend die betont zeitlose Anordnung in strengem Profil. Sein Vater, Franz Anton Peter Begas (1764-1842), Kammerpräsident beim Königlich Preußischen Landgericht in Köln, ist im Alter von 62 Jahren, seine Mutter, Susanne Henriette Begas (1769-1851), im Alter von 57 Jahren porträtiert. Die Eltern scheinen sehr gleichrangig gemalt. Eher dominiert die Mutter als der Vater. Und „höf"-lich, noch nicht biedermeierlich patriarchalisch erscheint „erst die Dame, dann der Herr".

In sehr kennzeichnender Weise ist in den beiden Bildnissen die männliche und weibliche Rollenverteilung und Lebensweise sichtbar gemacht. In den Gesichtszügen des Vaters widerspiegeln sich der harte Daseinskampf „im feindlichen Leben" (Schiller, Die Glocke), die „saure Lebensreise", „sein größerer und ernsterer Wirkungskreis, die größere Wichtigkeit und Mühseligkeit seiner Geschäfte", „Verdruß und Kummer, welche eine große und verwickelte Geschäftigkeit [...] mit sich führt", „die Sorge für das Ganze" (Campe, S. 195f.). Sein aufopferungsvolles Wirken für das Gemeinwohl und die Familie haben sein Gesicht gezeichnet. Sein Blick ist matt geworden. Tränensäcke, verschattete tiefe Faltenfurchen haben es geprägt. Während bei ihr das Haar voll und vital in prächtigen Locken prangt, kaschieren bei ihrem Gatten nur noch schüttere Haarsträhnen vergeblich den Haarausfall. Die Augenbrauen sind in Resten vorhanden, und von der Schädeldecke wächst nur noch ein kleines Haarbüschel in die Stirn. Die Geheimratsecken sind bereits dem völligen Kahlschlag gewichen, und auch auf dem Hinterkopf zeugt das licht und dünn gewordene Haar von dem Ausmaß männlicher Aufopferung. Doch wenn auch dünn und schütter, die wehend in die Stirn gelegten Reststrähnen und der schwarz und grau melierte, säbelförmige Backenbart verdeutlichen seine männliche Dynamik und Aktivität.

Während seine Bekleidung - nur aus einem schäbigen kragenlosen Hemd und einem schwarzen Rock bestehend - männliche Askese und Lebensverzicht sinnfällig machen, schwelgt sie geradezu in textilem Luxus. Man hat den Eindruck, Begas waren die anthropologischen Ansichten über das „Stoffige", zu „mehr Fettigkeit neigend[e]", nach Masse Strebende des Weiblichen und das „sich selbst auszehrende", das nach „mehr Form" und „weniger Stoff" Drängende des Männlichen ganz selbstverständlich, als er seine Mutter und seine Schwestern malte (vgl. Kat. Nr. 15). Sie trägt eine von goldenen Bändern und Perlen durchzogene Haube, die mit einem breiten Goldband unter dem Kinn gebunden ist. Feinster Tüll wölbt in kleinen Tuffs umrißreich aus der Haube. In kaskadenartig reichem Fall rahmen Spitzen das Gesicht, ein blütenweißer, üppiger Rüschenkragen ihr Haupt. Ist die Farbigkeit seines Bildnisses auf schwarzem Grund auf das Grau seiner Haare, bilddominierend, auf die bleiche Hautfarbe seines Gesichtes, das Schwarz des Rockes und ein mattes Weiß des Hemdbundes abgestellt, so klingt es in ihrem Bildnis vor vornehm schwarzem Grund strahlend weiß, festlich gold- und purpurfarben auf. Ihre textile Pracht hat vornehmlich den Sinn, die eheliche Animation, die weibliche Grundverpflichtung „des Gefallens" sicherzustellen (Rousseau, S. 720, 734).

Schiller schreibt 1793 in seinen theoretischen Schriften über „Anmut und Würde" von Venus, der Göttin der Schönheit, die eines Gürtels bedarf, um nicht nur schön, sondern auch anmutig zu sein, eines „Gürtels, der die Kraft besitzt [...] Anmut zu verleihen und Liebe zu erwerben [...]" und „sicher zu gefallen" (Friedrich Schiller, Sämtliche Werke, 5. Bd., München 1962, S. 433). Was für Venus der Gürtel der Anmut und des Liebreizes ist, ist

Kat.Nr. 24

Carl Joseph Begas
Die Eltern des Künstlers, um 1826
Nationalgalerie der Staatlichen Museen zu Berlin

für Frau Begas die prächtige Haube. Sie läßt sie mit Rousseau und Schiller ganz sicher sein „zu gefallen" und wie Juno über Jupiter, „den Sieg über [das] Herz" ihres Gatten davonzutragen. Auf gesellschaftlicher Verständnisebene hat ihre textile weiß-, gold- und purpurfarbene Glanzentfaltung den Sinn, die herausragende Stellung ihres Gatten und etwas von seinem beruflichen Erfolg widerzuspiegeln.

Ihr unbekümmert heiter-törichter Ausputz hat zudem die Funktion, seine auf reinem geläuterten Geist beruhende ernste Würde sichtbarer zu machen. Ist sein Haupt aristotelischer Biologie gemäß Zeugnis auszehrender männlicher „Kopf"-arbeit, so hat sie es weniger in, als auf dem Kopf. Bedingt durch die geistschwächende Wirkung bei der Zeugung weiblicher Wesen „wehender feuchter Südwinde" (vgl. hierzu S. 166 u. 222), trägt sie - nur zu „Hand"-arbeit berufen - hier allerdings eine Spitzenleistung ihres Wirkungsfeldes und ihrer weiblichen Bildung auf dem Kopf. Und nicht zuletzt bezeichnet, wie vielfach in dieser Zeit zu beobachten, das Textile - ob Spindel, Leinen, Strickstrumpf oder Bänder - die weibliche Lebenssphäre, die abgeschirmte Welt der Heiter-, Freundlich- und Kleinigkeiten, wo die Weiblichkeit unbekümmert in schöner Einfalt, nicht von Geist und Intelligenz geplagt, mit stets „glücklichem Leichtsinn" ihren häuslichen Pflichten nachgeht (Campe, S. 194).

Die physiognomische Mitteilung, die Sicht der beiden Porträts artikuliert sich noch einmal in den in das Rankenwerk des rahmenden Goldgrundes verwobenen allegorischen Hinweisen: Sein öffentliches Wirken ehrend, reicht Göttin Justitia ihm und ihr häusliches Tun würdigend, reicht Athena mit Spindel, als Patronin der Handarbeit, ihr einen Lorbeerkranz (oben Mitte). Sein nach draußen gerichtetes Tun symbolisiert ein Genius mit Pfeil und Köcher, ihr dem Drinnen geltendes, erwärmendes, erhellendes Tun ein Genius mit brennender Fackel, wobei sich Bogen, Köcher und Fackel sinnig überkreuzen (unten Mitte). Und ob in der Welt für die Gerechtigkeit eintretend, für die Versorgung der Familie „jagend", ob im Hause spinnend, haubenstickend, licht- und wärmebringend, beides geschieht zur Wohlfahrt des Vaterlandes, wie der preußische Adler auf dem Zepter, zentral die beiden Bildnistondi verklammernd, mitteilt.

Vater Begas ist die „Aufopferung" in dem christlichen Symbol des Pelikans zugeordnet, der „aktiv" sich selbst die Brust aufschlägt, um mit seinem Blut seine Jungen zu nähren (oben rechts), ihr ein Putto mit einem Lamm, das „passiv" alles erduldet und auf sich nimmt (oben links), ihm ein Hund als Sinnbild der Treue (unten rechts) und ihr ein Bienenkorb als Sinnbild des Fleißes (unten links). In sonst kaum so erläuterter Weise widerspiegelt sich in diesen Bildnissen des Ehepaares Begas in bürgerlicher Selbstheroisierung die männliche und weibliche bürgerliche Rollensicht.

Sie - in der Größe einer Topfblume

Umblüht von Frühlingsblumen, hinterfangen von Kupferstichen und Gemälden, gerahmt und überhöht von einem weitausschwingenden Flachbogen der Zimmervertäfelung, erscheint - alle kleinliche Maßstäblichkeit der Tontöpfe und Kabinettbildchen sozusagen in „Kolossalordnung" überspringend - monumental im Vordergrund und in der Mittelachse des Bildes der Maler Gerhardt Wilhelm von Reutern. Sitzend, in fast ganzer Figur, ist er dem Betrachter zugewandt. Blickfang des Bildes ist das Eiserne Kreuz auf dem dunklen Tuchrock. Der livländische Gutsbesitzerssohn erhielt es für seinen tapferen Einsatz als russischer Husar in der Völkerschlacht bei Leipzig. Hier wurde er verwundet und verlor seinen rechten Arm.

Wenn auch „Tochter des Hauses" im elterlichen Schloß in Willingshausen, bei einem so heldenhaften Ehemann von höchsten vaterländischen Verdiensten kann Frau Charlotte nur als Randfigur, klein und attributiv im Hintergrund erscheinen. Nur die Größe der kleinsten Topfblume einnehmend, nicht, wie es einer geborenen Freiin von Schwertzell als Dame von Stand zukäme, mit höherrangiger Stickarbeit, sondern eine nützliche Näharbeit in der Hand, einen vollen Nähkorb zur Seite, den Blick nicht auf den Betrachter, sondern fest auf das Wäschestück gerichtet, macht sie sich mit Nadel und Faden verdient. Gern möchte man Frau von Reuterns hausfraulicher Leistung die Blumenpracht auf dem Fenster zurechnen. Doch, wie man dank sorgfältiger Forschung weiß (Kat. Ludwig Emil Grimm, Kassel 1985, S. 335), sind die Liliengewächse die Zucht ihres Vaters. So viel intellektuell ambitionierte Systematik hätte die geschätzte weibliche Naivität, die naturbelassene Ahnungslosigkeit nur in Frage gestellt.

Kat.Nr. 25

Gerhard Wilhelm von Reutern
Selbstbildnis mit Charlotte von Reutern geb. von Schwertzell, 1829
Privatbesitz

Sie in ihrer Fülle ruhend, er asketisch und agil

Etienne Maria Kolbe malt 1832 den Düsseldorfer Buchhändler und Verleger im Alter von 64 Jahren, seine Frau 57jährig. In diesen beiden Bildnissen, die stellvertretend für die Auffassung vieler Bildnisse dieser Zeit stehen, wiederholt sich die bei dem Ehepaar Begas beobachtete Rollensicht. Wie der Kölner Landgerichtspräsident Begas (vgl. Kat. Nr. 24), so ist auch der Düsseldorfer Buchhändler vom Leben gezeichnet. Er erscheint blaß und dünn, schmalschultrig, nicht einmal die Bildbreite ausfüllend, mit spärlich gewordenem Haupthaar, dessen strähnige Restbestände der alte Herr, den Haarausfall kaschierend, nach vorne in die hohe Stirn gekämmt hat. Doch hat sich 1832 in der Kennzeichnung seiner Physiognomie der bürgerlich selbstheroisierende Zug verloren. Auch wenn das Alter und der Lebenskampf ihm zugesetzt haben, der Buchhändler sieht noch wohlgemut und unternehmend aus. Und auch das Gesicht seiner Frau ist nicht Ausdruck typisierter weiblicher Lebensharmonie, sondern dem männlichen Gesicht in der realistischen Kennzeichnung angenähert.

Dennoch bleibt die männlich-weibliche Typisierung ausgeprägt. Er repräsentiert männliche Dynamik und Aktivität und sie den ruhenden Gegenpol. An diesem Eindruck haben seine schmale, aufragende, agile Gestalt, die Dreiviertelwendung der Figur, die Frisur mit den dynamisch aufeinander zuschießenden Haarsträhnen einen Anteil. Wegen des dynamischen Eindrucks tragen fast alle männlichen Wesen in der Biedermeierzeit wie verabredet einen Seitenscheitel. Herr Schreiner wird auch einen Seitenscheitel angestrebt haben. Doch wegen seines Haarmangels mußte er eine andere männlich dynamische Lösung für seine Frisur finden.

Seine Frau ist fast frontal, ihr volles Volumen ausbreitend gelagert. Die biedermeierlichen Schinken- oder Keulenärmel und der die Schultern betonende weiße Kragen sind für die Entwicklung von Breite und Fülle voll genutzt. Die symmetrische Anordnung der Haube, der Lockentuffs, der Haubenschleife, des Kragens und der Arme betonen das Ruhende. Während er in seiner Agilität, in der Farbgebung, im Verzicht auf materielle Ausstattung ganz asketisch erscheint und männlichen Geist vertritt, bietet sie eine textile Materialschlacht aus viel Seide und maschinell hergestellter Spitze. Auch hier scheinen anthropologische Grundüberzeugungen stilisierend in die Charakterisierung des Weiblichen und des Männlichen eingegangen zu sein, wonach das Weibliche zum „Stoffigen", „Fettigen", zum „Massigen" neigt und das Männliche, sich „selbst auszehrend", „weniger stoffig" nach mehr „Form" strebt (vgl. Kat. Nr. 15). Mit der Errungenschaft der Maschinenspitze entfällt das Zeugnis ihres Fleißes und ihrer Handfertigkeit. Und auch der männlich-weibliche Gegensatz von „Hand"- und „Kopf"-arbeit kann nicht mehr demonstriert werden. Doch was bleibt - sie hat mit ihrem üppigen Weißzeugausputz und ihrer Lockenpracht alles für ihre Anmut und ihre weibliche Verpflichtung getan, dem Ehegatten zu gefallen.

Kat.Nr. 26 u. Kat.Nr. 27

Etienne Maria Kolbe
Der Buchhändler und Verleger Johann Heinrich Christian Schreiner und seine Frau
Johanna Frederica Schreiner geb. Teichmann, 1832
Kunstmuseum Düsseldorf

Er die Eiche, sie der Efeu

Der junge Bankier und eine junge Frau verweilen, festtäglich gekleidet, in der Natur. Sie stehen nahe beieinander an einen Baum gelehnt. Hinter ihnen sieht man bildparallel einen Flußlauf, rechts die Türme einer Kirche, links eine Burg. Da es um die Entfaltung der Gefühle, des Seelischen und ganz Privaten geht, ist entsprechend einer vielfach zu beobachtenden Porträtgepflogenheit die Natur als Porträtort gewählt. Fernab der Stadt und der Menschen, in der Einsamkeit hat die Zweisamkeit einen Ort zu persönlicher Gefühlsentfaltung gefunden. Das junge Paar reicht sich gefühlvoll die Hand. In Umkehrung der „höflichen" Reihenfolge „erst die Dame, dann der Herr" ist er bezeichnenderweise in bürgerlich patriarchalischer Art als erster postiert. Dafür ist sie, als sittlich „höchstehendes" Wesen, ihn überragend angeordnet. Er steht willensbetont kerzengerade, frontal und symmetrisch, sie mit anmutig geneigtem Kopf, in Dreivierteldarstellung dem zukünftigen Gatten und dem Betrachter zugewandt. Vermutlich hat er ihr gerade zwei Rosen als Zeichen seiner Liebe überreicht. Sie streckt ihm mit bedeutungs- und seelenvoller Geste - ihm gleichsam zur Führung überlassend - ihre schöne Hand entgegen -, die er ergreift. Der aus kostbaren Spitzenblüten des Ärmels hervorkommende, ausgestreckte wohlgeformte Arm ist das zentrale Motiv des Bildes. Es ist mit theatralisch geschultem Sinn für Arrangement zur Geltung gebracht.

In dieser Zeit eines blühenden Freundschaftskultes, in der alle Beziehungen zu geliebten Menschen Züge der Freundschaft annehmen, steht diese Geste der zärtlich ineinander gleitenden Hände für die sittlich höchste Form der ehelichen Liebe - für die Freundschaft! Das zentrale Motiv der zärtlich hingegebenen, ergriffenen Hand steht aber auch für seelische Schönheit und sittliche Empfindung - nach Schiller für die „Anmut" als „schönem Ausdruck der Seele" (Friedrich Schiller, Theoretische Schriften, Über Anmut und Würde). Auf diese bedeutungsvolle Geste hin ist die Komposition des Doppelporträts angelegt. Als Bilddiagonale korrespondiert der eindrucksvolle schöne Arm mit der Diagonale des mächtigen Baumstammes. Ihr Schnittpunkt sind die ineinandergelegten Hände.

Etwas verwunderlich ist die Statik und die ruhige Haltung des Mannes, dem eigentlich zur Verdeutlichung seiner Männlichkeit Dynamik zukommen müßte (etwa durch Dreivierteldrehung des Körpers und des Gesichtes, eine dynamische Beinstellung, eine ausgreifende Gestik, eine asymmetrische Frisur). Doch seine statische Erscheinung und sein eher sanftes Naturell werden ausgeglichen durch den mächtigen, diagonal ins Bild stoßenden Baumstamm. Er ist das Symbol seiner Dominanz, seiner männlichen Stärke und Kraft.

Auch wenn die Frau in dem Doppelbildnis durch Schönheit und Anmut dominiert, der wirkliche Lebens- und Geltungsanspruch in der ehelichen Verbindung wird am Gleichnis des Baumstammes und des ihn umwindenden Efeus klargestellt: „er die Eiche, sie der Efeu, der einen Theil seiner Lebenskraft aus den Lebenskräften der Eiche saugt, der mit ihr in die Lüfte wächst, mit ihr steht und mit ihr fällt - ohne sie ein niedriges Gesträuch, das von jedem Vorübergehenden zertreten wird" (Campe, S. 23). Dieses Abhängigkeitsverhältnis sieht Mary Wollstonecraft in ihrer „Verteidigung der Rechte der Frau" 1792 ähnlich, wenn sie von den Frauen spricht, aus denen man Nullen gemacht hat, „die erst Bedeutung bekommen, wenn sie einer Zahl angefügt werden" (Mary Wollstonecraft I, S. 40).

Kat.Nr. 28

Caroline Bardua
Wilhelm Isaak von Gillé und seine Frau, um 1832
Historisches Museum, Frankfurt

Eine nach Geschlecht und Lebensalter „ganz geordnete" Familie

Carl Anton Farina hat alles erreicht; zwar ist seine noch an seiner Seite sitzende Frau schon seit drei Jahren verstorben, aber dennoch, man kann mit einer verheirateten Tochter, einem verheirateten Sohn, zwei Enkelkindern und dem erst 1826 erworbenen und völlig instand gesetzten Anwesen am Rhein, dem „Hager Hof" in Menzenberg bei Honnef, mit stattlichem Haus, Ländereien und Weinbergen eine Lebens- und Schaffensbilanz inneren und äußeren Glücks vorweisen. Mit bürgerlichem Fleiß, Sparsamkeit und einfachem Lebensstil hat man es zu etwas gebracht! Voll Stolz genießt der Vater seinen erarbeiteten ansehnlichen Haus- und Grundbesitz, und Frau Farina ist stolz, am Beispiel einer ihrer kostbaren Tischdecken einmal ihre Vermögenswerte, ihr feines von Rosen und Weinblättern durchwirktes Leinen, vorführen zu können.

Wenn es auch nicht ihr Part war, mit „Kölnisch Wasser" zu „erwerben und zu gewinnen", sie hat durch Sparen und Schonen ihren Anteil an der Wohlfahrt der Familie. Da mußte man als umsichtige Hausfrau alles im Blick haben, daß - wie man auf dem Tisch verfolgen kann - im Garten nicht das teure Porzellan, sondern für das Obst ein Teller aus preiswerterem Steingut und ein unzerbrechliches Körbchen aus lackiertem Buntblech benutzt wird, daß das wertvolle Damastleinen vor eventuellen Rotweinflecken des Großvaters beiseite geschoben wird, daß immer eine Karaffe mit Wasser bereit steht, um den selbst angebauten und abgefüllten Wein zu verdünnen. Nur bei solch sparsamem Bedacht, so die Botschaft der Hausfrau und des gedeckten Tisches, kann man in Truhen und Schränken Schätze sammeln. Das ist Anlaß genug, die Lebensernte in einem Dreigenerationenbild von einem gut ausgebildeten, jungen Maler der Düsseldorfer Akademie malen zu lassen. Mit der mächtigen Buche ist die Idee des „arbor vitae", des Lebensbaumes, ist der Lebensaltergedanke in das Familienbild einbezogen, wie er z.B. durch die 1793 entstandene Folge von acht Radierungen von Daniel Chodowiecki den Künstlern noch präsent gewesen sein mag.

Gerahmt von Tochter Margarethe rechts, an der Seite der Mutter, und von Sohn Jean Marie, an der Seite des Vaters stehend, sitzt das Ehepaar Farina an einem ovalen Holztisch vor einer mächtigen Buche mit kraftvollem Stamm im Freien. Der Tochter und dem Sohn sind jeweils der Schwiegersohn bzw. die Schwiegertochter zugeordnet. Tochter Margarethe hat eine glänzende Partie in Gestalt des sitzenden Herrn, des aus einer Arnsberger Familie stammenden Geheimen Regierungsrates Christian Engelberth Arndts, Mitglied der Direktion der Köln-Mindener Eisenbahn, gemacht.

Der geheime Regierungsrat kann sich mit seinem Schwiegervater voll messen, weshalb ihn auch der Maler als sitzendes Pendant zu seinem Schwiegervater in dem Familienbild angeordnet haben mag. Am reichsten im Umriß, mit ausgreifender Gestik der Beine und Arme, mit „redender Hand", das Gesicht bedeutungsvoll und mit Anspruch ins Profil gedreht, mit den Temperament und Dynamik signalisierenden Rock- und Kniefalten ist der Schwiegersohn eine dominierende Figur des Familienbildes. Die weltläufige modische Kleidung macht zudem deutlich, wie sehr das Direktionsmitglied der Köln-Mindener Eisenbahn aktiv im Leben steht, ebenso wie die schlichte, unmodische Kleidung des Schwiegervaters, die beruhigte Gestik, das verborgene Haar, die Tabakspfeife seinen Geltungsverzicht, seinen Rückzug in den Ruhestand anschaulich machen. Als Pendant zu der stehenden Tochter rechts des mächtigen, silbergrauen Baumstammes ist der in Samt und Seide, mit Geschmack und Eleganz gekleidete, modisch frisierte, schön und kultiviert erscheinende Sohn Jean Marie Farina postiert. In der weitesten

Kat.Nr. 29

Heinrich Gaudenz Rustige
Die Familie Farina, 1837
Westfälisches Landesmuseum für Kunst und Kulturgeschichte, Münster

97

Distanz zu dem Ehepaar Farina, bescheiden im Auftreten, der Führung bedürfend, hat Schwiegertochter Luise, das schwache Geschlecht repräsentierend, haltsuchend ihren Arm in den ihres Gatten gelegt. Mit Strickutensilien im Korb, blütenweißen, selbst gestrickten Strümpfen und Reinlichkeit suggerierendem, akkurat gesticktem Kragen empfiehlt sie sich der Familie als sparsame und fleißige Hausfrau.

In unserem Zusammenhang interessiert vor allem die Inszenierung der Damen und ihre Stellung im Familiengefüge. Frau Farina - posthum, drei Jahre nach ihrem Tod, gemalt - ist durch ihre frontale Anordnung in der Mittelachse des Bildes, die ikonenhafte Symmetrie der Gesichtszüge, die mandorlaartige Ausweitung des Kopfes und durch die weiße Haube als Mittelpunkt der Familie hervorgehoben. Tochter Margarethe (rechts stehend) beginnt ihre weiblichen Pflichten als Gattin, Hausfrau und Mutter zu erfüllen: Sie hat der Familie einen hoffnungsvollen Stammhalter geschenkt. Zwar erst zwei Jahre alt, aber im Hinblick auf seine Stammhalterschaft in Größe und Aussehen auf das dreifache Alter gesteigert, tummelt sich Max Arndts bereits - dynamisch wie sein Vater - bäuchlings auf der Wiese und wartet, ganz Kavalier, seiner inaktiven Kusine Ottilie galant mit einem Blumenstrauß auf.

Bei einem solchen männlichen Sproß und als zukünftige Erbin des Hager Hofes braucht sich Frau Margarethe auch nicht durch Stricken zu profilieren; sie kann es sich, dank sehr guter pekuniärer Verhältnisse, leisten, die Hände untätig übereinander zu legen. Diese passive, ruhig auf sich bezogene Geste weist sie bei allem Selbstbewußtsein als gute, sich unterordnende Gattin aus. Kunstvolle Frisuren, festtägliche purpur- und goldfarbene Seidenkleider, die frisch gestärkte Haube und die Kragen der Damen Farina, in Ohrringen, Broschen und Ringen aufschimmerndes Gold, ein blühender Rosenstock veranschaulichen die höhere Lebenssphäre der Damen.

Schwarze, graue, braune und blaue Röcke, Hosen und Mäntel in den Farben des Alltags weisen auf die nüchterne reale Lebenswelt der Herren hin. Ein Blick auf die Schuhe verdeutlicht den Bezug zur Lebenswirklichkeit. Während die Herren mit großen Füßen und kräftigen Lederschuhen fest auf dem Boden der Tatsachen stehen, sind die vier weiblichen Wesen in leichten Seidenschuhen nur mit vier Fußspitzen „vertreten". Die Schuhsituation der Familie bestätigt den männlichen Auftrag im „feindlichen Leben", den der Damen in häuslichem Wirkungsraum. Haben die Herren, bis auf den herantretenden Sohn, ausgreifende, den Umriß der Figur erweiternde, Geltung beanspruchende Gesten, so werden die Damen mit ruhenden Gesten als das sich unterordnende schwache Geschlecht charakterisiert. Allerdings haben die beiden jungen Frauen etwas an persönlichem Terrain gewinnen können. Obwohl sie verheiratet sind, lassen sie ihre mit Sorgfalt arrangierten Haare 1837 nicht mehr unter der Haube verschwinden. Auch die Verweigerung der Tochter des Hauses, mit Strickstrumpf inszeniert zu werden sowie ihr großzügiges Decolleté sind als Ausbruch aus der Konvention zu würdigen.

Kat.Nr. 29

Heinrich Gaudenz Rustige
Die Familie Farina, 1837 (Ausschnitt)
Westfälisches Landesmuseum für Kunst und Kulturgeschichte, Münster

Ihre Rolle steht schon fest

Mathilde, die sechsjährige Tochter, und Julius Ludwig, der vierjährige Sohn des Malers, wurden als Gegenstücke gemalt. Sie mögen als Beispiel dafür stehen, wie unausweichlich jeder in die „Ordnung der Geschlechter" geboren, wie sehr schon die kleinen Kinder im Sinne des Rollendenkens ihrer Zeit programmiert und wie sehr sie als künftige Erwachsene gesehen wurden. Der Vater beschreibt die beiden Kinder: „Mathilde in Jugendkraft strotzend und in fast manchmal ängstigender nervöser Lebendigkeit", den Jungen als „still und ruhig heiter und freundlich" (Bott, S. 9). Doch wie auch die Natur die Anlagen, Intellekt, Temperament oder Mut, verteilt hat, Julius Ludwig ist mit einer Fahne zu großen Taten im „feindlichen Leben" berufen und Mathilde mit einer Puppe in den Händen schon zur „Gattin, Hausfrau und Mutter", vor allem zum Kinderkriegen bestimmt. Während Julius für seine zukünftigen Aufgaben im „Augiasstall des Welttreibens" (Jean Paul, S. 239) alltagsfarben ein graues Kleidchen trägt, soll Mathilde in einer gehobeneren Lebenssphäre, fernab von allem Rauhen und Rohen, in festlich weißem Kleid möglichst lebenslang im Zustand der Unschuld bleiben.

Wie überall beim männlichen Bildnis dieser Zeit, vor allem in den Frisuren zu beobachten, deuten Asymmetrien - die einseitig akzentuierte Geste des Fahnehaltens, der für das männliche Geschlecht obligatorische Seitenscheitel, die seitliche Biese des Kleides - auf männliche Dynamik hin; demgegenüber weisen Symmetrien wie die auf sich bezogene, Halten, Bewahren und Schützen ausdrückende Geste des Mädchens, der für das weibliche Geschlecht verbindliche Mittelscheitel auf eine statische, ruhig verharrende Lebensform hin. Sieht bei dem Jungen aus den Ärmeln nur ganz knapp eine fest und entschlossen die Fahnenstange greifende Hand hervor, so wäre es - gestützt auch durch andere Beispiele - nicht verwunderlich, wenn im Hinblick auf zukünftiges Wirken im Haushalt die für eine Frau wichtigen Arme betont wären (vgl. hierzu Kat. Nr. 38, 101, 136 u. Abb. 5). Weisen seine glatten, strähnigen Haare schon auf die Askese und den Ernst männlichen Lebens hin, so deutet ihr dunkles, mit einem schwarzen Samtbändchen geschmücktes, in Zöpfchen geflochtenes und verspielt in reizenden „Affenschaukeln" um die Ohren gelegtes Haar auf ein sorgloseres, unbeschwerteres Dasein hin. Wie sich bei weiblichen Bildnissen dieser Zeit beobachten läßt, mußte man entweder mit ein paar geordneten Locken oder geflochtenem Haar aufwarten, um einem weiblichen Aussehen gerecht zu werden. Strähnige, glatte Haare oder auch ein wildes Lockenhaupt waren dem männlichen Geschlecht vorbehalten.

Ist die Farbigkeit des Knabenbildnisses vor olivfarbenem Hintergrund auf das graue Kleid, einen schmucklosen braunen Ledergürtel und die rotweißen Wimpel der Fahne beschränkt, so ist die Farbigkeit des Mädchenbildes, wie seine künftige Lebenswelt, farbiger, reicher und schmucker. Obwohl das Mädchen um zwei Jahre älter als ihr Bruder ist, ist diesem, als dem „starken Geschlecht" und dem Stammhalter, die Führungsrolle zugedacht. Nach der Wendung der Köpfe scheint in der Reihenfolge erst der Sohn, dann die Tochter vorgesehen. Während der Junge breiter, stärker und durch sein Attribut, die über die Bildmaße hinausgehende Fahnenstange, bedeutender, standfester postiert und zum Älteren hin stilisiert wird, ist das Mädchen ohne zusätzlichen Halt in die Bildfläche gemalt und eher zum Jüngeren, Unschuldigen hin stilisiert. Kommen nach der bürgerlichen Ordnung dem Bruder vaterländische Aufgaben im Dienste des Gemeinwohls zu, so der Schwester fern aller Macht und Geltung die kleine, begrenzte häusliche Welt. Wie sich aus dem Vergleich der beiden Kinderbildnisse ergibt: Ungeachtet aller Begabung sind die Entfaltungsmöglichkeiten bereits im Kindesalter unumstößlich festgelegt.

Kat.Nr. 30 u. Kat.Nr. 31

Wilhelm von Harnier
Die Kinder des Malers, 1838
Wallraf-Richartz-Museum, Köln

Die Lebensrollen der Geschlechter sind fest programmiert

Jeweils sechs Darstellungen illustrieren den Lebensweg eines Knabens und eines Mädchens, vom Kind zum Mann bzw. zur Frau. Stellen die ersten drei Bildchen sozusagen die Vorstufen des Lebens dar, so die drei folgenden jeweils die Erfüllung, für den Mann sein Dasein im Beruf, als Gatte und Familienvater, für die Frau die Verwirklichung ihrer „Bestimmung als Gattin, Hausfrau und Mutter". Sie dokumentieren ein fast kanonisches Bewußtsein für die vorgegebene männliche und weibliche Lebensrolle. Danach sind dem männlichen Geschlecht Aktivität, Dynamik, Bewegung, Temperament und das Hineinwirken in die Welt, das Wirken in größeren Zusammenhängen und die geistige Betätigung vorbehalten. Dagegen sind dem weiblichen Geschlecht Passivität, stilles ruhiges Verharren, Ausrichtung auf das Kleine, auf die begrenzte häusliche Welt zugewiesen.

Während der Knabe temperamentvoll und ungestüm, peitscheknallend auf einem Pferd reitet, wiegt das Mädchen still und besinnlich seine Puppe. Wie dem Knaben das Studieren, die Kopfarbeit zukommt, so dem Mädchen die Handarbeit. Steht sein Lernen mit vielen Büchern, mit Globus in großen, weitreichenden Zusammenhängen, so gilt ihr Tun dem Kleinen, Masche für Masche dem Strickstrumpf. Eilt der „Jüngling" mit langen Beinen und großen Schritten eine Rose pflückend durch die freie Natur, so sitzt die „Jungfrau" als ein am Ort still verharrendes Wesen im eingezäunten Garten. Für das für sie vorgesehene Maß an Ortsveränderung spricht die kaum hervorlugende Fußspitze. In die Saiten einer Gitarre greifend, um zu „gefallen", wartet sie auf einen Mann (zu der Korrespondenz der Motive Mann und Gitarre vgl. Kat. Nr. 36).

Während der Mann als Geschäftsmann bei sachlicher, ernst zu nehmender Arbeit ist, betrachtet die bekränzte Braut nach dem Lesen seines Briefes sehnsuchtsvoll das Bildnis ihres Bräutigams. Erholt sich der „Ehemann" mit Pfeife und Lektüre an der Seite seiner strickenden Gattin, so ist bei ihr, nachdem sie „unter" die Haube gebracht ist, fleißiges Bügeln und ein sorgfältiger Umgang mit ihrem höchst wichtigen Lebensgut, dem Leinen, angesagt. Wie auf den kleinen Bildern verfolgbar, ist im „Lebenslauf" eines weiblichen Wesens kein Buch vorgesehen. Statt eines Buches bekam es zwecks Sedierung und Zähmung einen Strickstrumpf in die Hand. Erst der Ehegemahl, aus einem Buch vorlesend, vermittelt ihr wohldosiert den Zugang zu der geistigen Welt. Ist der „Familienvater" um die erste Erziehung des Säuglings bemüht, so ist die „Mutter" im Sinne aristotelischer Zeugungsbiologie auf ihre stillenden, nährenden und pflegenden Pflichten verwiesen (vgl. S. 166).

„Schon früh schenkt man den Kindern Bilderbögen, in die sie sich ganz hineinleben..." (Karl von Raumer, Die Erziehung der Mädchen, Stuttgart 1853, S. 124). Durch Anschauung sich von klein auf in die verfassungsartig verabredete bürgerliche Ordnung „hineinzuleben" war auch die dahinterstehende pädagogische Absicht dieser volkstümlichen Blätter. In hohen Auflagen verbreitet, prägten sie die Vorstellung vom Ablauf eines Lebens.

Kat.Nr. 32

Lebensläufe, um 1815
Historisches Museum, Frankfurt/Main

Kind.

Knabe.

Jüngling.

Geschäftsmann.

Ehemann.

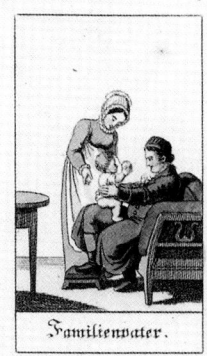

Familienvater.

Kind.

Mädchen.

Jungfrau.

Braut.

Hausfrau.

Mutter.

N.º 6.

Augsburg bei Herzberg.

Die ideale Hausfrau 1768

„*Der Himmel weiß, daß ich es nie verlangt habe; allein, meine Selige stand alle Morgen um fünf Uhr auf; und ehe es sechse schlug, war das ganze Haus aufgeräumet, jedes Kind angezogen und bei der Arbeit, das Gesinde in seinem Beruf und des Winters an manchen Morgen oft schon mehr Garn gesponnen, als jetzt in manchen Haushaltungen binnen einem ganzen Jahr gewonnen wird. Das Frühstück ward nur beiläufig eingenommen; jedes nahm das seinige in die Hand und arbeitete seinen Gang fort. Mein Tisch war zu rechter Zeit gedeckt und mit zween guten Gerichten, welche sie selbst mit Wahl und Reinlichkeit simpel, aber gut zubereitet hatte, besetzt.*

Käse und Butter, Äpfel, Birn und Pflaumen, frisch oder trocken, waren von ihrer Zubereitung. Kam ein guter Freund zu uns: so wurden einige Gläser mit Eingemachtem aufgesetzt … Ihre Pickels übertrafen alles, was ich jemals gegessen habe; und ich weiß nicht, wie sie den Essig so unvergleichlich machen konnte. Sie machte alle Jahr ein Bitters für den Magen, wogegen Dr. Hills und Stoughtons Tropfen nichts sind. Ihren Holundersaft kochte sie selbst; und in keinem Nonnenkloster fand man bessers Krausemünzenwasser als das ihrige. In unserm ganzen Ehestande hat keine aus dem Hause dem Apotheker einen Groschen gebracht, und wenn sie etwas Lächerliches nennen wollte: so war es ein Kräutertee aus der Apotheke. Auf jedes Stück Holz, das ins Feuer kam, hatte sie acht. Nie ward ein großes Feuer gemacht, ohne mehrere Absichten auf einmal zu erfüllen. Sie wußte, wieviel Stunden das Gesinde von einem Pfund Tran brennen mußte. Ihre Lichter zog sie selbst und wußte des Morgens an den Enden genau, ob jedes sich zu rechter Zeit des Abends niedergelegt hatte. Das Bier ward im Hause gebraut, das Malz selbst gemacht und der Hopfe daheim besser gezogen, als er von Braunschweig eingeführet wird. Der Schlüssel zum Keller kam nicht aus ihrer Tasche. Sie wußte genau, wie lange ein Faß laufen und wie viel ein Brod wägen mußte. Butter und Speck gab sie selbst aus und, ohne geizig zu sein, bemerkte sie das Gesinde so genau, daß nichts davon verbracht werden konnte. Ebenso machte sie es mit der Milch. Sie kannte jedes Huhn, das legte, und fütterte nach der Jahrszeit so, daß kein Korn zu viel oder zu wenig gegeben wurde. Das Holz kaufte sie zu rechter Jahrszeit und ließ die Mägde des Winters alle Tage zwei Stunden sägen, um sie bei einer heilsamen Bewegung zu bewahren. Im Sommer ward des Abends nie warm gegessen. Die warmen Suppen schienen ihr eine lächerliche Erfindung der Franzosen; und bei dem kalten Essen konnte das Geschirr auch mit kaltem Wasser gewaschen werden. Man brauchte alsdann kein Feuer, und bei Winterabenden ward bei dem letzten Feuer im Ofen gekocht. Was in der Dämmerung geschehen konnte, geschahe nicht bei Lichte, und die Arbeit war darnach abgepaßt. Ihre schmutzige Wäsche untersuchte sie alle Sonnabend und hieng solche des Winters einige Tage auf Linien, damit sie nicht zu feucht weggelegt und stockicht werden mögte. Wenn die Bettetücher in der Mitte zu sehr abgenutzt schienen, schnitte sie solche los und kehrte die Außenseite gegen die Mitte. Auch die Hemde wußte sie auf eine ähnliche Art umzukehren und die Strümpfe zwei- bis dreimal anzuknütten. Alles, was sie und ihre Kinder trugen, ward im Hause gemacht; und sie verstand sich auch sehr gut auf einen Mannsschlafrock. Sie konnte ihn in einem Tage mit eigner Hand fertig machen. Im Stopfen gieng ihr keine Frau über … keine Nadel oder Nähnadel konnte verloren gehen, weil nicht ausgefegt werden durfte, ohne daß sie zugegen war.

Ihr Garten war zu rechter Zeit und mit selbst gezogenem Samen bestellt. Im Frühjahr erholte sie sich in demselben von der langen Winterarbeit, indem sie säete und jätete. Die Früchte lachten dem Auge entgegen, ob sie gleich kaum den halben Dünger gebrauchte, den ihre Nachbaren ohne Verstand untergruben. Da sie allem Unkraut zeitig widerstand: so hatte sie nicht die halbe Arbeit. Alles, was sie pflanzte, geriet recht wunderbarlich, und ihr Vieh gab bei kluger Futterung bessere und mehr Milch, als andre mit doppeltem Futter erhalten konnten. Keine Feder wurde verloren, und kein Brocken fiel auf die Erde.

Nach ihrem Tode, ach ich kann ohne Tränen nicht daran gedenken, fand ich die Brautwagen für unsre vier Töchter fertig; und wie ich alles, was sie während unserm 16jährigen Ehestande in der Haushaltung gezeugt hatte, überschlug, belief es sich höher als das Geld, was sie in aller Zeit von mir empfangen hatte. So vieles hatte sie durch Fleiß, Ordnung und Haushaltung gewonnen."
(*Justus Möser, Die gute selige Frau. In: Patriotische Phantasien I, 1768, Sämtliche Werke, Bd. 4, Oldenburg 1943, S. 113f.*)

Abb. 8   Friedrich Wilhelm Schäfer, Der Künstler und seine Familie, Öl/Lw., Städelsches Kunstinstitut, Frankfurt/Main

Die Bestimmung der Frau als Hausfrau

„Ihr seid geschaffen, um weise Vorsteherinnen des inneren Hauswesens zu werden; ... Vorsteherinnen des Hauswesens, welche durch Aufmerksamkeit, Ordnung, Reinlichkeit, Fleiß, Sparsamkeit, wirtschaftliche Kenntnisse und Geschicklichkeiten, den Wohlstand, die Ehre, die häusliche Ruhe und Glückseligkeit des erwerbenden Gatten sicher stellen, ihm die Sorgen der Nahrung erleichtern und sein Haus zu einer Wohnung des Friedens, der Freude und der Glückseligkeit machen sollen", so hochgestimmt und gewichtig umschreibt Joachim Heinrich Campe den Aufgabenbereich der Hausfrau.[1] Doch so sehr man die Hausfrauenrolle in dieser Zeit aufwertete und überhöhte, man setzt der Hausfrau weder Denkmale noch gibt es als bürgerliche Bildneuschöpfung etwa das selbständige Hausfrauenporträt. Der Lebenswirklichkeit wurde wohl eher August Wilhelm Schlegels Parodie auf Schillers „Würde der Frauen" gerecht: „Ehret die Frauen! Sie stricken die Strümpfe wollig und warm, zu durchwaten die Sümpfe. Flicken zerrissene Pantalons aus. Kochen dem Manne die kräftigen Suppen. Putzen den Kindern die niedlichen Puppen. Halten mit mäßigem Wochengeld Haus!"[2]

Im Stil der holländischen Genremalerei des 17. Jahrhunderts lebt vereinzelt das Kücheninterieur wieder auf.[3] In moralisierenden Pendants malte die Tochter Chodowieckis, Suzette Henry (1763-1819), großformatig (Öl/Leinwand, 64 x 51 cm) „Die gute Hausfrau" und „Die böse Hausfrau" (vgl. Kat. Nr. 35).[4] Auf einem Augsburger Bilderbogen, einer kolorierten Lithographie um 1815, ist in je sechs Darstellungen die Entwicklung vom Knaben zum Familienvater, vom Mädchen zur Mutter vorgeführt. In diesem gibt es auch eine Darstellung von einer bügelnden Hausfrau (Kat. Nr. 32). In belehrenden Bilderbogen wird das häusliche Leben, werden häusliche Tätigkeiten gezeigt. Man tut einen Blick in „Die Wasch- und Bügelstube", in die „Küche" (vgl. Kat. Nr. 42 u. Kat. Nr. 44), in die Wohnstube (vgl. Kat. Nr. 43). Man bekommt Einblick in den Nähunterricht der Mädchen (vgl. Kat. Nr. 40, Nr. 48). Doch geht es bei diesen Bilderbogen mehr um die Vorführung eines geordneten Hauswesens, als um die Präsentation der Hausfrau. Meist findet man sie kaum unter den Mägden heraus.

Auch Karl Wilhelm Ramler sieht in seiner Schrift „Allegorische Personen zum Gebrauch bildender Künstler"[5] keine Darstellung der „Hausfrauen" vor, sondern nur für „das Alter der Frauen" und den weiblichen Fleiß (vgl. Kat. Nr. 33), Frauen die „ihre Kinder erziehen und sich beschäftigen mit verschiedenen Stücken der Haushaltung". Möglicherweise haben wir es ein Mal mit einer Hausfrau in allegorischem Gewand zu tun - in dem von Johann Christoph Rincklake gemalten Bildnis seiner Braut als Vestalin (vgl. Kat. Nr. 34), sofern hier mit Jean Paul die „Vesta oder Vestalin des Hauses"[6], die Vestalin des eigenen Herdes, die „Herdvestalin"[7] und nicht nur die Tugendhaftigkeit einer Vestalin die Bildmitteilung ist.

Allein als Hausfrau hatte man keine Porträtwürdigkeit. Wenn man als normal-menschlich weibliches Wesen im Bildnis erschien, dann im Hinblick auf die Repräsentation der Familie, die Nachkommenschaft, in der Autorität als zukünftiger Ahnfrau und dies auch nur nach- und untergeordnet, um der Vervollkommnung des christlichen Hausvaters willen. Um die Ordnung in der Familie noch genauer zu artikulieren - die Zuständigkeit der Frau im Hause, die des Mannes im öffentlichen Leben -, vor allem aber, um Anhaltspunkte für eine abgesicherte weibliche Porträtwürdigkeit zu geben, sind Hinweise auf ein nützliches, pflichtbewußtes Dasein angebracht. Mitunter weist ein Schlüsselbund auf die Rolle als ordentlich waltende Hausfrau hin (vgl. Kat. Nr. 43, Nr. 100). Überwiegend wird das rechtschaffene Hausfrauendasein durch Textiles, Spinnräder und Strickstrümpfe zum Ausdruck gebracht.

---

[1] Campe, S. 17 – [2] August Wilhelm Schlegel, zitiert nach: Andrea van Dülmen (Hg.), Frauen, ein historisches Lesebuch, München 1991, S. 102 – [3] Vgl. J. D. Bager, Kücheninterieur 1767, Kat. Sklavin oder Bürgerin, Frankfurt 1989, Abb. S. 409 – [4] Bomann-Museum, Celle – [5] Karl Wilhelm Ramler, Allegorische Personen zum Gebrauch bildender Künstler, Berlin 1788, S. 28 – [6] Jean Paul, S. 264 – [7] J. und W. Grimm, Deutsches Wörterbuch, 12. Bd., II. Abt., Leipzig 1951, Artikel „Vestalin"

Eine Hausfrau muß immer drei Dinge auf einmal tun

Die fest mit einer Hausfrau verbundene Plage, drei Dinge auf einmal tun zu müssen, ist nach Herodot als besonderer Fleiß zu würdigen. „Will ein Historienmaler ...", so heißt es 1788 bei Karl Wilhelm Ramler, „Beispiele von Tugenden aus der Geschichte entlehnen und sie nach der Reihe aufstellen: so kann ihm zum Fleiße das Beyspiel der Griechin dienen, welche Xerxes bey seinem Einfalle in Griechenland bewunderte.

Diese, wie Herodotus berichtet, trug einen Krug mit Wasser auf dem Kopfe, spann dabey Wolle, und tränkte zugleich ihr Pferd." Soll der Fleiß durch Attribute dargestellt werden, so empfiehlt Ramler, „eine Wollspindel in den Händen" oder einen Ameisenhaufen im Hintergrund. Männlicher Fleiß ist - so Ramler - „an einer Lampe, einem Buch und einem Sporne zu erkennen".

Kat.Nr. 33

Bernhard Rode
Allegorie der Arbeitsamkeit, um 1776
Grafische Sammlung der Kunsthalle, Kiel

Des Malers zukünftige liebreizende Hüterin des Küchenherdfeuers

Nur mit etwas Erklärung versteht man, daß es sich hier um das Idealbild einer „verläßlichen Hausfrau" handelt. Dieses kleine, delikat gemalte, intime persönliche Bildnis der Braut des Malers galt nicht nur dem sinnlichen Liebreiz ihrer Jugend, sondern antikisch überhöht auch ihrer Bestimmung als Hausfrau, als zukünftiger Hüterin seines Herdfeuers. Das etwa 25 Jahre junge münstersche Schlossermeistertöchterchen ist hier, hauchzart verschleiert, als Vestalin mit einer brennenden Öllampe dargestellt. Wie die Jungfrauen im Tempel der Vesta im alten Rom das ewige Herdfeuer des Staates hüteten, so sollte Marianne Wermerskirch einmal des Malers heimischem Herd vorstehen.

Treue und Keuschheit waren die wesentlichen Eigenschaften der Vestalinnen. Ließen sie das Feuer verlöschen, so wurden sie gegeißelt, verletzten sie das Gebot der Keuschheit, so wurden sie lebendig begraben. Wie die römischen Bräute trug eine Vestalin ein weißes, hochgegürtetes Gewand und über dem offenen Haar einen weißen Schleier. Durch die Ausgrabung einer Vestalinnengruppe 1706 in Portici bei Neapel und deren Aufstellung 1736 in Dresden, durch das gefeierte Bildnis einer Dame als Vestalin von Angelika Kauffmann in der Dresdener Galerie kamen die vestalischen Jungfrauen wieder ins Gespräch (Westhoff-Krummacher, S. 341).

Johann Gottfried Herder (1744-1803) begeisterte sich für ihre „Treue und Reinheit der Seele". Jean Paul assoziierte bei einer „Herdvestalin" eine gestandene „Köchin" (Jacob und Wilhelm Grimm, Deutsches Wörterbuch, Bd. 12, II. Abt., Leipzig 1851) und hatte mehr ihre „stabilitas loci" in der Küche, einen verläßlichen häuslichen Service mit Präsenzpflicht im Sinn - „die Frau ist", so seine Auffassung, „zur Vesta oder Vestalin des Hauses, nicht zur Ozeanide des Weltmeeres bestimmt" (Jean Paul, S. 264).

Kat.Nr. 34

Johann Christoph Rincklake
Marianne Wermerskirch als Vestalin, um 1796/97
Westfälisches Landesmuseum für Kunst und Kulturgeschichte Münster,
Dauerleihgabe der Sammlung Rincklake van Endert

Häusliche Isolation stellt Sittsamkeit, Einfalt und Unschuld sicher

Die vorliegende Darstellung wirbt für die vorbildliche „häusliche Beschäftigung" einer „guten Mutter und sittsamen Gattin". Der Katalog der Akademie-Ausstellung erläutert das Gemälde:

„Umgeben von ihren drei Kindern sitzt die gute Mutter und sittsame Gattin ohne fremde Gesellschaft zu Hause und beschäftigt sich in Abwesenheit ihres Mannes, nebst ihrer ältesten heranwachsenden Tochter mit Nähen. Das jüngste Kind schläft neben der Mutter im Korbe, das an der Erde scheint mir ihr zu sprechen. Eine edle Einfalt und Unschuld der Sitten, häusliche Ruhe und nützliche Beschäftigung scheinen hier an der Tagesordnung zu seyn."

Bezeichnend ist, daß man sich von häuslich isolierten, nähenden Gattinnen und Töchtern „ohne fremde Gesellschaft" einen solch beruhigenden Idylleneffekt versprach und hohe moralische Werte wie „Sittsamkeit", „edle Einfalt", „Unschuld" und Nützlichkeit darin sah. Diese Würdigung erklärt sich zum Teil aus der moralisch zu verurteilenden Darstellung des Gegenbildes. Hier befaßt sich in Abwesenheit ihres Gatten eine kinderlose Dame von Welt, umworben von fragwürdigen, liebestollen Herren, mit eitlen und törichten Problemen ihres modischen Ausputzes. Eindrücklich wird hier in Gut und Böse vor Augen geführt, wie groß die Gefahren für unbeaufsichtigte Frauen sind. Es droht der Ausbruch der sündlichen Triebe, Verführung und Eitelkeit!

Suzette Henrys „Botschaft der Tugend", die ganz den pädagogischen Auffassungen ihrer Zeit entsprach, erreichte in Kupfer gestochen, in Almanachen verbreitet, weite Kreise der Weiblichkeit.

Kat.Nr. 35

Suzette Henry geb. Chodowiecki
Löbliche häusliche Beschäftigung, um 1802
Bomann-Museum, Celle

Eine verzichtsbereite künftige Hausfrau

Die „Strickende Frau am Fenster" ist vordergründig vor allem als pflichtbewußte Hausfrau gewürdigt. Doch das eigentliche Thema ist: Warten auf einen Mann! Nicht wie die vergnügungssüchtigen, zeitvertreibsuchenden Damen des Ancien régime strebt sie hinaus, sondern, obschon draußen die Sonne scheint und Licht und Wärme verlockend durch das offene Fenster hereinströmen, bleibt sie, die Zeit nutzend, im Haus. Diese Verzichtshaltung klingt bei dem Motiv strickender Frauen und Mädchen in Verbindung mit einem offenen Fenster vielfach an (vgl. Kat. Nr. 36, Nr. 41, Nr. 51, Nr. 94 u. Nr. 100). Immer ist die bürgerliche Vorbildlichkeit ein gewisses Darstellungsanliegen. „Domestiziert" wie die junge Frau ist die auf dem Sims des Fensters stehende Nelke, die nur eingetopft und umzäunt gedeihen darf. Auf dem Nähtisch vor ihr steht ein Körbchen, darin ein Strumpf und Strickwolle. Zu sittlich vorbildlichem Stricken und Nähen ist rechts ein Nähkissen an die Tischkante geklemmt (vgl. hierzu S. 166f.). Links sieht man eine Schere und ein Schlüsselbund. Alle Werte des Hauses sind also wohlverwahrt. Bezeichnend, daß die junge Frau nicht mit einem besonders gefälligen, hübschen Kleid, sondern nur zweckmäßig mit einem züchtig hochgeschlossenen, wärmenden Mantelkleid bekleidet ist. Das vor der Bodenkälte schützende Fußbänkchen und auch das die Sonnenwärme hereinlassende Fenster lassen ihren Sinn für das Brennholzsparen erraten.

Bei allen anerkennenswerten bürgerlich hausfraulichen Vorzügen, das strickende, sinnende, am Fenster sitzende Warten ist nicht Selbstzweck - es gilt dem Mann. Die weibliche Bestimmung zur Gattin, die Orientierung auf ein männliches Wesen mögen in dem auf Liebessymbolik hindeutenden Nelkenstock und dem großen, sicherlich für einen Mann bestimmten Strumpf zum Ausdruck kommen. Für die künftige Bestimmung als Mutter mögen das im Hintergrund an der Wand hängende Gemälde einer „Madonna mit Kind", das Bett und die Gitarre stehen. Bei dem Motiv des Bettes mit der Gitarre wird man an Ernst Moritz Arndts in seinen „Fragmenten zur Menschenbildung" (1805) angeführten Vergleich einer Frau mit einem Instrument erinnert: Hier heißt es im Sinne aristotelischer Zeugungsbiologie (vgl. S. 222): „So ist das Weib ... ein Instrument voll süßer Töne, das sich aber selbst nicht den Klang geben kann, die musikalische Seele alles erschaffenen Lebens, die aber sehnsüchtig eine Gestalt erwartet, mit der sie innig in Eins zusammenwachse für neue Schöpfungen." Und für die Herkunft der Idee weiblicher seelenvoller Materie, die „sehnsüchtig umherfliegend" nach Gestalt sucht, führt Arndt Epikur an (Arndt, S. 193, 194, 196). „Es kommt das Schöpferische darüber und gestaltet und bestimmt das Einzelne." Und mit dem Schöpferischen ist der Mann, „das Symbol des Schaffenden", gemeint (vgl. Arndt, S. 193). Die Verbindung von Bett und Gitarre dürfte also nicht zufällig sein (vgl. Kat. Nr. 90). Sie erklärt auch das wartende und sehnsüchtige „am Fenster-sitzen" der jungen Frau, ihre einzige Erwartung - die Lebenserfüllung durch einen Mann.

Werner Schnell (Werner Schnell, S. 303) sieht in der „Strickenden Frau am Fenster" eine Vorstudie zu der „Strickerin" (vgl. Kat. Nr. 90). Der grundlegende Gehalt der „Strickerin" ist in der Vorstudie bereits vorgeprägt. Das ausgeführte Gemälde ist in subtiler Weise weiterentwickelt. Jedes Bildelement, jedes Detail ist feinsinnig neu durchdacht, das Ganze um viele Züge bereichert, weibliches Dasein charakterisierend, verwesentlicht und in den Zustand fast stillebenhafter Klarheit gebracht.

Kat.Nr. 36

Georg Friedrich Kersting
Strickende Frau am Fenster, 1811
Museum Folkwang, Essen

Stricken blieb die erste Witwenpflicht

Kolbes Porträt zeigt die mächtige Figur der Witwe Sarah Esther Siebel geb. Merrem (1758-1831). Selbstbewußt thront sie auf einem Armlehnstuhl im Zentrum des Bildes und blickt auf den Betrachter. Aus einer wohlhabenden Duisburger Kaufmannsfamilie stammend, hatte sie 1783 den Elberfelder Textilkaufmann Johann Wilhelm Siebel (1743-1792) geheiratet. Siebel war Ratsherr, zweimal Bürgermeister von Elberfeld sowie Stadtrichter. Das Paar hatte drei Kinder. Nach neunjähriger Ehe verstarb Siebel 1792, seine Frau erwarb 1803 das Rittergut Volkardey bei Ratingen, wo sie fortan lebte. Kolbes Porträt entstand also im 32. Jahr ihrer Witwenschaft. Gleichwohl liegt das Stickzeug als Beleg dafür, daß hausfrauliche Tugenden auch noch Jahrzehnte nach dem Tode des Ehemannes gepflegt werden, griffbereit hinter dem Krückstock auf einem Tischchen neben Frau Siebel.

Kolbes ganze Meisterschaft als Porträtist wird deutlich an der Durchgestaltung der Figur. Mit Präzision und ohne die Absicht einer Schönung arbeitete er die groben Gesichtszüge, durch Falten und Doppelkinn von Alterungs- spuren gezeichnet, durch. Ebensolche Sorgfalt verwandte er auf die Kleidung. Das mittelgrüne Kleid mit dem breiten doppelten Kragen korrespondiert mit dem taubenblauen, orange und gelb geränderten Halstuch. Die Spitzenhaube kennzeichnet ihren Status als (ehemals) verheiratete Frau. Leider ist nicht zu erkennen, um was für ein Buch es sich handelt, in welchem sie gerade liest.

Habitus und Gesichtsausdruck lassen darauf schließen, daß Sarah Esther Siebel eine selbstbewußte und energische Frau war, die ihren sozialen Status als Angehörige der bürgerlichen Oberschicht und als Besitzerin des Rittergutes Volkardey ausdrücken wollte. Hierfür spricht auch die in der zeitgenössischen Porträtikonographie ungewöhnliche Kombination eines weiblichen Bildnisses mit dem Vorhangmotiv am rechten Bildrand, das der Tradition des barocken Repräsentationsporträts entlehnt ist. Das hierin ausgedrückte Selbstbewußtsein und die Aufwertung der weiblichen Figur sind auf zeitgenössischen Gemälden selten anzutreffen.

VL

Kat.Nr. 37

Heinrich Christoph Kolbe
Sarah Esther Siebel geb. Merrem, 1824
Historisches Zentrum, Wuppertal

Ein vielversprechender zupackener Hausfrauenarm

Der Maler präsentiert seine Familie vor dunklem Hintergrund in gestufter Anordnung - die Eltern sitzend und Bruder und Schwester, als die künftige Generation der Dornbuschs, die Eltern überragend, in stehender Haltung. Links rahmt in reichlicher Dreiviertelfigur sitzend der Vater, rechts stehend die Tochter das Bild. Beide korrespondieren miteinander durch die dunkle Farbigkeit ihrer Kleidung. Die Mitte bilden Mutter und Sohn, die durch einen Grün-Blau-Farbklang miteinander besonders harmonieren. Die Mutter, als einzige frontal dem Betrachter zugewandt, bildet strickend den Mittelpunkt des Bildes. Kennzeichnend ist die Rollenverteilung in der Familie.

Im Gegensatz zu den Damen sind die erholungsbedürftigen Herren - wie vielfach zu beobachten - untätig dargestellt. Der Sohn läßt seine linke Hand im Rock verschwinden. Der Vater hat die Hände ausruhend übereinander gelegt, so daß auf männlicher Seite nur eine halbe Hand und ein Handgelenk sichtbar sind. Während die Herren von höherwertiger Tätigkeit, d.h. von der anstrengenden „Kopfarbeit", ausruhen müssen, ist den Damen als Wirkungsfeld die „Handarbeit" zugewiesen. Sind bei den Herren die Köpfe betont, so bei den Damen die Hände und Arme (vgl. hierzu auch S. 154, Kat. Nr. 42 und Abb. 5 u. 6).

Sehr fein gemalt und wirkungsvoll sind die Hände der strickenden Mutter fast ins Zentrum des Bildes gesetzt. Ebenso ist der kräftige, Hausfrauenfleiß versprechende Arm der Tochter in Überlänge herausgestellt. Man wird an Goethes „Dorothea" erinnert, deren „Stärke des Arms und die volle Gesundheit der Glieder" Hermann bei seiner Brautschau besonders beeindrucken (J.W. von Goethe, Hermann und Dorothea, 1797, 7. Gesang). Aber nicht nur, daß die Tochter des Hauses ein vielversprechendes zupackendes Hausfrauennaturell hat, sie hat auch, wie das Motiv des Kaffeeservierens zeigt, ihre dienende weibliche Bestimmung begriffen, im Rahmen der elementaren weiblichen Lebensverpflichtung zu „gefallen" und zu „erheitern", das Leben der Ihren mit einem Täßchen Kaffee „angenehm und süß zu machen" (Rousseau, S. 48ff.).

Stehen bei der Tochter die reizend aus der Haube hervorlugenden Löckchen und der hübsche nackte Arm im Dienste dieser weiblichen Mission des Gefallens, so bietet die Mutter nichts dergleichen. Für sie gilt denn auch der bei anderen Familienbildnissen zu beobachtende Grundsatz: Wer nicht in gefälliger, erheiternder Betreuung der Herren tätig ist, muß stricken! Strickend stellt die Mutter sozusagen die zweite Variante einer vorbildlichen Hausfrau dar. In hochgeschlossener Bekleidung, die nur knapp das Gesicht und die arbeitsamen Hände freiläßt, angetan mit einem blickdichten, glättenden Schultertuch, das nicht die Andeutung einer Körperform preisgibt, einer Haube, die mit keinem herauslugenden Haar auch der Fleischeslust nicht Vorschub leistet, ist sie nicht nur für die Tochter, sondern auch für kommende Generationen das Vorbild einer tugendhaften, züchtigen Hausfrau. Strickend und damit jede Minute nützlich tätig, ist sichergestellt, daß sie niemals ein Opfer des „Müßiggangs" und des Lasters wird.

Der Maler verdeutlicht nicht nur in hierarchischer Nuancierung die geltende männlich-weibliche Aufgabenteilung seiner Zeit, sondern macht auch - wohl aus naher Kenntnis der Personen - etwas von dem feinen zwischenmenschlichen Gefüge der Familie sichtbar.

Kat.Nr. 38

J.M. oder Theodor Dornbusch
Bildnis der Familie Dornbusch, um 1830
Städtisches Museum, Galerie im Centrum, Wesel

118

Zwei rechts, zwei links - das blieb auch der Großmutter von Friedrich Engels nicht erspart

Franziska Christina van Haar war die Großmutter von Friedrich Engels. Sie lebte von 1758 bis 1846 und war die Ehefrau von Gerhard Bernhard van Haar (1760-1837), der Rektor am Hammer Gymnasium war. Ihre Tochter Elisabeth Franziska Mauritia van Haar (1797-1873) heiratete den Elberfelder Textilfabrikanten Engels, deren Sohn Friedrich der berühmte Mitstreiter von Karl Marx wurde.

Das Bildnis zeigt die Halbfigur der alten Frau mit dem Strickzeug in der Hand, dem obligatorischen Kennzeichen der auch in fortgeschrittenen Lebensjahren immer tätigen Haus- und Ehefrau. Sie blickt von ihrer Handarbeit frontal zum Betrachter auf. Die Figur entwickelt sich dem braunen Grund, Akzente setzen Spitzenhaube und -kragen sowie der von einer Brosche zusammengehaltene Schal, der den Kragen unterfängt. Während die Kleidung in den Konturen leicht verschwimmt, sind Gesicht und Hände sehr plastisch und präzise ausgeführt.

Gerhard Bernhard van Haar, der Ehemann, ist auf einem Pendantbildnis dargestellt. Er sitzt nach links gewandt mit ordensgeschmücktem Revers, das aufgeschlagene Buch in der Hand. Wieder finden wir ein typisches Beispiel für Pendantbildnisse von Ehepaaren, bei denen die Frau durch die Hand-, der Mann durch die Insignien der Kopfarbeit gekennzeichnet ist.

Das Ehepaar van Haar lebte in Hamm, wo 1797 eine der ersten deutschen „Erziehungsanstalten für die Töchter aus den gebildeten Ständen" eingerichtet worden war. Gerhard Bernhard van Haar unterrichtete hier neben seiner eigentlichen Tätigkeit am Hammer Gymnasium unter anderem Orthographie und Stilübungen sowie „Kopf-rechnen, womit er soviel von der Theorie des Rechnens verbindet, als für Frauenzimmer nöthig ist." (B.M. Snethlage, Über die Umschaffung der lateinischen Schulen in Realschulen, Hamm 1800, S. 110.) Den jungen Mädchen sollten hier ihre „Pflichten als Gattin, als Mutter, als Herrin über das Gesinde" (Snethlage, S. 101) vermittelt werden. Sie sollten so in ihrem eingeschränkten Wirkungskreis zur „Gehülfinn des Mannes" werden.

Franziska Christina van Haar erfüllte diese Forderung aufs Beste, darauf läßt zumindest ihr Bildnis schließen, auf dem sie sich als fleißige und arbeitsame Hausmutter präsentiert, die den Gelehrtenruhm ihres Gatten umso strahlender erscheinen läßt.

VL

Leinen - ein Lebensinhalt für Frauen

Innerhalb eines Zyklus „Die Hausfrau" widmet der Stuttgarter Entwurfszeichner, Modelleur und Bildhauer Georg Konrad Weitbrecht eine Darstellung dem „Linnenzeug".

Das Linnenzeug hatte einen hohen Stellenwert im Leben einer Frau. Es war der Vermögenswert, den sie durch ihren Fleiß einbrachte und über den sie weitgehend bestimmte. Ein gut gefüllter Leinenschrank war eine Schatzkammer. Wegen der Mitgift waren Töchter oft eine Belastung für den Familienvater. Arbeitete eine Tochter nun immer fleißig an dem Leinenvorrat für die Aussteuer, so minderte sie die Sorge des Familienvaters um die Mitgift und verbesserte damit auch die Kandidatenauswahl.

Bezeichnenderweise wirken hier die Hausfrauen - wie oft bei der Darstellung weiblicher Tätigkeiten - in der Schlafstube (vgl. Kat. Nr. 21, Nr. 36, Nr. 72 u. Nr. 76). Das Alkovenbett im Hintergrund ist sozusagen das Zentrum der weiblichen Lebenswelt, und der volle Leinenschrank ist ein ebenso gewichtiger Lebensinhalt, auf den es hinzuleben gilt. Die Szene entwickelt sich friesartig. Die Mutter, durch einen Schlüssel am Gürtel als die Hausfrau gekennzeichnet, schneidet, eine anscheinend nur ihr zukommende hoheitliche Aufgabe, ein großes Stück von der kostbaren, ungeschnitten aufgerollten Leinwand ab, die ihr eine Tochter assistierend hält. Zwei weitere junge Frauen sitzen eifrig stopfend und stickend rechts an einem Tisch, auf dem ein Korb, gestapelte Wäschestücke, ein Garnkäuel, ein Laken auf viel Arbeit hindeuten. Dazwischen spielen vier Kinder. Ein kleines Mädchen belustigt sein Brüderchen mit einem Jojo-Spiel, ein Kind spielt Verstecken hinter der ausgerollten Leinwand, und ein kleiner Junge reitet auf einem Steckenpferd heraus aus dem Weiberreich.

Durch die friesartige Anordnung, die antikisierende Stilisierung der Figuren verleiht der bei Thorvaldsen in der Reliefbildnerei geschulte Entwurfszeichner Weitbrecht den leinenschneidenden, stopfenden und stickenden Hausfrauen Monumentalität, Würde und antike Vorbildlichkeit.

Kat.Nr. 40

Georg Konrad Weitbrecht
Linnenzeug, Entwurf für den Zyklus „Die Hausfrau", um 1830/35
Graphische Sammlung der Staatsgalerie, Stuttgart

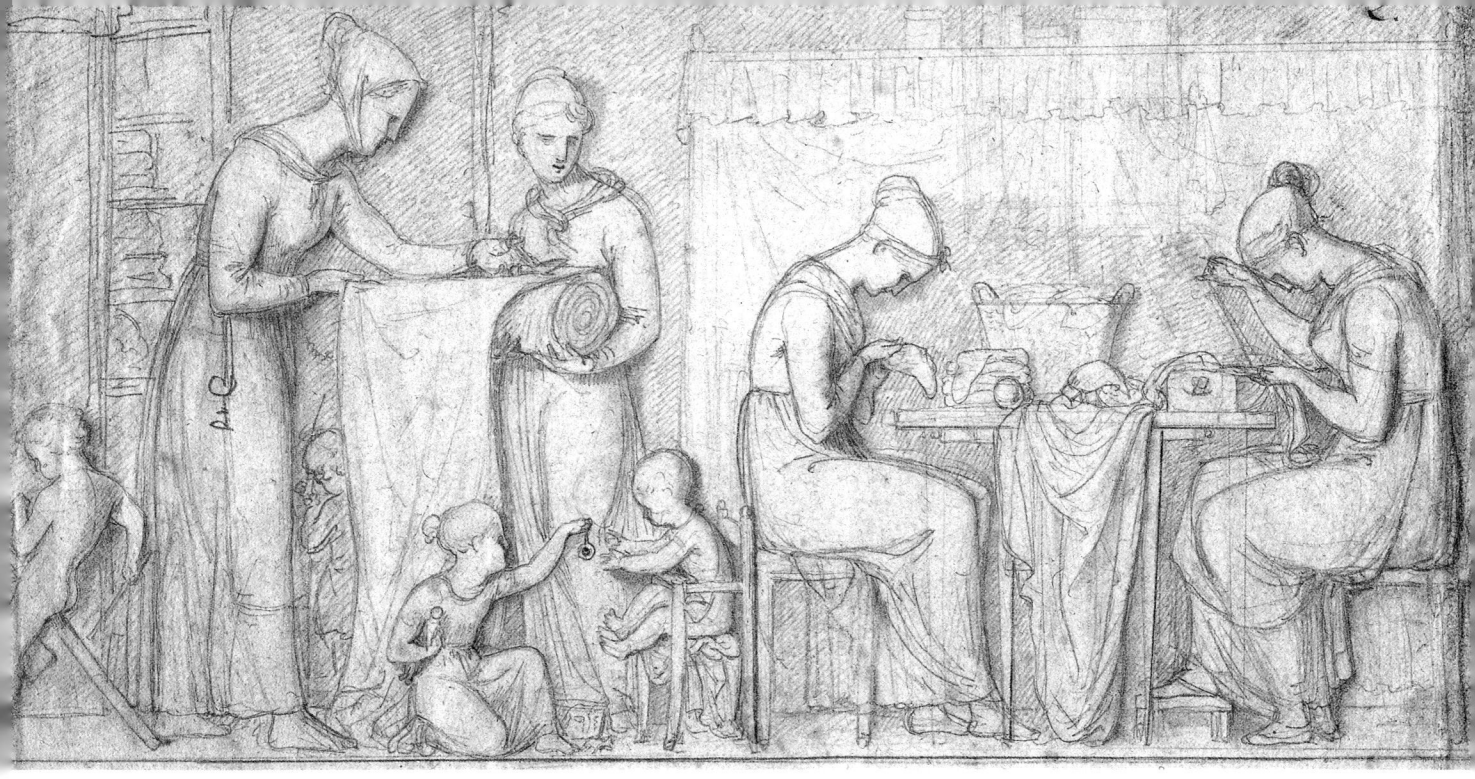

Ein Idealbild aus den guten alten Zeiten „teutscher" Sitte

Die 1837 in Düsseldorf entstandene Kreidezeichnung stammt von dem an der Berliner und Düsseldorfer Akademie ausgebildeten Maler Albert Korneck. Das detailliert ausgearbeitete Blatt ist wahrscheinlich als Vorstudie zu dem Gemälde „Gretchen am Spinnrad" entstanden, das Korneck zweimal wiederholen mußte, weil das Motiv so großen Anklang fand. Fleiß und Frömmigkeit sind auch hier die zu Nachfolge aufrufende Botschaft des Blattes.

Die junge Frau sitzt auf dem Altan eines alten Burggemäuers, hinter breitem Fenstersims. Sie zupft Fäden aus dem Spinnrocken und läßt sie durch ihre zarten Hände auf die Spule des Spinnrades gleiten. Ernst und sinnend schaut sie in die Landschaft. Der Spinnrocken, das Kreuz an ihrem Halskettchen, fern im Tal die Kirche kennzeichnen ihr in Gehorsam, Arbeit und jenseitiger Hoffnung sich erschöpfendes Leben. Dabei nimmt das Spinnrad, das hier für Pflichterfüllung und Arbeit steht, fast die Hälfte der Bildfläche ein. Wahrscheinlich ist es nicht ohne Bedeutung, daß ihr als Hinweis auf ihre jedem Weibe beschiedene häusliche Gefangenschaft ein vergittertes Fenster zugeordnet ist. So kommt wehmütige Sehnsucht in die Ferne und damit - eine Frau veredelnd - Gefühlsentfaltung auf.

Den kleinteiligen, gedrechselten Formen des realistisch und detailgenau gezeichneten Spinnrades stehen die idealen Formen erträumter Weiblichkeit gegenüber. Weiche, schönlinige Rundungen, die Kopf, Schultern, Busen und Gesäß umschreiben, zart weiß gehöhte, schwellende Flächen, ein edler Faltenwurf lassen den Eindruck weiblich gefühlvoller Sanftmut und Harmonie entstehen. Die altdeutsche Tracht der jungen Frau, das Burggemäuer, eine Ruine im Hintergrund bringen den romantischen Ton hinein, das Träumen von der einstigen holden Weiblichkeit in den guten alten Zeiten „teutscher" Sitte!

Einstimmung auf die Reize des Küchenlebens

„Schon früh schenkt man den Kindern Bilderbögen, in die sie sich ganz hineinleben...", empfiehlt 1853 der Pädagoge Karl von Raumer für die Erziehung der Mädchen (Karl von Raumer, Die Erziehung der Mädchen, Stuttgart 1853, Reprint Paderborn 1988, S. 124).

Einen Bilderbogen betrachtend oder ausmalend, konnten sich kleine Mädchen ganz selbstverständlich auf ihre künftigen vielfältigen Küchenaufgaben einstimmen. Denn in der Küche wurde geschlachtet, geräuchert, gepökelt, gebuttert, gebacken und eingemacht. Hier goß man die Kerzen, kochte die Seife, trocknete das Obst und braute das Bier.

Groß und geräumig, rund um das Zentrum, den gewaltigen Herd, ist hier die Küche Ort einträchtigen weiblichen Zusammenwirkens. Die Hausfrau, die Töchter, die Mägde arbeiten Hand in Hand. Während die Hausfrau in hübschem Kleid - hinterfangen von schmucken kupfernen Kuchen-, Törtchen- und Puddingformen an der Wand - bei mehr überwachender Tätigkeit in sparsamem Bedacht und mit graziler Geste das Fleisch abwiegt, schlägt eine junge, am lodernden Feuer des Herdes stehende, den Teig rührende Magd ein Ei in die Schüssel. Die kleine Tochter des Hauses hält ihr assistierend die Schüssel mit dem Mehl hin, und die umsichtige Schwester, einen Korb in der Hand, fragt wohl, auf das kleine Hühnergatter zeigend, ob noch Eier für den Teig benötigt werden. Eine ältere Magd bringt schwer beladen Holzscheite für den Herd herbei.

Die Hausfrau und die Töchter des Hauses unterscheiden sich von den Mägden durch die feinere Kleidung und lange Ärmel. Dagegen sind die Mägde durch nackte, gut entwickelte kräftige Arme und zupackende Hände als für die grobe Arbeit bestimmt charakterisiert.

Wo man auch in der herrschaftlichen Küche hinsieht, überall herrscht schönste Ordnung und Reinlichkeit. Da blinken in Vielzahl die zinnernen Bierkrüge und Teller, die Messingpfannen in den Regalen, die Kupferkessel an der Wand. Ob Vorratskrüge, Milchkannen, Teigrolle oder Gewürztöpfchen, alles steht oder hängt an seinem Platz. Das Metzgerbeil, der hölzerne Schlachtblock, der große Mörser versprechen interessante Küchenaktivitäten und Katze, Hund und Hühner, daß es nie langweilig wird.

So warb ein Bilderbogen, interessant und belehrend detailgetreu schildernd, mit dem ganzen Reichtum einer herrschaftlichen Küche, blinkenden Kupfertöpfen und „Personal" für die Schönheit und die Reize des Küchenlebens einer Hausfrau.

Kat.Nr. 42

Johann Michael Voltz
Die Küche, 1835/37
Historisches Museum, Hannover

Ein gut laufender Haushalt - pünktlich um fünf vor zwölf gibt's Essen

Man sieht in die von buntem Familienleben erfüllte Wohnstube. In deren Mittelpunkt sitzt die Hausfrau. Für die Arbeit ist sie in Braun und Aschgrau gekleidet, sonst ziert sie eine große, reinliche weiße Schürze. Durch einen Schlüsselbund am Gürtel ist sie als Bewahrerin aller häuslichen Güter gekennzeichnet. Ihr, der Hausfrau, kommt es zu, pünktlich um fünf Minuten vor zwölf - der um den runden Tisch sitzenden Familie die Suppe auszuteilen.

Dank ihres Fleißes, ihres sparsamen und ordnenden Sinnes, dank des aufopferungsvollen Wirkens des schon ergrauten Hausvaters, dank Tugend und Frömmigkeit (siehe die betende Mädchenstatuette auf der Konsole) und mit rechtschaffenem vaterländischen Denken (siehe die Offiziersbüste auf dem Sekretär) und Familiensinn (siehe die Bildnisse in der Reihenfolge „erst der Herr und dann die Dame" an der Wand) lebt man zufrieden, behaglich und glücklich.

Ein besonnen dreinblickender Familienvater, verständige mithelfende Kinder, eine junge kräftige Dienstmagd, die den wohlgelungenen Braten hereinbringt, eine schöne Einrichtung nach neuester Mode werben hier für die häusliche „Glückseligkeit" bürgerlichen Lebens.

Kat.Nr. 43

Bürgerliche Wohnstube, um 1840
aus: Lehrtafeln für Kinder, Tab. I., Bürgerliches Interieur
Puppentheatermuseum im Stadtmuseum, München

Biedermeierliches Küchenglück

Eine gut ausgestattete, blitzblanke Küche, in der es an nichts - weder an Hilfe, an Gerätschaften noch an Vorräten - fehlt, ist das befriedigende Tätigkeitsfeld einer Hausfrau.

Eine junge Magd mit kräftigen Armen schleppt die Wassereimer herbei, eine zweite schiebt den Braten in das Ofenrohr und die beiden kleinen Töchter üben unter der Aufsicht der Mutter bereits das Bügeln und Waschen. Die Hausfrau selbst sitzt, herausgehoben durch die sie umkränzende Pracht des frischen Gartengemüses, ganz im Mittelpunkt dieser behaglichen bunten Küchenwelt und schält aus einem großen Korb unermüdlich Äpfel. Und der Überfluß an Vorräten - das Gemüse, ein Hase, eine Gans, Fische, Würste und Schinken im Rauchfang, Pökelfleisch und Wein - lassen schon das glückliche Schmausen ahnen, das das Wirken der Hausfrau belohnt.

Kat.Nr. 44

Die Küche, um 1850
aus: Lehrtafeln für Kinder, Tab. II., Küche
Puppentheatermuseum im Stadtmuseum, München

Veredelt durch Gottesfurcht und Tugend

Im Mittelpunkt der Holzschnittillustrationen Ludwig Richters stand das Leben bürgerlicher und kleinbürgerlicher Menschen, welches in regelmäßigen Bahnen ohne besondere Höhepunkte abläuft. Er schilderte die kleinen Ereignisse des Alltagslebens. Zentrum war die Familie, sie bot auf meist engstem Raum Schutz und Geborgenheit. Grundlage dieser zwischenmenschlichen Harmonie war das Sich-Einfügen in vorgegebene Rollenerwartungen. Dies galt besonders für die Frauenfiguren, die als Hausfrauen und Mütter gezeigt wurden. Sie regieren die überschaubare häusliche Welt, indem sie sich niemals rastend um die Versorgung von Haushalt, Kindern und des Ehegatten kümmern.

Das Ideal einer gottesfürchtigen und tugendhaften Frau zeigt Richters Blatt „Das Lob des Weibes". In verschiedenen Szenen, die das Lob des tugendhaften Weibes beschreiben, wird das in der Mitte des Bildfeldes angeordnete Zitat aus den Sprüchen Salomos illustriert.

Niemals ruht die tugendhafte Hausfrau sich aus; wenn die Familie, deren Leben um das mittelalterlichen Fachwerkbauten nachempfundene Haus kreist, in der Stube beieinandersitzt, spinnt sie, wiegt mit einem Fuße das jüngste Kind und wendet sich einem zweiten Mädchen zu, welches bittend ein aufgeschlagenes Buch emporhält. Währenddessen diktiert der Vater dem Sohn aus einer Bibel mit metallenen Beschlägen. Die Frau, die mehrere Dinge auf einmal erledigt, galt als besonderes Tugendexempel der Zeit, da sie nie der Gefahr unterlag, dem Müßiggang anheimzufallen.

Neben der Arbeit war dabei die Religion von großer Bedeutung. Im Obergeschoß ist deshalb die ganze Familie zum Gebet versammelt. Über dieser Szene schwebt ein weihrauchschwenkender Engel auf einer Wolke und rückt die Darstellung in Verbindung mit dem Regenbogen über dem Dachfirst, einem alten Auferstehungssymbol, in ein weihevolles Licht. Neben Frömmigkeit und Fleiß ist auch die Mildtätigkeit ein Kennzeichen der tugendhaften Frau. Rechts im Bildfeld ist als ein Beispiel hierfür die Almosenspende an eine Bettlerfamilie gezeigt. Auf der Gegenseite erntet die Hausfrau, wiederum assistiert von ihren Kindern, denen sie so zum Vorbild wird, Kohl aus dem Hausgarten. Die Welt des Ehemannes liegt im Bereich außerhalb des Hauses, auf den Feldern und Wiesen im Bildhintergrund.

Das Blatt faßt, programmatisch auch für die anderen Arbeiten Richters, die Tugenden einer christlichen Hausfrau und Mutter zusammen, deren Leben aus der Sorge um Haushalt, Familie und Mitmenschen besteht. Die Kraft hierzu verleihen Gebet und Religion.

VL

Kat.Nr. 45

Ludwig Richter
Das Lob des Weibes, 1851
Kupferstichkabinett der Staatlichen Museen zu Berlin

Wem ein tugendhaft Weib bescheret ist
die ist viel edler denn köstliche Perlen
Ihres Mañes Herz darf sich auf sie ver
lassen u. Gewiñ wird ihm nicht mangeln
Sie thut ihm Liebes u. kein Leides ihr
Leben lang

Das Lob des Weibes Spr.Sal.

Aufwertung weiblicher Tätigkeit durch biblische Überhöhung

Liebenswürdig, volkstümlich, mit anrührend kindlichem Sinn erläutert Ludwig Richter am Bild eines spinnenden Mädchens, Altes und Neues Testament aufbietend, die Einordnung weiblicher Handarbeit in den Heilsplan Gottes.

Ist man als junges Mädchen recht fleißig und pflichtbewußt, so führt dies zu einem wohlbestallten, glücklichen Hauswesen. Der von Linnen übervolle Korb, der mit vollen Garnspulen gefüllte irdene Topf, das von Erspartem pralle, am Gürtel hängende Beutelchen, Myrtenbäumchen und Myrtenkranz sind schon die Vorboten eines gesegneten Ehestandes. Das kleine, alltägliche Wirken, das Spinnen und Stricken, bringt aber auch die ewige Seligkeit, geht man den Weg der schönen, von Stammvater Jakob umworbenen Rahel, tut man es dem Vorbild der fleißigen Ährenleserin, der heiratsklugen Ruth gleich, nimmt man sich mit Korb, Kanne und Spinnrocken beladen (vgl. Figur oben links) ganz der Sorge um Essen, Trinken und Bekleidung der Familie, wie die rastlos geschäftige Martha an, kümmert man sich, wie die zu Füßen Christi sitzende Maria von Bethanien um die jenseitigen Dinge, so ist dies - von allem etwas - eines jeden „Mägdleins bestes Heiratsgut".

Bezeichnenderweise hat Maria von Bethanien keine „geistigen Interessen", sondern „Gluth", d.h. Gefühl, nicht nur, weil eigene geistige Interessen alles weibliche Glück in Frage gestellt hätten, sondern auch weil sich schließlich etwas auf „Ruth" reimen mußte.

In dem altarartigen Block, vor dem das Mädchen sitzt, mag der Gedanke des Opfers, in dem Eichbaum die Verpflichtung zu alter „deutscher Art und Sitte" anklingen. Die arabeskenartig gerollten Heckenrosen zuseiten der alttestamentarischen Frauengestalten mögen die „Wurzel Jesse" und damit die althergebrachte, verpflichtende Ordnung meinen, in die sich ein gottesfürchtiges junges Mädchen, das einmal heiraten will, zu fügen hat.

In hohen Auflagen als volkstümliches Familienbilderbuch „fürs Haus", für das moralbemühte Bürgertum gedruckt, trug ein solches Blatt sehr dazu bei, die der Frau zugewiesene Lebensrolle im allgemeinen Bewußtsein - noch bis ins Unterbewußtsein unserer Tage - zu festigen.

Kat.Nr. 46

Ludwig Richter
Marthens Fleiß, 1858
aus dem Album „Für's Haus"
Germanisches Nationalmuseum, Nürnberg

Marthen Fleiß, Marien Glut

Schön wie Rahel   Klug wie Ruth.

Mägdleins bestes Heiratsgut.

GABER sc

Der Wäscheschrank ist der Bücherschrank der Frau

Ein mit Aussteuerwäsche gefüllter Leinenschrank hatte vor allem in ländlichen Regionen eine große Bedeutung für das Ansehen einer Braut. Der eichene Kabinettschrank aus Enschede repräsentiert diese Möbelform besonders gut. Über dem auf kurzen Füßen stehenden Unterteil mit drei gebauchten Schubladen erhebt sich der zweitürige Schrankteil. Darunter befindet sich ein aus vier Laden bestehendes Zwischengefach. Die Türpaneele werden von einem breiten Rand eingefaßt, der oben der Kontur des mehrfach geschweiften Kopfgesimses folgt. Dieses bietet zusätzlich fünf Stellflächen für ein Vasenspiel, das die Prächtigkeit des Schrankes unterstreicht, genauso wie die sorgfältig ausgearbeiteten vorderen Löwenfüße, die von diesen aufsteigenden seitlichen Pilaster oder die Rocailleornamente an der Front. Hinzu kommen die aufwendigen Beschläge an den Schlössern und den Türgriffen. Im Schrankteil sind innen drei durchlaufende Gefächer für die Unterbringung des Stoffes und der Wäsche vorgesehen.

Die prachtvolle Ausstattung mit ungeschnittenem und zu Hemden oder Bett- und Tischwäsche verarbeitetem Leinen gibt einen Eindruck davon, wie reichhaltig der Leinenschatz einer wohlhabenden Bauerstochter war. Gleichzeitig belegte sie den Fleiß der jungen Braut. Schon Jahre vor der Hochzeit, in einigen Gegenden Westfalens seit der Erstkommunion oder der Konfirmation, begann das Mädchen, Garn für die Aussteuer zu spinnen und teilweise zu verweben. Aus der Analyse von Brautschätzen weiß man, daß die Größe des elterlichen Hofes und die notwendige Ausstattung mit Leinen in eine strenge Relation gesetzt wurden. Fleißige Spinnerinnen füllten ihren eigentlichen Brautschatz aber durch zusätzliche Arbeit auf. In Westfalen war deshalb der Transport der Leinentruhe in das Haus des Bräutigams mit aufwendigen Zeremonien verbunden, die das Gewicht des Leinens andeuten sollten (vgl. Sauermann, S. 138). Liebevoll gefaltet und gerollt war das Tuch der ganze Stolz der jungen Frau. Den Stoff exakt und in kunstvolle Fältelungen zu legen, erforderte große Übung und Geschicklichkeit. Eine Methode dabei war, das Leinen zu falten, die Kanten beispielsweise mit einem glatten Ölstein scharf zu plätten und es dann in immer engere Falten zu rollen, wobei schöne Muster entstanden (vgl. Sauermann, Anm. 141). Aus der Gegend von Enschede wird berichtet (diese Quelle wurde mir freundlicherweise von Aukje Krommendijk, Oudheidkamer Enschede, zur Verfügung gestellt), daß die Aussteuer acht Tage vor der Hochzeit den Nachbarinnen zur Ansicht präsentiert wurde. War der Schrank nicht ausreichend gefüllt, so rückte man das Leinen ganz nach vorne und füllte die hinteren Hohlräume mit Holz oder Stroh aus, um die Schande zu verbergen, Aussteuerlücken zu haben. Neben dem Leinen fanden auch das Brautglas und die Pfeife des Bräutigams nach der Hochzeit ihren Platz im Leinenschrank.

Das Spinnen behielt auch im Leben der Ehefrau einen wichtigen Platz - zu fast jeder Aussteuer gehörten Geräte zur Flachs- und Leinenverarbeitung. Häufig waren aber schon die Aussteuervorräte so groß, daß sie für Jahrzehnte vorhielten, teilweise sogar noch vererbt werden konnten. Zwar bescheinigte ein wohlgefüllter Leinenschrank der Frau Fleiß und Ausdauer, gleichzeitig war er beispielsweise für Jean Paul ein Kennzeichen mangelnder intellektueller Interessen des weiblichen Geschlechtes, als er schrieb: „Ich könnte noch von dem Wäscheschrank sprechen, dem weiblichen Bücherschrank - denn unser Weißzeug besteht in Schwarz auf Weiß." (Jean Paul, Levana oder Erziehlehre, S. 260)

VL

Kat.Nr. 47

Leinenschrank, 2. Hälfte 18. Jahrhundert
Eichenholz, 225,0 x 162,0 x 53,0 cm
Vereniging Oudheidkamer, Twenthe

Über das Stricken

Freudloses Stricken, um 1770

„Von der frühesten Jugend an mußte meine Mutter wie angefessellt sitzen und stricken oder in der Wirtschaft helfen und ihre Brüder abwarten... So floß ein Tag wie alle Tage in der freudenlosesten Jugend ... Lesen durfte sie nur beim Stricken, und selbst da oft nur verstohlen..."

(Karl Friedrich von Klöden, Jugenderinnerungen, Karl Koetschau [Hg.], Leipzig 1911, S. 17f.)

Der eigene Wille mußte gebrochen werden

„Mädchen müssen umsichtig und arbeitsam sein; das ist nicht alles: sie müssen sich frühzeitig an Zwang gewöhnen... Sie müssen sofort an Zwang gewöhnt werden, damit er sie nie etwas kostet..."

(Rousseau, 1762, S. 742)

Zur Abwehr des Teufels: Stricken

„Ich möchte gern meine Buben zu allerlei anständigen Wissenschaften, meine Töchter zum Haushalten und allerlei anständigen Arbeiten, also daß selbige niemals müßig sind, der Teufel sie niemals müßig findet, anhalten lassen..."

„Vor das weibliche Geschlecht, um nicht müßig zu sein, will es heißen: Bald bete, betrachte und lese ich, bald stricke, sticke, nähe, spinne mit solcher Wechslung übend mich, den Himmel leicht gewinnend..."

(Franz Theodor von Fürstenberg, Erziehungsinstruktionen, 1740, Archiv von Fürstenberg-Opladen, 23^{10m} Landesamt für Archivpflege, Münster.

Wegen der „bösen Triebe" beim Gehen, Sitzen und Lesen: stricken!

„O, mögte euch Arbeitsamkeit und rasche Thätigkeit recht werth sein! Mögtet ihr dagegen alles, was müßig heißt, müßiges Gehen, müßiges Sitzen, müßiges Lesen, müßige Gedanken durchaus meiden! Würde dann wol leicht ein böser Trieb in euch erwachen?"

(Joachim Heinrich Campe, Höchstnöthige Belehrung und Warnung für junge Mädchen zur frühen Bewahrung der Unschuld, Wolfenbüttel 1787 [Campe II, S. 60f.])

Täglich fünf Stunden Handarbeit

„Fünf Stunden an jedem Tag saß ich in der Wohnstube, an einem bestimmten Platz am Fenster, und erlernte Strümpfe zu stopfen, Wäsche auszubessern, und beim Schneidern und andern Arbeiten Hand anzulegen. Zwei Stunden brachte ich am Klavier zu, eine Stunde langweilte ich mich mit dem Inhalt meiner alten Schulbücher, eine andere Stunde schrieb ich Gedichte zur Übung meiner Handschrift ab ... und hatte am Abende das niedergeschlagene Gefühl, den Tag über nichts Rechtes getan zu haben."

(Fanny Lewald [1811-1889], Meine Lebensgeschichte, Berlin 1861, S. 78)

Abb. 9   Heinrich Maria Hess, Fanny Gail, um 1820, Öl/Lw., Privatbesitz

Soziale Zurichtung durch Stricken. Das Ziel: Gefügigkeit

Die Bestimmung zur Hausfrau schloß die Sorge für die Kleidung der Familie von den Strümpfen bis zum Anzug, für die Wäscheausstattung des Hauses vom Topflappen bis zu den Vorhängen ein. Spinnen, stricken, stopfen und nähen war das halbe Leben! Nicht nur tagein tagaus mußte gestrickt werden, der ganze Jahresablauf war in festen Abfolgen von Spinnen, Stricken und Nähen begleitet. „Am Michaelistage wurden die Spinnräder in Ordnung gebracht und dann entstand ein Wetteifer in den Familien ... wer das meiste und schönste Garn lieferte. Es gab wenig Mädchen, die nicht einen bedeutenden Theil ihrer Aussteuer selbst gesponnen. Ein Tag der Woche ward höchstens ausgesetzt, um das Unentbehrlichste auszubessern. Wer den besten Faden spann, mußte den Zwirn zum Nähen liefern. Eine Ehre, auf die man stolz sein durfte! Je näher der Frühling kam, je langsamer rollten freilich die Räder, doch ward selten vor Ostern Halt gemacht. Bis Johannis ward dann fleißig genäht und gestrickt, damit es in keinem Stück am täglichen Bedürfnis fehle. Dann fand man die Mädchen auch wohl am Stickrahmen, welches sie als Belohnung des Fleißes ansehen mußten...".[1]

Wenn ein Mädchen sieben Jahre alt war, begann die Programmierung als Ehe- und Hausfrau. Von der Mutter angeleitet, fertigte es erste Arbeiten für die Aussteuer an, war es 14 Jahre alt, kam, wie in Pestalozzis Roman „Lienhard und Gertrud" der Pfarrer zu einer feierlichen, fast rituellen Vorführung der Aussteuer.[2] Man war der Meinung, ein Mädchen muß 100 Strümpfe gestrickt haben, bevor es ans Heiraten denken kann![3] Dies erklärt, warum man auf viele noch sehr junge Strickerinnen trifft (vgl. Kat. Nr. 49 u. Kat. Nr. 51 u. Abb. 9).

„Die kleine Strickerin", von dem Dresdener Maler Heinrich Gotthold Arnold 1829 gezeichnet und vom Sächsischen Kunstverein sicherlich nicht ohne pädagogische Hintergedanken für die Weiblichkeit in einem Stahlstich verbreitet, zeigt ein solches vorbildliches, braves, fleißiges Mädchen, das die Bestimmung seines Lebens begriffen hat (vgl. Kat. Nr. 49). Dem Gesichtsausdruck nach scheint sie ihre Handarbeit engagiert und nicht ungern zu tun. Dennoch möchte man sich nicht der ein wenig propagandistischen Behauptung Rousseaus anschließen, wenn er sagt: „... tatsächlich lernen fast alle kleinen Mädchen mit Widerwillen lesen und schreiben, aber sie lernen immer gern, wie man die Nadel führt. Sie sehen sich schon als Erwachsene an und denken voller Lust daran, daß diese ihnen eines Tages dazu dienen wird, sich herauszuputzen."[4]

Nach seelisch-geistiger Verstümmelung schließlich sanftmütig

Bei der kleinen strickenden Münchnerin, die Heinrich Maria Hess (Düsseldorf 1798 - 1863 München) um 1820 malte, hat man nicht den Eindruck, daß sie „voller Lust" beim Stricken ist. Etwas traurig und fragend, warum man mit feinen Nadeln und Faden schon in so jungen Jahren an einen Strickstrumpf gekettet sein muß, schaut die kaum ein Dutzend Lenze junge Fanny Gail aus dem Bild (vgl. Abb. 9). In stillem Protest scheint der hübsche Mund auch den Anflug eines Lächelns zu verweigern. Nicht frei, nicht wie im Hintergrund die wilden Heckenröschen dem Himmel, den Wolken und der blauen Ferne entgegenblühend, sondern nur als wohlbehütetes - nach den Vorstellungen geltender Konventionen zurecht gezupft und gerupft - darf sie sich sittsam und brav als Zimmerblümchen entfalten. An dem sorgfältig gescheitelten, zu einem Krönchen geflochtenen, mit Zuckerwasser in reizende Korkenzieherlocken gedrehten, mit einem Kämmchen in die richtige Bahn gelegten Haar wird die pädagogisch wohlgelungene Zähmung zu einem braven, sanften Mädchen ablesbar. Das schmückende Halbrund des zartweißen Kragens, der mit der dunklen, rund geschlossenen Fensteröffnung korrespondiert, die frontale Anordnung deuten etwas von dem Eingebundensein in starre Ordnung und Konvention an. Nur in den munter sich schlängelnden Säumen des Volants, dem leicht geneigten Kopf, den feinen Asymmetrien in der Anordnung der Augenbrauen, der Gesichtshälften, der Finger ist nur ganz gedämpft unbefangene, kindliche Lebendigkeit zugelassen. Die ein wenig unglücklich erscheinende, anmutige kleine Fanny wird in diesem Bildnis als ein Exemplum der Erziehung im Geiste Rousseaus mit sympathisch freundlichem Mitfühlen des Künstlers präsentiert. Angesichts seines liebreizenden Modells scheint der Maler innerlich nicht die strikten Ideen des großen Erziehers Rousseau zu teilen, der der Auffassung war, daß junge Mädchen sich frühzeitig an Zwang gewöhnen müssen.

„Dieses Unglück ... ist von ihrem Geschlecht untrennbar, und nie machen sie sich von ihm los, ohne noch viel grausameres zu erleiden. Ihr ganzes Leben lang sind sie ununterbrochenem und härtestem Zwang unterworfen, nämlich dem der Schicklichkeit. Sie müssen sofort an Zwang gewöhnt werden, alle ihre Launen beherrschen, um sie dem Willen der anderen unterzuordnen. Bei unseren unsinnigen Einrichtungen ist das Leben einer ehrbaren Frau ein beständiger Kampf gegen sich selbst; es ist gerecht, daß dieses Geschlecht die Not der Übel mit uns teilt, die es uns bereitet hat."[5] In diesem Sinne ist das arme „Münchner Kindl" verurteilt, an einem elenden Strickstrumpf noch um 1820 den Sündenfall aufzuarbeiten.

Doch Rousseau begnügte sich keinesfalls mit „Schicklichkeit", er forderte „härtesten Zwang" mit dem Ziel der „Gefügigkeit", einer völligen Selbstaufgabe und Unterwerfung. Diese traurige seelische und geistige Verstümmelung wurde als „Sanftmut" noch belobigt und gefeiert. „Aus diesem gewohnheitsmäßigen Zwang", so heißt es bei Rousseau weiter, „entsteht eine Gefügigkeit, deren die Frauen ihr ganzes Leben lang bedürfen, da sie niemals aufhören, unterworfen zu sein, sei es einem Mann oder dem Urteil der Männer und es ihnen nie erlaubt ist, sich über dieses Urteil zu erheben. Die erste und wichtigste Qualität einer Frau ist die Sanftmut: einem so unvollkommenen Wesen wie dem Mann zum Gehorsam geschaffen, der so oft voller Laster und immer so reich an Fehlern ist, muß sie frühzeitig lernen, selbst Ungerechtigkeit zu erdulden..."[6]

Ein Erziehungsziel - Abstumpfung und Sedierung

Um 1820, als das Mädchenbildnis entstand, waren Rousseaus pädagogische Ansichten auch in Deutschland geistiges Allgemeingut geworden. Sollten die blaßrosa Heckenröschen von dem sonst vorwiegend religiöse Bilder malenden Künstler neben dem dekorativen einen zusätzlichen tieferen Sinn haben? Sie erinnern an die von Rosen umblühte „Maria im Rosenhag". Hier sind die Rosen Sinnzeichen für die zukünftige Passion. Man wird durch die wilden Röschen aber auch an die Zeile in Goethes „Heideröslein", „mußt es eben leiden" und auch an Joachim Heinrich Campe erinnert, der seine Tochter und mit ihr alle Töchter mit seinem „Väterlichen Rath" auf ihre weibliche Bestimmung zur „Leidenden" einstimmen will. Fanny Gail heiratete den anerkannten und begabten Schlachten- und Genremaler Peter Hess (Düsseldorf 1792 - 1871 München), den älteren Bruder des Malers ihres Porträts. Vermutlich hatte Frau Fanny auch einiges als Ehefrau durchzustehen, denn wie man aus der Korrespondenz von Ludwig Emil Grimm weiß, wurden dem Maler Peter Hess „Kälte des Wesens, Grobheit gegen alle, damals sogar die eigene Familie", Mißgunst und ein mürrischer Sinn nachgesagt.[7]

So gesellig mitunter das Spinnen und Stricken auch gewesen sein mag, von den Frauen selbst lassen sich keine Zeugnisse von beglückender Lebenserfüllung durch Handarbeiten finden. Das ewige Stricken, Stopfen und Flikken ist von Klage und sogar von männlichem Mitleid begleitet. „Von der frühesten Jugend an mußte meine Mutter wie angefesselt sitzen und stricken... Lesen durfte sie nur beim Stricken und selbst da oft nur verstohlen."[8] „Unnütz", sinnlos und gleichförmig empfand Fanny Lewald (1811-1889), Tochter eines sehr wohlhabenden Königsberger Kaufmanns, die tagtäglich verordnete Handarbeit, nachdem das Lesen auf einer Töchterschule für sie mit 13 Jahren beendet war.

Eine Spindel als Grabbeigabe umschrieb schon in der Antike weibliches Wesen und Wirken.[9] Spinnen, Stricken und Nähen war bis ins 20. Jahrhundert für das weibliche Geschlecht lebensbeherrschend. „Fünf Stunden an jedem Tag saß ich in der Wohnstube an einem bestimmten Platz am Fenster und erlernte Strümpfe zu stopfen, Wäsche auszubessern und beim Schneidern und anderen Arbeiten Hand anzulegen."[10] „Und was soll ich von den armen lieben Geschöpfen, von den Mädchen sagen ... sie müssen ... den lieben ganzen Tag im Sitzen zubringen: Filetstikken, Nähen und dergleichen zur Erhaltung der Gesundheit undienliche Arbeiten sind ihre größte Beschäftigung..."[11]

Betty Gleim, die verdienstvolle Bremerin, die sich unerschrocken für eine humanere Mädchenerziehung einsetzte, verurteilte das Übermaß, mit dem Eltern ihre Töchter, die schon in der Schule handarbeiten müssen, auch noch zuhause „mit Stricken und Nähen" „quälen".[12]

Die naturwidrige geistig verstümmelnde Domestizierung des weiblichen Geschlechtes wurde durchaus von den Zeitgenossen gesehen und auch scharf kritisiert. Jean Paul sah eine Sklavenhaltung darin. Er erinnerte an den berühmten spartanischen Gesetzgeber Lykurg, der nach Xenophon seine Spartanerinnen „in die öffentlichen Übungsplätze schickte und nur die Sklavinnen vor den Webstuhl und Spinnrocken". Überzeugt von der Leistungsfähigkeit der Frauen, verwies er auf die skandinavischen Weiber, die als Seeräuberinnen, die Nordamerikanerinnen, die auf dem Felde, die Pariserinnen, die im Kaufmannsladen, die Schwedinnen, die in den Kriegen Karls XII. die Postmeister, die Landbauern und die Vorsteher öffentlicher Anstalten stellten.[13] „Sollte es sonach genug sein, wenn ein Mädchen bloss stickt, strickt und flickt?" „Die meisten Fingerarbeiten, womit man das weibliche Quecksilber fixiert", führen nur dazu, „daß der müßig-gelassene Geist entweder dumpf verrostet oder den Wogen der Phantasie übergeben ist".

Diese von klein auf angestrebte Domestizierung durch abstumpfende Fingerarbeit, diese geistige „Sedierung" stellte sowohl „den sanften, stillen Geist", Einfalt, Demut und Geduld, vor allem aber Unwissenheit und Orientierungslosigkeit und damit die Voraussetzung für die immer wieder geforderte „Unterwürfigkeit" als auch die Bindung an das Haus und mit dieser den „Service" sicher. Und so kam denn auch Adolph von Knigge 1788 in seiner Erziehungsschrift „Umgang mit Menschen"[14] in der Besinnung auf die „natürliche, eigentliche Bestimmung der Frau zu dem Ergebnis: „Lieber, wenn eins seyn müßte, soll sie nicht lesen noch schreiben, als nicht stricken noch kochen zu können."

[1] Ernestine Voß geb. Boie, 1756 1834, Aufsätze, Düsseldorf 1846, S. 15-20 – [2] J. H. Pestalozzi, Lienhard und Gertrud, in: Pestalozzis Ausgewählte Werke, Friedrich Mann (Hg.), Bd. 2, Langensalza 1926, S. 349 – [3] Georg Ebers, Die Geschichte meines Lebens, Berlin 1893, S. 27 – [4] Rousseau, S. 739 – [5] Rousseau, S. 742 – [6] Rousseau, S. 744 – [7] Adolf Stoll (Hg.), Ludwig Emil Grimm, Erinnerungen aus meinem Leben, Leipzig 1911, S. 316, Anm. 1 – [8] Karl Friedrich von Klöden, Jugenderinnerungen, Karl Koetschau (Hg.), Leipzig 1911, S. 17f. – [9] Vgl. hierzu: S. B. Pomeroy, Frauenleben im klassischen Altertum, Stuttgart 1985, S. 308 – [10] Zitiert nach Ute Frevert, Zwischen bürgerlicher Verbesserung und neuer Weiblichkeit, Frankfurt 1986, S. 39 – [11] Johann Gottfried Essich, Vernünftige Anweisungen zu einem langen und gesunden Leben, Augsburg 1784, S. 36ff. – [12] Betty Gleim, Über die Bindung der Frauen und die Behauptung ihrer Würde in den wichtigsten Verhältnissen ihres Lebens, Bremen und Leipzig 1814, S. 280 – [13] Jean Paul, S. 246f. – [14] Adolph von Knigge, „Umgang mit Menschen", Hannover 1788, S. 59f.

Die Haube ersetzt der Hausfrau das Profil

Die aquarellierte Bleistiftzeichnung zeigt die Mutter des Künstlers mit zwei seiner jüngeren Geschwister, dem Bruder Franz Ferdinand und der Schwester Maria Josepha. Ende der 1780er Jahre, vor seiner Übersiedlung nach München, nahm Kobell häufig Themen aus seinem unmittelbaren häuslichen Umfeld in Mannheim auf. Die räumlich sehr konzentrierte Szene zeigt die Mutter und die etwa 13jährige Schwester in eine Näharbeit vertieft, während ihnen der im Hintergrund dargestellte Bruder, etwa zehn Jahre alt, zuschaut. Der enge Bildausschnitt unterstreicht den momenthaften Charakter der Studie.

Seine besondere Wirkung erhält das Blatt durch die Art der Hintereinanderstaffelung der Köpfe. Während das im Vordergrund sitzende junge Mädchen im Profil gezeigt ist, verschwindet das Gesicht der schräg hinter ihr sitzenden Mutter ganz unter einer üppig gekrausten Haube, die sie als verheiratete Frau kennzeichnet. Im Gegensatz dazu ist der die Gruppe abschließende, kleine Junge am Ende des Tisches in einer en face-Ansicht gezeigt. Er muß sich nicht, wie seine Schwester, an der Nadelarbeit beteiligen, sondern darf sich aufs interessierte Zusehen beschränken. Damit finden sich auch in Kobells Oeuvre ikonographische Muster, die typisch für die Jahre zwischen 1789 und 1840 sind.

Die Zeichnung gehört in den Kontext einer Reihe von Arbeiten, die Themen aus den Bereichen des Familien- oder Freundeskreises aufnehmen. Während die Freunde und der Vater Kobells bei der Arbeit, lesend oder bei geselligen Vergnügungen gezeigt werden, sind die Frauen meist auf Näh- oder Strickarbeiten konzentriert.

VL

Kat.Nr. 48

Wilhelm von Kobell
Mutter Kobell mit ihren beiden Kindern Maria Josepha und Franz Ferdinand, um 1789
Kupferstichkabinett der Staatlichen Museen zu Berlin

Frühe Gewöhnung an „Hand"-arbeit

Der Dresdener Maler Heinrich Gotthold Arnold malte eine „Kleine Strickerin" und eine „Kleine Naehterin". Der Sächsische Kunstverein verbreitete 1829 diese beiden Exemplare vorbildlicher Mädchenerziehung in Stahlstichen.

Das erste Blatt zeigt ein etwa vier- bis fünfjähriges braves, fleißiges Mädchen, das, wie die kleine „Näherin", die Bestimmung seines Lebens begriffen hat. Es ist nicht schön, aber sittsam, zweckmäßig und warm bekleidet. Am Arm trägt es einen Wollknäuelhalter, der das Stricken auch im Gehen möglich macht, so daß jede Minute für die Arbeit genutzt werden kann. Mit Hilfe dieses Wollknäuelhalters bleiben das Garn und der Strickstumpf immer sauber und zudem kann das Wollknäuel nicht wie beim Sitzen mit unsittlichen Nebenwirkungen auf dem Schoß herumspringen (vgl. S. 167). All dies hatte das sünden- und tugendwachsame Biedermeier immer im Blick, wenn es um vorbildliches Stricken und Nähen junger Mädchen ging.

Das zweite der als Pendants gedruckten Blätter zeigt ein etwa achtjähriges Mädchen mit hübschen langen Locken. Es trägt ein hochgeschlossenes, langärmeliges Kleid. In einem kahlen Raum sitzt es eifrig nähend am Fenster. Obwohl draußen die Sonne scheint, die das kahle Zimmer hell ausleuchtet, darf das kleine Mädchen nicht heraus. Pflicht und Fleiß gehen vor. Sie muß das gute Licht für recht feine und akkurate Stiche ihrer Näharbeit nutzen. Um die auf dem Tisch liegende feinere Fransendecke zu schonen, hat die schon vorbildlich hausfraulich denkende Näherin sie beiseite geschoben. Hier wird, wie vielfach, auf das so wichtige, der Weiblichkeit an Stelle männlichen Geldverdienens uneingeschränkt eingeräumte und freigegebene Tätigkeitsfeld des Sparens und Schonens dezent hingewiesen (vgl. Kat. Nr. 15, Nr. 29, Nr. 50, Nr. 51, Nr. 90, Nr. 91, Nr. 97).

Vermutlich ist die Decke aber auch beiseite geschoben und ein zargenloser Klapptisch gewählt, um das Geschehen unter dem Tisch und auf dem Schoß einsehbar zu halten. Damit stimmt überein, daß das kleine Mädchen an der Näharbeit nicht auf dem Schoß arbeitet, sondern, wie von Joachim Heinrich Campe 1787 „zur frühen Bewahrung der Unschuld" empfiehlt, auf dem Tisch (vgl. S. 167). Das stilisierte Eichenlaubornament in der Rückenlehne des Stuhles läßt die nationale Wichtigkeit dieser Anliegen anklingen, denn mit Eichenlaub, ob gemalt, gestickt, gewebt oder gedruckt, signalisierte man in napoleonischer und nachnapoleonischer Zeit seine patriotische Gesinnung. So das patriotische Konzept: Von Fleiß und Tugendhaftigkeit jeder kleinen Näherin hing auch die nationale Wohlfahrt ab.

Nach dem Gesichtsausdruck scheinen die beiden kleinen Mädchen ihre Handarbeit engagiert und nicht ungern zu tun. Dennoch möchte man sich nicht Rousseaus Beurteilung stickender, strickender kleiner Mädchen anschließen, wenn er schreibt: „... tatsächlich lernen fast alle kleinen Mädchen mit Widerwillen lesen und schreiben, aber sie lernen immer gern, wie man die Nadel führt. Sie sehen sich schon als Erwachsene an und denken voller Lust daran, daß diese ihnen eines Tages dazu dienen wird, sich herauszuputzen." (Rousseau, S. 739) In diesem Sinn propagieren auch die Stiche eine frühe, wichtige Weichenstellung der Erziehung: Während bei dem männlichen Geschlecht die „Kopf"-arbeit zu fördern ist, sind dem weiblichen Geschlecht die „Hand"-arbeit und der Gedanke, den „Herren der Schöpfung" gefallen zu wollen, von klein auf nahezubringen. Wie solche Blätter erzieherisch fortwirkten, zeigt eine Nachzeichnung von Anna von Kügelgen, der Tochter des Malers Wilhelm von Kügelgen, die auch Malerin wurde. Sie zeichnete den Stahlstich im Alter von 13 Jahren nach.

Kat.Nr. 49 u. Kat.Nr. 50

Heinrich Gotthold Arnold
Die kleine Strickerin, 1829
Die kleine Naehterin, 1829
Privatbesitz

gest. v. Beigling.

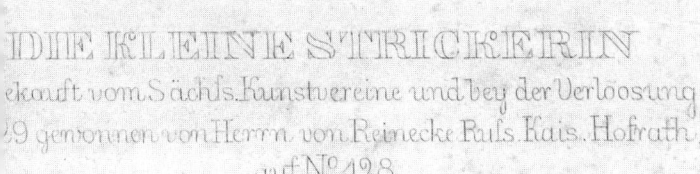

DIE KLEINE STRICKERIN
ekauft vom Sächs. Kunstvereine und bey der Verloosung
29 gewonnen von Herrn. von Reinecke Russ. Kais. Hofrath
auf N.º 128.

gem. v. Arnold.

DIE KLEINE NAEHTERIN
Angekauft vom Sächs. Kunstvereine und bey der Verloosung
1829 gewonnen von Herrn. Hofrath Rochlitz in Leipzig auf
N.º 188.

Erziehung zu Verzicht und Fügsamkeit

Der Maler porträtierte seine kleine Schwester ganz alltäglich, einfach und schmucklos gekleidet, mit einer ordentlichen, das Kleid beim Stricken schonenden Schürze. Um gutes Licht für das Stricken zu haben, hat sie ihren Stuhl ganz nah an das Fenster gerückt. Ein Vorhang ist zur Seite gezogen. Über Reblaub, das in das Fenster rankt, gibt er den Blick frei auf die Landschaft und den blauen Himmel darüber. Doch der Blick der emsigen Strickerin ist nicht der weiten Landschaft, den frei im Blau des Himmels fliegenden Vögeln, sondern dem sorgfältig Masche für Masche entstehenden langen weißen Strumpf zugewandt.

Wie ihre die Horizontlinie senkrecht durchstoßenden, als Sperre vor der Landschaft erscheinenden schwarzen Stricknadeln andeuten, gibt es keine Ferne, keine Freiheit, kein freies Wachsen für ein Mädchen, das einmal eine pflichtbewußte, fügsame Hausfrau werden soll! Sie ist die Gefangene ihrer fünf Stricknadeln und ihres langen weißen Strumpfes. Um den Strumpf in seiner ganzen Länge auf dem Schoß zeigen zu können, malt der Bruder seine Schwester als Kniestück, so daß der in feinsten Maschen gestrickte Strumpf auch von dem Betrachter gewürdigt werden kann. „A S" „A. Schmitt" hat der Bruder den vorbildlichen Strumpf monogrammiert, der mit vielen tausend akkurat zu ziehenden winzigen Maschen das „Leben" seiner Schwester ist. Nach den absinkend gemalten Mundwinkeln macht die kleine Strickerin keinen glücklichen Eindruck, sondern eher einen ihrem weiblichen Schicksal ergebenen, immer noch dazu aufgerufen, durch Handarbeit den Sündenfall abzubüßen!

Gerade an diesen Bildnissen der kleinen, mißmutigen, traurigen oder sich wundernden Strickerinnen, die am offenen Fenster mit dem Blick in die schöne, freie, weite Natur im Hause gefangen stricken müssen, wird das Maß an sozialer Zurichtung ablesbar, das man schon drei- bis vierjährigen Mädchen als spezifisch weibliche Erziehung angedeihen ließ (vgl. Abb. 9, Kat. Nr. 49, Nr. 94). Um ihren Sinn auf das Kleine zu richten, Verzicht einzuüben, den „Eigensinn", das eigene Wollen zu brechen, um das Selbstbewußtsein und den Stolz auf die eigene Leistung nur im Rahmen eines akkuraten Strickstrumpfes zu halten, eine geistige Entfaltung zu unterdrücken, deshalb war eine frühe Disziplinierung durch Handarbeit so notwendig. Nur so waren als Endergebnis ideale Weiblichkeit, Unterwerfung, Sanftmut und lebenslange Einfalt erreichbar.

Kat.Nr. 51

Guido Philipp Schmitt
Bildnis seiner Schwester Amalie, 1848
Kurpfälzisches Museum, Heidelberg

Weibliche Profilierung nur durch Handarbeit

Mit dem sich verbreitenden Geist der Aufklärung, mit der Durchsetzung eines bürgerlichen Lebensstiles mehren sich Strickstrümpfe und Handarbeitsbeutel auf weiblichen Bildnissen. Wenn die Dargestellten nicht gerade stricken oder nähen, steht mindestens ein Korb mit Wollknäulen, mit Näharbeiten, liegt ein Handarbeitsbeutel, liegen Schere und Garn auf dem Tisch oder stellt ein Spinnrad „die Bestimmung des Weibes" als Hausfrau klar. Es kam aus der Mode, Kränze und Girlanden windend, Büsten, Sarkophage, Urnen bekränzend sich als Venus, blühend als Flora oder als Hebe, als Göttin ewiger Jugend, porträtieren zu lassen. Bei um sich greifendem bürgerlichem Leistungs- und Verdienstdenken inszenierte man ein weibliches Wesen, wenn nicht mit Säugling oder Kindern, dann doch mit Strickstrumpf, Nähzeug oder Handarbeitsbeutel.

Auch der Adel strickt

Sogar die Damen des Adels ließen sich, wie Wilhelmine Gräfin Westerholt in einer Zeichnung von Michelis (vgl. Kat. Nr. 54), Strümpfe strickend porträtieren. Und auch die Tochter des Hüttenwerkbesitzers, Baronesse de Requilé, erscheint in dem 1771 von Januarius Zick gemalten Familienbild (vgl. Kat. Nr. 53) höfisch elegant in Hut und Seide mit Schere und Stofflappen, die Anfangsgründe der Schneiderei erlernend.

Im offiziellen Porträt kommt den Damen des Adels, „den höheren Ständen", die gehobene Form der Handarbeit, das Sticken am Stickrahmen, zu[1], wie z.B. von Angelika Kauffmann[2] oder Friedrich Carl Gröger[3] ranggerecht inszeniert. Filetarbeiten und Klöppeln sind auch Damen von Stand zuzuordnen, zumal es nach Rousseau (bezogen auf das Klöppeln) „keine andere Arbeit gibt, die man in anmutigerer Haltung verrichten könnte und bei der sich die Finger mit mehr Grazie und Leichtigkeit üben"[4]. „Diese weibliche Musaik ist mehr den höheren Ständen zuständig, welche vom Nichtsthun sich durch Wenigthun erholen müssen."[5]

Bei den Damen von Stand kommt es nicht so sehr auf eine Fleißdemonstration an, als darauf, dem Zug und der Mode der Zeit zu folgen, für die ein malerisches „mise en scène" mit Blumen, gestreut oder gewunden, überholt war. So waren auch bei den von Pesne, Nattier, Ziesenis und J.H. Tischbein gemalten Regentinnen mit Spinnrad, Occhi-Schiffchen und Klöppelkissen keine Fleißdemonstrationen beabsichtigt. Hier ging es mehr darum, den privaten Charakter des Bildnisses, und weniger darum, eine nützliche Beschäftigung herauszustellen. Die feineren Handarbeiten spielten im bürgerlichen Porträt in den dreißiger und vierziger Jahren des 19. Jahrhunderts vermehrt eine Rolle. Mit der feinen Stickereiarbeit wollte man den erreichten gesellschaftlichen Status dartun. Da wurde älteren Frauen, obwohl sie aller Lebenswahrscheinlichkeit nach ohne Brille kaum mehr etwas sehen konnten, eine anspruchsvolle Stickerei in die Hand gedrückt, wie z.B. der alten Dame auf dem von Egidius Mengelberg 1834 gemalten Familienbild (vgl. Abb. 10). Hier galt es anzudeuten, daß man nicht mehr zu der spinnenden, strickenden, Kleider und Hosen nähenden, Wäsche ausbessernden Schicht, sondern zu den besseren Kreisen gehörte, bei denen es der erreichte Lebensrahmen zuließ, zeitaufwendige Luxusarbeiten zu machen, die jahrelang auf einer Töchterschule teuer erworbene Fingerfertigkeit voraussetzte.

Die Mitteilung eines Strickstrumpfes: Sie ist fleißig!

Nach den Ereignissen der französischen Revolution, mit dem Ende der höfischen Welt vor und nach 1800, als es noch um die Durchsetzung, Anerkennung, die Tugend- und Verdienstprofilierung des Bürgertums ging, mit der man sich gegen den Adel von Geburt durchsetzen wollte, hatte der Strickstrumpf aber auch noch in anderer Weise einen hohen Mitteilungswert. Während sich das männliche Bürgertum durch geistige Leistungen, durch selbstgeschriebene Werke oder durch die selbstverfaßten Bücher, durch Orden, durch in aufopferndem Fleiß erarbei-

Abb. 10   Egidius Mengelberg, Familienbild, 1834, Öl/Lw., Kunstmuseum Düsseldorf

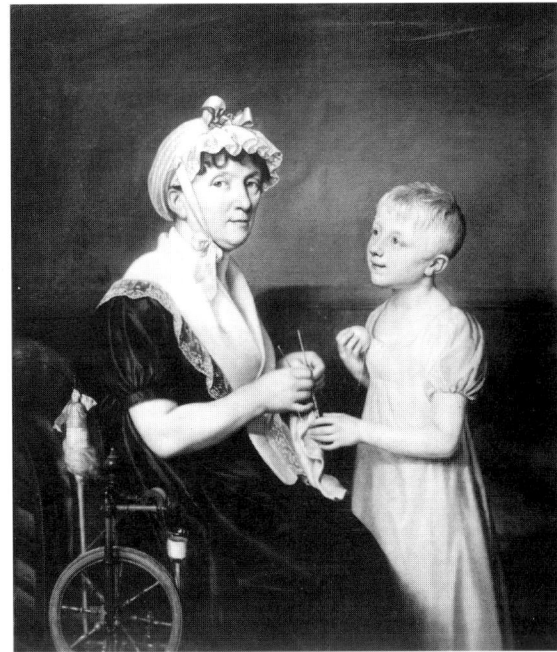

Abb. 11   Kaspar Benedikt Beckenkamp, Porträt Marie Antoinette   Abb. 12   Kaspar Benedikt Beckenkamp, Porträt des Juristen Baptist
Fuchs, 1823, Öl/Lw., Verbleib unbekannt   Fuchs, 1823, Öl/Lw., Verbleib unbekannt

teten stattlichen Hausbesitz oder dampfende Schornsteine einer Fabrik im Hintergrund profilierte, kam es den Frauen zu, das bürgerliche Tugendbild durch häuslichen Fleiß zu bereichern. Und da ein weibliches Wesen nur im Rahmen ihrer „Bestimmung" Funktionen auszuüben hatte und man weit davon entfernt war, ihr etwa reizende individuelle Eigenschaften, Individualität oder gar eine geistige Persönlichkeit zuzubilligen, besagte ein Strickstrumpf alles, was zu sagen war: Sie ist fleißig, erfüllt ihre Pflicht und ist eine vorbildliche Hausfrau. Und selbst wenn eine geistige Partnerschaft zwischen den Ehegatten bestand, im Bildnis wird sie nicht zum Ausdruck gebracht. Vielmehr deutet der Strickstrumpf darauf hin, daß man nicht mit Voltaire, Herder und Jean Paul in einer Beziehung der Freundschaft, in einer „Ehe der Seelen" lebte, daß man nicht, wie es Jean Paul beschrieb, den „gärenden Pumpernickel der physischen Liebe", nicht das „weiße kraftlose Weizenbrot der Parisischen", noch das „Quitten- und Himmelsbrot der platonischen", sondern „das Gesindebrot der ehelichen Liebe" aß.[6]

Die Herausstellung bürgerlichen Verdienst- und Tugenddenkens dokumentieren exemplarisch eindrucksvoll die von Johann Christoph Rincklake 1801 als Gegenstücke gemalten Bildnisse eines Naturwissenschaftlers und seiner Frau (vgl. Kat. Nr. 22 u. Kat. Nr. 23) oder auch die verschollenen, 1805 von dem rheinischen Porträtisten Kaspar Benedikt Beckenkamp gemalten Bildnisse des Johann Baptist Fuchs und seiner Frau Marie Antoinette mit Tochter (vgl. Abb. 11, 12).

Bei ihm zählen die Köpfe, bei den Damen Arme und Hände

Als sich der Kölner Advokat porträtieren ließ, war er von Napoleons Gnaden zum „kaiserlichen Wahlpräsidenten" von Köln avanciert. Als dynamische Persönlichkeit mit großem bonapartischem Kopf, mit von Kaiser Augustus tradierten, napoleonisch in die hohe Stirn wehenden Haarsträhnen, mit bürgerlich republikanischem Sendungsbewußtsein, Blick und Geste eines Regenten, schreibt er an einem vermutlich wichtigen Dokument. Moderne Kirschbaummöbel, Bücher und die Büste eines vorbildlichen Römers inszenieren ihn bedeutungsvoll. Die antike

Büste betont seine weitreichende Orientierung und die Wichtigkeit des „Kopfes". Bei seiner Ehefrau dagegen ist der Kopf fast eingepackt. Die Stirn ist fast völlig von Locken und Rüschen verdeckt, so daß Frau Fuchs ganz kleingesichtig und, gemessen an dem voluminösen Kopf ihres Mannes, recht „beschränkt" wirkt. Doch souverän durchbricht ihr wacher, kluger, auf den Betrachter gerichteter Blick die von Konvention und Mode verordnete Engstirnigkeit.

Während bei dem männlichen Bildnis die Hände kaum zu sehen und unwichtig sind, sind die immer tätigen Arme und Hände von Mutter und Tochter betont ins Bild gebracht. Verdoppelt sich bei dem männlichen Bildnis das Kopf-Motiv, so bei den Damen das Hände- und Arme-Motiv. Ihre Inszenierung vollzieht sich bezeichnenderweise zwischen Spinnrad und Strickstrumpf. Doch auch das Wirken von Frau Fuchs ist bedeutungsvoll - sie bringt einer künftigen Hausfrau, ihrer den Wollknäuel haltenden lernbegierigen Tochter, das Stricken bei.

Die Botschaft ihres Porträts: Wenn ich auch bar aller Bücher und antiker Büsten bin, würdigt meinen selbstgearbeiteten Weißzeug-Ausputz, meine praktische, eine teure Frisur ersetzende Haube und mein aus feinstem selbstgesponnenen Garn gewebtes, reinliches und adrettes Schultertuch, das auch einem einfachen Kleid ein adrettes Aussehen gibt! Würdigt mich als zupackende und fingerfertige Hausfrau, als Mutter und als treusorgende Gattin, denn auch das angenehm große, demonstrativ ausgelegte Leinentuch auf dem Schreibtisch meines hart arbeitenden Gatten - dazu bestimmt, daß er sich von Zeit zu Zeit den Schweiß von der Stirne wischen möge - ist ein Zeugnis meines segensreichen Hausfrauenfleißes!

Neben der persönlichen Würdigung als fleißiger Hausfrau ist in dem Attribut des Strickstrumpfes oder des Nähzeugs ein allgemeines Bekenntnis zu bürgerlichen Lebens- und Wertvorstellungen zu sehen. Man setzt sich ab von den völlig in Mißkredit geratenen Lebensformen des Adels, von einem Leben, das ohne mitmenschlichen Sinn, in Vergnügungen, Genuß und Zerstreuung nutzlos vergeht. Mit einem Strickstrumpf signalisiert man, daß man sich zu bürgerlicher Einfachheit bekennt, eine moralische Lebensauffassung und das Ideal rastlos tätiger mitmenschlicher Nützlichkeit vertritt.

Mitunter nimmt dieses bürgerliche Nützlichkeitsdenken erstaunliche Formen an, so auf dem 1821 entstandenen Familienbild Begas, wo die Frau Landgerichtspräsident, Mutter von sieben Kindern, zur Demonstration ihres Fleißes und ihrer Nützlichkeit bildbeherrschend, stolz auf ihr schönes weißes Leinen - ein großes weißes Laken säumend, im Kreise ihrer Lieben porträtiert wird (vgl. Kat. Nr. 15). Man stelle sich heute eine vom Fotografen inszenierte Familie „Gruppenbild mit Mutter und Bettlaken" vor! Mit einem Strickstrumpf verdeutlichte man aber zudem, daß man sich, vorbildlich in dienender Rolle der männlichen Lebenskonzeption unterwirft. Erschienen im adeligen Bildnis Mann und Frau - wie ihre Wappen - in gleichrangiger Darstellung, so zeigt sich in bürgerlichen Bildnissen die in Anspruch genommene Höherwertigkeit des Mannes, der als Repräsentationsfigur allen gesellschaftlichen und geistigen Glanz, allen Würdeanspruch auf sich sammelt, während die Frau in der Sphäre der Schaffnerin verbleibt.

Fleißig und fromm - aber kleiner als die Katze

Diese Zuweisung geistiger Arbeit an den Mann, der Handarbeit an die Frau, diese Diskrepanz von männlichem und weiblichem Geltungsanspruch bestätigt sich eindrucksvoll auch in dem von Friedrich Overbeck um 1810 gemalten Bildnis des Malers Franz Pforr (Frankfurt 1788 - 1812 Albano) (vgl. Abb. 13). Es präsentiert den Maler in reichlicher Halbfigur, bedeutungsvoll umrahmt von dem Bogen einer spätgotischen Loggia, in feiertäglichem altdeutschen, weinroten, schwarzgeränderten samtenen Gewand, den Blick selbstbewußt, fast fordernd auf den Betrachter gerichtet. Seine Frau dagegen erscheint ganz zurückgenommen, kleiner als die Katze auf der Brüstung! Weiße Lilien, eine Kirche im Hintergrund bezeugen ihren reinen und frommen Sinn. Den Blick - der Verkündigungs-Maria gleich - lesend auf eine fromme Schrift gerichtet, strickt sie. So ist das in Fleiß und Frömmigkeit sich erschöpfende Charakterbild einer Frau in das Bild einer idealen Ehe und Häuslichkeit eingebracht. In einer

Abb. 13   Friedrich Overbeck, Porträt Franz Pforr, um 1810, Öl/Lw., Staatliche Museen zu Berlin, Nationalgalerie

neuen, von bürgerlichen Werten bestimmten Gesellschaft kann ein Mann sich nur durch geistige oder mitmenschliche Verdienste, die Frau nur durch Tugendhaftigkeit, durch Fleiß und Frömmigkeit profilieren.

Das ist auch die Mitteilung des Selbstbildnisses, das der Maler Gerhard Wilhelm von Reutern von sich und seiner Frau Charlotte geb. von Schwertzell (vgl. Kat. Nr. 25) malte. In beachtlicher Gleichrangigkeit, wenn auch noch mit der Zuweisung von Strickstrumpf, Garnknäuel und Garnwinde, der „Hand"-arbeit an die Damen, der „Kopf"-arbeit des Schreibens und des Zeichnens an die Herren, malt 1828 Johann Anton Ramboux (Trier 1790 - 1866 Köln) seine Schwägerin, deren Tochter, sich und seinen Bruder in einer Renaissancearchitektur mit Balustersäulen, unter den rankengeschmückten Korbbögen einer Loggia (vgl. Abb. 14, 15).

In den als Gegenstück zu „handarbeitenden" weiblichen Bildnissen oder mit handarbeitenden Frauen gemalten Selbstbildnissen bestätigt sich, daß alle schöpferischen Tätigkeiten, ob schreiben oder zeichnen, daß alle für das Gemeinwohl zu erwerbenden Verdienste nur dem Mann, weil er allein mit Geist begabt ist, möglich sind (vgl. hierzu näheres S. 81, 166, 222).

---

[1] Jean Paul, Levana, S. 247 – [2] Vgl. Angelika Kauffmann, Die Stickerin, Puschkin-Museum, Moskau. In: Katalog „Angelika Kauffmann und ihre Zeitgenossen", Bregenz, Wien 1968/69, Abb. 12 – [3] Vgl. Friedrich Carl Gröger, Friederike von Rumohr, abgeb. in Vigneau-Wilberg, Der Maler Friedrich Carl Gröger, Neumünster 1971, Studien zur schleswig-holsteinischen Kunstgeschichte, Bd. II, S. 71, Kat.-Nr. 61 – [4] Rousseau, S. 791 – [5] Vgl. Anm. 1 – [6] Zitiert nach Paul Kluckhohn, Die Auffassung der Liebe in der Literatur des 18. Jahrhunderts, Halle 1922, S. 249, 251, Anm. 3

*Abb. 14, 15   Johann Anton Ramboux, Catharina Elisabeth Ramboux geb. Gilquin mit Tochter Clara, 1828, Öl/Lw., Privatbesitz;
Selbstbildnis mit seinem Bruder Johann Baptist, 1829, Öl/Lw., Kunstmuseum Düsseldorf*

157

Für die Söhne Ausbildung

Nicht die Zeit vertreibend und Pläsier suchend, sondern, im Geist der Aufklärung, die Zeit vernünftig nutzend, sei es belehrend oder lernend, sind Vater, Mutter und Kinder auf dem 1771 in zwei Gegenstücken gemalten Familienbild dargestellt. Gottfried Peter de Requilé, Besitzer des Schmelz-, Hammer-, Schneid- und Hüttenwerkes in Hohenrhein bei Niederlahnstein gab es bei dem in Ehrenbreitstein tätigen kurtrierschen Hofmaler Januarius Zick in Auftrag.

Auf diesem zweiteiligen Familienbild kommen erst Gott Merkur, der Vater und die beiden älteren Söhne, dann, ohne göttlichen Beistand, die Damen - die Mutter mit der Tochter und dem jüngsten Sohn, der als Kleinkind noch in die Obhut der Mutter gehörte. Der höfisch, modisch, elegant, goldbetreßt in Samt und Seide gekleidete Vater sitzt auf einer steinernen Bank vor einem Brunnen, dessen Pfeiler von einem wasserspeienden Delphin und einer Vase bekrönt wird. Er zeigt seinem etwa fünfjährigen Sohn mit belehrender Geste einen Brocken Erzgestein. Ähnliche Steine hat der zukünftige Hüttenherr in seinem Körbchen herbeigetragen. Auch sein jüngerer, am Boden sitzender Bruder hält einen Erzbrocken in der Hand. Vermutlich haben sich die hoffnungsvollen Söhne selbst um die „Erzförderung" bemüht, wie eine Hacke zwischen Steingeröll und eine Schubkarre im Hintergrund andeuten. Mit silbrig metallisch blitzendem, geflügeltem Helm, ausgewiesen durch seinen Merkurstab, in schöner Silberarbeit, ausgestattet sozusagen mit den veredelten Endprodukten des Erzes, ansonsten kaum bekleidet, statt dessen sonnengebräunt nimmt Merkur, der Gott des Handels und der Wege erläuternden Einfluß auf die väterliche Lektion in Gesteinskunde.

Kat.Nr. 52

Januarius Zick
Der Hüttenherr Gottfried Peter von Requilé mit zwei Söhnen und Gott Merkur, 1771
Rheinisches Landesmuseum, Bonn

Für die Tochter Nadel, Faden und Schere

Erfährt der Ort der Handlung auf dem „Herrenteil" des Familienbildes durch die Kunst - den skulpturgeschmückten Brunnenpfeiler und das Wasserspiel -, durch die Anwesenheit des göttlichen Vertreters des Handels eine bedeutungssteigernde Überhöhung (vgl. Kat.Nr. 52), so bleibt auf der Frauen-Kleinkind-Seite - da Frauen nicht kulturfähig sind - alles naturbelassen, ohne Kunst und ohne göttliche Inspiration! Im Hintergrund sind lediglich Akzente der Hand-Arbeit gesetzt. Man sieht einen Bauern seinen Acker pflügen und zwei Leute im Weinberg arbeiten. Auf dem „Damenteil" des in Pendants gemalten Familienbildnisses müssen die hochgetürmten, mit Federn, Schleifen, Bändern, Knöpfen und Kordeln dekorierten modischen Hüte die Kunst ersetzen. Sie beinhalten aber auch die für die Tochter vorgesehene Zukunftsperspektive, die sich darin erschöpft, durch Schönheit und Reichtum einen Mann zu gewinnen und die weibliche Bildung in fingerfertigem modischem Selbstausputz zu entfalten.

Wenn es in dem „Herrenteil" um den Stammhalter, um die Zukunft des Familienbetriebes, das Schmelz-, Hammer-, Schneid- und Hüttenwerk geht, dann in dem weiblichen Bildteil vorerst nur darum, daß die Tochter als künftige Ehe- und Hausfrau mit Faden und Schere umgehen kann und das fleißig viele Stöckchen schnitzende Söhnchen, dank der Aufsicht der Mutter, sich mit Schere und Messer aus betriebseigener Herstellung nicht in die Finger schneidet.

Die Familie des Herrn von Requilé kann als besonders vorbildlich gelten. Im besonderen ist zu würdigen, daß sich die Eltern selbst um die Erziehung der Kinder kümmern, sie nicht irgendwelchen revolutionäre Ideen einschleppenden Hofmeistern überlassen und daß die Kinder sinnvoll beschäftigt sind. Denn, wie die Erziehungsliteratur der Zeit immer wieder hervorhebt, sind hoffnungsvolle, wohlerzogene Kinder unter der klugen, auswählenden Anleitung der Eltern immer beschäftigt.

Kat.Nr. 53

Januarius Zick
Bildnis der Frau von Requilé mit einer Tochter und einem Sohn, um 1771
Rheinisches Landesmuseum, Bonn

161

Auch Gräfin Westerholt strickt Strümpfe

Nicht nur das weibliche Bürgertum ließ sich zum Ausweis von Fleiß und Nützlichkeit strümpfestrickend porträtieren, auch der Adel ging in bürgerlich gewordenen Zeiten auf das bürgerliche Lebenskonzept ein. Wenn man auch nicht in einem offiziellen Porträt mit Strickstrumpf erschien, im Rahmen einer Tuschzeichnung konnte man die Gelegenheit nutzen, den Vorwurf zeitvergeudender adeliger Vergnügungssucht etwas zu zerstreuen. Und wie man sieht, handhabte man es mit der Verteilung der Hand- und der Kopfarbeit beim Adel nicht anders als beim Bürgertum. Graf Friedrich Ludolf von Westerholt hält auch im Park auf einer Rasenbank sitzend, seinen männlichen geistigen Führungsanspruch unterstreichend, bedeutsam ein aufgeschlagenes Buch auf dem Schoß, während sie mit den Stricknadeln hantiert.

Wäre es nach den geistigen Interessen gegangen, so wäre es zutreffender gewesen, wenn sie das Buch in der Hand hielte. Auf Gräfin Wilhelmine geht nämlich eine große Bibliothek in Haus Berge bei Buer zurück, die mit vielen Erstausgaben auf ein reges und umsichtiges Interesse an zeitgenössischer Literatur schließen läßt. Als Ausgleich dafür bricht Gräfin Westerholt aus der ihrem Geschlecht gleichsam zwangsläufig zukommenden Rolle der Passivität aus. Wach, forsch und agil, ohne die geringsten Anzeichen von verbürgerlichender Sanftmut, setzt sie ihrem etwas apathischen, passiven, völlig undynamischen Gatten zu. Lediglich seine Stiefeletten und seine Kleidung lassen auf seine Mobilität, seinen männlichen Auftrag „im feindlichen Leben" schließen, während für sie ohne Schuhe kein „Außendienst" vorgesehen ist. Obschon sie mit dem Strickstrumpf eine gewisse Unterordnung signalisiert, macht ihr extravaganter, raumgreifender Gartenhut mit Gardine und schirmartiger Überdachung ihre Dominanz klar. Als Erbtochter, Namengeberin, als gestandene langjährige Ehefrau (sie war bereits mit zwölfeinhalb Jahren verheiratet worden), hatte sie „das Heft in der Hand".

Wenn man strickend auch den bürgerlichen Vorstellungen etwas entgegenkam, der Park mit Mausoleum, Freundschaftstempel, Allee, Wasserparterre lassen keinen Zweifel an dem auch nach „1789" unreduzierten gräflichen Geltungsanspruch. Das Paar lebte auf seinem Landgut in Berge bei Buer, aber aufgrund seines Hofamtes als Oberstallmeister weit mehr in Münster. Wahrscheinlich entspricht die Gartenanlage nicht einer Realität.

Nicht zu unrecht ist das Blatt als „die Gardinenpredigt" in die Familiengeschichte eingegangen. Da ihr Gatte dem Glücksspiel verfallen war („jeute") und in großem Stil immer wieder Schulden zu machen pflegte, waren Gardinenpredigten seiner Frau stets angebracht.

Kat.Nr. 54

Franz Michelis
Friedrich Ludolf Graf von Westerholt-Gysenberg und seine Frau Wilhelmine
geb. von Westerholt, im Park, um 1795
Westfälischer Privatbesitz

Abb. 16   Friedrich Wilhelm Müller, Italienerin mit Spinnrocken, um 1836, Öl/Holz, Staatliche Museen Kassel, Neue Galerie

Stricken gegen die sündlichen Triebe

Ob Spinnrocken, Strickstrumpf oder Filetarbeit, eine Handarbeit tat dar, daß man nicht müßig war. Dabei muß man sich klarmachen, was der „Müßiggang" an Traditionslast auf sich hatte. Spinnen, Stricken und Nähen bestätigten nicht nur vordergründig Fleiß und Nützlichkeit; für ein weibliches Wesen hing weit mehr davon ab, nicht zuletzt ewige Seligkeit. Und die Gefahren dieses Verlustes begannen mit dem Müßiggang. In einer bis in das Alte Testament[1] zurückreichenden und sicher darüber hinausgehenden Tradition steht der Müßiggang in fester gedanklicher Verbindung mit „Aufbegehren", „Geilheit", „Unkeuschheit" und „aller Laster Anfang". „Müßiggang ist des Teufels Ruhebank", unbeschäftigt fällt man leicht in „das Netz des Bösewichts".[2]

Bezeichnenderweise sah der elsässische Humanist Jacob Wimpfeling (1450-1528) für die Mädchen eine Hauptgefahr im „Müßiggang", als er den Eltern riet, die Söhne auf den Gymnasien für den späteren Besuch der neugegründeten Universitäten Latein lernen zu lassen und die Töchter „zur Handarbeit zu gewöhnen", um sie vom „Müßiggang" abzuhalten. „So folgten Mädchen der allerheiligsten Jungfrau und Gottesmutter, von welcher der heilige Hieronymus bezeugt, daß sie im Tempel mit Weben sich beschäftigt habe".[3] Wimpfeling hatte mit dieser Zuweisung der Kopfarbeit an das männliche Geschlecht, der Handarbeit an das weibliche Geschlecht ein bis weit in die Antike zurückverfolgbares Gedankengut nur aktualisiert (vgl. S. 222).

Die Gründung der Universitäten mit der Zuweisung der geistigen Arbeit an das männliche, der Handarbeit an das weibliche Geschlecht beinhaltete bis weit ins 20. Jahrhundert eine Weichenstellung. Den Söhnen stand zukunftsträchtig eine intellektuelle Fortbildung mit allen Berufsmöglichkeiten offen; die Töchter wurden rückwärtsgewandt auf die „allerheiligste Jungfrau" verwiesen. Mit dem Heraufbeschwören aller Gefahren des Müßiggangs hielt man durch Jahrhunderte die Frauen mit Handarbeiten in Schach.

„Mädchen müssen den Müßiggang ebenso fürchten als verachten", heißt es in der für das 18. Jahrhundert richtungsweisenden Schrift „Über Mädchenerziehung" von Fénelon, dem 28jährigen Erzbischof von Cambrai und Erzieher des Enkels von Ludwig XIV. Da in dieser Zeit alles, was vom französischen Hof kam, ob Architektur, Moden, Wohn- oder Tafelkultur, für ganz Europa richtungsweisend war, war der Einfluß dieser Erziehungsschrift sehr groß. Gegen die allezeit lauernde Sünde gibt es nur „die Arbeit", „als die den ersten Menschen und ... seinen Nachkommen auferlegte Sündenstrafe".[4] „Ich möchte gerne ... meine Töchter zum Haushalten und allerlei anständigen Arbeiten, also daß selbige niemals müßig sind, der Teufel sie niemals müßig findet, anhalten lassen", schrieb Franz Theodor von Fürstenberg, der Vater des fürstbischöflich münsterschen Ministers, um 1740 in seinen Erziehungsinstruktionen. „Um nicht müßig zu sein" war sein „Bete- und Arbeite-Konzept" „vor das weibliche Geschlecht": „Bald bete, betrachte und lese ich, bald stricke, sticke, nähe, spinne ich und mit solcher Wechslung übend mich, den Himmel leicht gewinnend."[5]

„Müßiggang" gilt es, „wie die Pest zu fliehen", stimmte 1789 Joachim Heinrich Campe ein. „Eine müßige Seele ist jedem Bösen offen. Geschäfte hingegen und nützliche regelmäßige Thätigkeit versperren dem Laster ohne daß wir es merken, den Eingang zu unserem Herzen und schmücken es dagegen auf eine unaustilgbare Weise mit jeder schönen und seligen Tugend aus."[6] „Mögt ihr ... alles, was müßig heißt, müßiges Gehen, müßiges Sitzen, müßiges Lesen, müßige Gedanken durchaus meiden! Wurde dann wol leicht ein böser Trieb in Euch erwachen?" heißt es an anderer Stelle.[7] Und bei dieser stets notwendigen Zähmung weiblicher Lust „zur frühen Bewahrung der Unschuld" ist rastlose Tätigkeit, ist die Handarbeit ein zuverlässiges Mittel. Dieses Hintergrunddenken kommt eindrucksvoll in einer 1827 entstandenen Zeichnung von Ludwig Emil Grimm zum Ausdruck. In Teufelsfurcht und der Erwartung des Ausbruchs aller sündlichen Triebe scheinen die Damen von Droste Kerckerinck wie um ihr Seelenheil zu stricken (vgl. Kat. Nr. 55). Unter diesem Aspekt ist auch die von Friedrich Wilhelm Müller um 1830 gemalte „Italienerin mit Spinnrocken" von besonderer sittlichen Vorbildlichkeit. Auf dem Heimweg von der Kirche, den Rockenstock unter dem Arm, spinnt sie auch im Gehen (vgl. Abb. 16).

Das weibliche Geschlecht durch angeborene Fleischeslust besonders gefährdet

Die Vorstellungen von der besonderen Gefährdung des weiblichen Geschlechtes durch eine angeborene Fleisches-lust gehen weit zurück. Man findet sie bei Aristoteles. Nach seiner Schrift „De generatione animalium" („Über die Zeugung der Tiere") entsteht das weibliche Geschlecht durch äußere Einflüsse bei der Zeugung, durch „feuchte Südwinde" mit größerem Wassergehalt, mehr Materie und weniger Geist und Vernunft und damit mangelhaft als ein „mißglückter Mann". Da die aristotelische Biologie ohne Alternative und deshalb allgemein maßgebend war, gingen die großen Kirchenlehrer und auch Thomas von Aquin (gest. 1275) von diesen Vorstellungen aus. Dank seiner großen Autorität und seiner enormen Wirkungsgeschichte wurden seine Auffassungen über die Geistlich-keit, die immer wieder wichtige Erzieher stellte - so auch Fénelon -, über Rousseau bis in unser Jahrhundert tradiert.

Weil die wesentlich zur Fortpflanzung bestimmten Frauen aufgrund des größeren Wassergehaltes mehr Fleisch und Materie sind und weniger Geisteskraft als die Männer besitzen, sind sie infolge mangelhafter Vernunft auch der Verführung mehr ausgeliefert[8],[9]; ihre defekte Vernunft teilen sie mit Kindern und Geisteskranken.[10] Aus diesen Folgen des Südwindes[11] ergibt sich alles weitere - daß der Mann das Haupt der Frau ist, der Mann zuständig für die Kopf-, die Frau für die Handarbeit, daß die Frau immer den Status eines Kindes behält, daß sie nur die Ernäh-rungsmaterie für die Kleinkinder stellt, die Erziehung der heranwachsenden Söhne durch den Mann übernommen wird, daß jede kreative Tätigkeit nur vom Mann ausgehen kann.

Rousseau macht sich diese Auffassungen voll zu eigen, wenn er von dem „unbegrenzten Liebesverlangen", „den schrankenlosen Begierden" des weiblichen Geschlechtes spricht.[12] Beim Tier, wie Rousseau ausführt, reguliert der Instinkt die Begierde, beim Mann die Vernunft, bei der Frau - vom Fleisch und der Materie bestimmt - muß die Scham sie bezwingen, da die Vernunft mangels Geist leider entfällt. Nur frühzeitige Gewöhnung an Zwang, eine Zähmung der mangelhaften weiblichen Natur durch den Mann können verhindern, daß so Erschreckliches geschieht, „wie in den heißen Zonen, wo mehr Frauen als Männer geboren werden", wo die Männer „von den Frauen tyrannisiert, schließlich zu deren Opfern und alle wehrlos dem Tod entgegengetrieben" werden.[13] Bei dieser Sicht des Weiblichen, einen so unrühmlichen Untergang des männlichen Geschlechtes, einen demütigen-den Sieg des Fleisches über den Geist vor Augen, gilt es, die Frauen vor einem Rückfall ins Animalische zu bewahren, sie ständig zu Tugend, Keuschheit, Gefügigkeit, Sanftmut und Frömmigkeit moralisch zu ermun-tern. Und hatte man es nicht gerade wieder erlebt, wie die Liebestollheit, Unsittlichkeit und Amoralität der Damen Frankreich in das Blutbad der Revolution und den Untergang getrieben haben?

Angesichts untätiger Großväter, Väter, Jünglinge und Knaben, aber an jedem Ort, zu jeder Zeit und Gelegenheit strickender weiblicher Wesen, bei geradezu zwanghafter Ausstattung weiblicher Personen mit einem Strickstrumpf oder einem Spinnrocken, wie man dies bei Ludwig Richter in den über 3.000 Holzschnitten seiner „Fürs Haus" bestimmten „Volksbücher" verfolgen kann, wird deutlich, wie sehr mit dem Stricken und Spinnen sittliches Verhalten gemeint ist und wie im Unterbewußtsein sich verfestigend eine solche Rollenzuweisung beim recht-schaffenen Bürgertum fortwirken mußte. Wolf Stubbe betont in seiner Einleitung zu dem zweibändigen Lud-wig-Richter-Album - das noch 1974! in 3. Auflage mit 14.000 Exemplaren erschien - die „predigende", „ethische" Absicht der Blätter![14]

Auch beim Stricken lauern die Lüste

Wenn bei Ludwig Richter auch in sehr anmutiger und liebenswerter Form dargestellt, Stricken und Spinnen waren für das Image einer guten weiblichen Erziehung unerläßlich. Bei einem strickenden weiblichen Wesen waren zumindest Selbstbeherrschung und Selbstzwang sichergestellt. „Ein häkelndes Fräulein" konnte in derselben Zeit nichts moralisch „Falsches" tun, so hoffte man; nach den Ansichten der Pädagogen waren „die feinen Hand-arbeiten nicht nur geziemende Beschäftigung, sondern Unterdrückung sexueller Bedürfnisse", schreibt Dagmar

Ladj-Teichmann in ihrer sozialgeschichtlichen Untersuchung zur Frauenarbeit im 19. Jahrhundert.[15] „Fragen der Sittlichkeit und die Abwehr sexueller Einflüsse auf Frau und Kinder sind" - zu diesem Ergebnis kommt Ladj-Teichmann - „während des ganzen 19. Jahrhunderts eines der Hauptprobleme der bürgerlichen Familienliteratur gewesen." Doch auch während des Handarbeitens lauerten „die Lüste des Fleisches".

Die Gefahren gingen von den „unehrbaren Teilen des Leibes" aus.[16] Welcher Art diese waren, liest man bei Campe: „Sitzt nicht beim Nehen oder bei euren sonstigen Handarbeiten mit übergeschlagenen Beinen und Schenkeln. Noch weniger gewöhnt euch dabei die schwankende Bewegung an, die in dieser Stellung so leicht möglich ist - jede Gewohnheit von euch abzulegen, mit der sey es auf welche Art es wolle, ein Berühren oder Drücken der Schaamteile verbunden ist." Campe empfiehlt deshalb - damit nichts Unrechtes hinter der Näharbeit geschieht - ein „Nehküssen, das an den Tisch befestigt wird" (vgl. Kat. Nr. 96) und bei der „Neharbeit" eine „gerade und aufrechte" Haltung. In vorbildlicher Weise sitzt die „Kleine Nähterin" an einem einsehbaren zargenlosen Tisch (vgl. Kat. Nr. 50). Und eine sittliche Lösung hat die „Kleine Strickerin" für den sonst auf dem Schoß herumhüpfenden Wollknäuel gefunden (vgl. Kat. Nr. 49). Auch sollte man nicht zu lange „stille sitzen", sondern „bald den Kehrbesen führen", Teig kneten, „das Hausgeräthe waschen und säubern", das Vieh füttern, den Spaten zur Hand nehmen, ein Beet umgraben oder Unkraut ausjäten etc.[17] Und wo man auch hinsieht, vorbildlich tugendhafte Frauen haben - oft sittlich unterstützt von einem Fußbänkchen - beim Sitzen die Beine nebeneinandergestellt.

Aus dem Rahmen der Zeit geradezu „revolutionär" herausfallend nimmt sich da die 1802 von Christian Gottlieb Schick gemalte Heinrike Dannecker geb. Rapp (1773-1823) aus, die - sich über das bürgerliche Sittenreglement hinwegsetzend - mit übereinander geschlagenen Beinen präsentiert ist (vgl. Kat. Nr. 136).

In Anbetracht der Gefahren hinter dem Nähzeug und der Gefahren, die von übereinander geschlagenen Beinen ausgehen konnten, war eine sittlich schöne, ursprüngliche Form des Spinnens und Strickens - so würde es auch Campe sehen[18] - die gehende, stehende, wie man sie in Italien auf dem Lande sah, wie sie sich in Reiseskizzen und Ölbildern italienreisender Künstler immer wieder findet - so bei Friedrich Wilhelm Müller (Kassel 1801 - 1889), dessen oben besprochene Italienerin (vgl. Abb.16) sogar „im Gehen nicht müßig" noch auf dem Weg von der Kirche Wolle zupft.

Aber, ob sitzend oder im Gehen strickend, das Bild einer Strickenden muß der männlichen Idealvorstellung von einem weiblichen Wesen als Gegenbild zum Mann in besonderer Weise entsprochen haben. Der gesenkte Blick, die aufeinander gerichteten Hände und die innere Sammlung machen das Stricken dem Beten ähnlich. Im Sinne der Auffassung von weiblicher Tugend überhaupt rückt der Fleiß in die Nähe der Frömmigkeit. Die Gestik, die nur auf sich selbst gerichtet ist, die innerhalb des eigenen Umrisses bleibt, der Blick, der sich auf die Reichweite des Strickstrumpfes beschränkt, bekundet Unterordnung, Gefügigkeit, Bravheit, ein hohes Maß an Passivität und Domestizierung. Die auf ein Minimum reduzierte Aktivität, bei der sich nur noch Masche für Masche etwas im Kleinen abspielt, machen das Hinzutreten männlicher Aktivität um so strahlender.

[1] 2. Mos. 5,8; Sir. 33,28; Jer. 5,8 – [2] Grimmsches Wörterbuch, Artikel „Müßiggang", Leipzig 1885 – [3] Zitiert nach Klaus Schreiner, Konnte Maria lesen? Von der Magd des Herrn zur Symbolgestalt mittelalterlicher Frauenbildung. In: Merkur, Deutsche Zeitschrift für europäisches Denken, 44. Jg. 1990, Heft 1, S. 86 – [4] Fénelon, S. 79 – [5] Zitiert nach: Heinz Reif, Westfälischer Adel 1770-1860, Göttingen 1979, S. 133 – [6] Campe I, S. 159 – [7] Campe II, S. 60 – [8] Summa theologica I, q. 92 a.I. – [9] Summa theologica II/II, q. 149 a.IV – [10] Summa theologica II/II q. 70 a.III – [11] Mary Daly, Kirche, Frau und Sexus, Olten 1970, S. 62; Otto Hermann Pesch, Thomas von Aquin. Exkurs: „Der verhinderte Mann" oder „Die nicht unproblematischen Folgen des Südwinds", Mainz 1988, S. 208-227 – [12] Rousseau, S. 722f. – [13] Rousseau, S. 722 – [14] Wolf Stubbe, Das Ludwig Richter-Album, Sämtliche Holzschnitte, München 1974, S. 17 – [15] Dagmar Ladj-Teichmann, Erziehung zur Weiblichkeit durch Textilarbeiten, Basel 1983, S. 193, 195-197 – [16] Bernhard Overberg, Anweisung zum zweckmäßigen Schulunterricht für die Schullehrer im Fürstentum Münster, Josef Esterhues (Hg.), Paderborn 1957, S. 50 – [17] Campe II, S. 58 – [18] Campe II, S. 60

Stricken gegen den Müßiggang und die lauernden sündlichen Triebe

Die Damen von Droste Kerckerinck scheinen wie um ihr Seelenheil zu stricken. Alle weiblichen Wesen, die nicht musizierend oder unterhaltend in der Betreuung der Herren im Einsatz sind, müssen freudlos an scheußlichen Würsten von Strümpfen stricken, während die dumm-dreist oder gelangweilt dreinblickenden Knaben herausfordernd dem Nichtstun huldigen. Man hat den Eindruck, daß den Damen innewohnende Unheil kann nur durch ständige Züchtigung, durch Stricken und Religion, eben wechselnd strickend und betend, wie es schon Fürstenberg empfahl, am Ausbruch gehindert werden (vgl. S. 165).

Bezeichnenderweise tragen die Hausfrau Maria Theresia von Droste Kerckerinck geb. Erbtochter Freiin von Kerckerinck Stapel und die älteste Tochter Antoinette (am Spinett) - von Ludwig Emil Grimm bewußt akzentuiert - ein Kreuz auf der Brust. Bei ihnen hat diese Erziehung immerhin zu einem leicht verbesserten Grad der Kultivierung geführt, vergleicht man sie mit den strickenden, ungestalten, halbwilden jüngeren Töchtern mit den garstig struppigen Haaren und dem tölpelhaften Gesichtsausdruck. „Den Unterhaltungen beim Caffe" können sie nur mit dumpfem Staunen folgen. Während der Besuch, die Verwandtschaft aus Hülshoff, recht vorteilhaft gegeben ist, erscheinen die „Stapeler" Damen, fern von Grazie und Schönheit, mit erschreckend uniformen, langen Hakennasen als ungeschlachte Schreckensgestalten. Man wird an die Bemerkungen Annette von Droste-Hülshoffs erinnert, die sie über ihre Verwandtschaft „die Stapeler" machte.

Da ist die Rede von den „Mädchen, die alle Tage häßlicher und widerlicher" werden, von „armen Tröpfen", von „Halbsimplen", von Vetter Johannes hochnotpeinlicher literarischer Unbildung, von Tante Therese, die ein derbes Platt sprach, von Max, der unter dem Namen seiner Kusine Annette seine „mordsschlechten Gedichte" mit einem Anschreiben „fast ohne Menschenverstand", voller orthographischer Fehler an den münsterschen Buchhändler Coppenrath verkaufen wollte (K. Schulte-Kemminghausen [Hg.], Die Briefe der Annette von Droste-Hülshoff, Jena 1944, Bd. 1, S. 304, 492, 533; Bd. 2, S. 202).

Obwohl die Situation bei der Verwandteninvasion gar nicht danach ist, spielt Kusine Antoinette, genannt „Nette", - wahrscheinlich, weil sie nur das eine Stück kann - zusammen mit Annette von Droste-Hülshoffs Bruder Ferdinand vierhändig auf dem Spinett aus einer Auswahl musikalischer „preciosa" „Still und Einsam". Hausherr Ernst Constantin Freiherr von Droste-Hülshoff erläutert dem Gast die vom Bildnis des Ritters Matthias von Kerckerinck angeführte Ahnengalerie. Der Zuhörende dürfte, dem Wahrzeichen Kassels, dem Herkules Farnese, zugeordnet, Ludwig Emil Grimm sein. Was lag näher, als einen Maler mit der Gemäldegalerie des Hauses zu unterhalten? Die rechts am Kaffeetisch mit einem jungen Herrn parlierende, freundlich gefällig aussehende Dame wird als Jenny, die angeschnittene Rückenfigur möglicherweise als Annette von Droste-Hülshoff zu identifizieren sein. Der junge Mann an Jennys Seite, schlichter als die Hülshoffer Vettern, könnte Johannes von Droste Kerckerinck sein.

Mit bezaubernder Frechheit erfaßt Ludwig Emil Grimm die Diskrepanz von Standesanspruch und Lebenswirklichkeit, von homogener Ahnenreihe und auseinanderdriftender Nachkommenschaft. 1827, als die Zeichnung entstand, hatte Baronin Kerckerinck bereits 18 Kinder geboren, es folgten vier weitere. Diese auch in der übrigen westfälischen Standeswelt herausragende Kinderzahl spricht dafür, daß man auch strickend nicht gegen die „sündlichen Triebe" ankam.

Kat.Nr. 55

Ludwig Emil Grimm
Besuch in Haus Stapel, 1827 (Faksimile)
Privatbesitz

Einen halben Tag in Happel. Unterhaltungen beim Caffe

Die Pflege des Kleinigkeitsverstandes

Zur bleibenden Verteilung der Welt gehört auch die Pflege des weiblichen „Kleinigkeitsverstandes"[1]. Sieht die Rollenverteilung für das männliche Geschlecht die „wirklich großen ruhmwürdigen Dinge"[2], das „Riesenmaß"[3], „Aemter, Ehren, Würden, Rechtshandel ... Krieg und Frieden"[4] vor, so für das weibliche Geschlecht „die tausend Kleinigkeiten". Herr von Bethmann, „der erste Bankier in Teutschland", war z.B. europaweit, im „Riesenmaß" in Geldgeschäften tätig, seine Frau Elise wirkte in der gleichen Branche, natürlich in weiblich adäquatem Maßstab: Sie strickte für ihre vierzig intimen Freundinnen lauter niedliche kleine Geldbeutel; daneben konnte sie jedoch beliebig Gefühle entfalten und in „Empfindsamkeit" machen.[5]

Grundlegend erklärt sich diese weibliche Bestimmung für das Kleine, die männliche Förderung des Kleinigkeitsverstandes „natürlich", d.h. aus der Schwäche des weiblichen Geschlechtes (vgl. S. 84). Mit dieser anthropologischen Begründung wartete schon 1775 die „Wissenschaft von der Frau" (science de la femme) auf, deren erster einflußreicher Vertreter der Mediziner und Philosoph Pierre Roussel war. Seine physiologischen moralischen Betrachtungen über das weibliche Geschlecht erreichten in einer Übersetzung 1786 auch Deutschland[6]. Die Kleinheit der Organe, die dünneren, schwächeren Muskeln, das fehlende strategische Zentrum im Gehirn, alles dies wies schon auf die Bestimmung für die Beschäftigung mit den kleinen Dingen, mit dem Kleinkram hin.

„Die Weiber müssen demnach Arbeiten vorziehen, welche nicht sowohl Stärke der Muskeln, als feine Geschicklichkeit fordern. Sie müssen sich mit Kleinigkeiten beschäftigen: ihr Geist wird daher nicht sowohl Ausdehnung und Gründlichkeit als vielmehr Feinheit und Scharfsichtigkeit erlangen. Da sie eine sitzende Lebensart führen ... so sieht man gewissermaßen sich ein ganz neues körperliches und geistiges System in ihnen entwickeln", führt Roussels Nachfolger Pierre-Jean-Georges Cabanis (1757-1808) in seinen 1802 erschienenen „Rapports du physique et du moral de l'homme" aus, die bis 1844 in acht Auflagen und 1804 in deutscher Übersetzung erschienen[7]. Die „Natur", die Muskelfasern lieferten also wieder die Begründung für die weibliche Bestimmung zu einem Leben in Kleinigkeiten.

„Kleinigkeitsleben" liefert dem „geistigen Tode" aus

Je nach Größe der Familie war ein Haushalt mit vielen Stuben, Küche, Keller, Obst-, Gemüse- und Kräutergarten, ein Haushalt, in dem Brotbacken, Einkochen, Trocknen, Schlachten, Räuchern, Pökeln, Seifensieden, Kerzenziehen, Brauen, Spinnen, Weben, Stricken, Nähen, Waschen und Bleichen anfielen, selbst bei Mitwirkung von Gesinde und Dienstboten ein höchst detailintensives Unternehmen. Aber auch jeder kleinere, pflichtbewußt geführte Haushalt bringt ein „Kleinigkeitsleben" mit sich, das „nicht einmal die Idee einer Erhebung ... über das Alltägliche zuläßt", das einen dem „geistigen Tode" ausliefert[8]. „Hier muß ich meinen Kopf täglich mit wahren Kleinigkeiten, mit Haus- und Wirtschaftssorgen füllen, die ich von Kindheit an, für die elendsten Beschäftigungen eines denkenden Wesens gehalten habe ... und wir dürfen nicht wider das Schicksal murren, das uns diese beschwerlichen Kleinigkeiten vorbehalten hat", schreibt Louise Gottsched „verdrüßlich" und „niedergeschlagen" 1753 an ihre „liebste Freundin" Dorothee Henriette von Rünckel.[9]

Charlotte Schiller stimmt 1797 in die Klage ein. Sie schreibt von den „drückend" auszuübenden „Aufgaben ... tausendfältiger Kleinlichkeit", die „weder der Stoff für einen Dichter noch des Geschichtsschreibers" sind und nur so „nebenher wie die Wäsche der Nausikaa und das Gewebe der Penelope angeführt werden, denn die beste Hausfrau ist die allerunbedeutendste für die Welt"[10]. Diese Muskelerkenntnisse hatten die im pädagogischen Schrifttum immer wiederholten Äußerungen über die weiblichen „kleinen Fertigkeiten und Geschicklichkeiten" zur Folge. Das sollte allerdings kein Frauenzimmer auf den irrigen Gedanken bringen, aus diesem Zugeständnis etwa eine weibliche Eignung für die „schönen Künste" abzuleiten.[11]

Beschäftigung mit Nichtswürdigkeiten ein zugelassenes Nebenfeld unbegrenzter Aktivität

Neben dem großen, bedeutungsvollen männlichen Tun ist den Frauen die Begrenztheit, das Verödende, das Ruhmlose ihres Wirkens, die Bevorzugung des männlichen Geschlechtes, das nicht von diesen Kleinigkeiten belastet ist, durchaus bewußt. Aber letzten Endes nehmen sie es als „Schicksal", als ihre naturgegebene weibliche „Bestimmung" an, wohl auch in dem Bewußtsein, Evas Sündenfall aufarbeiten zu müssen und als Geschöpf minderen Ranges, der nun einmal gottgewollten Verpflichtung, sich dem Manne in Gehorsam unterzuordnen.

Um die Frauen und Töchter in dieser Rolle klaglos zu halten und um gar nicht erst größere Perspektiven aufkommen zu lassen, galt es, den Kleinigkeitensinn zu kultivieren und mit viel bunten „Glasperlen, Fäden und Bändern" ein Nebenfeld unbegrenzter Aktivitäten und kleiner Nichtswürdigkeiten aufzutun. Da konnte der Tabaksbeutel, die Geldkatze, das Brillenetui mit haardünnen Seidenfädchen, feinsten Nadeln mit winzigen Glasperlen bestickt oder bestrickt werden. Ob Feuerstein- oder Schlüsseletui, Gesangbuch, Lineal oder Nackenstütze, nichts blieb unbestickt, ob Fingerhut oder Knopf, nichts war zu klein, ob Glasbecher oder Rahmen, nichts war zu ausgefallen, um nicht durch Rosengehänge, Blütenranken oder Laubkränze durch schmückende weibliche Kunstfertigkeit erhöht zu werden. Sonst ungefordert, schreckte der „Dekorationstrieb" der Damen schließlich vor keinerlei Zweck- und Sinnlosigkeiten zurück.

In der Liebe zu den Kleinigkeiten mag der Geist des Rokoko mit seiner Freude an den „Petitessen" nachwirken. Doch die bürgerlichen „Petitessen" waren nicht in der Galanteriewarenhandlung zu egozentrischem Vergnügen gekauft, sondern mit Liebe und unermüdlichem Fleiß für einen geliebten Menschen in wochenlangem Zeitaufwand gefertigt, so daß der immaterielle den materiellen Wert bei weitem überwog. Widmungen wie „Gedenke mein", „Andenken", „Wandle auf Rosen und vergiß mein nicht" weisen auf das weibliche Gefühl, das reiche Empfinden, die vom Bürgertum für sich in Anspruch genommenen inneren Werte - herzliche Liebe, Treue und Freundschaft - hin. Da werden die mit unendlicher Mühe eingestickten böhmischen Glasperlen kostbarer als die echten Perlen und Edelsteine höfischer Luxusaccessoires. „Man dachte eben dabei an die Mutter, die Freundin, den Geliebten, an Diejenigen, welche die mühsame Arbeit empfangen sollten, man hoffte, durch ein solches Opfer, durch eine solche Anstrengung, seine Liebe zu beweisen."[12] Ein Mädchen, wie Goethes „Dorothea", die jedwede Mühsal auf sich nahm, der „niemals die Arbeit zu klein und die Nadel zu fein dünkt", ließ „Hermann" von einer solchen künftigen Gattin höchste Sittlichkeit bis zur selbstkasteienden Aufopferung erhoffen.[13]

Auch das Kleinigkeitswesen mußte klein gehalten werden

Allerdings durfte es mit den „Kleinigkeiten", den „Nichtswürdigkeiten" nicht so weit gehen, daß sich „Eitelkeit, d.i. die Begierde durch Kleinigkeiten zu glänzen" einstellte[14], denn dann zeichnete sich - etwa durch weibliches Selbstbewußtsein - in bedrohlicher Weise ein Rollenausbruch ab. Es durfte eben nichts daraus resultieren. Auch das Kleinigkeitswesen mußte im Kleinen gehalten werden! Denn, überläßt man den Frauen zuviel, „gilt bald der Mann in seinem eigenen Hause nicht viel mehr, wie ein Fremder!" Dann „verliert die Frau so leicht die notwendige Achtung für den Mann. Sie wird ihn, der erwirbt, von dem sie alles hat, Ehre, Stand, meistens auch Vermögen, bald als Nebenperson betrachten."

Da ist es nur gut, daß es dabei bleibt, daß die Weiber „keine gehörige Eintheilung machen" können, daß sie umständlich sind und es ihnen an Leichtigkeit fehlt, daß sie nicht „das wichtige, von dem unwichtigen oder minder wichtigen zu unterscheiden" wissen, daß sie nicht zu „Ordnung in Führung der Geschäfte" fähig sind, „die aus dem Zusammenhange der Idee entsteht", so Ernst B. Brandes (Hannover 1758-1810), ein Verwaltungsjurist und Schriftsteller, der 1787 „Über die Weiber" - die Gefahren ihrer Erhebung fest im Blick - nachgedacht und 1802 noch einmal in „3 Theilen" seine restaurativen „Betrachtungen über das weibliche Geschlecht und dessen Ausbildung in dem gesitteten Leben" angestellt hatte.[15] Vermutlich hatte Brandes aufs äußerste beunruhigt die Schriften seines ostpreußischen Kollegen, des Königsberger Polizeidirektors und Bürgermeisters Theodor

Gottlieb von Hippel (Gerdauen/Ostpreußen 1741 - 1796 Königsberg), gelesen. Dieser hatte 1774 „Über die Ehe" (Auflagen 1774, 1775, 1792, 1793) und 1792 „Über die bürgerliche Verbesserung der Weiber" geschrieben und im Namen der Aufklärung den Egoismus der Männer angeprangert und sich in umstürzlerischer Weise für die Rechte und die Entfaltungsmöglichkeiten der Frauen eingesetzt.

Wie befreiend ist Hippels Plädoyer für eine Horizonterweiterung, für die Freigabe der Maßstäbe auch für das weibliche Geschlecht!

„Man rücke das Ziel ihres geschäftigen Lebens über Küche und Stricknadel hinaus, man führe sie nur an und sie werden uns sehr bald an Scharf- und Tiefsinn übertreffen, ohne sich kraft ihres gesunden Menschenverstandes zu versteigen." „Man traut den Damen zu wenig zu, wenn man sich Mühe gibt, ihnen alles in einem Säftchen beizubringen, wenn man ihnen Alles bezuckert und in Nähbeutelformat behändigt, als ob sie so schwach und hinfällig wären, nichts größeres, als ein Duodez=Bändchen halten zu können ... Wenngleich die Geistes=Arbeiten der Weiber, sobald sie ins Größere gehen, fürs erste bas-relief sind - sie werden weiterkommen; denn nur wir halten ihren Geist am Gängelbande, um sie nicht allein gehen zu lassen!" „Sobald Weiber Menschen sind und Vernunft haben, sind ihre Geistesanlagen nicht zu beschränken...".[16]

[1] Campe, S. 182 – [2] Campe, S. 182 – [3] J. G. Herder, Recensionen zu Gedichten der Sophie Mereau. In: Gustav Hempel (Hg.), Herders Werke, 17. Theil, Berlin o. J., S. 687 – [4] Campe, S. 177 – [5] Caroline Schlegel-Schelling an Louise Gotter, Mai 1784 – [6] Christian Friedrich Michaelis, Physiologie des weiblichen Geschlechts, Berlin 1786 – [7] P. J. G. Cabanis, Ludwig Heinrich Jacob, Über die Verbindung des Physischen und Moralischen in dem Menschen, 2 Bde., Halle/Leipzig 1804, S. 303 - Vgl. Honegger, S. 148, 158, 181 – [8] Elisabeth von Stägemann an J. F. Reichardt, 1797, zitiert nach van Dülmen, S. 279 – [9] Zitiert nach van Dülmen, S. 103 – [10] Zitiert nach van Dülmen, S. 221 u. S. 46 – [11] Campe, S. 42f. – [12] Luise Otto Peters, Frauenleben im Deutschen Reich. Erinnerungen aus der Vergangenheit, Leipzig 1876, S. 42 – [13] J. W. Goethe, Hermann und Dorothea, 7. Gesang – [14] Campe, S. 181 – [15] Ernst Brandes, Über die Weiber, Leipzig 1787, S. 149ff., zitiert nach van Dülmen, S. 41ff. – [16] Th. G. Hippel, Über die bürgerliche Verbesserung der Weiber. In: Sämtliche Werke, Berlin 1828, 6. Bd., S. 241, 250 u. 255

Niemals war „die Arbeit zu klein und die Nadel zu fein"

Kunstvoll gestrickt sind die antikisierenden Verzierungen aus Blütenranken, Sternen und einem Amphorenfries unter der französischen Devise. Das klassizistische Dekor und die langgestreckte Form des Geldstrumpfes mit einem dickeren und einem dünneren Ende weisen auf eine Entstehungszeit um 1800 hin. Die ganze erste Hälfte des 19. Jahrhunderts hindurch blieben Geldbeutel oder -katzen mit aufwendigem Dekor beliebte Liebesgaben.

VL

Kat.Nr. 56

Geldstrumpf, um 1800
eingestrickte Devise: Est peu de chose que je vous donne (Es ist nur eine Kleinigkeit,
die ich Ihnen gebe)
Historisches Museum Frankfurt am Main

Der Schmuck dieser Geldkatze aus petrolfarbenem Garn besteht aus Herzen, die Ranken aus stilisierten herzförmigen Blättern bilden. Der schlauchförmige Körper der Geldkatze hat in der Mitte eine Öffnung, um Geld hineinlegen oder entnehmen zu können. Durch das Verschieben der Metallringe öffnet oder schließt man sie. Bis zum Aufkommen des Portemonnaies waren Geldkatzen das bevorzugte Aufbewahrungsmittel für Geld.

VL

Kat.Nr. 57

Geldkatze, um 1819
Deutsches Textilmuseum, Krefeld

Neben den Geldkatzen kamen im 19. Jahrhundert Portemonnaies mit Bügelverschlüssen immer mehr in Mode. Auch sie wurden aufwendig mit Perlschmuck versehen, beispielsweise mit Blüten oder Sternen. Geldbörsen wie diese waren als Erinnerungsgeschenke sehr beliebt und wurden unter Freundinnen ausgetauscht.

VL

Kat.Nr. 58

Geldtasche, Mitte des 19. Jahrhunderts
Umschrift: CAO nimmer leer
Museum für Kunst und Gewerbe, Hamburg

Das Dekor dieses Beutels besteht neben einem Monogramm und der Jahreszahl aus einem großzackigen Stern aus goldenen Perlen an der Beutelspitze. In weißen und lila Perlen gehaltene Rhomben sind in die mittelgrüne Beutelwandung eingestrickt. Das Rhombenmuster wird in der oberen Randzone mit kleinen goldenen Perlen wieder aufgenommen.

VL

Kat.Nr. 59

Tabaksbeutel, 1818
Monogramm D.H., auf der Gegenseite 1818
Museum für Kunst und Gewerbe, Hamburg

Ebenso wie Feuerzeugbehältnisse oder Geldkatzen waren Tabaksbeutel mit einem aufwendigen Dekor an Perlstikkereien oder -strickereien beliebte Geschenke an Ehemänner oder Verlobte. Die zugehörigen Inschriften spielen dabei entweder, wie in diesem Falle, auf den Verwendungszweck des Beutels an oder kennzeichnen ihn als Liebesgabe. Das variantenreiche Perlendekor besteht aus einem großzackigen Stern an der Spitze und einer Rosenbordüre in der Mitte des Beutels, die oben und unten von breiten Friesen aus Rhomben, die aus jeweils vier Perlen bestehen, gerahmt wird.

VL

Kat.Nr. 60

Tabaksbeutel, Anfang 19. Jahrhundert
Inschrift: In des Tabakrauches Mitte hüllt sich jede Sorge ein / M.P.
Historisches Museum Frankfurt am Main

Beliebte Liebesgaben, die häufig aufwendig mit Stickereien versehen sein konnten, waren die sogenannten Biedermeier-Feuerzeuge. An kleinen viereckigen Beuteln, die Feuerstein und Schwamm enthielten, war unten ein Feuerstahl aus geätztem Stahl befestigt. Durch das Aneinanderreiben von Stahl und Stein entstanden Funken, die den Feuerschwamm entzündeten. Die Vorderseite dieses Feuerzeuges ist mit einem Hund, dem Symbol der Treue, und zwei Rosenblüten auf der Beutelklappe verziert. Die Rückseite schmücken, passend zur Funktion des Behältnisses, zwei rauchende Orientalen. Der Feuerstahl selbst ist mit einer aufwendigen Namensgravur versehen, die von zwei mit Blüten überquellenden Füllhörnern gerahmt wird.

VL

Kat.Nr. 61

Feuerzeugtäschchen, Anfang 19. Jahrhundert
Westfälisches Landesmuseum für Kunst und Kulturgeschichte, Münster

Eine Kombination aus komplizierten Durchbruchmustern und Perlstickereien in verschiedenen Farben und Motiven bildet das Dekor dieser Babymütze. Besonders auffällig sind der großzackige Stern in der Haubenspitze, ein Motiv, das an den Seitenteilen noch einmal aufgenommen wird, und die Blütenbordüren am unteren Saum und unterhalb des Sternes. Neben Geldkatzen, Beuteln und anderen Freundschaftsgaben waren diese Babyhäubchen ein bevorzugtes Objekt handarbeitender Frauen.

VL

Kat.Nr. 62

Babyhäubchen, 1. Hälfte 19. Jahrhundert
Museum für Kunst und Gewerbe, Hamburg

Rosenbordüren aus aufgestickten Perlen in der Haubenspitze, am unteren Rand und oberhalb der Seitenteile bilden mit den Durchbruchmustern zusammen den Schmuck der Haube. Sie war sicher für ein etwas größeres Kind als diejenige der Kat. Nr. 62 gedacht. Der untere Tüllspitzenbesatz erinnert an Hauben verheirateter Frauen.

VL

Kat.Nr. 63

Babyhäubchen, 1. Hälfte 19. Jahrhundert
Museum für Kunst und Gewerbe, Hamburg

Sehr aufwendig bestickt ist dieser als Handtasche benutzte achteckige Beutel. Er zeigt im unteren Bildfeld eine eher französischen Vorbildern entlehnte Dekoration aus einer mit Straußenfedern bestecken Krone. Auf der Gegenseite besteht das Dekor aus einer Muschel mit länglich gedrehtem Körper, aus welcher Blüten herausquellen, sowie einem Baumstamm, aus dem Zweige treiben. Die obere Verschlußkante ist mit einer Perlstickerei verziert, die ein rotes Ornament auf weißem Grund zeigt. Beutel waren in der Biedermeierzeit, als die Kleider in der Regel keine Taschen hatten, ein unentbehrliches Requisit der Damenbekleidung, um den Geldbeutel, Flacons, Taschentücher oder kleine Almanache mit sich zu führen. VL

Kat.Nr. 64

Beutel, 1830-1840
Museum für Kunst und Gewerbe, Hamburg

Die Tasche mit der länglichen Grundform ist ein besonders prächtiges Beispiel für eine aufwendige Perlarbeit. Über einer hellblauen Sockelzone aus offenen Bogenstellungen, deren Zwischenräume mit dünnen Streifen aus goldenen und breiteren kupferfarbenen Säulen, die mittelachsig zum Scheitelpunkt der Bögen angeordnet sind, geschmückt sind, breitet sich ein lindgrüner Fond aus, der von kleinen Quadraten aus goldenen Perlchen aufgelockert wird. Auf beiden Seiten steht in der Mitte dieses Fonds ein Blumenstock mit in Gelb und Rot gehaltenen Blüten. Blütengirlanden überfangen die Bogenstellungen im unteren Feld. VL

Kat.Nr. 65

Bügeltasche, 2. Hälfte 19. Jahrhundert
Museum für Kunst und Gewerbe, Hamburg

Die Verzierungsmanie der Biedermeierzeit machte vor keinem Objekt halt, neben den schon beschriebenen Textilien wurden auch alltägliche Gebrauchsgegenstände mit Perlstickereien verziert. Dabei eigneten sich besonders Objekte mit rundem Körper wie Gläser oder Eierbecher für diese Arbeiten. VL

Kat.Nr. 66

Eierbecher, 1. Hälfte 19. Jahrhundert
Museum für Kunst und Gewerbe, Hamburg

Die wichtigste Handarbeit, in welcher ein junges Mädchen Fertigkeiten erwerben mußte, war neben Nähen und Sticken das Stricken. Zwar gab es zu Beginn des 19. Jahrhunderts, als die gezeigten Aussteuerstrümpfe entstanden, längst eine florierende auch maschinell betriebene Strumpfproduktion, aber aus Kostengründen und um ihren Fleiß und ihr Handarbeitsgeschick unter Beweis zu stellen, stellten Frauen einen Großteil der benötigten gestrickten Textilien selbst her. Besondere Geschicklichkeit und Übung erforderte es dabei, feines dünnes Baumwollgarn ebenso exakt wie die Strickmaschinen zu verarbeiten. In unseren Beispielen tritt zu dieser Kunstfertigkeit noch das Können hinzu, die Durchbruchmuster am oberen Rand zu verfertigen und die floralen Perlenmuster einzustricken. Weiße Baumwollstrümpfe waren die bevorzugte Strumpfmode der Biedermeierzeit. Der Erwerb der Fähigkeiten zum Perlenstricken mit solch feinem Garn erforderte eine jahrelange Ausbildung und Übung, wie sie in der Regel nur Bürgertöchtern möglich war. Sinn dieses extensiven Handarbeitsunterrichtes war neben dem Erwerb von praktischen Fähigkeiten die Einübung in die Gewohnheit, niemals müßig Zeit verstreichen zu lassen. So wurden Handarbeitsaccessoires zum bevorzugten Attribut weiblicher Porträts (vgl. S. 151). VL

Kat.Nr. 67

6 Paar Aussteuerstrümpfe, 1. Hälfte 19. Jahrhundert
Modemuseum im Münchner Stadtmuseum

Ein weiterer Beleg für den Fleiß beim Stricken sind diese selbstgestrickten Strümpfe. Sie sind, verglichen mit Kat. Nr. 67, mit einer anderen Technik am oberen Rand verziert, nämlich einer Lochstickerei. Die Lochstickerei war neben der Perlstickerei und -strickerei die dritte wichtige Verziertechnik für Strickwaren. VL

Kat.Nr. 68

Damenstrümpfe, Lübeck 1828
Museum für Kunst und Kulturgeschichte der Hansestadt Lübeck

Rosen und Vergißmeinnicht, die im Wechsel zu einer Blütenbordüre verbunden sind, schmücken diese Strumpfbänder. Sie dienten zur Befestigung der im 19. Jahrhundert noch bis über das Knie reichenden Strümpfe (vgl. Kat. Nr. 67 u. Kat. Nr. 68). Ebenso wie das Stricken der Strümpfe erforderte die Anfertigung der Strumpfbänder großes Geschick und viel Geduld. Diese aufwendig bestickten Bänder ergänzten die meist weißen Baumwollstrümpfe, die in der Biedermeierzeit bevorzugt getragen wurden, farblich sehr schön. VL

Kat.Nr. 69

2 Brautstrumpfbänder, 1. Hälfte 19. Jahrhundert
Deutsches Textilmuseum, Krefeld

Die beliebteste Schuhform der Jahre zwischen 1795 und 1820 war der absatzlose Kreuzbandschuh mit vorne gerundeter Spitze. Er konnte aus unterschiedlichen Materialien gefertigt sein, neben Leder wurden Seide, Satin oder Leinen bevorzugt. Die seitlich angebrachten Seidenbänder wurden kreuzweise um die Waden geschlungen und gaben so dem Schuh den notwendigen Halt am Bein. Nach 1820 wurde dieser nur im Haus tragbare Schuh von der Stiefelette abgelöst. VL

Kat.Nr. 70

Damenschuhe, Hamburg um 1845
Museum für Kunst und Kulturgeschichte der Hansestadt Lübeck

Eine wichtige Fähigkeit, die bürgerliche junge Mädchen im Zusammenhang mit ihrer Erziehung zur Gattin, Hausfrau und Mutter erwerben mußten, war das Stopfen. In den Lehrplänen der „Höheren Töchterschulen" kam dem Ausbessern von Textilien deshalb eine große Bedeutung zu. In Zeiten, wo der Erwerb von Textilien gegenüber der Anfertigung im Hause kaum eine Rolle spielte, war die Erhaltung und Pflege von Kleidung und Wäsche eine wirtschaftliche Notwendigkeit. Christian Friedrich Germershausen urteilte in seiner zwischen 1809 und 1812 erschienenen Schrift „Die Hausmutter in allen ihren Geschäften": „..., daß Sparsamkeit mit Haushaltskenntnis verbunden, ein dauerhafteres und schöneres Kapital sei, als der beste Brautschatz ohne diese einträglichen Vorzüge." (Christian Friedrich Germershausen, Die Hausmutter in allen ihren Geschäften, 4 Bde., Hannover 1809-1812, S. Vf.). Neben der praktischen Arbeit an auszubessernden Textilien dienten Mustertücher zur Vermittlung der nötigen Kenntnisse. Hier konnte das Nachstopfen von Geweben und Strickstellen geübt werden. Zugleich dienten sie den jungen Frauen später zur Erinnerung an die gelernten Fähigkeiten. Häufig wurden sie mit gestickten Namen, Initialen oder, wie bei dem vorliegenden Tuch, mit einer Jahreszahl versehen. VL

Kat.Nr. 71

Stopfmustertuch, 1796
Deutsches Textilmuseum, Krefeld

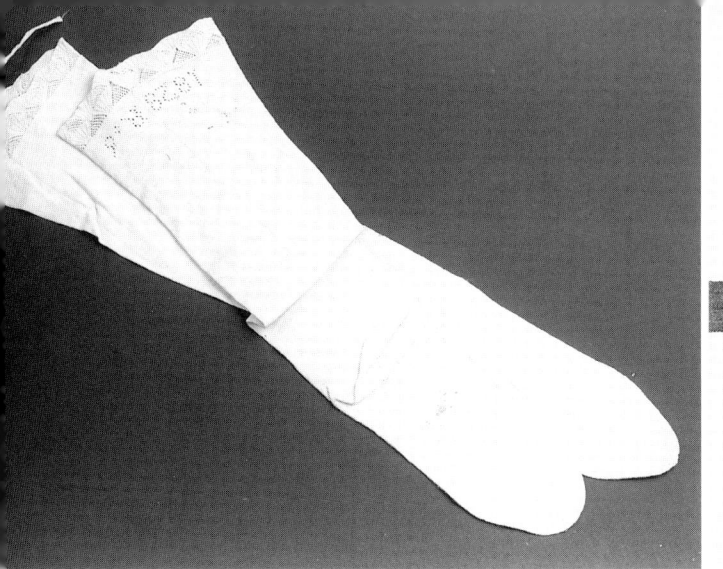

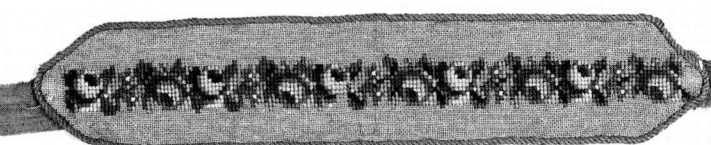

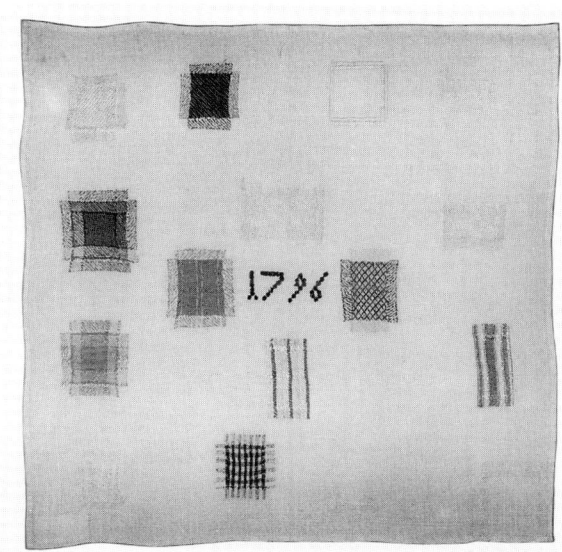

„Haltet Eure Familie behaglich, gebt Eurer Frau Kinder, gebt ihr so viele, wie ihr könnt, gebt sie nur ihr und ihr seid sicher, zuhause glücklich zu sein."
(D. Diderot, Salons II, ed. J. Seznec u. J. Adhemar, Oxford 1957, S. 155.)

Die Bestimmung der Frau als Mutter

Seit den 70er Jahren des 18. Jahrhunderts wird es für Frauen Mode, sich mit einem Säugling malen zu lassen. Auch hierzulande erscheinen, gemalt von Georg Oswald May und Johann Christoph Rincklake, von 1784 bis 1800 die Damen des westfälischen Adels wie verabredet - ob Freifrau von Droste-Vischering, von Korff-Schmising, von Landsberg oder Metternich - mit Säugling im Familienbild. Völlig neu daran war, daß eine Mutter von Stand und Rang sich demonstrativ mit der Aufgabe identifizierte, ihr Baby selbst zu betreuen. Dagegen war es normal, die Kinder abzugeben. Sorge um die Babys war Arbeit der Bedienten oder einer Amme. Ein Kleinkind bedeutete eine Störung des Ehelebens und der gesellschaftlichen Vergnügungen, das Geschrei war eine Belastung für die Nerven und die Einzelheiten der Pflege eine Zumutung für das ästhetische Empfinden. War ein Säugling bis dahin mehr Last, Störung und Unglück, „ein bedeutungsloses Nichts oder Fast-Nichts"[1], ganz am Rande oder auch bei der Amme außerhalb des Familiengeschehens, so war es nun à la mode, „Mutterliebe" im Zentrum der Familienbilder zu demonstrieren. Auch im Einzelbildnis erfreute sich das Motiv „Mutter mit Säugling" wachsender Beliebtheit und in der künstlerischen Darstellung immer überzeugenderer Lebendigkeit.

Das Verhältnis zum Kind theologisch belastet

Was das Verhältnis zum Kind bis ins 18. Jahrhundert entscheidend belastet hatte, war die negative theologische Bewertung des Kindes. Wie in Elisabeth Badinters „Die Mutterliebe - Geschichte eines Gefühls vom 17. Jahrhundert bis heute" zusammengefaßt[2], ist das Kind nach dem Kirchenvater Augustin im Unreinen empfangen, in Sünde im Leib der Mutter genährt, im Zustand der Ursünde mit natürlicher Bosheit geboren. Nur durch die reinigende Wirkung von Strafen und Züchtigungen, mit Drohungen, Stock und Tränen kann die Bosheit ausgetrieben und die Seele vor der Sünde gerettet werden. Kindheit wurde als Übel gewertet, dessen man sich entledigen mußte. „Dieses Denken Augustins hat die Geschichte der Pädagogik lange geprägt", schreibt Elisabeth Badinter, „bis zum Ende des 17. Jahrhunderts hat es in der Familie und in den Schulen immer wieder für Strenge gesorgt". War man nachsichtig gegen die Kinder, dann blieb die Bosheit in ihnen und die Bosheit der Männer war dann letzten Endes die Schuld der Frauen. Ganz verheerend wirkte sich nach Ansicht der Gottesmänner „wollüstiges Stillen" aus. Es zog den moralischen Verderb eines Kindes nach sich. Descartes sah in der Kindheit ein Übel wegen der Schwäche des Geistes. Die Kindheit bedeutete die größte Entfernung von Gott und seiner Vollkommenheit. Sie war für ihn als Zeit mangelnder Erkenntnis, Denk- und Urteilstätigkeit die Strafe des Menschen, ein Übel, dessen man sich entledigen mußte. „Das tragische Bild der Kindheit, wie es die Theologen, Pädagogen und Philosophen sich vorstellen, wurde vermutlich nicht von einer Mehrheit geteilt", aber dennoch darf, wie Elisabeth Badinter meint, der Einfluß der Ideologen und Intellektuellen auf die herrschenden und gebildeten Schichten nicht unterschätzt werden.[3]

Dazu war die Geltung der Frau und ihre Erziehungsaufgabe belastet durch das geistige Erbe der aristotelischen Biologie (vgl. hierzu auch S. 222). Danach ist die Frau eine unvollkommene Schöpfung ohne Geist, die bei der Zeugung als ihren Anteil nur „Materie", also Nahrungssubstanz stellen kann, in die der Mann „schöpferisch" tätig - wie in einen Blumentopf - einsät. Vornehmlich mit tierischen Versorgungsqualitäten ausgestattet, auf Fortpflanzung angelegt und auf Fortpflanzung drängend, kann sie im Kind nur die Fleischeslust, das Sündliche, verstärken. Diese antik-mittelalterliche Zeugungslehre, die Thomas von Aquin, als Nichtfachmann in biologischen Fragen, so weitergab, hatte dank seiner Autorität eine ungeheure Wirkungsgeschichte im kirchlichen Denken; auch die Entdeckung des weiblichen Eies 1827 führte nicht zu einer Revision der Auffassungen im klerikalen Denken.

Das Ammenunwesen

Bei dieser nachwirkenden negativen Bewertung des Einflusses der Mutter auf das Kind und der theologischen Mißachtung der Kindheit ist es nicht verwunderlich, daß das Ammenunwesen in allen Schichten so um sich griff, daß Kindesaussetzungen selbstverständlich und die Kindersterblichkeit sehr hoch war. In Frankreich starb jedes vierte Kind bereits im ersten Lebensjahr, meist schon im ersten Lebensmonat. Erst als den Theoretikern der Volkswirtschaft in alarmierender Weise die Entvölkerung Frankreichs bewußt wurde, als sie den entgehenden potentiellen wirtschaftlichen Reichtum durch produzierende Menschen, die mangels nachwachsender Soldaten immer schwächer werdende Militärmacht, die verlorenen Steuereinnahmen für den Staat realisierten, sann man darüber nach, etwas gegen die übergroße Kindersterblichkeit während der ersten Lebensmonate zu unternehmen. Schon Colbert hatte Ende des 17. Jahrhunderts im Hinblick auf die Zielsetzungen des Merkantilismus für höhere Geburtenzahlen, Prämierung von Kinderreichtum und Auswanderungsverbot plädiert, doch man stand noch nicht unter dem Schock des Aussterbens, der Entvölkerung! Diese bevölkerungspolitischen Überlebensgedanken zwangen zu einer Kampagne gegen die Säugammen, zu einer Umerziehung der Frauen. Nach 1760 erschien eine Unmenge von Publikationen von Moralisten und Ärzten, die den Müttern empfahlen, sich selbst um die Kinder zu kümmern und sie auch selbst zu stillen. Die ganze kirchliche Minderbewertung der Frau schob man beiseite und aus bevölkerungspolitischen Gründen kam es zu einer enormen Aufwertung der Mutter.

Viele gebärfreudige Mütter braucht das Land

In diese Situation hinein veröffentlichte 1762 Jean Jacques Rousseau seinen Erziehungsroman „Emile oder Über die Erziehung". Und beflügelt von Rousseau setzten die Anthropologen, meist philosophisch bemühte Mediziner, alles daran, aufgrund der „Vorgaben der Natur" die Frau in die Rolle des kindergebärenden Naturwesens zurückzustufen. Die Ursachen und Folgen der Geburtenabnahme stehen Rousseau dabei klar vor Augen: sie „kündigt uns das nahe Schicksal Europas an. Die Wissenschaften, Künste, die Philosophie und die Sitten, die es hervorbringt, werden es bald zur Wüste machen. Es wird von wilden Tieren bevölkert sein."[4] Den einzigen Ausweg aus der Katastrophe erhofft er von den Müttern. „Wenn jedoch die Mütter sich dazu verstehen, ihre Kinder selbst aufzuziehen, dann werden die Sitten sich von selbst erneuern und in allen Herzen wieder die natürlichen Empfindungen erwachen und der Staat wird sich wieder bevölkern ... Würden die Frauen wieder zu Müttern, würden die Männer wieder zu Vätern und Gatten."[5] Ohne die Zärtlichkeit einer Mutter, die keine Amme ersetzen kann, gibt es auch keine „Bande des Blutes". „Es gibt weder Väter noch Mütter mehr, weder Kinder noch Geschwister. Der eine kennt den anderen kaum, wie sollten sie einander lieben können?"[6]

Daß sich jedoch zwischen Mutter und Säugling eine Beziehung entwickelt, daß das Kind überhaupt Reaktionen zeigen und Freude an dem kleinen Wesen aufkommen kann, dafür muß man die Kinder erst aus ihren Fesseln, von ihren Kopf- und Wickelbändern und aus dem Steckkissen befreien. Rousseau erörtert diese Fesselung der Kleinkinder zu Recht in aller Breite und Wichtigkeit; denn wenn ein Baby „so zusammengeschnürt ist, daß es nicht mehr atmen kann", wenn man es „bei der geringsten Störung ... wie ein Kleiderbündel an einem Nagel" aufhängt, dann kann es nur ein „blaurotes Gesicht" bekommen, aber kein liebenswertes, die Mutter beglückendes erstes Lebenszeichen von sich geben, das eine seelische Verbindung zur Mutter schafft.[7]

Überall glückliche stillende und schwangere Mütter

Rousseau, der in seinem „Emile" vielerlei derartige Mißstände anprangerte, der beschwörend die Rückkehr zum Natürlichen forderte, verwandelte die Mentalität einer ganzen Epoche. Er schuf die Strukturen für das neue bürgerliche Zeitalter, die auch noch heute unsere Vorstellungen von Familie und Glück weitgehend bestimmen. Wie sehr man die Botschaft des „Emile" aufgenommen hatte, widerspiegelte sich schon wenige Jahre nach dessen Erscheinen in der Malerei und Grafik. Überall stößt man auf glückliche Mütter.[8] Jean-Baptiste Greuze

Abb. 17   Ignaz Russ, Familienbildnis, um 1800, Öl/Lw., Verbleib unbekannt

(1725-1805), malte für Madame de Laborde das Gemälde „Die vielgeliebte Mutter", das 1765 die Attraktion des „Salon" der alljährlichen großen Pariser Kunstausstellung wurde. Der von der Jagd heimkehrende Marquis Jean Joseph de Laborde trifft seine Frau im glückseligen Gewühl ihrer sechs Kinder beim Stillen an. Im Nachstich von Jean Massard d.Ä. hatte Greuzes Gemälde große Resonanz (vgl. Kat. Nr. 72). „Liebe", „häusliche Freuden"[9], durch die häuslichen Freuden „Glück", „Glückliche Fruchtbarkeit", durch selbst stillende Mütter glückliche Kinder (vgl. Kat. Nr. 73), glückliche Familien, glückliche Mütter und glückliche Väter versprachen diese Kupferstiche. Und wie man für stillende Mütter warb, so verherrlichte man auch schwangere Frauen. Sie wurden bildwürdig. Man nahm sie „in anderen Umständen" sogar ins Familienbildnis auf, wie ein Gemälde von Ignaz Russ (1766-1849) zeigt. Hier sieht man im Kreise ihrer Lieben zwei Schwangere in „Höchstform", sozusagen kurz vor der Niederkunft (vgl. Abb. 17)[10].

Die Suche nach einer neuen Moral, neue, bürgerlich bestimmte Glückvorstellungen, vor allem aber die Programmierung der Frau als zur Fortpflanzung bestimmtes Naturwesen machten in fast propagandistischer Weise glückliche schwangere und stillende Mütter, machten Mütter mit Säuglingen und Kleinkindern zu einem Modethema der Maler.

[1] Elisabeth Badinter, Die Mutterliebe - Geschichte eines Gefühls vom 17. Jahrhundert bis heute, München 1981, S. 60 – [2] Badinter, S. 37 – [3] Badinter, S. 44 – [4] Rousseau, S. 122 – [5] Rousseau, S. 125 – [6] Rousseau, S. 124 – [7] Rousseau, S. 120f. und 153 – [8] Carol Duncan, Happy mothers and other new ideas in eighteenth century french art. In: The art bulletin, 55, 1973, S. 571ff. – [9] Les délices de la maternité, nach Moreau le Jeune, 1777 – [10] Abgebildet in: Kat. Die Deutsche Jahrhundert-Ausstellung, Berlin 1906, Bd. 2, S. 469, Abb. 1471

Chaos, Kinder, Weiblichkeit

„Fricassée d'enfants" würdigte eine Kritikerin das dem Kupferstich zugrundeliegende Gemälde „La mère bien aimée" von Jean-Baptiste Greuze, als dies 1769 im „Salon" ausgestellt war (Kat. Diderot et l'art de Boucher à David. Les Salons 1759-1881, Paris 1984, S. 218). Jean-Baptiste Greuze bot mit seiner ungewöhnlichen Inszenierung einer adeligen Familie die Sensation der großen Pariser Kunstausstellung. Der von der Jagd heimkehrende Marquis Jean Joseph de Laborde trifft seine Frau beim Stillen an. Im glückseligen Gewühl ihrer sechs Kinder wird sie von aller Liebe fast erdrückt. Jedes versucht, noch eines Körperteiles der Mutter habhaft zu werden, um mit der Mutter zu schmusen, sie zu herzen und zu küssen. Marquis de Laborde scheint die Empfehlung Diderots mit Erfolg beherzigt zu haben: „Gebt Eurer Frau Kinder, gebt ihr so viel ihr könnt, gebt sie nur ihr, und ihr könnt sicher sein zu Hause glücklich zu sein." (Zitiert nach Duncan, S. 582).

Greuzes Gemälde „Die vielgeliebte Mutter" („La mère bien aimée") machte eine elementare Mangelerscheinung der Zeit sichtbar: Liebe, Herzlichkeit und nahe menschliche Verbundenheit. Vor dem Hintergrund der amourösen, leichtlebigen Sujets des ausklingenden Rokokos, bezeichnete es für den Aufklärer und Kunstkritiker Diderot den Durchbruch eines neuen natürlichen und moralischen Lebensgefühls (Denis Diderot, Ästhetische Schriften, F. Bassenge und Th. Lücke [Hg.], Frankfurt/Main 1968, Bd. 1, S. 574-577). Sensationell, daß man diese gebärende, nährende Naturwesenrolle sogar den Damen des Adels zumutete. Wenn das Ambiente auch einfach ländlich ist, die herrschaftliche Kleidung der Kinder, vor allem die Kleidung des Mannes, sein mit dem Gewehr ins Bild gebrachtes adeliges Privileg der Jagd, kennzeichnen ein Landadelsmilieu. Wenn schon der Adel einbezogen war, da konnten sich die Besucherinnen des Pariser Salon ein Bild davon machen, was ausgelöst durch Rousseaus Ruf „Zurück zur Natur" auf sie zukommen würde. Wie dem Vater die Tür und die Hunde als Verbindung nach Draußen zugeordnet sind, so der Mutter das Bett und die Kinder. Wenn ihre sitzende Gestalt, erweitert durch die Kinder, um den chaotisch umherliegenden Plunder als lagernde, passive, aus dem Bett und dem Vorhang amorph quellende, weiche, textilienvermengte Masse erscheint, so steht dem die in allen Gliedmaßen ganz ausgeklärte Figuration des Vaters gegenüber.

Hier widerspiegelt sich anschaulich und ausgeprägt das damalige Verständnis der zugewiesenen Geschlechterrolle im Sinne der bis weit ins 19. Jahrhundert tradierten aristotelischen Zeugungsbiologie (vgl. hierzu S. 222). In dem als klare Gestalt, strahlend hinzutretenden Ehegemahl tritt die „virtus activa", die allein Gestalt gebende, schöpferische, geistbegabte, zielklare, ordnende, aktive, männliche Kraft in die Welt des Weibes, das mit der „virtus passiva", der erduldenden, erleidenden Kraft, mit ganz geringem Geist ausgestattet, noch animalisch geprägt, nur die Nahrungssubstanz, dumpf chaotische Muttermaterie, Gemüt und Empfinden stellt. Ihre „Materie ist der lebendige aber noch ungestaltete Stoff alles noch nicht organisierten Lebens, aller unbestimmten Gestalt. Es kommt das Schöpferische darüber und gestaltet und bestimmt das Einzelne." „So ist das Weib ... das Ewig bewegliche, das Unbestimmte, ein Instrument voll süßer Töne, das sich aber selbst nicht den Klang geben kann, die musikalische Seele alles erschaffenen Lebens, die aber sehnsüchtig eine Gestalt erwartet", heißt es noch 1805 bei Ernst Moritz Arndt, der sich in seinen Ausführungen auf „die Alten" und „Epikur" beruft (Arndt I, S. 193). Und wahrscheinlich ist auch die sehr exponiert gemalte Gitarre an der Wand, im Sinne des „Instrumentes voll süßer Töne, das sich selbst den Klang nicht geben kann" inhaltlich in die Darstellung miteinzubeziehen.

Kat.Nr. 72

Jean Massard d.Ä.
nach Jean-Baptiste Greuze
Die vielgeliebte Mutter, 1775
Kupferstichkabinett der Kunstsammlungen der Veste Coburg, Coburger Landesstiftung

LA MERE   BIEN AIMÉE

A Madame   De la Borde

Belobigung und Blumen für's Stillen

Unter einem Eichbaum sitzt eine junge Mutter mit entblößter Brust, die ihren, nur mit einem Hemd bekleideten, wohlgenährten Säugling stillt. Ein älterer Junge neben ihr weist auf einen herangetretenen Herrn hin. Würdig und korrekt als Herr von Stand gekleidet, tritt mit dem Wanderstab in der Hand der bereits 1778 verstorbene Philosoph Jean Jacques Rousseau auf die junge Frau zu und überreicht ihr einen Feldblumenstrauß. Entsprechend seinem Einfachheits- und Natürlichkeitsideal sind es keine gezüchteten Luxus-, sondern Wiesenblumen. Wie sich das Blatt nach seiner Legende interpretieren läßt, hat sich diese Mutter auf ihre mütterlichen Pflichten besonnen; sie folgt dem Beispiel der Natur. Gleich dem links im Vordergrund stehenden Mutterschaf, das sein Junges säugt, stillt auch sie ihr Kind.

Wenn die Mütter ihrem natürlichen Instinkt folgen, ihre Kinder wieder selbst nähren, aufziehen und nicht mehr verantwortungslosen Ammen überlassen, dann wird es wieder glückliche Kinder, glückliche Familien geben, dann wird die Nation, wird Frankreich, wird Europa wieder aufblühen, die hohe Kindersterblichkeit ein Ende haben und die Gefahr der Entvölkerung gebannt sein. Wahrscheinlich weisen auch das Haus mit den geschlossenen Fenstern, das im Hintergrund in der Mittelachse des Blattes zwischen den Personen zu sehen ist, und auch das im Dunkel liegende Haus rechts, das ebenfalls verlassen wirkt, auf das schon erschreckend aussterbende Frankreich hin. Der links auf einer Anhöhe erscheinende, von Pappeln umstandene Tempel, mag auf die Rousseau'sche Pappelinsel in Ermenonville bei Paris hindeuten und klarstellen, daß es um eine posthume Ehrung Rousseaus geht, der der Devise „Das Leben der Wahrheit widmen" folgend, die Rückkehr zu einem einfachen, natürlichen Leben propagierte.

DW

Kat.Nr. 73

Augustin Claude le Grand
Jean Jacques Rousseau oder der Natürliche Mensch, um 1785
Kupferstichkabinett der Kunstsammlungen der Veste Coburg, Coburger Landesstiftung

188

JEAN JACQUES ROUSSEAU   OU L'HOMME DE LA NATURE.

Il rendit les Meres a leurs devoirs   VITAM
IMPENDERE   *et les Enfants au bonheur*
VERO.

Die Frau wird zur Gefährtin ausgebildet

Jean Jacques Rousseau hatte besonders mit seiner 1762 erschienenen Schrift „Emile" großen Einfluß auf die Erziehungsliteratur seit dem ausgehenden 18. Jahrhundert. Die Kindheit, besonders die der männlichen Jugend, wurde jetzt als eigenständiger Entwicklungsgang mit unterschiedlichen altersgemäßen Stufungen begriffen. Entsprechend dieser von der Natur vorgegebenen Abläufe sollte das Kind erzogen und geprägt werden. Am Beispiel der von einem verständnisvollen Erzieher gelenkten Entwicklung des Knaben „Emile" vom Säugling zum Ehemann erläutert Rousseau die idealtypische Persönlichkeitsentfaltung eines jungen Mannes.

Cochin greift auf dem Frontispiz einer zwischen 1793 und 1796 erschienenen Rousseau-Ausgabe verschiedene Szenen aus dem Roman auf, die die wichtigsten Stufen der Erziehung beschreiben. Das Blatt zeigt im Zentrum eine Büste des Philosophen von Jean Antoine Houdon, der ihn 1778 porträtiert hatte, auf einem kannelierten Säulenschaft. Links im Vordergrund sieht man eine Mutter, die einen Säugling stillt, während sie einen zweiten, auf der Erde liegenden Knaben von seiner einengenden Kleidung befreit. Vor ihr liegt eine aufgeschlagene Ausgabe von Rousseaus Schrift. Im Hintergrund kniet ein Mädchen, welches ihr aufmerksam zusieht, um, wie Rousseau schreibt, vom Vorbild der Mutter zu lernen. Rousseau propagierte das Stillen durch die Mütter, anstatt die Kinder einer Amme zu übergeben. Er verdammte, darauf weisen die teilweise nackten, teilweise locker gekleideten Kinder hin, Neugeborene und Kleinkinder so stramm zu wickeln, daß jede natürliche Regung und damit die Entwicklung der Motorik unmöglich werde. Auch sollte man sie, wie die Kinder rechts im Vordergrund, an der frischen Luft auf einer Wiese ungehindert laufen und spielen lassen. Auch den Frauen empfahl Rousseau eine zweckdienliche, nicht einengende Bekleidung. Während Rousseau die Mutter als Amme und Ernährerin der Kleinkinder sah, bewertete er die Funktion des Vaters als die des Erziehers der Söhne. Wichtige Stationen auf dem Wege der männlichen Persönlichkeitsbildung werden im Hintergrund dargestellt. Rousseau betont, daß jeder Junge aus Erfahrung lernen müsse, mit seinen Kräften umzugehen und die Fähigkeiten seines Körpers zu erfahren. Dazu gehöre es, physikalische Gesetzmäßigkeiten wie z.B. die Wirkung eines Hebels, wie rechts in der Mitte des Feldes dargestellt, praktisch zu erkennen, bevor man die entsprechenden wissenschaftlichen Kenntnisse erwirbt. Eine weitere wichtige Fähigkeit ist das Schwimmenlernen - wie im Bildhintergrund gezeigt. Großen Wert mißt Rousseau auch den im Jünglingsalter zu vermittelnden Kenntnissen vom Bestand des Universums und der Himmelskunde zu. Am Beispiel des Sonnenaufgangs soll dem Lernenden der Lauf der Gestirne und ihr Verhältnis zueinander verdeutlicht werden. Auf diesen Zusammenhang weist die Gruppe des Erziehers mit seinem Zögling rechts im Bildfeld hin. Eine weitere Episode stellt der Wettlauf der beiden Knaben, dargestellt zwischen dem Erzieher und der Szene des Schwimmenlernens, dar. Rousseau erläutert hieran, wie er als Erzieher ein Kind durch die Erzeugung einer Wettkampfsituation zum Schnellaufen animierte. Links hinter der Säule sind der Erzieher und sein Zögling beim Schreinern gezeigt. Rousseau betont immer wieder die große Bedeutung für seinen Schüler, ein Handwerk zu erlernen. Als besonders geeignet sah er dabei die Schreinerei an, welche ihm ehrbar und nützlich zugleich erschien.

Gegen die vielseitige und durchstrukturierte Erziehung eines Knaben setzt Rousseau die Erziehung der Mädchen, erläutert am Beispiel von Emiles zukünftiger Ehefrau Sophie. Sie wird nur von der Mutter hauptsächlich in der Kleinkinderpflege und der Führung des Haushalts unterwiesen und so auf ihre Bestimmung als Mutter und Gefährtin Emiles vorbereitet. Künstlerische und geistige Fähigkeiten werden nur soweit gefördert, wie sie der natürlichen Bestimmung Sophies nicht entgegenstehen.

VL

Kat.Nr. 74

Noel Lemire
Frontispiz zu „Emile ou de l'Education", 1793
Westfälisches Landesmuseum für Kunst und Kulturgeschichte, Münster,
Porträtarchiv Diepenbroick

Cochin, Inv. et Del.

Le Mire, Sculp. l'An 2ᵉ.

Ein Vorbild neuer Mütterlichkeit

„Auf einmal wurde es guter Ton sein Kind selbst zu nähren, man konnte im Salon Mütter sehen, die vom Spieltisch aufstanden, um ihre Mutterpflichten zu erfüllen, um den kleinen Schreihals coram publico zu stillen", schreibt Max von Boehn (Max von Boehn, Miniaturen und Silhouetten, München 1918, S. 50). Um 1775, an diesem Übergang von höfischen zu ersten, sich durchsetzenden bürgerlich geprägten Lebensauffassungen, mag dies Bildnis einer jungen Mutter von Stand entstanden sein. Sie läßt sich nicht als Hofdame mit Fächer, Maske oder Blumenbouquet, sondern mit ihrem wenige Monate alten Säugling malen. Sie hat ihre „natürliche" Bestimmung, Kinder zu gebären und zu stillen, angenommen. In bewußter Vorbildlichkeit vertritt sie die neue Mütterlichkeit. Sie macht deutlich, daß es ihr nicht Last und Unglück ist, daß sie es nicht einer Amme überläßt, sondern es selbst stillt und betreut. Angesichts der hohen Säuglingssterblichkeit und der Gefahr des Aussterbens der Nation ist sie von der bevölkerungspolitischen Notwendigkeit von Rousseaus „Zurück zur Natur" überzeugt.

Das aus dem Elsaß stammende, wohl französische Bildnis zeigt eine sympathische junge Frau mit ihrem wenige Monate alten Kind. Auf ihrem leicht gepuderten Haar trägt sie einen Kranz aus roten Rosen. Auf dem Schoß hält sie den fast noch kahlköpfigen, etwas ältlich und seelenlos dreinschauenden Säugling. Die Mutter scheint - noch den alten Zeiten verhaftet - nicht allzuviel mit dem Säugling anfangen zu können. Er wirkt wie abgelegt auf ihrem Schoß. Wenn auch noch keinerlei seelische Beziehung zwischen Mutter und Kind besteht, so doch ein Berühren. Der Säugling umfaßt den Zeigefinger der Mutter, als wollte er mit dieser „redenden Geste" im Namen Rousseaus und aller Säuglinge sagen: wir brauchen unsere Mütter! Wahrscheinlich hat sie gerade das Kind gestillt. Darauf deutet ein stärkerer Busen und auch die Machart des Kleides. Die hoheitsvolle, architektonische Hintergrundkulisse mit einer Säule und einem Pilaster, der Ausblick auf einen Park mit Tempel, der elegant mit rotem Samt gepolsterte, nobel profilierte, goldgefaßte Armsessel und das kostbare, smaragdfarbene Seidenkleid mit anspruchsvoller Klöppelspitze sprechen dafür, daß es sich um eine Dame von Stand, möglicherweise um eine Regentin handelt. Der Hintergrund erläutert ihre Beziehung zu ihrem Ehegatten.

Enthusiasmiert von dem Hochgefühl der Verbundenheit, schreitet ein junges Paar auf einen Tempel der Freundschaft zu, begleitet von einem Hündchen, der Inkarnation der Treue. Man führt also eine Ehe auf höchstem Niveau, im Geiste der Freundschaft, die damals noch höher als die Liebe bewertet wurde. Diesen immateriellen Wert betont auch der Ring an ihrer Hand, den sie - sonst völlig ohne Juwelen - als einziges Schmuckstück trägt. Nicht nur eine neue Bewertung des Kindes, sondern auch eine neue Auffassung von Familie und Glück sind hier dokumentiert.

Kat.Nr. 75

Unbekannter Maler
Bildnis einer Dame mit Säugling, um 1775
Kunsthandel Rolf Oberacker, Wiesbaden

Eine neue bürgerliche Glücksvorstellung

Philipp Friedrich Hetsch, in Rom und Paris als Historien- und Porträtmaler geschult, porträtiert um 1788 die 24jährige Frau seines Freundes, des Stuttgarter Kaufmanns und Kunstschriftstellers Gottlob Heinrich Rapp (1761-1838), mit ihrem kaum einjährigen Töchterchen. Es ist sicher nicht zufällig, daß der Maler die junge Frau, ihre „natürliche weibliche Bestimmung" betonend, vor einer großen, das ganze Bild horizontal querenden, den halben Bildraum füllenden Bettstatt gemalt hat (vgl.Kat. Nr. 21, Nr. 36, Nr. 72, Nr. 76).

Auffallend ist die vorherrschend textile Inszenierung. Auch sie bezeichnet die weibliche Lebenssphäre. Sie mag hier zudem als Gegensatz zu dem Säugling betont sein, der sich ohne alle hochwertigen Hüllen und Drapierungen am wohlsten fühlt. Auf einem leuchtend weißen Leinentuch liegend, hält die junge Mutter - rousseaugerecht - das von keinerlei Windeln, Hauben, Wickelbändern in seiner Bewegungsfreiheit beeinträchtigte, strampelnde Kind im Arm (Rousseau, S. 152f.). Es streckt sein rechtes Ärmchen aus und seine Mutter reicht ihm, seine winzigen Finger zart berührend, eine Strähne ihres Haares zum Spiel hin. Diese ganz intim beobachtete Begegnung der mütterlichen mit der ganz kleinen Kinderhand, diese subtile Geste ist als zarte beglückende Empfindung in das Zentrum des Bildes gestellt. Zusammen mit den umrißreich in den Raum vorstoßenden rosigen Beinchen und Ärmchen bildet dieses kleine Gebärdenspiel - eingebettet in die Diagonale der sitzenden Mutter - eine das ganze Bild beherrschende Konfiguration.

Die mit den übereinander geschlagenen Beinen schöne, statuenhafte Sitzhaltung der Mutter, die Rolle, die die Haltung, die Gebärde und das gelöste Haar in dem Bildnis spielen, die sich fast zu kunstreichen Draperien verselbständigenden, harmonisch fallenden Stoffe des schweren Leintuchs, des Kleides und der Schürze bieten alle Elemente, die die weiblichen Begegnungsmöglichkeiten mit der Antike ausmachen. Man denke an Lady Hamilton oder an die Attitüden der Schauspielerin Händel-Schütz; immer sind die Ausdrucksmittel harmonisch fallende Stoffe, Gebärden und schönes, frei fallendes, von Puder und Hauben befreites Haar.

Diese Gestaltung im Geist der Antike hat auch Anteil an der Botschaft des Bildes, dem Lob natürlicher Mütterlichkeit, von der man sich Erneuerung des Lebens, der Sitten, der Familie und des Staates versprach (Rousseau, S. 125). In klassizistischem Gewand gewann die Darstellung eine höhere Vorbildlichkeit. Denn bei den Griechen wähnte man noch vorbildliche Verhältnisse: „eingeschlossen in ihren Häusern kümmerten sie sich ausschließlich um ihren Haushalt und ihre Familie", schrieb Rousseau in seinem Erziehungsroman „Emile" (Rousseau, S. 737) über die Frauen Griechenlands. „Dies ist die Lebensweise, die dem weiblichen Geschlecht von Natur und Vernunft vorgeschrieben wird. Daher gebaren diese Frauen die gesundesten und schönsten Männer der Welt... (es) steht heute noch fest, daß von allen Völkern der Erde ... keines genannt wird, wo die Frauen zugleich sittsamer und liebenswerter gewesen wären und Ehrbarkeit mit Schönheit vollkommener gepaart als im alten Griechenland." (Rousseau, S. 736f.)

Dieses Ideal einer Mutter, die ihre natürliche Aufgabe angenommen hat, vertritt Friederike Rapp in ihrem Bildnis. Nach aller Entartung der höfisch bestimmten Zeiten bedeuteten solche Mütter Hoffnung für eine glückliche Zukunft. Diese programmatischen Perspektiven mögen auch die monumentale Darbietung in lebensgroßem Format, die anspruchsvolle, an der Porträt- und Historienmalerei des französischen Klassizismus orientierte Gestaltung erklären.

Kat.Nr. 76

Philipp Friedrich Hetsch
Friederike Philippine Rapp mit Tochter, um 1788
Galerie der Stadt Stuttgart

Im Verzicht das Ideal einer Mutter

Cornelia, die Tochter des großen Scipio Africanus, der Hannibal und Karthago bezwang, die junge vermögende Witwe eines verdienten römischen Konsuls, erhält Besuch von ihrer ebenso reichen Nachbarin. Voll Stolz führt diese ihren Schmuck vor. Sie fordert Cornelia auf, ihr auch ihren schönsten Schmuck zu zeigen. Mit einem von innen her leuchtenden Blick weist sie auf ihre beiden kleinen Söhne Tiberius und Gaius - als ihre kostbarsten Schätze hin.

In den Gestalten der Cornelia und der reichen Freundin werden durch Haltung, Kleidung, Gestik und Ausdruck die konträren Lebensauffassungen der beiden Frauen, aber auch die Auseinandersetzung zwischen der abgelebten höfischen und der neuen bürgerlichen Wertwelt veranschaulicht. Die elegante Besucherin zeigt nicht nur ihre kostbaren Halsketten, sie stellt alle ihre Vorzüge - Schönheit, Grazie, sinnlichen Reiz, Geschmack und Eleganz - bewußt zur Schau. Ihr blondes, gelocktes Haar ist mit Raffinement frisiert, mit einem Goldreif und Bändern geschmückt. Die heruntergeglittene, mit goldenen Borten und Quasten verzierte Stola läßt die nackten Arme, den breiten perlenbesetzten Armreif, den wohlgeformten Busen, die grazil und anmutig bewegten Hände sichtbar werden. Die stehende, antikisierende Haltung läßt ihren schönen Wuchs und ihr Posieren bis in den effektvoll bändergeschnürten Fuß die Eleganz ihrer Bewegung erkennen. Ihr wird auch das modische, kostbare Mobiliar des sonst spärlich möblierten großen, kahlen Raumes zugeordnet. Um sie sammelt sich aller Wohlklang der Farben und alle Kostbarkeit der Stoffe. Dagegen nimmt Cornelia nichts mehr an äußerem Glanz, an materiellen Werten für sich in Anspruch. Als Witwe allem Streben, dem Gatten zu gefallen, enthoben, ist sie nicht stehend, sich präsentierend, sondern sitzend und verhüllt dargestellt. In asketischem Verzicht verhüllt ein schmuckloser grau-violetter Überwurf die Gestalt und das schlicht gekämmte Haar der jungen Frau. Alles, was für sie zählt, sind ihre Söhne. Sie hat zwar auch noch eine Tochter Sempronia, die Hetsch um der Klarheit der Bildmitteilung willen nicht in die Darstellung aufnimmt.

Im Geiste Rousseaus, in noch glücklichem, unverdorbenen Naturzustand, nackt oder nur sparsam mit einem Tüchlein bekleidet (Rousseau, S. 153 u. 188), stehen die kleinen Söhne für das Erziehungsideal der Mutter, bei dem es nicht auf die äußere Hülle, sondern nur auf die durch Erziehung zu erwerbende Tugend ankommt. Mit ihrem linken Arm umfaßt sie den jüngeren Sohn, mit der rechten weist sie auf ihre beiden Söhne hin, der reichen Nachbarin die Antwort gebend: sie sind mein größter Schatz! Nicht kostbarer Schmuck, nicht erlesene Kleidung und selbstsüchtige Eitelkeit sind ihr Lebensinhalt und ihr Glück, sondern die Aufgabe an und die Liebe zu ihren Kindern. Dieses Glück bleibt nicht wie der Schmuck tot und materiell, es ist ein lebendiges, empfangendes und gebendes, wie der parallel zur Geste der Mutter zärtlich nach dem Gesicht der Mutter greifende Arm des älteren Sohnes zeigt. Es ist kein egozentrisches Glück. Es weist über sich hinaus. Wie die Schriftrolle in der Hand des Kindes verdeutlicht, die als einziges Attribut mit den vorgezeigten Halsketten korrespondiert, geht es um zu erwerbende geistige Güter. Cornelia erreichte ihr Erziehungsziel. Die beiden von humanitären Zielen erfüllten Gracchensöhne gingen als verdienstvolle Reformer in die römische Geschichte ein.

Immer wieder wird in der Erziehungsliteratur der weiblichen Eitelkeit der männliche Ehrgeiz gegenübergestellt (Fénelon, S. 64, Campe, S. 181f.). „Ehrgeiz und Eitelkeit verhalten sich wie Mann und Weib", heißt es bei Campe. Während sich weibliche Eitelkeit mit „erbärmlichen Nichtswürdigkeiten" beschäftigt, ist männlicher Ehrgeiz auf „wirklich große und ruhmwürdige Dinge" ausgerichtet. Auch bei Hetschs Cornelia-Darstellung geht

Kat.Nr. 77

Philipp Friedrich Hetsch
Cornelia, die Mutter der Gracchen, 1794
Staatsgalerie, Stuttgart

es einerseits um diese „Nichtswürdigkeiten" der Eitelkeit, die aber als naturgegeben nicht unbedingt negativ charakterisiert werden, andererseits um „wirklich große und ruhmwürdige Dinge". Obwohl angeboren und un-ausrottbar mit dem weiblichen Geschlecht verbunden - wie Cornelias Tochter Sempronia vom Schmuck fasziniert auf einer 1785 entstandenen Darstellung der Cornelia-Geschichte bestätigt (vgl. Baumgärtel, Kat. 9, Abb. S. 87) -, entsagt Cornelia der Eitelkeit. Dies paßte ganz in das bürgerliche Zeitalter, in dem der Schmuck als einstiges Mittel der Standesrepräsentation überflüssig geworden und in Mißkredit gekommen war. Nicht der Schmuck, „der Mann sollte der größte Stolz einer Frau sein". War der Mann gestorben, hatte er in den Söhnen nachzuleben (C.F. Sintenis, Der Mensch im Umkreise seiner Pflichten, 2. Bd., Leipzig 1804-07, S. 143). Denn nur so, durch Verzicht, im völligen Aufgehen in den männlichen Zielen, trägt auch die Frau zu ruhmwürdigen Taten im Dienste des Vaterlandes bei. Diese patriotische Gesinnung deutet der Maler in dem großen, genau über ihrem Kopf hängenden Kampfschild an. Als einziger Ausstattungsgegenstand des Raumes ist er ihr zugeordnet. Es mag der Schild ihres Vaters, des Hannibalbezwingers Scipio Africanus sein, der auch ihre Söhne zu großen Taten für das Vaterland und sie zu einer patriotischen Erziehung der Söhne aufruft.

Die Gestalt der Cornelia, der Mutter der Gracchen, war in der höfisch-bürgerlichen Umbruchzeit als moralische Autorität von größter Aktualität. Obschon in Reichtum und Luxus geboren und aufgezogen, entsagte sie allem Luxus. Darin war sie eine ideale Personifikation des überwundenen Ancien régime. Nach aller Mißachtung menschlicher Beziehungen war sie ein Vorbild in ihrer Gattenliebe. Sie lehnte den Heiratsantrag des Ägypterkönigs Ptolemäus VIII. ab, um ihrem geliebten Gatten Tiberius Gracchus auch über den Tod treu zu bleiben. Damit und mit ihrer aufopferungsvollen Liebe zu ihren Kindern stand sie für eine gewandelte neue bürgerliche Glücks-vorstellung. Cornelia hatte ihrem Mann zwölf Kinder geboren, von denen allerdings nur die beiden dargestellten Söhne und eine Tochter Sempronia das Erwachsenenalter erreichten. Mit dieser Fruchtbarkeit, die man schon in der Antike unter bevölkerungspolitischen Gesichtspunkten als Verdienst auf ihrem Standbild hervorhob, fügte sich Cornelia in idealer Weise in das durch egozentrische Genußsucht von Entvölkerung bedrohte ausgehende 18. Jahrhundert ein.

Was Philipp Friedrich Hetsch über das Anekdotische hinaus mit ganz geringem Aufwand an Szene und Personen, mit großem Ernst, fast staatsbürgerlich programmatisch als Bildmitteilung herausstellt, ist eine neue gewandelte Glücksvorstellung, die hohe Aufgabe, Söhne für den Dienst am Vaterland zu erziehen, und für die Frauen der neuen bürgerlichen Gesellschaft speziell das Ideal des Verzichts und der Opferbereitschaft. Für all dies steht „Cornelia", weshalb sie als „Mutter", als „Mutter der Gracchen", zum Begriff wurde.

Schwangerschaft wird bildwürdig

Mit Rousseaus „Zurück zur Natur" und der propagandistischen Herausstellung der „natürlichen Bestimmung" der Frau, werden die Freuden der Mutterschaft darstellungswürdig. Sie kommen geradezu in Mode und schließen auch die Schwangerschaft ein. Sie wird verherrlicht „als einer der schönsten Augenblicke im Leben einer Frau" (Duncan, S. 582). So malte Rincklake seine Frau in auffällig weitem Kleid und mit veränderten Gesichtszügen als Schwangere. Bei der damals mit einer Geburt verbundenen großen Todesgefahr für Mutter und Kind war nicht nur die Bildwürdigkeit der Schwangerschaft, sondern vor allem die Sorge und der Gedanke an einen Abschied für immer für den Maler ein Beweggrund, die Ehefrau vor der Geburt eines Kindes noch einmal zu malen.

Kat.Nr. 78

Johann Christoph Rincklake
Marianne Rincklake als Schwangere, 1801
Westfälisches Landesmuseum für Kunst und Kulturgeschichte Münster,
Dauerleihgabe der Sammlung Rincklake van Endert

In religiöser Überhöhung - eine gräfliche Mutter mit Kind

Elisabeth Anna Gräfin von Westphalen zu Fürstenberg (Pressburg 1783 - 1860 Prag) ist um 1806/1807 mit ihrem etwa zweijährigen Söhnchen Clemens August (Frankfurt 1805 - 1885 Laer) dargestellt.

Die 24jährige fast noch kindlich wirkende Mutter ist in reichlicher Halbfigur, den Blick auf den Betrachter gewandt, gemalt. Mit schöner, das Bild querender Geste ihres linken Armes, hält sie den kleinen Sohn im Arm. Das Kind antwortet, die innige Verbindung mit der Mutter spürend, indem es seinen Kopf auf ihre Schulter legt. Während ihr Blick naiv und vordergründig bleibt, verspricht der durchdringende, weiterreichende gedankenvolle Blick des Knaben - entsprechend weiblicher und männlicher Rollensicht - eine bedeutsame aktive Rolle in der Zukunft. Ebenso stellen die männliches Temperament widerspiegelnde Haarfrisur, die ausgeprägte Schulterpartie, die kräftigen Arme und ein kräftiger Oberschenkel klar, daß es sich um ein Kind männlichen Geschlechtes, um einen Stammhalter handelt. Mutter und Kind sind in der Kleidung idealisiert, entzeitlicht und im Sinne einer Madonnendarstellung religiös überhöht. Ein den Kopf und ihre Gestalt verhüllendes purpurrotes Tuch gibt ihr ein madonnenhaftes Aussehen. Der Junge trägt zum Hinweis auf sein noch unschuldiges Kindsein ein weißes Hemdchen.

Zwar gehörten um 1806 Kopfschleier und -tücher allgemein zur noch klassizistisch bestimmten Mode, aber in Verbindung mit der nahen Beziehung zu dem Kind assoziiert man bei dem Bildnis der Gräfin Westphalen Madonnendarstellungen. Allerdings zerstreuen die hübschen gelockten, seidigen Haare, der sinnliche Mund, der wohlgemute Gesichtsausdruck, das weitausgeschnittene, modische Empire-Kleid mit den kurzen Puffärmeln den Eindruck einer Madonna.

Auch ist die Darstellung noch nicht von dem Tiefsinn, dem sinnenfeindlichen Purismus der Nazarener erfaßt. Nach dem ausgeprägten Interesse an Stofflichem und Faltenfall ist in der Darstellung mehr ein anmutiges, klassizistisch bestimmtes Rollenporträt zu sehen. Man hat den Eindruck, für die Darstellung einer gräflichen Mutter mit Kind, mußte ihr zu munterer Hofdamencharakter etwas zurückgenommen werden. Eine bürgerlich nahe und herzliche Mutter-Kind-Beziehung kam nicht in Betracht. Deshalb wählte der Maler - für das neue bürgerliche Mutter-Ideal werbend - religiös überhöht die Präsentationsform eines Madonnenbildes.

Kat.Nr. 79

Johann Rösler
Elisabeth Anna Gräfin von Westphalen zu Fürstenberg mit ihrem Sohn Clemens August, 1806
Privatbesitz

Die ideale Ergänzung des Mannes: ein Naturwesen

Das 1809 von dem Stuttgarter Maler Johann Baptist Seele gemalte Bildnis des hochangesehenen Arztes und Gelehrten Dr. Karl Christian Klein, zeigt diesen gedankenverloren an einem Tisch sitzend, um mit Papier und Feder wichtige Dinge zu notieren. Seine junge Frau reicht ihm sein Töchterchen hin, das unbefangen auf seinen Arm drängt. Doch der Vater, dessen mächtiger Schädel, dessen bedeutendes, individuell ausgeprägtes Haupt, dessen hohe freie Stirn und abwesender Blick ihn als Mann von großem Geistesflug ausweisen, scheint in so ernsten, bedeutsamen Gedanken, daß er nur schwach und pro forma, aber auch mit einem wehmütigen Ausdruck des Verzichts auf das zutraulich ihm zustrebende Töchterchen reagiert. Er hat keine Zeit. Die großen, ihm aufgebürdeten Pflichten fordern Verzicht auf Familienleben. Bezeichnenderweise ist der Kopf der Mutter kleiner, ohne jede Gesichtsmuskulatur, weniger entwickelt und individuell geprägt; statt einer freien Stirn bietet ihr eigentlich nicht nennenswerter hübscher Kopf nur einen Lockenvorhang.

Man hätte dieses Familienbild als typisches Beispiel auch in den Zusammenhang der vergeblichen Erheiterungsversuche der in Pflicht und Arbeit sich aufopfernden Ehegatten (vgl. S. 39-75) oder in die Gegenüberstellung des „starken und schwachen Geschlechtes" (vgl. S. 78-103) einordnen können, doch dieses Familienbild hat eine besondere Akzentuierung. Was man lange übersehen hatte - die junge Frau ist ganz offensichtlich als Schwangere dargestellt. In der Sicht der Geschlechterrollen wird also die weibliche Bestimmung zur Fortpflanzung, zur Mutterschaft bei der Frau und der Tochter betont. Wüßte man nicht, ob das Kind ein Junge oder ein Mädchen wäre, dann sprächen schon die dem Vater mit dem ganzen Körper sich zuneigende Haltung, die wie auf ihn zulaufenden Beinchen, der Ansprache suchende Blick, für das von Gefühlen beherrschte weibliche Geschlecht.

Das von Rousseau hoch veranschlagte weibliche Bedürfnis, sich zu schmücken und gefallen zu wollen, deutet sich in dem Ohrring des Kindes und den hübschen Schleifchen des Kleides an. Die in der Muskulatur gänzlich unartikulierten molligen Beinchen und Arme, die kleinen Füße stellen seine Zugehörigkeit zum muskelbenachteiligten schwachen Geschlecht und das im Verhältnis zum Kopf völlig überproportionierte Gesäß des Kindes seine künftige Verpflichtung zur Mutterschaft heraus.

In dem intensiven Bezug auf den Vater zeichnet sich aber auch die immer wieder in der Geschlechterdiskussion betonte Angewiesenheit des „schwachen", „unvollkommenen" auf das „starke vollkommene Geschlecht" an. Dagegen stellt der ganze Habitus des Vaters klar, daß er auch ohne seine Damen auskommen kann. Wenn das Kind sich auch zu dem Vater hinüberneigt, es bleibt der Mutter verbunden. Es wird ihr nachstreben, das Schicksal ihres Geschlechtes teilen, einmal heiraten, wie die Mutter schwanger sein und sich im Dienste am männlichen Geschlecht der weiblichen Bestimmung zur Mutterschaft fügen. In Seeles Familienbild des Dr. Klein als einem Idealbild der Ehe begegnen sich das starke und schwache Geschlecht, Verstand und Gefühl, die männliche Verpflichtung zu geistiger Gestaltung und die weibliche zur Fortpflanzung. Sie finden - darauf deutet im Zentrum des Bildes der Ehering an der Hand des Vaters - in der Ehe ihre ideale Ergänzung.

Als Johann Baptist Seele 1809 das Familienbild malte, war die von der Anthropologie propagierte Naturwesensicht der Frau, ihre die Frau als geistiges Wesen völlig reduzierende Fortpflanzungsfanatik längst Bestandteil der bürgerlichen Ideologie geworden.

Kat.Nr. 80

Johann Baptist Seele
Dr. Karl Christian und Friederike Henriette Klein mit ihrer Tochter Lotte, 1809
Staatsgalerie, Stuttgart

Als Schwangere dargestellt - in der Vorfreude auf ein Kind

Wie man der ausführlichen Beschriftung auf dem Blatt entnehmen kann, zeichnet der Maler Begas seine „geliebte Frau" „am 24.ten December 1825" „Ihren Eltern zum Weihnachts Geschenke". Vielleicht sollte die Kohlezeichnung seinen Schwiegereltern die freudige Nachricht übermitteln, daß sie auf ein Enkelkind hoffen können. Denn, wie deutlich auf der Zeichnung zu erkennen gegeben ist, ist seine Frau nach der Wölbung ihres Leibes und der Art des Kleides schwanger. Frau Begas bekam 1826 ihr erstes Kind, das aber kurz nach seiner Geburt starb.

Daß man - gemalt oder gezeichnet - eine Schwangerschaft nicht verbarg, sondern zeigte, ist der neuen „Bestimmung der Frau" zuzuschreiben. Nachdem man durch beängstigend zurückgehende Bevölkerungszahlen aufgeschreckt war, kritisierten Nationalökonomen, Ärzte, Philosophen und Rousseau, letzterer mit besonderer Resonanz, die Mißachtung, die Vernachlässigung der Kinder und das Unwesen, das die Ammen mit den Säuglingen trieben. Man mußte dem Einhalt gebieten und der drohenden Entvölkerung entgegenwirken. Die Frauen waren wieder auf ihre natürlichen Funktionen - Gebären, Stillen und das Selbstaufziehen - zu verweisen. Mit einer Schwangerschaft erfüllte eine vorbildliche, pflichtbewußte Gattin ihre von der Natur bestimmte Aufgabe. Das mußte herausgestellt werden! Diese neue Würdigung führte dazu, daß man unter dem Einfluß von Rousseaus Erziehungsideen in dem Zeitraum von etwa 1780 bis 1830 in Einzelfällen den Zustand der Schwangerschaft auch darstellte.

Daß Begas und Rincklake (vgl. Kat.Nr. 78) ihre Frauen als Schwangere zeichneten bzw. malten, daran mag auch die Sorge um ihr Leben Anteil haben, denn, wieviele Frauen starben bei der Geburt ihrer Kinder. Der Wunsch, sich eine Erinnerung zu schaffen, aber auch ein gewandeltes Familiengefühl, das der Freude auf ein Kind Ausdruck gab, sind die Beweggründe, Frauen mit den Anzeichen einer Schwangerschaft darzustellen. 1828 benutzte Begas diese Kohlezeichnung als Grundlage für ein Ölgemälde von seiner Frau Wilhelmine (vgl. Kat.Nr. 124).

Meine geliebte Frau, von
ihrem Manne C. Begas
gezeichnet. Ihren Eltern
zum Weihnachts _____ ___

___ _____ December 1825.

207

Spielend die weibliche Rolle einüben

Der Bilderbogen von Voltz ist eine der frühen Darstellungen eines Spielzimmers im 19. Jahrhundert. Unter dem Einfluß Rousseaus und anderer Pädagogen entdeckte man um 1800 die Kindheit als eigenen Lebensabschnitt, welcher für die Persönlichkeitsentwicklung von großer Bedeutung ist. Seither kam der Erziehung, bei Mädchen bedeutete dies die Vorbereitung auf ihre zukünftige Rolle als Gattin, Hausfrau und Mutter, ein ganz neuer Stellenwert zu. Erst allmählich wurde es damals in wohlhabenden bürgerlichen Kreisen üblich, Kindern eigene Räumlichkeiten zum Schlafen und Spielen zur Verfügung zu stellen. Dies setzte allerdings eine entsprechende Wohnungsgröße von fünf oder sechs Zimmern voraus, die eine solche Differenzierung der Räume zuließ. Auf Voltz' Blatt läßt auch das sorgfältig ausgesuchte Mobiliar, welches - wie der Eßtisch links im Hintergrund - an die kindliche Anatomie angepaßt ist, einen großbürgerlichen Hintergrund vermuten.

Fünf kleine Mädchen, etwa zwischen zwei und sieben Jahren alt, sind mit Spielen unterschiedlicher Art beschäftigt, die gleichwohl alle auch auf die Einübung der Rolle als Hausfrau und Mutter hinzielen. Rechts sitzt ein Mädchen vor seiner Puppenküche, sie hat sich ihrer Schwester zugewandt, die einen Einkaufskorb über den Arm gelegt hat. Mit einem Leiterwagen, in dem eine Puppe oder ein weiteres Geschwisterchen liegt, ist das dritte Kind zur Kindsmagd getreten, welche die kleinste, auf einem Tisch sitzende Tochter anzieht.

Erlaubten es die finanziellen Möglichkeiten, so kümmerten sich Kinderfrauen, die meist auch bei ihren Schützlingen nächtigten, um das Wohl des Nachwuchses. Auf Voltz' Bilderbogen tritt sogar eine weitere Frau mit einem Kuchen in der Hand in den Raum. Im Vordergrund links sehen wir schließlich die letzte Schwester, die nach einer Puppe greift, welche auf einem Stuhl steht. Puppen waren seit etwa 1800 das beliebteste weibliche Spielzeug. Mit Puppenküche und -wagen sowie den verschiedenen Puppen selbst, die den Mädchen zur Verfügung stehen, zeigt das Blatt die wichtigsten Spielsachen, die Eltern ihren Töchtern schenkten, soweit dies ihre finanziellen Möglichkeiten zuließen. Jungen dagegen erhielten Spielwaren wie Baukästen, Soldaten oder Schaukelpferde, die ihrem Bewegungstrieb und der Schulung des technischen Verständnisses dienten. Gleiches beobachtet man auch bei Ludwig Richters Grafiken: die Mädchen üben unter Anleitung der Mutter die Hausfrauenrolle ein, die Jungen erobern mutig die Welt.

VL

Kat.Nr. 82

Das Spielzimmer, um 1825
aus: Kinder-Bilder, Zwölf Blätter zur Unterhaltung und mündlichen Belehrung,
1. Heft für Mädchen (Fragment), Blatt Nr. 2
Germanisches Nationalmuseum, Nürnberg

In Italien noch ideale Mütter

In Italien traf man auf Frauen, die in idealer Weise im Sinne Rousseaus noch vollkommene kindergebärende Naturwesen waren (vgl. Kat. Nr. 73). Selbst ganz Natur, folgten sie ihren natürlichen Instinkten und gebaren ihre Kinder, wie die Natur sie ihnen gab. Sie überließen ihre Kinder nicht - wie es Rousseau kritisierte - einer Amme; sie zwängten sie nicht in strangulierende Wickelbänder, Steckkissen und falsche Bekleidung - die Rousseau für das große Kindersterben verantwortlich machte. Die Kinder wuchsen gesund und zufrieden in der Nähe ihrer Mütter auf.

Theobald von Oer zeichnete diese junge Mutter umgeben von ihren vier Kindern auf seiner Italienreise 1838 in Sora, einem kleinen, abgelegenen Landstädtchen in Latium, im Tal des Liri, in den Volsker Bergen. Sie sitzt auf einer steinernen Bank, zu ihren Füßen in einer Korbwiege liegt ihr Baby, um das sich drei kleine Jungen scharen. Vermutlich erwartet sie ihr fünftes Kind, wie man der Wölbung des Leibes ansieht. Ein Kind hält sie liebevoll im Arm. Mit der rechten Hand bewegt sie die Korbwiege des Jüngsten. In einer einfachen, in der Mutter gipfelnden Anordnung, wird ihre halt- und orientierunggebende Rolle veranschaulicht. Wenn auch barfüßig und arm, die Kinder sind in der Nähe der Mutter glücklich und die Mutter ist gelassen ihrer „Bestimmung als Mutter", ihrem natürlichen Schicksal, ergeben. Hier im ländlichen Italien, wo man noch im Einklang mit der Natur lebte, drohte Europa noch nicht auszusterben. Deshalb die Botschaft aus dem noch paradiesischen Italien an den denaturierten Norden „Zurück zur Natur"!

DW

Kat.Nr. 83

Theobald Freiherr von Oer
Schwangere Mutter mit vier Kindern aus Sora, 1838
Westfälisches Landesmuseum für Kunst und Kulturgeschichte, Münster

Famiglia di Sora.
Roma 12/12 38.

Th. v. Oer
7 - 24 59

Glück und Freude mit einem Kind

Glück und Freude, die naher Umgang mit einem Kind bedeutet, hat Ferdinand Georg Waldmüller 1855 in dem Bildnis einer jungen Mutter gemalt. Glückstrahlend hält sie ihr freundlich lachendes Kind im Arm. Es streckt dem Betrachter den Blütenzweig einer Kamelie entgegen, und die Mutter verstärkt diesen Bezug durch ihre „redend" ausgestreckte Hand. Wie wichtig hier das Kind als Bildinhalt ist, betont ein goldgerahmtes Kinderbild in der Mittelachse des Bildes. Im Zentrum des Bildes schließen sich die Köpfe als Dreiergruppe zusammen. Nach der großen Ähnlichkeit könnte es ein von Waldmüller gemaltes Kinderbildnis der Mutter sein. Doch nach dem Rahmen im Stil des zweiten Rokoko, auch nach dem männlichen Gesichtsausdruck ist es eher das Bildnis eines verstorbenen Jungen.

Seiden-, Gold- und Silberschimmer und kostbare Blumen vermitteln den Eindruck von Wohlhabenheit. Aber, ob exotische Kamelien, ob neubarockes Wiener Fabriksilber, der seidenbezogene Polstersessel, die üppige hellblaue Stola aus feinster Kaschmirwolle, die braune Seidendecke der Mutter, alle diese Accessoires der Wohlhabenheit werden als Nebensache geschildert. Und statt ausgelegter goldener Ringe und Armbänder, wie sie vielfach auf Waldmüllers Bildnissen zu sehen sind, liegt hier auf dem Gabentisch eine grün emaillierte Brosche in Form eines Efeublattes als Sinnzeichen immerwährender Verbundenheit.

Der Reichtum, so hat man den Eindruck, gehört hier, das Lebensglück angenehm abrundend, hinzu; er kennzeichnet schmeichelnd die gesellschaftliche Zugehörigkeit zu aristokratischen oder großbürgerlichen Kreisen. Aber das eigentliche Lebensglück, die wesentliche Mitteilung des Bildes, ist die innige, familiäre Verbundenheit. Mit dem Geschenk des Bildes wird dem Vater, vielleicht auch dem Großvater oder der Großmutter herzliche Verbundenheit entgegengebracht.

Was hier das mütterliche Glück noch steigert, ist die Freude an dem Stammhalter, denn ganz eindeutig handelt es sich bei dem fröhlichen Kind um einen Jungen. Sein rechtes muskulöses Bein, sein ausmodellierter Fuß, die absprungbereite Haltung, die andeutet, daß er sich nur für einen Moment auf dem Schoß der Mutter halten läßt, kennzeichnen ihn als Wildfang, als stürmisches Wesen männlichen Geschlechtes. Bei einem Mädchen wären anschmiegende, haltsuchende Gesten zu erwarten. Das Motiv des Fußes, das auffallend herausgestellt ist, mag auf die bevorstehende Trennung aus der ganz nahen mütterlichen Obhut hindeuten.

Sucht man einen Zusammenhang für die angedeutete Szene, bei der das Überreichen eines Blumengrußes und ein Gabentisch eine Rolle spielen, so könnte es eine morgendliche Geburtstagsgratulation sein. Mutter und Sohn sind noch im Negligée. Der Sohn nur mit einem Hemdchen bekleidet, die Mutter noch nicht in vollem Kleiderstaat, nur mit einem Kaschmirschal und einem braunen Seidentuch drapiert. Das Feiern des Geburtstages bestand in seinen Anfängen im wesentlichen im Überbringen von morgendlichen Glückwünschen. Erst mit dem beschenkten und überraschten Betrachter der beiden, vermutlich dem Vater, schließt sich die Szene. In der Freude über das Kind begegnen sich Vater und Mutter. Sie erleben ein vielbeschworenes Ideal der Zeit - das Glück der Familie.

Kat.Nr. 84

Ferdinand Georg Waldmüller
Unbekannte Dame mit einem Kind, 1855
Westfälisches Landesmuseum für Kunst und Kulturgeschichte Münster,
Dauerleihgabe der Bundesrepublik Deutschland

Auch im Herbst strickt das eifrige Mädchen

Unter einer von Weinlaub und Trauben, den Früchten des Herbstes, bewachsenen Fensterlaibung stehen eine Mutter und ihre fünf Kinder unterschiedlichen Alters. Die Mutter hat ihr Augenmerk auf das Kleinkind auf ihrem Arm konzentriert. Die beiden Jungen, die direkt an der Brüstung stehen, laben sich an Herbstfrüchten und Brot, während ihre rechts stehende Schwester eifrig strickt. Über ihrem Arm hängt ein Korb mit Wolle, so daß sie auch im Gehen und Stehen weiterarbeiten kann (vgl. Kat. Nr. 49). Die ältere Schwester bringt aus dem Hintergrund einen Krug mit Most herbei. Während sich die Mädchen wiederum nützlich machen und stricken oder sich um das leibliche Wohl der Brüder kümmern, lassen es sich die beiden kleinen Jungen schmecken.

Durch Gewandung und Haltung erinnert die Mutter an Madonnendarstellungen der Frührenaissance und des 19. Jahrhunderts. Diese Bezüge zur religiösen Ikonographie entsprechen Tendenzen in der zeitgenössischen Malerei, weltliche und geistliche Sphäre zu verbinden. In diesen Bildern, beispielsweise von Fritz von Uhde, wird Christi Zeitgenossenschaft unter den Menschen gezeigt. So verklärt sich der Alltag mit seinen Beschwernissen für die Menschen zum Gottesdienst.

VL

Kat.Nr. 85

Ludwig Richter
Unter Reben · Blüht Das Leben, 1861
Germanisches Nationalmuseum, Nürnberg

UNTER REBEN · BLÜHT DAS LEBEN ·

R. OERTEL AS.

Für das Dankgebet sind die Frauen zuständig

Die Sorge der Mutter um die Ernährung der meist vielköpfigen Kinderschar ist ein immer wiederkehrendes Motiv in der Grafik Richters. Meist sind die Darstellungen wie auf diesem Blatt mit einem Bibelzitat oder einem Sinnspruch versehen, der daran erinnert, daß Dankgebet und Mahlzeit zusammengehören.

Das tondoförmige Bildfeld zeigt in leichter Untersicht den Blick in eine Stube. Eine Mutter verteilt, unterstützt von der älteren Tochter, Brot, Äpfel und ein Getränk an die vier von rechts herantretenden Kinder. Während der einzige Junge mit weit ausholender Gestik und geschulterter Gitarre auf die Mutter zuläuft, beten die beiden Mädchen, dabei hält die Kniende ihre jüngere Schwester im Arm, welche die Hände bittend emporhebt.

Es sind also die Mädchen und Frauen, die sich in ihrem Verhalten auf das Motto der Darstellung „Trink und iß, Gott nicht vergiß" beziehen, und vor dem Essen an das Gebet denken. Sie üben so schon als Kinder, im Gegensatz zu den Brüdern, Demut und Glauben ein. Diese Verhaltensmuster setzen sich fort bei den beiden anderen Kindern, die sich noch im Raum befinden. Während vor dem Tisch mit den Lebensmitteln ein selbstbewußter, etwa vierjähriger Knabe mit umgegürtetem Schwert steht, einen Apfel und die von der Mutter abgeschnittene Brotscheibe in beiden Fäusten haltend, sitzt ein älteres Mädchen links im Vordergrund und spinnt. Sie erinnert an Richters Illustration zu „Marthen Fleiß" (vgl. Kat. Nr. 46), wo Martha ebenfalls als spinnendes junges Mädchen gezeigt wird.

Wie sehr die Frau, die die ihr anvertrauten Kinder mit Brot versorgt, zu einem Bild für weibliche Tugend geworden war, zeigt auch Goethes Schilderung der ersten Begegnung von Lotte und Werther in „Die Leiden des jungen Werther". Es heißt bei Goethe: „... und da ich die vorliegenden Treppen hinauf gestiegen war und in die Thür trat, fiel mir das reizendste Schauspiel in die Augen, das ich je gesehen habe. In dem Vorsaale wimmelten sechs Kinder von elf zu zwei Jahren um ein Mädchen von schöner Gestalt, mittlerer Größe, die ein simples weißes Kleid, mit blaßrothen Schleifen an Arm und Brust, anhatte. Sie hielt ein schwarzes Brot und schnitt ihren Kleinen rings herum jedem sein Stück nach Proportion ihres Alters und Appetits ab, gab's jedem mit solcher Freundlichkeit, und jedes rief so ungekünstelt sein: Danke! indem es mit den kleinen Händchen lange in die Höhe gereicht hatte, ehe es noch abgeschnitten war, und nun mit seinem Abendbrote vergnügt, entweder wegsprang, oder nach seinem stillern Charakter gelassen davonging..." (Johann Wolfgang von Goethe, Die Leiden des jungen Werther, 1. Buch, Brief vom 16. Juni, in: Goethes Werke, hrsg. im Auftrage der Großherzogin Sophie von Sachsen, Weimar 1899, 19. Bd., S. 26f.)

VL

Kat.Nr. 86

Ludwig Richter
Trink und iß, Gott nicht vergiß, 1874
Germanisches Nationalmuseum, Nürnberg

Trink und iſs,
Gott nicht vergiſs!

K. OERTEL SC

Zur geistigen und künstlerischen Betätigung der Frau

Analphabetin als Gattin gesucht (1774)

„Was die Mägden betrifft, so möchte ich keines heiraten, das lesen und schreiben kann.“
(Justus Möser, Sämtliche Werke, Patriotische Phantasien [1774ff.] II, Bd. V., Oldenburg/Hamburg 1946, S. 264)

„Lieber, wenn eins seyn müßte, soll sie nicht lesen noch schreiben, als nicht stricken noch kochen zu können.“
(Adolf Freiherr von Knigge, Umgang mit Menschen, Hannover 1788)

Wehrlosigkeit gefragt

„Die Mädchen bedürfen keiner Gelehrsamkeit; viel Wissen macht sie eitel und überspannt; es genügt, wenn sie später ihrem Haushalt vorstehen können und ihren Männern ohne Widerrede gehorchen.“
(François Fénelon, Über Mädchenerziehung 1687 [Fénelon, S. 9])

Kopf ab

„Eine Henne, die da krähet, und ein Weib, das gelehrt ist, sind üble Vorboten: man schneide beiden den Hals ab!“
(Johann Gottfried Herder an Caroline Flachsland, Straßburg, den 20. September 1770)

Frauenförderung

„Ein Frauenzimmer eigentlich gelehrt machen zu wollen, kann wohl keinem vernünftigen Mann einfallen.“
(Johann Gottlieb Fichte, Nachgelassene Schriften 1780-1791, Bd. III 1-4, Gesamtausgabe R. Lauth und H. Jacob [Hg.], Bd. II 1, S. 180ff.)

Die Flügel stutzen

„Wenn Frauenzimmer für gewisse Wissenschaften und Künste entschieden großes Genie besitzen, darf man dieses Genie seinem Fluge überlassen, oder ist es nicht vielmehr Pflicht ihm die Flügel zu verschneiden? Denn ist es nicht die Pflicht des Erziehers, das aufstrebende Genie des Mädchens zurückzudrücken... daß es selbst die Größe seiner Anlagen nicht bemerke.“
(Karl Heinrich Heydenreich, Der Privaterzieher in Familien, wie sie seyn soll, Leipzig 1800/01, Bd. 1, S. 241)

Ausbildung weiblicher Talente nur zur „Lust des Hauses“ und des „Mannes Freude“

„Da ich soviel gesehen habe und alle Tage sehe, was diese ganze Spielerei und Tändelei in der Welt bedeutet, so sage ich gerade heraus, daß ich lieber wollte, daß die wirklichen Talente in Weibern unentwickelt liegen bleiben, wenn dadurch die halben Talente, ihre Äfferei und Ziererei aus der Welt verschwinden könnten.“
(Ernst Moritz Arndt, Briefe an Psychidion, oder Über weibliche Erziehung, 1819 [Arndt II, S. 222])

Küchenherdentwürfe sind möglich

Nichts als Nachteile für den Gatten

Ob Malerei, Musik, Poesie oder Gelehrsamkeit, neben der von „Gott selbst", der Natur und der menschlichen Gesellschaft beschlossenen Bestimmung als „Hausfrau, Gattin und Mutter" gibt es für ein weibliches Wesen keine Entfaltungsmöglichkeiten. „Aber soll ein Frauenzimmer von guter Erziehung denn weiter gar nichts lernen und wissen, als was eine gute Haushälterin und Köchin auch wissen muß? Sollen die übrigen Fächer ihrer Seele alle leer, ihre übrigen menschlichen Anlagen und Fähigkeiten alle unentwickelt bleiben? Will ich thörichter und grausamer Weise dich, mein einziges Kind, zur Unwissenheit und zum gänzlichen Mangel an höherer Erkenntniß zu einer Zeit verdammen, da die liebliche Morgenröthe der Aufklärung angefangen hat, ein so schönes, wohlthätiges Licht rund um dich her durch alle Stände zu verbreiten? Will ich, daß du vor diesem beseligenden Lichte die Augen deines Geistes verschließest und in Finsterniß wandelst all dein Leben lang?", so fragt sich - der Unnatürlichkeit und Grausamkeit einer solchen Domestizierung sich durchaus bewußt, Joachim Heinrich Campe.[1]

Doch was sind die Folgen, wenn man die Frauen von dieser ihrer Bestimmung abirren läßt? Sie entwickeln sich zu „großen Kindern, tändelnden Puppen, Närrinnen oder gar Furien"[2]. Es führt zu „Hintansetzung der Geschäfte" der „wackern Hausmutter": „Versalzene, angebrannte oder unschmackhafte Gerichte, Unordnung ... Vernachlässigung seiner Wäsche ..."[3], „durchlöcherte Strümpfe"[4] sind das Ergebnis. Die für weibliche Eigeninteressen vertane Zeit entgeht dem Mann, der der „ehelichen Gefährtin seines Lebens bedarf", um von ihr „in Erholungsstunden" „ermuntert und erquickt" zu werden. Da ist ihm nicht damit gedient, „gelehrte Seelenspeise aufgetischt"[5] zu bekommen. Es ist nicht zu verantworten, „die Pflege eines einzelnen Talentes zum Nachteil ihrer anderen Pflichten hinzugeben"[6].

Mit Zeichnen und Malen ist die Zeit unnütz vertan. „Wie viel edle Zeit aber verwenden sie nicht auf diese Dinge, welche sie ungleich nützlicher anwenden könnten."[7] „Kenntnisse und Fähigkeiten im Nützlichen und Nothwendigen" werden vernachlässigt, „Finger, Hände und Arme von jeder gröbern ... Arbeit ... entwöhnt und unbrauchbar dazu gemacht"[8]. Zudem steht die Gesundheit auf dem Spiel, denn ob malen, zeichnen, musizieren, lesen oder schreiben, alles ist nur im Sitzen möglich. „Mahlen und Zeichnen" führt „zu Blähungen, Aufstoßen und Verstopfung"[9]. Sitzende Beschäftigungen bedeuten aber auch Gewöhnung des Körpers an „Ruhe, Trägheit und Schlaffheit. Und wenn „Hand und Fuß" sich nicht mehr „rasch und munter zu bewegen wissen und unaufhörlich geschäftig sind"[10], muß der Gatte mit Ausfall an Service rechnen.

Campe gibt bei der „Erlernung der meisten schönen Künste" die Einengung „im Krummsitzen" durch „Schnürbrust und Korsett" zu bedenken und die nachteiligen Folgen für die Hausfrau, die doch auf eine „gesunde und ungeschwächte Leibesbeschaffenheit" angewiesen ist.[11] An eine Kombination von „Gelehrsamkeit und Weiblichkeit", „Trieb zu jener und Neigung zu häuslichen Verrichtungen, starke Belesenheit und hausmütterliche Sorgfalt, Schriftstellerarbeiten und Haushaltungskunst, Zeitungslob und weibliche Bescheidenheit" ist gar nicht zu denken. Das Ergebnis wäre „ein zerrüttetes Nervengebäude"[12].

Für „die nicht sehr lieblichen Geschäfte" im Haushalt verloren

Überdies droht bei künstlerischer oder sonstiger geistiger Tätigkeit Verzärtelung: „Die Ausübung der schönen Künste verzärtelt das Empfindungsvermögen, überspannt und schwächt die Nerven, macht in höherem Grade, als zu wünschen steht, empfindlich gegen alles, was das Gehör durch Mißlaut, die Augen durch häßliche oder geschmacklose Formen und Farben, die übrigen Sinne durch etwas starke oder widrige Eindrücke beleidigt: eine gute Hausfrau aber muß gegen Unannehmlichkeiten dieser Art, die in einer jeden Haushaltung besonders in der

Kinderstube und in der Küche, den beiden Hauptörtern ihrer verdienstvollen weiblichen Wirksamkeit, unvermeidlich sind, weniger empfindlich sein. Oder glaubst du, mein Kind (gemeint ist Campes 15jährige Tochter), daß eine Person deines Geschlechtes, die ihre Kindheit und Jugend größtenteils am Klavier, am Stickrahmen, am Zeichenbrett, am Pulte und am Bücherschrank zugebracht hat, sich an den Wirrwarr, an die mißhelligen Töne, an den Mangel der Feinheit und Zierlichkeit und an alle die übrigen, nicht sehr lieblichen sinnlichen Eindrücke, welche in der Kinderstube, in Küche, Keller und Speisekammer usw. unvermeidlich sind, leicht werde gewöhnen können, sich so daran werde gewöhnen können, daß sie an solchen Oertern gern verweile, gern daselbst denjenigen Geschäften ihres Berufs, die nur da verrichtet werden können, obliege, sie mit Lust und Munterkeit verrichte und sich nicht unglücklich dabei fühle?"[13]

Man fürchtet die Vergleichsmöglichkeiten, man fürchtet um die selbstverständliche und alleinige Zuständigkeit der Hausfrau für die „nicht sehr lieblichen sinnlichen Eindrücke", der „sehr unangenehmen, widerlichen und ekelhaften Geschäfte und Gegenstände"[14]. Man fürchtet die Verweigerung der Schmutzarbeiten und vor allem die fehlende „Lust- und Munterkeit" dabei! Und wer sollte sonst in den „Niederungen" wirken? „Wenn ein Frauenzimmer einmal den süßen Rausch der Wissenschaft genossen, wenn sich ihre Seele in die Höhe menschlichen Geistes aufgeschwungen hat ... wie könnte sie dann freywillig wieder in die Niederungen des menschlichen Daseyns zurückkehren, wo harte Arbeit, Mühe und Plage auf sie warten ... ein gelehrtes Weib ist für die häusliche Ökonomie verloren..."[15] Erstaunlich ist, daß man sich männlicherseits sehr wohl der inbegriffenen Zumutungen, der Härte und Grobheit bewußt ist. Bemerkenswert ist auch, daß sich, bei sonst vielfach angestimmtem Lob der edlen Hausarbeit, das Wissen um die Realität oft primitiver Verhältnisse, den Mangel an Hygiene artikuliert. Auch wird der propagandistische Anteil des als so anregungsreich und gesellig geschilderten Küchenlebens auf den hübschen bunten Bilderbogen (vgl. Kat. Nr. 42-Kat. Nr. 44), die die Töchter auf ihre beglückende „Bestimmung" einstimmen sollten, genauer ermeßbar. Daß musische und geistige Tätigkeit jeder Art eine Ausgleichsfunktion haben und auch zu mehr Lebensfreude der Hausfrau beitragen könnten, daran war für das sekundäre Wesen Frau nicht gedacht.

So sehr es darum geht, daß der Mann „glückselig" wird, für eine Frau gibt es kein individuelles Glück durch die Entfaltung gestaltender Talente. Aus ihren „körperlichen, geistigen, sittlichen und erkennenden Anlagen und Kräften", die „sorgfältig und emsig zu entwickeln, zu üben, zu stärken und zu veredeln sind", „fließt der lautere Quell der Glückseligkeit" aber nur „innerhalb der Gränzen" der weiblichen Bestimmung als Hausfrau, Gattin und Mutter.[16] Als dem Mann nach- und untergeordnetem Wesen ist das Glück des Gatten das ihre, seinem Glück gilt es, „ihren Geschmack, ihre Neigungen, ihre innigsten Wünsche zum Opfer zu bringen"[17], auf seine Gedanken, Wünsche, Liebhabereien und Beschäftigungen einzugehen[18]. Was brauchte auch eine ichlose Frau eigenes Glück!

Künstlerische und geistige Tätigkeiten bedeuten die Enthauptung des Ehegatten

Nicht zuletzt drohen, „bei der hitzigen Jagd, welche die Weiber jetzt auf die sogenannten Talente machen", die Gefahren der Eitelkeit.[19] „Sie (die Weiber) sind gewöhnlich auf immer verloren", wie Ernst Moritz Arndt 1819 warnend „Über weibliche Erziehung" schreibt. Freude an der eigenen Leistung, Stolz, etwas aus sich künstlerisch oder geistig geschaffen zu haben, war nicht vorgesehen. Allenfalls gestand man angesichts eines Ballen selbstgesponnener oder gewebter Leinwand Hausfrauenstolz zu (vgl. Kat. Nr. 15, 29 u. Abb. 8). Im übrigen: „Dein größter Stolz muß Dein Mann sein! Man muß Dich seinetwegen ehren, nicht deinetwegen."[20] Künstlerische oder geistige Tätigkeit, die aus den Grenzen des Häuslichen herausragt, hieß ihm, dem durch Geist, Vernunft und zeugende Schöpferkraft ausgezeichneten Mann, den ihm von der Natur verliehenen geistigen Alleinvertretungsanspruch zu rauben. Künstlerische und geistige Tätigkeit des Eheweibes bedeuteten die öffentliche Ent-„hauptung" des Ehegatten, erinnert man sich an das Paulus-Wort (Korinther, 11,3): der Mann - „das Haupt der Frau"; es bedeutete ein Eindringen in männliche Hoheitsbereiche! Das Zurschaustellenwollen eines von einer Frau geschaffenen Werkes kam der Preisgabe von Scheu, Scham, Ehrbarkeit und der Verletzung der guten Sitten gleich. Die männliche Kritik rückte die weibliche Selbstdarstellung in der Öffentlichkeit „in die Nähe der Prostitution".[21]

Die Entdeckung der eigenen Leistungsfähigkeit, ein Erwachen des Selbstbewußtseins, die Möglichkeit, sich mit einem Talent zu verselbständigen und möglicherweise ein Mehr an Unabhängigkeit gewinnen zu können, diese „Gefahren der Eitelkeit" hätten „auf immer" das Aus der bis dahin in idealer Weise männlich geordneten und verteilten Welt bedeutet. Und was sollte aus dem sich ablösenden, „kopflos" gewordenen, gefährlichen, ihrer Animalität preisgegebenen Naturwesen Frau ohne männlichen „Geist", ohne die nur dem männlichen Geschlecht eigene „Vernunft" werden?

Die Altlasten der Weiblichkeitsideologie

Denn schließlich wurde die Frau, geht man den Altlasten der Weiblichkeitsideologie weiter nach, speziell hausratartig als Fortpflanzungs-Zusatzeinrichtung für den Mann erschaffen. Zwar schuf Gott die Frau dem Manne zur Gehilfin (Gen. 2,18), vornehmlich aber, wie es Thomas von Aquin sieht, um ihm die Möglichkeit der Fortpflanzung zu geben, denn für alles andere wäre es hilfreicher gewesen, „wenn Gott dem Manne einen Mann zur Seite gegeben hätte."[22]

„Mulier facta fuit, in adjutorium viri, quod generationem tantum, quia aliis melius adjuvator vir per virum, quam per mulierem." (Die Frau ist als Gehilfin des Mannes erschaffen, denn bei jedem anderen Werk kann dem Mann angemessener durch einen Mann als durch eine Frau geholfen werden.)[23] Mit dieser „Bestimmung der Frau" fußt Thomas von Aquin (gest. 1274) auf den Erkenntnissen des Aristoteles „Über die Zeugung der Tiere" (De generatione animalium), zu denen es zu Thomas' Zeiten keine wissenschaftliche Alternative gab. Danach zeugt nur der Mann, denn er allein hat eine virtus activa, eine „aktive Kraft" zur Zeugung, nämlich den Samen, der allein formgebend ist. Die Frau dagegen zeugt nicht mit, sie hat nur eine „virtus passiva", daß heißt: Sie nimmt den Samen auf und stellt dem werdenden Leben „Materie", Nahrungssubstanz, zur Verfügung.[24] Hinzu kommen nach Aristoteles die unglücklichen Auswirkungen der feuchten, schwächenden Südwinde, die nur die Erzeugung von Menschen weiblichen Geschlechtes mit höherem Wassergehalt zulassen. „Weil in den Frauen mehr Wassergehalt ist, darum sind sie leichter durch die Geschlechtslust zu verführen."[25] Da sie „weniger Geisteskraft" als die Männer besitzen[26], sind sie ihrer Animalität, ihren sündlichen Trieben in gefährlicher Weise ausgeliefert.

Die aristotelische Aktiv/Passiv-, Stärke/Schwäche-Rollenverteilung, die Annahme mangelnden weiblichen Geistes wird mit Rousseaus „Zurück zur Natur" aktualisiert, wenn es über die Zeugung heißt: „In der Vereinigung der Geschlechter trägt jedes zum gemeinsamen Ziel bei, aber nicht auf die gleiche Weise ... Das eine muß aktiv und stark, das andere passiv und schwach sein."[27] Ebenso klingen Aristoteles' Auffassungen über den weiblichen Geist bei Rousseau nach: „Was die Werke des Geistes anbetrifft ...", so „besitzen die Frauen zu wenig Geistesschärfe und Ausdauer, um es in den exakten Wissenschaften zu etwas zu bringen."[28] Oder auch „Die Kunst zu denken, ist den Frauen nicht fremd, aber sie sollen die logischen Wissenschaften nur leicht streifen."[29] „Sophie besitzt einen anziehenden, aber nicht brillianten Geist, der solide ist, ohne tief zu sein ... Immerhin genügt er, um den Leuten, die sich mit ihr unterhalten, angenehm zu sein." „Die Frau beobachtet, der Mann denkt."[30]

Der Rückgriff z.B. auf Thomas von Aquin bot vor allem der erziehenden Geistlichkeit durch dessen enorme allgemeine Autorität in der Kirche durch Jahrhunderte eine schon fast zeitlos gültige Orientierung. Und ungeachtet dessen, daß man 1827 das weibliche Ei entdeckte, womit eine 50%ige, jedenfalls eine wesentlich höhere schöpferische Beteiligung der Frau bei der Zeugung nahe gelegen hätte, ungeachtet dessen, daß man 1875 nähere naturwissenschaftliche Einblicke in das Zusammenwirken von Eizelle und Spermien gewann, unterschwellig und besonders im klerikalen Denken blieb man fest auf dem Boden aristotelischer Biologie.[31] Inzwischen weiß man, daß eine Gleichheit der Anlagen, Gefühle, Gedanken, Verhaltensweisen von 96-97% gegeben ist, daß der Unterschied also nur 3-4% ausmacht. Wenn also unsere drei- bis fünfmaligen Urgroßväter auf hochgradiger Naturbelassenheit, auf dem Naturwesen Frau bestanden, dann bedeutete dies für unsere Ururur- bis Urururururgroßmütter einen nahezu 96-97%igen Verzicht auf Persönlichkeitsentfaltung. Eine „von Natur" aus „geborene Nur Gattin, Hausfrau und Mutter", wie sie vor allem das bürgerliche Biedermeier zu verwirklichen suchte, gab es also nicht.[32]

Beflügelt von der antik-mittelalterlichen Zeugungslehre repetiert z.B. Ernst Moritz Arndt mit Pathos und Hybris in seinen 1806 veröffentlichten „Fragmenten über Menschenbildung": „Der Mann ist das Symbol des Schaffenden und Zerstörenden, das Weib das Symbol des Gebärenden und Erhaltenden. Man könnte im Sinn der Alten auch sagen: der Mann ist Gott, das Weib die Materie ... Der Mann ist das Tätige und das Bestimmende, das Weib das Leidende und das Empfindende ... Der Mann der schaffende und bildende, der rastlos tätige, geht gewaltig mit den Dingen fort und gibt ihnen als Taten und Werken sein Gepräge; ... Die Idee ... wohnt als das Urbild allen Schaffens in dem schöpferischen Manne ... So fällt er ... der Göttlichen (Idee) selig in die Arme und stärkt sich darin für neue Taten und Werke, die er milder und menschlicher nun nach dem höchsten Urbilde, das sie ihm vorhält ... bildet und vollendet. Das Weib ist die dritte, die unbewußte Mithelferin und Gespielin der beiden ersten (der Kunst und der Idee)."[33]

Passiv, im Körper und im Geiste schwach, mit dem unbewußten Dasein eines Blumentopfes, der nur auf die Einsaat wartet, nur Materie, liegt es außerhalb der Natur einer Frau, dem Manne gleich, schöpferisch tätig zu sein. Nur Materie, nur „unbewußte Mithelferin und Gespielin der Idee und der Kunst", wäre es für ein weibliches Wesen ein vermessenes Durchkreuzen der Schöpfungsordnung, ein lächerliches Eindringen in männliche Hoheitsgebiete, wenn es sich erkühnen würde, Kunst schaffen zu wollen, „Offenbarer(in) des Höchsten", „Wissende(r), Seher(in), Prophet(in), Künstler(in)", „Verklärer(in) und Verwalter(in) des Geistes" zu sein.[34] Wenn künstlerische, geistige Interessen für männliche Wesen „löblich, wünschenswürdig", „Vollkommenheit, Zierde, Achtung" bedeuteten, für eine Frau waren sie „zweckwidrig, lächerlich, schädlich und tadelnswert".[35] „Laster geschmückt mit dem schönen Namen Talente".[36] Ungeachtet dessen, daß die Beobachtung der Lebenswirklichkeit immer wieder bestätigte, daß die Natur Intelligenz, Begabungen, Ausdauer und Vitalität, Beschränktheit und Schwäche nicht nach männlich und weiblich verteilt, heißt es auch noch 1828 in der geistigen Nachfolge der Südwinde-Theorie: „Vernünftig gebildete Männlichkeit (ist) der höchste Zweck der Natur, die letzte Bestimmung der Menschheit. Der Mann ist daher vorzugsweise Erzieher, das Weib Ernährerin, Pflegerin; denn der Mann ist Repräsentant des schaffenden Geistes, das Weib Repräsentantin der passiven Natur."[37]

Ohne Geist und schöpferisches Vermögen nur Dilettantismus möglich

Diese in den Geschlechterrollen festgefügte Sicht läßt alle geistigen, künstlerischen Versuche einer Frau als von vornherein zum Scheitern verurteilt erscheinen: Bei dem grundsätzlich mangelhaften weiblichen Geist kann nur Dilettantismus dabei herauskommen. Entsprechend urteilte man über die weiblichen Vorstöße ins Reich der Wissenschaft und der Kunst. Da ist die Rede von den Weibern, die in der Wissenschaft nichts „als schiefe Urteile fällen..."[38], von der „jämmerlichen Damenschriftstellerei"[39]. Es fehlt den Frauen am „Ernst mit der Kunst"[40]. Man bezweifelt „den hohen Ernst in der Komposition"[41] und qualifiziert Werke sehr schnell als „Dilettantismus" ab. So merkt Goethe zweifelnd zu den Arbeiten von Caroline Bardua an, ob sie „von den Spazierfahrten des Dilettantismus .. auf die Heerstraße der Kunst gelangen werde" und „nach dem großen Ziel fortschreiten mag."[42]

Nach festgefügtem männlichen Urteil ging ein Historienbild, das eine eigene Bilderfindung erforderte, über die geistigen Möglichkeiten des weiblichen Geschlechtes. Angelika Kauffmann, die mit gutem Absatzerfolg Historienbilder malte, sprach man von vornherein die „Kraft" für „heroische Gegenstände" ab. Und war ein Historienbild überzeugend und eigentlich unanfechtbar, dann ging man ganz sicher in der Kritik, wenn man „die Anatomie des Nackenden" beanstandete, denn Frauen waren in den Akademien aus moralischen Gründen zu dem für die Historienmalerei unerläßlichen Aktzeichnen nicht zugelassen.[43] Und wie konnte es als männliches Argument auch fehlen, man besann sich bei weiblichen Werken entsprechend aristotelischer Zeugungslehre auf den hohen animalischen, triebhaften Anteil der weiblichen Natur. Man witterte Wollust.

So äußert sich Daniel Chodowiecki zu einem mythologischen Gemälde von Anna Dorothea Therbusch: „Ihr größter Feind ist vielleicht der, daß man überall ihr Geschlecht zu sehr sieht. Besonders, wenn es ihr einfiel mit ihrem Pinsel wollüstige Ideen zu erwecken, dann war sie unausstehlich ...", und Diderot übermittelt der Malerin

223

Abb. 18   Ferdinand Georg Waldmüller, Porträt der Schauspielerin Therese Krones, 1824, Öl/Holz, Privatbesitz

als allgemeines, einmütiges Urteil über ihr bei der Akademie abgewiesenes mythologisches Gemälde „Jupiter verwandelt sich in Pan, um die schlafende Antiopé zu überraschen": „alle (Chardin, Cochin, Boucher, Langrée und Le Moyne) antworteten mir das Gemälde sei unzüchtig"[44].

Bei „mehr Busen" und „ansehnlicher Hinterpartie" größerer Erfolg

Schönheit, Jugend und Sex-Appeal konnten mitunter zeitweilig etwas männliche Zustimmung freisetzen, sogar männliche Förderung aktivieren und die Durchsetzung als Künstlerin erleichtern. So hätte die Berliner Malerin Dorothea Therbusch (Berlin 1721 - 1782 Berlin) 1765-68 in Paris bei „mehr Busen", einer „ansehnlichen Hinterpartie" und „Koketterie" Erfolg gehabt. Diderot war der Ansicht: „Es fehlt ihr nicht an Talent, um in einem Land, wie dem unsrigen Aufsehen zu erregen ... Es fehlt ihr an Jugend, Schönheit, Bescheidenheit, Koketterie. Sie hätte vom Verdienst unserer großen Künstler schwärmen, bei ihnen Unterricht nehmen, mehr Busen und eine ansehnliche Hinterpartie haben und beides den Künstlern darbieten müssen."[45] Kamen Schönheit und Selbstbewußtsein zusammen, was in einem „Selbstbildnis einer schönen Frau" kaum zu vermeiden war, dann drohte der männliche Vorwurf der Eitelkeit. So verurteilte Goethe die Malerin Vigée Lebrun, die 1790 im Auftrag des Herzogs von Toskana für dessen Porträtgalerie in den Uffizien ihr Bildnis malen sollte. Er warf ihr „Putz- und Gefallsucht" vor.[46]

Ob jung, schön und talentiert, aus diesen Urteilen spricht die Weigerung, die Frau als ein dem Mann gleichrangiges schöpferisches Wesen gelten zu lassen. Und „Meisterschaft" konnte man ihr nach der herrschenden Geschlechterideologie aus grundsätzlichen Erwägungen auf keinen Fall zubilligen. Eine Frau, passiv, schwach, mit wenig Geist ausgestattet, kann sich nicht in die Regionen einer höheren Geistigkeit „erheben". „Für heroische Gegenstände gebricht es der Künstlerin vollends an Kraft", schreibt August von Kotzebue 1805 über Angelika Kauffmanns Begabung für die Historienmalerei.[47] „Allein zur Meisterschaft, zu welchem ihr Talent sie bei einseitiger Richtung und Ausbildung sicher geführt haben würde, konnte sie sich eben als Frau nicht erheben." Und den „Versuchen in der Historienmalerei ... fehlt denselben der hohe Ernst der Composition", schreibt ein Kritiker 1850 über die Gemälde Angelika Kauffmanns.[48] Hat eine Frau eine nicht zu kritisierende künstlerische Leistung erbracht, dann vermutete man - da man die Trennung von Werk und Person bei Frauen nicht gelten ließ - einen Mann, einen „Künstler oder Freund" dahinter, der allein das Werk schaffen konnte. „All diese hochbegabten Frauen machen nur den Dummen Eindruck ... Man weiß immer, wer der Künstler oder der Freund ist, der die Feder oder den Pinsel hält, wenn sie arbeiten ... Diese ganze Scharlatanerie ist einer ehrbaren Frau unwürdig. Hätte sie wirkliche Talente, würden diese durch ihre Eitelkeit entwertet. Ihre Würde ist es, nicht gekannt zu sein, ihre Ehre ist die Achtung ihres Mannes; ihre Freuden liegen im Blick ihrer Familie."[49] Das heißt: Wenn sich ein weibliches Wesen auf männliches Terrain wagte, dann mußte sie mit solchen Unterstellungen rechnen.

Im ausgehenden 18. Jahrhundert konnte so manche Malerin noch unter dem Schutz ihres Künstlervaters ausgebildet, gefördert und geschützt werden, wie Anna Dorothea Therbusch (Berlin 1721 - 1782 Berlin), Angelika Kauffmann (Chur 1741 - 1807 Rom), Mary Moser (London 1744 - 1819 London), Anna Margarethe Geiger (Schweinfurt 1783 - 1809 Wien). Aus Münster wäre hier als Hofbildhauertochter die Bauernstücke, Landschaften, Wild-, Federvieh-, Blumen- und Fruchtstücke malende geistliche Jungfer Margarethe Elisabeth König (Münster 1736 - 1792) einzureihen.[50] Je später die Malerinnen im 18. Jahrhundert geboren wurden, je mehr ihre Lebensdaten aus dem höfisch liberalen 18. Jahrhundert in das bürgerlich reglementierte 19. Jahrhundert hineinragten, das nur die „Bestimmung als Hausfrau, Gattin und Mutter" zuließ, umso schwieriger wurde die berufliche Durchsetzung.

Kopieren, Reproduzieren und das Zeichnen von Blumen, Früchten und Laubwerk waren erlaubt

Nicht Erschaffen, Produzieren, wohl aber Reproduzieren, Kopieren, Nachsticken, das schauspielerische Reproduzieren einer Rolle, waren durchaus zugestanden. Als Schauspielerin konnte man auch mit vielen Büchern gemalt werden (vgl. Abb. 18 u. Kat. Nr. 87). Es durfte mit weiblichem Empfinden und Gefühl nachvollzogen werden, was männlicher Geist, männliche Schöpferkraft wirkte. Und mit der von der Anthropologie, von Pietismus, Anakreontik, Rousseau und dem englischen Sensualismus geförderten Strömung der „Empfindsamkeit" erfuhren weibliches Gefühl, weibliches Empfinden und Nachempfinden eine Aufwertung. Auch als Kopieren der Natur verstandenes Porträtieren, bei dem der geistige kreative Anteil gering war, konnte man noch hinnehmen, obwohl auch dies in bürgerlich erstarkenden Zeiten zunehmend eine gravierende Störung der Rollenverteilung war. Denn „durch Wecken der Lust zu erwerben und zu gewinnen" würde man die „Uneigennützigkeit und Selbstverleugnung ... schwächen, wo nicht tödten"[51]. Die Begrenzung auf unbezahlte Tätigkeiten und dilettierende Beschäftigung konnte die Erhaltung dieser weiblichen Tugenden sicherstellen. Warum hielt die Frau sich auch nicht mit ihren Talenten im Rahmen der Familie, im Rahmen ihrer Wirksamkeit als Gattin, Hausfrau und Mutter? Hier bestritt ihr keiner - selbstverständlich nach Erfüllung aller Hausfrauenpflichten - das Malen und Zeichnen!

Um ihrer im Sinne der Fortpflanzung elementaren, naturgewollten weiblichen Verpflichtung, „dem Manne zu gefallen", nachzukommen, war es höchst sinnvoll, „Laubwerk, Früchte, Blumen, Draperien, alles, was danach angetan ist, einem Kleidungsstück eine elegante Linie zu geben", zeichnen zu können, „selbst eine Stickvorlage zu machen, wenn man keine andere findet, die einem gefällt", aber „Landschaften zu zeichnen, und noch weniger Figuren", das „möchte" Rousseau „jedoch durchaus nicht", denn bei Landschaftsmalerei und Historienbildern wären männliche Hoheitsrechte tangiert.

„Einen Pompadour mit Blumen ... beschmieren" - alles Zeitverschwendung

„Zeichnen" im Rahmen der „Kunst ... sich mit Geschmack zu kleiden ..., das genügt für sie"[52]. Das Reich des Geschmackes war nach Rousseau der künstlerische Spielraum, den man dem weiblichen Geschlecht einräumen sollte. Dies war auch schon die Auffassung François Fénelons, der sich davon versprach, dem „Ungeschmack in Stoffen, Spitzenarbeiten und Stickereien" zu begegnen, „den Geschmack durch die Kunst zu berichtigen".[53] Für die „Töchter des Mittelstandes" kommt Karl Friedrich Uden 1783 bezüglich des erzieherischen Wertes des Zeichnens und Malens zu dem Ergebnis: Alles Zeitverschwendung! „Was nützt es Ihnen ... daß Sie mahlen können? Wenn Sie aufrichtig sind, zu nichts mehr, als daß Sie sich ein Band oder einen Pompadour mit Blumen ausfüllen - fast hätte ich gesagt, beschmieren - Ihrer Freundin ein Andenken ins Stammbuch zeichnen, indem Sie eine Idee aus dem Zeichenbuch Ihres Meisters kopieren, und dergleichen mehr. Wie viel edle Zeit aber verwenden Sie nicht auf diese Dinge, welche Sie ungleich nützlicher anwenden könnten."[54] Wie hieraus ersichtlich - in den mehr und mehr bürgerlich werdenden Zeiten, bei zunehmendem Nützlichkeitsdenken werden die musischen Betätigungen zurückgedrängt.

An die Stelle des Skizzenblocks tritt der Strickstrumpf! Dies widerspiegelt sich in vielen weiblichen Biographien dieser höfisch-bürgerlichen Übergangszeit. Hatte die Mutter noch eine vielseitige musische Ausbildung mit Zeichnen, Malen, Musikunterricht, Tanz und Sprachen, war bei der Tochter nur noch von der Vorbereitung auf die Hausfrauenpflichten die Rede. Also auch der Einstieg, der Zugang zu allem Künstlerischen war in bürgerlichen Zeiten erschwert. Aus höfischen Zeiten des Vergnügens verdächtig, wurden die musischen Fächer ausrangiert. War egozentrische Vergnügungssucht eliminiert, dann war ein Zeichnen „fürs Haus" akzeptiert. Hier war es von Nutzen, dem Schreiner „die Form der Stühle" und dem Maurer eine Zeichnung von dem „anderwärts erprobten Küchenherd" machen zu können.[55]

Die Wehrlosigkeit gegen diese pädagogischen Zumutungen war deshalb so groß, weil die Mädchenbildung bewußt auf einem ganz niedrigen Standard gehalten wurde, abgesehen von einigen hoffnungsvollen fortschrittlichen Ansätzen. „Im achtzehnten Jahrhunderte müssen die Kinder gerade noch so lernen, wie im sechzehnten. ... Die Mädchenschulen werden fast durchgängig Leuten übergeben, die man unfähig hält Knaben zu unterrichten. ... Stellen Sie sich vor eine Zahl von zwey bis dreyhundert Kindern, die von früh sieben Uhr bis Nachmittags fünf Uhr, gerade wie die Staaren, Sachen herplappern, davon sie kein Wort verstehen, die ihnen nicht den geringsten Nutzen schaffen", beschreibt der Erzieher Christian Gotthilf Salzmann 1783 das Mädchenschulwesen und kommt dabei zu dem Schluß, daß er so manchem Mädchen- Schulmeister nicht einmal „die Gänse anvertrauen würde".[56]

Der hohe Anteil der wöchentlichen Handarbeitsstunden, der zu einem Viertel bis fast zur Hälfte den Unterricht für Mädchen ausmachte, war ein bewußtes Kleinhalten weiblicher Fähigkeiten durch Stumpfsinn.[57] Nun sollte und durfte das Ziel weiblicher Unterrichtung Horizonterweiterung und Entfaltung sein, denn sie sollten „ihre eigentliche und beste Erziehung zu Hause von den Müttern genießen" und „jedesmal das wieder werden, was ihre Mütter sind, Vorsteherinnen des Hauswesens und das können sie in keiner Schule lernen."[58]

Die „Zurichtung" des weiblichen Geschlechtes bilanzierend, kann man nur im Nachhinein darauf setzen, daß die gesunden Lebenskräfte trotz der Anthropologen, Theologen und Pädagogen und gegen sie sich ihre Bahn brachen, daß väterliche, mütterliche, eheliche, kindliche Liebe, daß weiblicher Ideenreichtum das widernatürliche Domestizierungsprogramm durchkreuzten.

„Man kann nur hoffen, daß die Einsicht mehr und mehr um sich griff, daß man nicht die Natur verkrüppeln kann, um menschliche Entfaltung zu verhindern, daß man nicht im Namen der Natur ... einer Knospe, einem Keim" verbieten kann, „sich zu entwickeln, Blüten und Früchte zu tragen"[59], daß „ein Mensch nie ein Recht hat die Kräfte des anderen zu zerknicken, damit er durch ihn seine Absichten desto besser erreiche."[60]

[1] Campe, S. 97 – [2] Campe, S. 16 – [3] Campe, S. 42 – [4] von Knigge, S. 195 – [5] Campe, S. 50 – [6] Rousseau, S. 740 – [7] Karl Friedrich Uden, Über die Erziehung der Töchter des Mittelstandes, Stendal 1783, S. 210 – [8] Campe, S. 46 – [9] Uden, S. 210 – [10] Campe, S. 45 – [11] Campe, S. 43 – [12] Campe, S. 54 – [13] Campe, S. 43f. – [14] Campe, S. 45 – [15] Handbuch für Mädchen von reiferem Alter; mit moralischen Erzählungen und ökonomischen Kenntnissen, München 1791, S. 84 – [16] Campe, S. 12 – [17] P. J. C. Boone, Pflichten des christlichen Weibes, Mainz 1857, S. 26 – [18] H. Davidis, Die Hausfrau, 11. Aufl., Regensburg 1911, S. 23 – [19] Arndt II, S. 231 – [20] C. F. Sintenis, Der Mensch im Umkreis seiner Pflichten, Leipzig 1804-1807, Bd. 2, S. 143 – [21] Viktoria Schmidt-Linsenhoff, Künstlerinnen - Broterwerb und „Dilettanterey". In: Kat. Sklavin oder Bürgerin, Frankfurt/Main 1989, S. 651 – [22] Otto Hermann Pesch, Thomas von Aquin - Grenze und Größe mittelalterlicher Theologie, Mainz 1988, S. 215ff. – [23] Thomas von Aquin, summa theologica I, 92,1 – [24] Pesch, S. 215 – [25] Summa theologica III, q 42a, 4 ad 5 – [26] Summa theologica II/II, q 49a 4 – [27] Rousseau, S. 721 – [28] Rousseau, S. 776 – [29] Rousseau, S. 851 – [30] Rousseau, S. 776 – [31] Otto Hermann Pesch, Thomas von Aquin, Grenze und Größe mittelalterlicher Theologie, Mainz 1988, S. 215ff. – [32] Elfriede Walesca Tielsch, Femina Sapiens, Kampf und Erfolg der Frau als Philosophin, Naturwissenschaftlerin oder Ärztin in Orient und Antike, Mittelalter, Renaissance und Neuzeit. In: Elisabeth Gössmann (Hg.), Das Wohlgelahrte Frauenzimmer, München 1984, S. 139ff. – [33] Arndt I, S. 191f. – [34] Arndt II, S. 233 – [35] Campe, S. 47 – [36] Rousseau, S. 780 – [37] B. Blasche, Handbuch der Erziehungswissenschaft oder Ideen und Materialien zum Beruf einer neuen, durchgängig wissenschaftlichen Erziehungs- und Unterrichtslehre, Gießen 1828, S. 82 – [38] J. G. Herder, Brief vom 20. September 1770. In: Herder, Briefwechsel mit Caroline Flachsland, Bd. 1, S. 46ff. – [39] Schiller an Goethe, 17. September 1800 – [40] Äußerung von Wilhelm von Kügelgen über Louise Seidler und Caroline Bardua. Louise Seidler, Lebenserinnerungen. Zitiert nach Baumgärtel, S. 68 – [41] Kritik an einem Gemälde von Angelika Kauffmann. Zitiert nach Baumgärtel, S. 50 – [42] Zitiert nach Bettina Baumgärtel, Kat. ... ihr werten Frauenzimmer auf! „Malerinnen der Aufklärung", Bremen 1994, S. 47 u. 50 – [43] Baumgärtel, S. 48ff. – [44] D. Diderot, Aesthetische Schriften, F. Bassenge (Hg.), Berlin 1984, S. 165, bzw. Baumgärtel, S. 51 – [45] D. Diderot, Aesthetische Schriften, F. Bassenge (Hg.), Berlin 1984, S. 165. Zitiert nach Baumgärtel, S. 54 – [46] Baumgärtel, S. 53 – [47] August von Kotzebue, Erinnerungen von einer Reise aus Livland nach Rom und Neapel, Berlin 1805, Bd. II, S. 400f. – [48] Zitiert nach Baumgärtel, S. 50 – [49] Rousseau, S. 819 – [50] Hildegard Westhoff-Krummacher, Die Malerei vom 18. bis 20. Jahrhundert. In: Geschichte der Stadt Münster, Münster 1993, Bd. 3, S. 448f. – [51] Johann Heinrich Meier, Über weibliche Bildung durch öffentliche Anstalten, Lübeck 1826, S. 205 – [52] Rousseau, S. 740 – [53] Fénelon, S. 79 – [54] Karl Friedrich Uden, Über die Erziehung der Töchter des Mittelstandes, Stendal 1783, S. 182 u. 210ff. – [55] Karl von Raumer, Die Erziehung der Mädchen, Stuttgart 1853, S. 127 – [56] Christian Gotthilf Salzmann, Carl von Carlsberg oder Über das menschliche Elend, Leipzig 1783 (Neudruck), Bern 1977, Bd. V, S. 202ff. – [57] Dagmar Ladj-Teichmann, Erziehung zur Weiblichkeit durch Textilarbeiten, Weinheim/Basel 1983, S. 105 – [58] Ernst Christian Trapp, Versuch einer Pädagogik, Berlin 1780, (Nachdruck) Paderborn 1977, S. 94 – [59] Georg Forster, zitiert nach Renate Feyl, Sein ist das Weib, Denken der Mann, Köln 1991, S. 27 – [60] C. G. Salzmann, Carl von Carlsberg oder Über das menschliche Elend, Leipzig 1783 bzw. Berlin 1977, S. 333

Männlichem Geist dienend

Die Beschäftigung mit einem Buch, in das auch der Betrachter Einblick nehmen kann, die Vertrautheit mit dem Buch signalisierende legere Geste des Umblätterns, der wache Blick, die selbstsichere, unbefangene Kontaktaufnahme mit dem Betrachter, die extravaganten langen gelblichen, fingerfreien Lederhandschuhe, weisen schon auf die Besonderheit dieser weiblichen Existenz hin.

Irritierend ist: weit und breit kein dieses Lesen legitimierender, das weibliche Image absichernder Handarbeitsbeutel! Nur Kopf- und keine Handarbeit für ein weibliches Wesen? Der reichlich bemessene, auf alle Einrichtungsdetails verzichtende, die junge Frau umgebende braune, ganz schwach lichthaltige Bildraum intensiviert die Beziehung zu dem Buch. Schon durch die farbliche Korrespondenz von den aufgeschlagenen weißen Buchseiten und dem hochgegürteten weißen Empirekleid vor dem dunklen Hintergrund schließen sich Gestalt und Attribut zusammen.

Die Erklärung für diesen zugelassenen nahen Umgang mit einem Buch? Die Dargestellte, Charlotte Fossetta, ist Schauspielerin. Von 1798 bis 1837 war sie Hofschauspielerin am Stuttgarter Theater. Ihr konnte man dieses freie Lesen zugestehen. Reproduzierend war sie am männlichen Geist „dienend" tätig. Sie empfand nur nach, was männlicher Geist gestaltete. Männliche Hoheitsrechte waren also nicht verletzt.

Kat.Nr. 87

Christian Gottlieb Schick
Charlotte Fossetta, um 1798
Privatbesitz

Nach getaner Arbeit „hinterm Haus" und „hinter dem Gebüsche" Tanzen und Harfenspiel für den Hausgebrauch möglich

Die Darstellung gehört in eine moralisierende Bildfolge von acht Ölgemälden, die paarweise vorbildliche und verwerfliche „häusliche Freuden" veranschaulichen. Susette Henry war die Tochter des berühmten Berliner Illustrators und Akademiedirektors Daniel Chodowiecki. Als malende Gattin eines reformierten Predigers hatte sie sich auf eine moralisierende, bürgerliche Werte vertretende Genremalerei spezialisiert. Der Katalog der Berliner Akademie-Ausstellung von 1802 erläutert den Inhalt ihres Gemäldes: „Die gute Mutter sitzt an einem Eichstamme beim Untergang der Sonne und erfreut ihre Kinder und Kindergespielen mit den sanften Tönen der Harfe. Ein freier Platz hinter dem Gebüsche des Landhauses, welches sie bewohnen reizt ihre Lieblinge zum Tanze, den der kleine auf den Schuhspitzen stehende Knabe so gern mitmachen mögte."

Die Malerin stellte hier, durch ausführlich beschreibenden Titel abgesichert, das umstrittene Thema künstlerisch sich betätigender Weiblichkeit zur moralischen Diskussion. Denn weder das Harfespielen noch das Tanzen gehörte zu den „Eigenschaften, Fertigkeiten und Geschicklichkeiten, welche der dreifachen Bestimmung des Weibes zur Gattin, zur Mutter und zur Vorsteherin des Hauswesens gemäß sind" (Campe, S. XV). Doch ein aufgeschlossener, verständnisvoller und genau hinsehender zeitgenössischer Betrachter wird diese Art „häuslicher Freuden" positiv und als „unschuldiges" Vergnügen gewürdigt haben.

Trotz grundsätzlicher Vorbehalte gibt es bei genauer Durchsicht keine Einwände gegen das Harfenspiel der Mutter und das Tanzen der Töchter, denn, wie die Malerin kommentiert, spielt die junge Mutter erst „beim Untergang der Sonne", d.h. sie hat ihre Hausfrauenpflichten erfüllt. Auch scheint sie um die höchste weibliche Tugend der Sanftmut zu wissen, denn sie spielt mit „sanften Tönen" auf der Harfe. Zudem musiziert sie nur für den Hausgebrauch, nur hinterm Haus, „hinter dem Gebüsche"! Keinerlei fachkundiges Publikum, nur die Kinder, hören zu. „Ihre Würde, nicht gekannt zu sein" (Rousseau, S. 819), ist also gewahrt. Damit sind auch keine Folgen für Eitelkeit und Ehrgeiz, kein künstlerisches Sendungsbewußtsein als „gepriesene und preiseerwartende Künstlerin" zu befürchten. Mit gesundheitlichen Schäden durch die sitzende Haltung beim Harfespielen und damit Einbußen an Arbeitskraft ist nicht zu rechnen, da die junge Frau vernünftigerweise nicht mehr „Schnürbrust und Korsett", sondern rousseau- und antike-gerecht ein weitschwingendes Chemisenkleid trägt. Man braucht auch nicht an ihrer rechtschaffenen Gesinnung zu zweifeln und höfisch-französische Vergnügungssucht zu befürchten, denn „die gute Mutter sitzt an einem Eichstamme", unter dem Baum der Deutschen, der für vaterländische Gesinnung und gute deutsche Sitte steht. Die an sich „gefährliche Kunst des Tanzens" scheint bei den kleinen Mädchen noch nicht zur „Zerstörung der Gesundheit", zur „Verkürzung des Lebens" zu führen, sondern im Sinne einer Erziehung zu weiblicher Grazie, „einer edlen Stellung und Haltung des Körpers, einem leichten und angenehmen Gange" (Campe, S. 133) ausgeübt zu werden. „Erweckung und Nahrung unreiner Begierden" und eine „liederliche Vermischung beider Geschlechter" bei „schlüpfrigem Tanzvergnügen" sind auszuschließen, und der Verlust der „Unschuld und Reinigkeit der jungfräulichen Herzen" (Campe, S. 132f.) ihrer Töchter steht nicht auf dem Spiel, denn das männliche Geschlecht - „der kleine auf den Schuhspitzen stehende Knabe" - macht noch nicht mit.

Hier ist Madame Henry wegen der eventuellen sexuellen Komplikationen noch vorsichtiger, als C.W. Ramler, der den Künstlern für die Darstellung des „Alters der Jünglinge und Jungfrauen ... tanzen mit anderen Jungfrauen und Jünglingen" empfiehlt (Ramler, S. 28). Zudem ist es keine nächtliche und keine Salonvergnügung. Sie findet in idealer Weise in der freien Natur statt.

Kat.Nr. 88

Susette Henry geb. Chodowiecki
Häusliche Freuden, um 1802
Bomann-Museum, Celle

Eine rosenbestickte Brieftasche oder das Ende einer Malerin

Die bemühte Stickerin dieser mit Rosen in farbiger Chenille-Seide bestickten Brieftasche aus Silberstramin war die Offenbacher Landschaftsmalerin Baronesse von Goldner. Sie wird sie für ihren Ehemann, den Frankfurter Kaufmann Detmar Carl Wilhelm Basse, in mühevoller Handarbeit begleitet von liebenden Gefühlen gestickt haben. Im Jahr der Entstehung der Brieftasche, 1817, heiratete sie ihn. Und mit dieser geschmackvollen, fingerfertigen Handarbeit endete ihre künstlerische Laufbahn.

Ganz im Sinne von Rousseau ging ihre Kunst nutzbringend in ihre weibliche häusliche Bestimmung ein. Denn wie Rousseau in seinem Erziehungsroman „Emile" schreibt, mochte er es „durchaus nicht", daß Frauen „Landschaften noch weniger Figuren" zeichneten. Die künstlerische Betätigung der Frauen sollte sich im Rahmen der Selbst- und der Einrichtungsdekoration halten: „Laubwerk, Früchte, Blumen, Draperien, alles was danach angetan ist, einem Kleidungsstück eine elegante Linie zu geben, selbst eine Stickereivorlage zu machen, wenn man keine andere findet, die einem gefällt - das genügt für sie", so Rousseau (S. 740).

Da man dem „schwachen Geschlecht" aufgrund seiner auch geistig schwachen Natur geistige und künstlerische Kreativität absprach, war weibliches Malen, bei dem nichts herauskommen konnte, nur vertane Zeit. Wie P.F. Gwinner 1862 über die „Kunst und Künstler in Frankfurt" schreibt, gab Baronesse Polyxene nach ihrer Heirat mit dem Handelsmann Karl Basse die Malerei auf. „Muttersorgen und die Pflichten der Hausfrau zwangen sie später, den Pinsel ruhen zu lassen." (S. 441) Nachdem sie fünf Kinder bekommen hatte, starb sie bereits mit 37 Jahren.

Was an dieser Brieftasche neben der kleinteiligen Stickerei einer sich verabschiedenden Malerin künstlerisch zu würdigen sein wird, ist der vermutlich eigene empfindsame Entwurf der schönen Rosen. Diese in das Kunsthandwerk abgedrängte Betätigung künstlerisch begabter Frauen erklärt das hohe Niveau und die individuelle Prägung so mancher biedermeierlichen Handarbeit.

Kat.Nr. 89

Karoline Polyxene Susanne Basse geb. Freiin von Goldner
Brieftasche, 1817
Historisches Museum, Frankfurt/Main

Warum Louise Seidler nicht als Malerin, sondern als Stickerin gemalt werden mußte

Es gibt kein zweites Bild in der deutschen Malerei des 19. Jahrhunderts, das die der bürgerlichen Frau zugewiesene Rolle in allen für sie wichtigen Bezügen so nuanciert wiedergibt wie Kerstings 1811 gemalte „Stickerin".

Der Raum der „Stickerin" ist lichterfüllt, reinlich und aufgeräumt und mit wenigen leichten Möbelstücken ausgestattet. Die junge Frau sitzt vor dem weit geöffneten Fenster am Stickrahmen.

Bei dieser weiblichen Innenraumschilderung geht es um ein Äquivalent zu der von Kersting dargestellten Lebensweise malender, schreibender, lesender und denkender männlicher Vertreter. Entsprechend stellte Kersting 1811 als männliches Pendant zu seiner „Stickerin" den „Mann am Sekretär" aus (vgl. Abb. 19). Das Zimmer der Stickerin ist ein Ort der Ruhe, es sieht hier nicht nach wirklicher Arbeit aus. In diesem „Frauenzimmer-portrait" der Stickerin zählt das Kleine, der kleine Maßstab, jeder Stich, jeder einzelne der feinen Stickfäden. Das feine Flechtwerk des Korbes, das Blattwerk der Pflanzen, die Flechten des Haares wollen Beachtung finden. Da ziehen die kleinen Wichtigkeiten - die zierliche Schere und der Schlüsselbund - und die kleinen Schönheiten - die Hortensienblüte, eine hübsch gebundene Schürzenschleife, das blaue Band der Gitarre und die reizend sich ringelnde Haarlocke der Stickerin - die Aufmerksamkeit auf sich. In diesem weiblichen Alltag haben die lebensverschönernden, die geliebten Dinge - eine Gitarre, ein Liederbuch, das Bildnis des Mannes, hier haben die Gefühle wie Liebe, Verehrung und Hoffnungen einen Platz. „Durch die Blume" erfährt man von ihnen: Die knospenden Rosen sprechen von erwachender Liebe, das Myrtenbäumchen bekundet die Vorfreude auf die Hochzeit, die Zwerggranate die Hoffnung auf Kindersegen und die Hortensienblüte spricht von schmerzlichem Entsagenmüssen (W. Schnell, S. 69). Letzteres hat noch Bezug zu der ersten Fassung, in der nicht Kerstings Ehefrau, sondern die um ihren gefallenen Verlobten trauernde Malerin Louise Seidler die Stickerin war.

Sind bei Kerstings „kopf"-arbeitendem „Mann am Sekretär" - komplexe Zusammenhänge andeutend - viele Schubladen, viele Bücher, vielerlei Fläschchen, gipserne menschliche Teilstücke das Gegenüber, so sind es bei der Stickerin die knospenden, blühenden oder früchtetragenden Pflanzen und der blaue Himmel. Sie sitzt nicht, wie Kerstings „Mann", wie in Zeitnot am Schreibtisch, sondern in beschaulicher Ruhe vor ihrem Stickrahmen. Bei ihr mißt keine Uhr die Zeit. Nach der Bein- und Fußstellung sind die Herren sprungbereit. Deshalb nehmen sie auch nur provisorisch auf einem Teil der Sitzfläche des Stuhles Platz. Welch anderes verharrendes Sitzen bei der „Stickerin"! Kersting charakterisiert die Stickerin als „weibliches" Wesen von passiver, von „stiller sitzender" (Campe, S. 22), „ankernder Lebensart" (Jean Paul, S. 247f.). Nur drei Finger einer Hand deuten auf Aktivität hin.

Dagegen sprechen sich bei den Herren der Schreibstubenbilder in dem Faltenzickzack der Kleidung, dem zittrigen Lineament der Rocknähte, den scharf geschnittenen Kragen-, Rock- und Taschenkanten, Aktivität und Dynamik, Getriebensein, Nervosität, Anspannung und Ruhelosigkeit aus. Auf weiblich passives Dasein, auf erholsame Ruhe deutet auch das Sofa.

Wenn es darum ging, die bestimmenden Strukturen eines weiblichen Lebens mitzuteilen, dann mußte zwingend die „Bestimmung als Gattin, Hausfrau und Mutter" in die Darstellung eingebracht werden. An der durch keine Tür und kein Fenster geminderten Hauptwand hat das Bildnis des Ehemannes, das Selbstbildnis des Malers, einen

Kat.Nr. 90

Georg Friedrich Kersting
Die Stickerin, 1827
Kunsthalle Kiel

raumbeherrschenden Platz. Ihm kommt - goldgerahmt - alle Verehrung zu. Dem Goldglanz seines Rahmens antwortet als winziger Goldtupfer der Ehering an der stickenden Hand von Frau Kersting.

Führen die Dielenbretter der Räume bei Kerstings Atelierbildern auf die Fenster, auf das Licht, bei den Schreibenden, Lesenden und Denkenden auf die Tür zu und in die „Welt", so leiten in dem weiblichen Innenraum alle Ziellinien den Blick des Betrachters auf die Wand mit dem Bildnis des Gatten. Wo bei den kopfarbeitenden Herren eine Weltkarte, Studienobjekte, Paletten an der Wand hängen und eine Leinwand für ein bedeutungsvolles Historienbild steht, da hängt bei einer Vertreterin von Hand und Herz als Zentrum ihrer beschränkten, unselbständigen Welt das Bildnis ihres Ehemannes. Können männliche Wesen in ihren Innenräumen auf das weibliche Geschlecht gänzlich verzichten, so erfüllt sich dagegen jeder Lebenssinn der Frau in dem Mann. Sogar das Gegenüber mit den Blumentöpfen beinhaltet keine eigenen Interessen, denn nach der „Sprache" der Blumen geht es um Liebe, eheliches Glück und Kindersegen. Und schließlich weist vor allem die Gitarre auf dem Sofa, unter dem Bildnis des Mannes, auf die Lebenserfüllung durch den Mann (vgl. hierzu die Vorstudie Kat. Nr. 36).

Wie es immer wieder um die Bestimmung als Gattin geht, so gleichermaßen um die Bestimmung als Hausfrau. Überall im Bild findet das hausfrauliche Lob seine feinen Widerspiegelungen. Alles ist wohlverwahrt, wie die Schlüssel an der Kommode mitteilen. Selbstverständlich ist das entscheidende Kriterium einer guten Hausfrau - das Sparen und Schonen - mit in die Darstellung eingegangen. Der Stuhl und das Sofa sind voll hausfraulichem Bedacht mit Schonbezügen versehen. Und obwohl bei der sauberen Stickarbeit keine Gefahr für das gute Kleid besteht, trägt die vorbildliche Hausfrau eine schwarze Schürze.

Wenn in den Innenraumbildern der kopfarbeitenden Künstler und Gelehrten in bürgerlicher Selbstheroisierung das Denaturierte, Asketische, Ruhelose der männlichen Lebensweise mitgeteilt wird, dann galt es im Gegenbild des Weiblichen eine zu erhaltende Oase der Natürlichkeit, das glückliche, sorglose „Naturwesen Frau" zu veranschaulichen. Ist männliches geistiges Tätigsein, wie es Herder für den Gelehrten sieht, „dem Charakter eines Menschen, eines Mannes schon so unnatürlich, daß wir ihr nur aus Noth uns unterziehen...", so ist für die „Frauenzimmer", für die „noch ... Einzigen wahren menschlichen Geschöpfe" die „Unnatur" fernzuhalten (Hans Schauer [Hg.], Herders Briefwechsel mit Caroline Flachsland, 2 Bde., Weimar 1926/28, S. 46ff.). So führt Agnes Kersting ein natürliches, fast pflanzenhaftes, problemfreies Dasein. Nicht wie die Herren beim künstlichen Licht einer neumodischen Argandlampe bis in die tiefe Nacht studierend, sondern natürlich am lichten Tag, anteilhabend an dem Wolkentreiben eines schönen Sommertages stickt sie am offenen Fenster.

Nirgends im Zimmer findet sich ein Buch oder auch nur ein Büchlein, das ihre Naturbelassenheit, ihre Natürlichkeit bedrohen könnte. Nur ein Notenbuch läßt darauf schließen, daß sie wie ein Vogel singt. Der durch die Kommode postamentierte, stillebenhaft hervorgehobene Flickkorb legt für sie das Bekenntnis des Denk-, Lese- und Schreibverzichts, das Bekenntnis zur „Hand"-arbeit ab.

Die Mitteilungen dieser weiblichen Tätigkeits- und Innenraumdarstellung erklären auch, warum Louise Seidler als 25jährige Malerin in den ersten beiden Fassungen des Gemäldes nicht in einem Atelier mit Palette und Pinsel vor einer Staffelei in einem männlichen Innenraum gemalt werden konnte. Es wäre ein alle Heiratschancen verwirkender Affront gegen den männlichen Alleinvertretungsanspruch in geistig schöpferischen Dingen gewesen. Selbst wenn sie nur reproduktiv tätig, kopierend dargestellt worden wäre, das Ambiente eines Ateliers, das als männlich geistiger Hoheitsraum galt, hätte ihr nicht zugestanden. Kersting konnte die bürgerliche Lebensgrundordnung, in der männliches und weibliches Tätigsein ihren festen Platz hatten, nicht übergehen. Obschon Louise Seidler Malerin war, konnte sie nicht in die Serie der Atelierbilder eingehen. Als weibliches Wesen mußte sie - durch andere Frauen austauschbar - eine Einordnung als „Stickerin" erfahren.

Abb. 19   Georg Friedrich Kersting, Mann am Sekretär, 1811
Kunstsammlungen Weimar

Abb. 20   Erasmus Ritter von Engert, Wiener Hausgarten, 1828/30, Öl/Lw., Staatliche Museen zu Berlin, Nationalgalerie

Geistige Betätigung schadet der Fortpflanzung - die Frauen und das Lesen

Nachdem man mit beginnenden ersten Erfolgen im Sinne Rousseaus für die Rolle der Frau als gebärendes, stillendes, die „Jungen" aufziehendes, die Familie versorgendes, anspruchsloses Naturwesen geworben hatte und entsprechende Weichenstellungen in der weiblichen Erziehung, d.h. den Entzug von Erziehung, durchgesetzt hatte, gerieten - ganz gegen männliches Programm - auch die Frauen Ende des 18. Jahrhunderts in den Sog der Aufklärung und eines allgemein ausbrechenden Lesebedürfnisses. Sie ließen sich nicht mehr mit der Lektüre eines Gebetbuches oder der Bibel abspeisen.

Da es den Frauen als häuslichen Wesen ohnehin an der notwendigen Übersicht, Welteinsicht und nach dem Urteil von Aristoteles über Thomas von Aquin bis Rousseau aufgrund des durch „feuchte Südwinde" bedingten höheren weiblichen Wassergehaltes (hierzu S. 166) an der notwendigen geistigen Kapazität fehlt, da die Frauen - wie der Sündenfall für alle Zeiten bewies - leicht verführbar sind, wurden Bücher zur großen Gefahr. Denn von ihnen ging nicht nur eine Gefahr für die Frauen aus, sondern auch eine Bedrohung für die nach dem Ende des Ancien régime gerade wieder bequem eingerichtete Welt- und Lebensordnung.

Es ist erstaunlich, was man sich an Argumenten zur Bekämpfung weiblichen Lesens einfallen ließ. Was ein wesentlicher Hintergrund für die einfallsreiche Bekämpfung weiblicher geistiger Betätigung war, war die Sorge um „das Naturwesen Frau", war die Befürchtung, die Strapazierung des Gehirns könnte die Fortpflanzung gefährden. Schon 1786 wartete Paul-Victor Sèze in seiner Schrift „Recherches physiologiques et philosophiques sur la vie animale" mit diesem Gedanken auf. Und wie Claudia Honegger in ihrer das anthropologische Denken dieser Zeit aufarbeitenden Untersuchung über „Die Ordnung der Geschlechter" schreibt, sollte sich dieser Gedanke im 19. Jahrhundert immer größerer Beliebtheit erfreuen. Schließlich kam man zu der allgemeinen Überzeugung, „die Anstrengung der weiblichen Gehirne ermatte vor allem die generativen Organe und zerrütte ihr harmonisches Zusammenspiel. Deshalb die immer wieder vorgetragene Ermahnung, sicherzustellen, daß ihre Frauen und Töchter möglichst geringen Gebrauch von ihren Gehirnwindungen machen."[1]

Sprachen lernen - „so etwas ekelt einen Mann"

Um dem Einerlei und dem „Mottenfraß des Haushalts" zu entgehen, wollte z.B. Bettina von Arnim bei einem Nachbarn kostenlos Hebräisch lernen. Postwendend verbot ihr Bruder dies strikt, da er durch derartige Weibergelehrsamkeit alle Verheiratungschancen seiner Schwester in Gefahr sah; „so etwas ekelt einen Mann", war sein drastischer Kommentar.[2] Hebräisch-Lernen, das beschwor eine Fülle von Gefahren herauf: Weibergelehrsamkeit, „Belesenheit und Vielwisserei", das Verdorbensein „für jede einfachere Nahrung des Geistes und Herzens" und die Verachtung der „unlieblichen Einzelheiten der Wirtschaft". „Ein gesunder Menschenverstand, vom Rathe ihres einsichtsvollen Gatten geleitet", das war der Rahmen der geistigen Entfaltung, der einem Frauenzimmer zukam.[3] Wozu sollten Frauen auch Sprachen lernen? In bürgerlichen Kreisen galt es, vor allem die Bestimmung der Frau als „Gattin, Hausfrau und Mutter" fest im Blick zu haben. Da ein weibliches Wesen nicht „zum Reisen", „nicht zur Französin oder zur Hofdame, sondern zur bürgerlichen Hausmutter" bestimmt ist, hält J.H. Campe „die Erlernung fremder Sprachen nicht nur für unnütz, sondern auch für schädlich"[4].

Eine besondere Abneigung galt dem Französischen; dies vor allem wegen der Gefahren, die von sittenverderblichen französischen Büchern ausgingen. Hatte nicht die kokette Freundin von Julchen Grünthal mit verhängnisvollen Folgen heimlich „immer französische Bücher in ihrem Bett"?[5] Das Erlernen der französischen Sprache bedeutete Gefahr für die Unschuld eines jungen Mädchens und zudem, was sollte ein Frauenzimmer „mit dem deutschen Adel mitten in Deutschland französisch plaudern können"[6]? Nicht die Beglückung der Horizonterweiterung, der gesteigerten Ausdrucksfähigkeit zählten, sondern nur der Gesichtspunkt der männlichen Nützlichkeit und die

Gefahren, die mehr Kommunikation mit sich brachte. So versteht man den Witwer, von dem Justus Möser 1768 in seinen „Patriotischen Phantasien" berichtet. Man empfahl ihm wärmstens eine neue Frau: „Diese Person hat sehr viel Verstand, eine schöne Lektüre und ein überaus zärtliches Herz. Sie spricht Französisch, auch wohl Englisch und Italienisch, spielt, singt und tanzt vortrefflich und ist die artigste Person von der Welt." Doch der wackere Hausvater winkt ab. Ihm ist „mit allen diesen Vollkommenheiten gar nichts gedient". Er sehnt sich nach seiner „guten seligen Frau", einer fleißigen, emsigen Haushälterin, reinlichen, verständigen Köchin und aufmerksamen Gärtnerin, zurück. Sie stand schon morgens um fünf Uhr auf; bis sechs hatte sie das Haus aufgeräumt und die Kinder angezogen und dem Herrn Gemahl die Tafel zum Frühstück wohl besetzt. An manchem Morgen spann sie mehr Garn als andere in einem Jahr. Und wie der bedachte Hausvater in einer abschließenden Kosten-Nutzen-Rechnung feststellt, brachte seine gute Selige in sechzehn Ehejahren mehr ein, als sie kostete (vgl. S. 105).[7]

Durch weibliches Lesen Gefährdung der männlichen Autorität

Bei diesen Auffassungen ist es nur natürlich, daß im Revolutionsjahr 1789 der Vorstoß der bildungsfreudigen Damen der „Bonner Lese- und Erholungsgesellschaft" ins Leere ging. Sie waren vorstellig geworden, auch an der „Erholung" durch „Lesen" beteiligt zu werden. Doch man lehnte einmütig ab, da „erstens das Lesen der Damen das männliche Ansehen mindere und zweitens den Hausfrieden gefährde"![8] Weibliches Leseverlangen bedeutete Umsturz. Schließlich stellte der Mann nicht erst seit Paulus das „Haupt der Frau" (Brief an die Korinther, 11,3) dar. Seit Jahrhunderten hatte er ihre geistige Vertretung übernommen. Weibliches Lesen war somit ein Anschlag auf die Autorität des Mannes. Das war es, was die Herren der „Bonner Lese" klar erkannten.

Gefahren für den Hausfrieden, die Arbeitsleistung und den „Service"

Und ganz sicher würde man bei einer lesenden Ehegattin Einbußen in der häuslichen Betreuung und Versorgung hinnehmen müssen. Campe sieht große Gefahren in der „herrschenden Seuche", in der neuen „Seelenkrankheit" für eine „zufriedene Ehe und glückliche Kinderzucht", für die „hausmütterliche Sorgfalt" und die „weibliche Bescheidenheit". Er fürchtet ein „zerrüttetes Hauswesen", „träge Unlust zu hausmütterlichen Geschäften", „Unordnung, mürrisches, verdrießliches Wesen und Kummer"[9].

Nicht anders äußert sich ein anonym bleiben wollender Autor 1794 in einem „Vertrauten Brief". Auch er befürchtet, daß die Lesesucht der Frauen „ihren Fleiß und die Thätigkeit herabstimmt" und ihre Familien in „häusliche Unordnung", „physisches und moralisches Elend" bringt[10]. Kaum vorstellbar, wenn die Hausfrau nicht mehr jede Minute „nutzend", statt nach dem Strickstrumpf, nach einem Buche greift! Eine solche Entwicklung konnte das Ende für den Strickstrumpf, das Ende des männlichen Nutzungskonzeptes einer verbrauchbaren, weiblichen Materie und das Ende des weiblichen Aufopferungswillens bedeuten. Nicht nur die Aufteilung von männlicher „Kopf"- und weiblicher „Hand"-Arbeit, sondern die ganze Verteilung der Welt stand auf dem Spiel. Eine solche Entwicklung konnte bei der Weiblichkeit zur Entdeckung egozentrischen Vergnügens, eigener Glücks- und Erfolgsmöglichkeiten und, was das Schlimmste war, zu Selbsterfahrungen führen, die gar in Selbstbewußtsein endeten!

Bücher, ein modischer kostspieliger Reiz, dem die Damen erliegen

Und welche Kosten kamen da auf den Hausvater zu, wenn die Eheliebste immer nach neuen reizend bibliophilen Almanachen und Taschenbüchern verlangte. Ein Pfarrer, Johann Rudolf Gottlieb Beyer, hat in seiner Abhandlung „Über das Bücherlesen" vor allem den Luxus im Blick.[11] Er sieht die Gefahren der Vergnügung und Zerstreuung und verfolgt mit Besorgnis, daß man sich neue Bücher wie „neue Meubles, Kleider, Wagen und Etuis" bald „à l'Antique", bald „à l'Anglaise" anschafft, daß man dem oberflächlichen Reiz des Kostspieligen den Vorzug vor dem inneren Wert gibt. Dabei denkt er an den Aufwand, der mit Papier, Druck, Lettern, Einband und Kupfern getrieben wird, um den verwöhnten Geschmack zu befriedigen. Und wo der Sinn nach Abwechslung und Neuheiten steht, sind die Leidenschaft und die Sucht nicht weit. „Kein Tabaksbruder, keine Kaffeeschwester, kein Weintrinker, kein Spielgeist kann so an seine Pfeife, Bouteille, an den Spiel- oder Kaffeetisch attachirt seyn, als manche Lesehungrige an ihre Lesereyen.“ Und wenn die Damen nun, neben der Kaffeeleidenschaft, auch noch der Lesesucht erlägen, dann wäre das wahrhaftig zu viel des Luxus, den ein rechtschaffener Hausvater zu verkraften bereit war.

Durch Lesen völliger Realitätsverlust

Durch die unglücklichen „feuchten Südwinde“ (hierzu S. 222) von Natur aus kaum mit Geisteskräften, bestenfalls mit einem gesunden Menschenverstand für das tätige Leben ausgestattet und, - da nach Korinther 11,3 der Mann „das Haupt“, die Frau somit seit Jahrhunderten „kopflos“ unterwegs -, konnte die auf die Frauen einstürzende Bücherflut nur Verwirrung auslösen. Was sie auch lasen, da es bei ihnen an den Voraussetzungen des Begreifens, den intellektuellen Fähigkeiten der Einordnung fehlte, konnten sie alles nur mißverstehen. Nicht mehr die Realität und die Illusionen der Lektüre unterscheidend, konnte es geschehen, daß das holde Eheweib am Ende des Buches „mit der brüderlichen Seele eines arkadischen Schäfers oder eines Halbgottes ... vermählt zu sein glaubt“ und „beim Erwachen aus dem Traum der ersten Liebe erschrickt, sich nur mit einem gewöhnlichen Sterblichen verbunden zu sehen“[12]. Dem galt es rechtzeitig Einhalt zu gebieten und dafür zu sorgen, daß das Eheweib auf dem Boden der Realität blieb. Da konnte es der Gutsherr von der Recke nicht dulden, daß seine Frau unter einem schattigen Baum Wielands „Sympathien“ las. Er bestand darauf, daß Frau Elisa mit ihm in den Stall ging, um das Vieh zu zählen.[13]

Große Gefahren gingen vor allem von Romanen und Rittergeschichten aus. Wozu derartige Lektüre führte, dokumentiert J.P. Hasenclevers 1846 entstandenes Gemälde „Die Sentimentale“ (vgl. Kat.Nr. 98). Ergriffen von ihrer Lektüre - Heinrich Claurens „Mimili“[14] - und Goethes Werther schaut sie wonnetrunken, tränenselig und nach Liebe schmachtend zum Mond. Und während ihr Liebster, ein schneidiger Husar mit Schnurrbart, sie goldgerahmt und stumm von der Wand anblickt, durchlebt die Lesende als „Mimili“ mit „Wilhelm“, einem aus den Befreiungskriegen heimgekehrten preußischen Offizier, ihrem „Herrn Ritter des eisernen Kreuzes“, selige Wonnestunden auf den Flügeln der Phantasie, nachdem sie wohl zuvor, den an sie, seine „Innigst geliebte Fanny“ gerichteten Brief ihres Husaren für ein „billet d'amour“ von dem „leidenden Werther“ gehalten hat.

Lesen gefährdet den Ruf - Imageabsicherungen notwendig

Was das Lesen so gefährlich machte: Das weibliche Image, der Ruf, stand auf dem Spiel, geriet man in den leisesten Verdacht, Ambitionen zum „gelehrten Frauenzimmer“ zu haben. „Der rechtschaffene Mann hängt nur von sich selbst ab und kann der öffentlichen Meinung trotzen, aber die rechtschaffene Frau hat damit nur die Hälfte ihrer Aufgaben erfüllt, und was man über sie denkt, ist nicht weniger bedeutend für sie als das, was sie wirklich ist.“ „... sie hängen von unseren Empfindungen ab, von dem Wert, den wir ihren Verdiensten beilegen und davon, wie wir ihre Reize und Tugenden einschätzen. Allein schon durch das Gesetz der Natur sind die Frauen, ebenso wie die Kinder, dem Urteil der Männer ausgesetzt - es genügt nicht, daß sie achtenswert sind, sie müssen geachtet werden, es genügt nicht, daß sie schön sind, sie müssen gefallen, es genügt nicht, daß sie sittsam sind, sie müssen als sittsam anerkannt werden, ihre Ehre liegt nicht nur in ihrem Verhalten, sondern in ihrem Ruf...“[15] Der gute Ruf bedeutete also ein dem männlichen Urteil völliges Ausgeliefertsein.

So tat Gertrud von Druffel, die Gattin eines Münsterschen Professors der Medizin, sehr gut daran, in ihren Tagebüchern von 1805-1815 Jahr für Jahr und unverrückbar nach der Eintragung „Beschäftigungen“, nach der aufgeführten allein gelesenen, profanen Lektüre (Richardson, Gellert, Goethe, Schiller, Lessing, Ramler, Sulzer,

Shakespeare, Fénelon, Rousseau, Basedow, Möser, Jacobi, von Stolberg, Förster) die „Handarbeiten" folgen zu lassen. Wenn Ehegatte „Franz" jährlich zu einer neuen, in Seide und Gold gestickten Weste, einem Paar Strümpfen und einem neuen gestickten Geldbeutel gekommen war, ein paar Servietten genäht, ein Kleid und Überröcke zugeschnitten waren, dann hatte man sein „Soll" als Hausfrau erfüllt und seinen Ruf als tugendhaftes Weib durch entsprechende Eintragungen ins Tagebuch auch für die Nachwelt abgesichert.[16] Selbstverständlich ließ sie sich nicht in ihrem von Rincklake gemalten Porträt mit Lektüre in der Hand porträtieren.[17] Bezeichnenderweise ließ sich die „Dichterin Westfalens", wie Annette von Droste-Hülshoff Katharina Schücking geb. Busch nannte (vgl. Kat. Nr. 104), nicht schreibend oder mit Gedichtband in der Hand, sondern mit einer Leyer als Hinweis auf die Poesie porträtieren. Und auch Annette von Droste-Hülshoff zog es in ihrem 1836 von Johannes Sprick gemalten Bildnis vor, die Hände völlig unmotiviert übereinander zu legen, statt ein Buch in die Hand zu nehmen. Bei den äußerst rufsensiblen Verhältnissen hätten die im Bildnis mit einem Buch ausgestatteten Damen zur Absicherung ihres weiblichen Images ihre Strick- und Nähkörbe mit ins Bildnis nehmen müssen.

Andere Möglichkeiten der Rufabsicherung für ein weibliches Porträt mit Buch waren, die Dargestellte mit einem in den Blick fallenden Kreuz an einer Kette oder einer Büßerkordel um den Hals, mit einem Madonnenbild im Hintergrund oder mit einem Kirchturm in der Ferne auszustatten. So konnte der Betrachter beruhigt auf einen religiösen Inhalt der Lektüre schließen (vgl. Kat. Nr. 94 u. Kat. Nr. 95). Auch sollte es eher ein Büchlein als ein Buch in der Hand einer gemalten Lesenden sein. Hinweise auf Fleiß und erfüllte Hausfrauenpflichten konnten die Beurteilung von weiblichem Lese-Luxus günstig stimmen (vgl. Kat. Nr. 94, 96, 100).

Die ideale Leserin - mit Bibel und Strickstrumpf

Als geradezu ideale Leserin, als Inbegriff weiblicher Vollkommenheit, kann die 1828 von Erasmus von Engert in einem „Wiener Hausgarten" gemalte junge Schreinermeistersgattin angesehen werden. Sie liest in der Hausbibel und strickt gleichzeitig an einem großen Strumpf für ihren Ehegatten (vgl. Abb. 20). Von einer, mit wildem Wein überrankten Pergola abgeschirmt, von Sonnenlicht umspielt, sitzt die junge Frau in ihrem Hausgarten wie in einer grünen Stube. Während sie an einem blütenweißen Strumpf strickt, liest sie gleichzeitig in der dickleibigen Familienbibel, die aufgeschlagen auf ihrem Schoß liegt. Obwohl es Sommer ist und die Sonne schon hell und warm auf die Hauswand scheint, ist die junge, hübsche Frau züchtig mit einem fußlangen, langärmeligen, blickdichten taubenblauen Kleid bekleidet. Nur das kleidsam weibliche Dekolleté ist ein Zugeständnis der Sittsamkeit an den Sommer.

Eine Spur von Hoffart verrät das die schönen dunklen Haare verbergende weiße Morgenhäubchen mit dem Gesicht und Hals reizend umspielenden plissierten Rüschenrand. Doch das malerisch pointierende, ganz kurz geschnittene rote Haubenschleifchen stellt klar, daß die vorbildlich strickende Bibelleserin den Verführungen des „Hauben-, Bänder- und Lappenkram" nicht erlegen ist. Etwas bedenklich in ihrem Erscheinungsbild sind die übereinandergeschlagenen Beine, von denen für manchen sittenwachsamen Zeitgenossen große Gefahren für die Unschuld ausgingen (vgl. S. 167). Doch sie sind gebannt durch die auf dem Schoß liegende, dickleibige Bibel. Und auch das viel weißer als die Hauswand im Sommerlicht strahlende, weiß blitzende Morgenhäubchen, das reinliche Blütenweiß der getragenen Strümpfe und des der Größe nach für den Ehegatten in Arbeit befindlichen Strumpfes werfen ein günstiges Licht auf die reine, unschuldige Seele der in allem vorbildlichen jungen Wienerin.

In idealer Weise bleibt die Lesende strickend eingebunden in ein tätiges, nützliches Leben, mit dem man es zu etwas bringt! Dies bezeugt das betont ins Bild gebrachte, die halbe Bildbreite einnehmende, erarbeiteten bescheidenen Wohlstand dokumentierende, stattliche Haus.[18] Die frisch gestrichene Hauswand, die blanken, neuen kupfernen Dachrinnen, das mit akkuratem, handwerklichem Sinn gezimmerte Lattenwerk des Holzschuppens, die sorgsam in Reih und Glied liegenden Ziegel darauf und die säuberlich zum Trocknen gestapelten Bretter darin, der von jedem Unkräutchen befreite Garten spiegeln den fleißigen, ordentlichen Wirklichkeitssinn und ein vorbildliches bürgerliches Lebenskonzept wider.

Dazu gehört auch, daß man nicht Anstoß erregt, im Rahmen seines gottgewollten Standes bleibt und in allem das rechte, einem zukommende Maß findet. Deshalb zeigt man sein Anwesen, seinen bestens instandgehaltenen Hausbesitz nicht prahlend in ganzer Länge, sondern nur in einer Hälfte, nicht von der repräsentativen Vorderseite, etwa mit Lisenenschmuck und vielleicht vielen, sondern nur mit zwei Fensterachsen und in der Hinteransicht. Es ist sicher kein Zufall, daß, in fast gleicher Ausdehnung wie das Haus, der auf ein nützliches Wirken, auf ein arbeitsames Leben hinweisende Bretterschuppen vorgeführt wird. Nicht anders hält man es mit dem Blumengarten. Hier wachsen nicht in schwelgerischer Fülle Rosen und andere kostbare Blumen, sondern wenige einfache Bauernblumen - Stockrosen, Sonnenblumen und was man selbst aus dem Samen gezogen hat.

Beobachtet man sonst in der Wiener Malerei den Umgang mit Blumen, etwa im Werk von Ferdinand Georg Waldmüller, dann fällt auf, wie hierarchisch und bewußt Blumen, von Rosen und Camelien bis zu Garten- und Feldblumen, zur Kennzeichnung von Stand, Stellung und Wohlhabenheit eingesetzt werden. Auch hat der Wiener Hausbesitzer, nach dem geordneten Bretterschuppen vermutlich ein wackerer Schreinermeister, keinen großen Garten, in dem man privilegiert lustwandelnd die Zeit vertut, sondern kaum einsehbar, ein ringsum geschlossenes Gärtchen, eine Gartenstube für heiße Tage, in der es als kleinen natürlichen Teppich eine von Rasen umrahmte Blumeninsel gibt. Um klarzustellen, daß man nicht den ganzen Tag, seine Pflichten vergessend, im Garten zubringt, ist nur auf Zeit ein einfacher Stuhl in das Gärtchen gestellt. Da ordnet es sich ganz nuanciert ein, daß die junge Frau nicht zu egozentrischem, individualistischen Vergnügen in einem Gedichtband oder einem Roman, sondern ganz schlicht - vielleicht erst strebsam das Lesen übend, die Strumpfbedürfnisse ihres Gatten nicht außer acht lassend - in der Bibel liest.[19] Nach allem beim Adel kritisierten „Glückseligkeitsmangel"[20] macht hier der Wiener Maler Erasmus Ritter von Engert aus feinster Beobachtung und Kenntnis die bürgerliche Vorstellung von erfülltem Leben und einem bescheidenen Glück sichtbar.

Profane Lektüre in der Natur eher gezeichnet als gemalt möglich

So bedenklich in vielerlei Hinsicht die gemalte Darstellung weiblicher Lesender ist, merkwürdigerweise scheint einsames, weibliches Lesen in der freien Natur unter besonderen Umständen möglich. Aufgrund der Forschungen der Anthropologen, die im weiblichen Körper zwar keinen Verstand orten, dafür aber im Rückenmark ein Zentrum für Launen, Reizbarkeit und Gefühle ausmachen konnten (vgl. hierzu S. 79), war weibliche Gefühlsentfaltung grundsätzlich zugelassen. Rationalismus, Überdruß, pietistische Strömungen, ein neues Naturgefühl und die Mode der „Empfindsamkeit" förderten die Aufwertung des Gefühls und damit die Anerkennung der weiblichen Empfindungskraft. Von diesem Zeitgeist getragen, wagten sich einige Damen von Stand in der Natur lesend ins Bildnis wie Rosine Freiin von Korff-Schmising, die Johann Christoph Rincklake mit einem Büchlein im Park von Tatenhausen porträtierte. Doch sicherte er ihren Ruf gegen Fehlinterpretationen ihrer Lektüre ab. Wie die für den Betrachter klar lesbare Aufschrift erkennen läßt, handelt es sich um ein Album mit Silhouetten ihrer Geschwister und Freunde, derer ihre empfindsame Seele in der Natur gedenkt (vgl. Kat.Nr. 93).

Christine Freifrau von Elverfeldt - 1804 von Johann Christoph Rincklake gemalt - hält, mit Blick auf den Park und das Grabmal ihres Mannes, nachdenklich ein Büchlein in der Hand (vgl. Kat.Nr. 133). Agnes d'Alton, die Tochter des Bildhauers Rauch - um 1830 gemalt von Wilhelm von Schadow -, hat im Freien stehend, an einen steinernen Sarkophag gelehnt, in einem roten Büchlein gelesen[21] (vgl. Abb. 21). Und die Freiin Haller von Hallerstein widmet sich um 1831 in weiter Parklandschaft der Lektüre eines „Grabgesanges" - dies allerdings nicht ohne Absicherung durch Näharbeiten, weshalb der Nähtisch mit in den Park muß (vgl. Kat.Nr. 96).

Die Natur ein Freiraum für persönliche Gefühlsentfaltung

Diese Bildnisse mögen Anteil haben an dem Freiraum, der bei Familienbildnissen zu beobachten ist, die aus Anlaß des Todes eines Familienangehörigen zum Gedenken an einen Angehörigen gemalt worden sind. Immer sind solche Gedächtnisbilder, die Ende des 18. Jahrhunderts vermehrt aufkamen, in der freien Natur inszeniert. Während jahrhundertelang Empfinden und Fühlen nur in primär kirchlich vorgegebenen Bahnen legitimiert waren, befreite sich eine in der Zeit der Aufklärung nach Entfaltung drängende Gefühlskultur aus dem Bann dieser Bevormundung. Mit einem mehr und mehr erstarkenden individuellen Bewußtsein beanspruchte man einen kirchlich nicht reglementierten Freiraum, einen von jeder Herrschaft freien Raum zu privater, persönlicher, menschlicher Gefühlsentfaltung. Ihn fand man in der Natur, wo kein Kreuz, kein christliches Zeichen den Gefühlen eine vorgegebene Zielrichtung gibt. Hier antwortet die Natur der Seele, der Gemütsstimmung. In einer tröstlich das Leid aufnehmenden Natur hatte man ganz persönlich Anteil an dem göttlichen Walten und gewann wieder Vertrauen in das eigene Schicksal.[22]

Amalie von Heeremann-Zuydwyck jedoch konnte 1827 von bürgerlicher Domestizierung und dem Tugenddiktat des Biedermeier erfaßt, nicht mehr ganz so frei lesend in der Natur lesen. Ganz gesittet, den Ruf sorgfältig absichernd, zeichnete Ludwig Emil Grimm die allein und unkontrolliert lesende westfälische Baronesse. „Malchen" liest nichts Unrechtes. Sie ist ein frommes Mädchen, wie das Kreuz an ihrem Halskettchen bezeugt (vgl. Kat. Nr. 95). Unabgesichertes Lesen im Freien war hin und wieder in gemalter Form im näheren Familienkreis der Künstler möglich. So malte Tischbein 1822 seine Tochter Angelika[23] in freier Landschaft, vor einem Kornfeld stehend, umblüht von Tulpen, Narzissen, Aurikeln und Rosen ein Gedicht von Klopstock, einen Lobpreis der Natur lesend: „Schön ist Mutter Natur Deiner Erfindung Pracht, / auf die Fluren verstreut, schöner ein froh Gesicht, das den großen Gedanken / Deiner Schöpfung noch einmal denkt."

Wie sich an den angeführten Beispielen verfolgen läßt, sind bevorzugt weibliche Personen von Stand mit Lektüre zu persönlicher Gefühlsentfaltung in der Natur gemalt. Dabei scheint das Lesen in der Natur zur Bewältigung von Trauer am ehesten legitimiert. Witwen, so deutet sich an, wird dabei ein größerer Spielraum zugestanden als Unverheirateten. Hier sind Absicherungen besonders vonnöten. Um dem Vorwurf der Zeitvergeudung zu entgehen, trifft man Noch-nicht-Ehefrauen auch nur kurz innehaltend, nämlich in stehender Haltung lesend, an. Im übrigen gilt, gezeichnet mit Lektüre ist man eher möglich als gemalt. Legerer ist der gemalte Umgang mit Lektüre für die weiblichen Familienangehörigen von Künstlern. Daß die 1828 von Erasmus von Engert gemalte junge Frau in einem „Wiener Hausgarten" (vgl. Abb. 20) die Bibel lesend gemalt ist, obwohl der Rückzug in die Natur und die Idylle, in ein „irdisches Paradies", nicht religiöse Lektüre nahelegt, ist wohl dem einfachen Stand der Lesenden zuzuschreiben.

Gegen lautes Vorlesen gibt es keine sittlichen Einwände

Wenn weibliches Lesen nicht zu verhindern war, dann war allenfalls das Vorlesen in geselliger Runde als sittlich tragbare Form weiblichen Lesens zu billigen. So konnte man dem heimlichen, einsamen, intimen Lesen mit allen seinen Gefahren am ehesten begegnen. Anzuraten war eine Verknüpfung des Vorlesens mit anderen Tätigkeiten. Stricken, Sticken, Häkeln boten sich als Handarbeiten an. Die vertane Zeit brachte dann auch noch einen Nutzen, zumal gar nicht sicher war, ob die zuhörenden Damen das Vorgelesene überhaupt begriffen (vgl. Abb. 22).

Ein ganz wichtiges Anliegen der Pädagogen beim Lesen war die Trennung von Hand und Kopf, denn - so fürchtete man - die „Lust am Text" könnte mit der „Lust am Körper" zusammengehen. Vermieden werden mußte ein allmählich sich entfaltendes intimes Verhältnis der Leserin zu ihrer Lektüre, die völlige Hingabe an das Buch.[24] Erfüllt von der Sorge um die sich ausbreitende Volksseuche der Onanie, die einen wesentlichen Anteil an der Sittenverderbnis des 18. Jahrhunderts hatte, machten Ärzte und Pädagogen in zahlreichen Schriften auf die Gefahren aufmerksam.[25] Da man das weibliche nicht wie das männliche Geschlecht für geistbestimmt, sondern für in besonderem Maße der Materie, dem Körperlichen verhaftet hielt, war seine Gefährdung entsprechend groß. Joachim Heinrich Campe widmete sich deshalb in einer „Belehrung und Warnung für junge Mädchen zur frühen Bewahrung ihrer Unschuld" (Wolfenbüttel 1787) ausführlich diesem Problem.

Abb. 21   Wilhelm von Schadow, Agnes d'Alton, um 1815, Öl/Lw., Hamburger Kunsthalle

Wo man - gezeichnet, höchst selten in Öl gemalt - auf weibliche Vorleserunden trifft, überall sitzen die Damen anständig da, nicht etwa mit übereinander geschlagenen Beinen, haben die Hände auf dem Tisch, halten sie einsehbar übereinander gelegt auf dem Schoß oder - und das ist die lobenswerteste Form - nutzen die Zeit zum Strümpfestricken (Abb. 22). Gegen ein solches Lesen in sozusagen gegenseitig sich beaufsichtigender Runde war nichts einzuwenden. Es blieben lediglich die Bedenken einer sich lockernden Isolierung der einzelnen Frau durch zuviel weiblichen Zusammenschluß und einer möglichen nicht mehr kontrollierbaren, eigenen Meinungsbildung.

Lesen unter Aufsicht für Töchter und Ehefrauen möglich

Etwas anders akzentuiert war das Lesen unter väterlicher, mütterlicher, großelterlicher Aufsicht. Es diente dem Ziel, in Grenzen die „Kenntnisse zu vermehren, seine Geisteskräfte zu veredeln und die eingesammelten Kenntnisse zum Besten der Menschheit wieder zu verarbeiten".[26] Dabei ging es um die sorgfältige erzieherische Auswahl einer gesunden, nützlichen und vernünftigen Lektüre. In diesem Rahmen legalisierte die Erziehungsaufgabe auch die Darstellung einer Mutter mit einem Buch, wie das Beispiel der Fürstin Gallitzin zeigt (vgl. Kat.Nr. 92). Ein Buch in der Hand haltend, fragt sie ihren Sohn Dimitri eine Lektion ab. Man hätte sich als weibliches Wesen natürlich nicht in einer solchen Lehrmeisterpose für die Nachwelt in Öl porträtieren lassen - in der zwanglosen, unverbindlichen Silhouette konnte man sich so zur Demonstration zeitgemäß aufgeklärter Erziehung präsentieren.

Meist allerdings hält bei solchen Szenen vorbildlichen Familienlebens der Vater das Buch in der Hand, um den geistigen Führungsanspruch klarzustellen.[27] Ob nun der Vater oder die Mutter mehr in den Vordergrund trat, war nicht so wesentlich. Es war wichtig - vor allem in höfischen Kreisen -, daß man nicht dem Hauslehrer die Auswahl der Lektüre überließ. Katastrophen, wie sie sich fast in Hülshoff zutrugen, wo der Hauslehrer „Die Räuber" von Schiller zur Verderbnis von Annette und Jenny von Droste-Hülshoff ausgewählt hatte und Freidenkerei und revolutionäres Ideengut einschleppen wollte, konnten, dank der geistesgegenwärtigen Aufsicht der die Lektüre ihrer Töchter überwachenden Mutter noch eben verhindert werden.[28] In diesem Sinne schaut auch Sophie Freifrau von Morrien hinter dem Vorhang hervor auf ihre vorlesenden Töchter (vgl. Kat. Nr. 91). Doch es scheint alles in Ordnung. Albertine, Henriette und Charlotte lesen ein christliches Buch.

Verfolgt man die wachsende Zahl der Lesekundigen in Deutschland, die von 1770 bis 1830 von 15 Prozent auf 40 Prozent anstieg[29], dann zeigt z.B. das von Johannes Sprick gemalte Familienbild des Freiherrn von Twickel, wer das Lesepublikum zunehmend verstärkte. Wenn die Hausfrauenpflichten erfüllt, wenn dem Ehegatten, den Söhnen, dem Vater, den Brüdern alles „zu Gefallen" getan war, dann konnten in genrehaftem Zusammenhang auch die Damen unter Aufsicht der Herren für die Nachwelt Zeitung lesend und mit Büchern gemalt werden (vgl. Kat. Nr. 97).

[1] Honegger, S. 151f. – [2] Christa Bürger, Birgit Diefenbach (Hg.), Bettina von Arnim. Ein Lesebuch, Stuttgart 1987 (Brief an Caroline von Günderode), S. 137f. – [3] Campe, S. 51ff. – [4] Campe, S. 126. – [5] Friederike Helmine Unger, Julchen Grünthal, Bd. 1, Berlin 1784, S. 87 – [6] Campe, S. 127. – [7] Justus Möser, Sämtliche Werke, Bd. 4, Oldenburg 1943, S. 106 (Patriotische Phantasien I). Vgl. auch S. 113f. – [8] Karl Ruckstuhl, Geschichte der Lese- und Erholungsgesellschaft in Bonn. In: Bonner Geschichtsblätter, Bd. 15, 1961, S. 39 – [9] Campe, S. 54-67 – [10] Vertraute Briefe über die jetzige abentheuerliche Lesesucht und über den Einfluß derselben auf die Verminderung des häuslichen und öffentlichen Glücks, Hannover 1794. In: Quellen zur Geschichte des Buchwesens, München 1981, S. 122ff. – [11] Johann Rudolph Gottlieb Beyer, Über das Bücherlesen in so fern es zum Luxus unserer Zeiten gehört, Erfurt 1796. In: Quellen zur Geschichte des Buchwesens, München 1981, S. 195 – [12] Campe, S. 66 – [13] Ingeborg Weber-Kellermann, Frauenleben im 19. Jahrhundert, München 1988, S. 29 – [14] „Mimili", eine 1816 erschienene Erzählung von Heinrich Clauren. Mimili, die sechzehn Jahre junge, unschuldige, aufgeweckte Maid aus den Schweizer Bergen, wurde mit ihren „Schwanenhänden", ihren „veilchenblauen Augen" ihren „purpurwürzigen Lippen" zum Schwarm einer ganzen Generation. Wilhelm, ein preußischer Offizier, ein mit dem Eisernen Kreuz in den napoleonischen Befreiungskriegen ausgezeichneter Held, verliebt sich auf der Alpe in das Naturkind. Die Mischung aus kapriziöser Lüsternheit, süßlicher Empfindsamkeit, Natur-, Tugendbegeisterung und Patriotismus machte die Liebesgeschichte zu einem Erfolgswerk der Unterhaltungsliteratur und zu einer unerschöpflichen Beispielsammlung für literarischen Kitsch. – [15] Rousseau, S. 733 – [16] Tagebuch der Frau Medizinalrat Gertrud von Druffel geb. Bucholtz, 1805-1815, Gallitzin-Nachlaß, Bd. 28, Universitäts- und Landesbibliothek Münster – [17] H. Westhoff-Krummacher, Rincklake, Abb. S. 465 – [18] Solche bürgerlichen Wohlstandsbekundungen durch im Hintergrund erscheinende Häuser gibt es im bürgerlichen Bildnis vielfach, z.B. auf Daniel Chodowieckis Kupferstich „Das frohe Alter" 1797, ebenso bei J.C.

Rincklake „Bildnis der Familie Beyerle" 1804 oder auch bei J.H. Rustige „Die Familie Farina" 1836 (vgl. Kat.Nr. 29) – [19] Wie Schenda ausführt, lasen das Kleinbürgertum und die Bauern weiterhin vor allem die Bibel, religiöse Erbauungsliteratur, Volksbücher und Kalender. Um 1800 konnte in Deutschland erst ein Viertel der Bevölkerung lesen. R. Schenda, Volk ohne Buch, Studien zur Sozialgeschichte der populären Lesestoffe 1770-1910, Frankfurt 1977, S. 443f. – [20] Campe, S. 39 – [21] Vgl. ihr Bildnis in der Hamburger Kunsthalle. – [22] Vgl. z.B. Johann Friedrich Dieterich, Der Kaufmann Karl Friedrich Kurtz mit seinen Kindern, um 1815, Privatbesitz Biberach. Abb. Kronberger Frentzen, S. 56 oder Westhoff-Krummacher, Rincklake, Bildnis des August von Galen mit seinen Töchtern im Park vor der Büste seiner verstorbenen Frau (1792), S. 230 m.Abb. oder die Familie des Grafen Merveldt im Park vor der Büste der verstorbenen Mutter (1803), S. 243 m.Abb. – [23] Das Gemälde befindet sich in der Hamburger Kunsthalle. – [24] Helga Meise, Die Unschuld und die Schrift, Deutsche Frauenromane im 18. Jahrhundert, Berlin/Marburg 1983, S. 73ff. – [25] Vgl. die Vielzahl der Titel in der Bibliographie zu: H.H. Groothoff (Hg.), F.H.C. Schwarz, Lehrbuch der Erziehungs- und Unterrichtslehre, Paderborn 1968 – [26] Johann Rudolph Gottlieb Beyer, Über das Bücherlesen in so fern es zum Luxus unserer Zeiten gehört, Erfurt 1796. In: Quellen zur Geschichte des Buchwesens, München 1981, S. 195. – [27] H. Westhoff-Krummacher, Lesende Frauen auf westfälischen Bildnissen. Weibliche Existenz zwischen Strickstrumpf und Gebetbuch. In: Kat. Von den Musen wachgeküßt, Als Westfalen lesen lernte, Paderborn 1990, Abb. 69 u. 70 – [28] Walter Gödden, Annette von Droste-Hülshoff, Leben und Werk. Eine Dichterchronik, Bern 1994, S. 67 – [29] Horst Möller, Vernunft und Kritik. Deutsche Aufklärung im 17. und 18. Jahrhundert, Frankfurt 1986, S. 269

Abb. 22   Ludwig Emil Grimm, Lesekränzchen, 1827, Feder in Grau, Brüder-Grimm-Museum, Kassel

Unter mütterlicher Aufsicht eine nützlich belehrende Lektüre

Eine geradezu musterhafte Erziehung ihrer Töchter Albertine, Henriette und Charlotte kann Sophie Freifrau von Morrien als Ergebnis eines gelungenen Balance-Aktes zwischen höfischer Grazie, begrenzter Bildung, hausfraulichem und religiösem Sinn bieten. Ein aus Frankfurt stammender Wandermaler porträtierte die Familie 1776 auf der Durchreise über Holland nach England. Standesgemäß werden die Töchter ganz à la mode in „Samt und Seide", mit kunstvoll hochtoupierten und gepuderten Frisuren und mit künstlichen Blumen im Haar in ganzer Figur präsentiert. Ganz hinter der Schönheit und Jugend ihrer Töchter zurücktretend, teils noch von einem grünen Vorhang verdeckt, erscheint in unauffälligem schwarzen Schultertuch die Mutter. Ein kostbarer großer Diamantschmuck an ihrer Haube stellt klar, daß sie nicht zum Personal gehört, sondern die Mutter der „drei Grazien" ist.

Die Akzente sind im Sinne einer ausgewogenen weiblichen Erziehung gesetzt, die einerseits fortschrittlich-aufgeklärt, andererseits konservativ ist. Die älteste Tochter Albertine hat ein Buch auf dem Schoß, aus dem sie ihren beiden jüngeren Schwestern belehrend etwas mitteilt, wie der Geste des dozierend erhobenen Zeigefingers zu entnehmen ist. Nicht die Darstellung individuellen Lesevergnügens, sondern die nützlicher Fortbildung ist mit dieser Buchinszenierung beabsichtigt. Damit Albertine jedoch nicht in den Verdacht gerät, ein „gelehrtes Frauenzimmer" zu sein, erscheint neben ihr, sozusagen als retardierendes Moment, ein rosa, mit Spitzenwerk besetzter Handarbeitsbeutel griffbereit auf dem Tisch. Zudem wirft das weiße Leinentuch, das sie zur Schonung des Buches oder ihres seidenen Kleides unter das Buch gelegt hat, ein vorteilhaftes Licht auf ihren sparsamen häuslichen Sinn. In der obersten Zeile des aufgeschlagenen Buches läßt sich der Titel unvollständig entziffern als „La vie de Jesus". Wie die seidenen und samtenen Kleider, die weiß gepuderten, frisierende Kammerjungfrauen voraussetzenden, kunstvollen Frisuren und die feinere Handarbeit, dient ein französisches Buch der Charakterisierung der Töchter als Damen von Stand. Wenn sich auch Albertine dozierend etwas aus dem Rahmen ihrer Zeit herauswagt, das weibliche Ansehen der drei Schwestern wird durch Henriette, die zweitälteste, sichergestellt, die in vorbildlich nützlicher Weise mit einer feineren Handarbeit, einer Filetarbeit, beschäftigt ist.

Die kleinste der drei Schwestern vertritt kokett und selbstbewußt höfische Anmut und Grazie, das dritte, von Frau von Morrien für ihre Töchter erstrebte Erziehungsideal. Mit gezierter Geste hält Baronesse Charlotte ein Maiglöckchen, eine Rose und ein weißes Sternblümchen in der Hand. Mit Bedacht scheint auch der Hintergrund gewählt. Rechts deutet ein großer Spiegel eine höfische Einrichtung an und links dokumentiert ein Bücherregal aufgeklärtes Bildungsstreben. Um auf die pädagogisch-fortschrittliche Lebenseinstellung der Familie hinzuweisen, ist der dunkelgrüne Vorhang beiseite gezogen und die Sicht auf vier Reihen Bücher freigegeben. Der blaue Orden, den die Baronessen an einem gelbgerändertem Band tragen, weist darauf hin, daß die Damen Morrien Stiftsdamen im Tecklenburger Land, in Leeden waren. Um das Ansehen des Stiftes zu heben, gewährte der preußische König Friedrich II. 1743 den Stiftsdamen in Leeden das Führen und Tragen eines eigenen Ordens. Der Orden zeigt einen Anker. Die auf dem Gemälde nur angedeutete Inschrift muß heißen: „einig, klüglich, ruhig, glücklich".

Das schlichte Mobiliar deutet den preußisch-spartanischen Sinn an, die sparsamen Louis Quinze-Formen, daß man im Hause des Dietrich Wilhelm Johann von Morrien, Herr zu Valkenhof, Calbeck, Bimmen und Hamm und seiner Frau Sophie Wilhelmina Albertina von Morrien zu Horstmar seiner Standesverpflichtung nachkommt, „à la mode" zu sein.

Kat.Nr. 91

Friedrich Ludwig Hauck
Sophie Freifrau von Morrien und ihre Töchter, 1776
Privatbesitz

248

Als Fürstin durfte sie das Buch halten

Das Hinterglasbild (in der Ausstellung wegen des ganz fragilen Erhaltungszustandes nur im Foto) stellt „schwarz auf weiß" in Scherenschnittart in den Umrissen erstarrt eine häusliche Unterrichtsstunde der Kinder Gallitzin dar. Fürstin Gallitzin und Freiherr von Fürstenberg beschäftigen sich ganz demonstrativ mit der Erziehung der Kinder. Unausweichlich eingeklemmt steht der zwölfjährige Prinz Demetrius von Gallitzin, genannt „Mitri", zwischen den sitzenden Erwachsenen. Die Fürstin hält ein Büchlein oder ein Heft hoch. Den Lernerfolg kontrollierend, sieht sie ihren Sohn erwartungsvoll an, während Fürstenberg in einer Geste des Zuspruchs und der Ermutigung dem Prinzen die Hand auf die Schulter legt. Er ist der Mittelpunkt der Szene, während „Mimi", die dreizehn-jährige Prinzessin Marianne, nur als Randfigur, sozusagen „im zweiten Glied", hinter dem Stuhl der Mutter erscheint. Bezeichnenderweise wird die Erziehung des Sohnes als besonders wichtig herausgestellt.

Hochrückige Stühle in Louis-Quinze-Formen, schwere Stoffportièren mit Fransen und Quasten, ein Konsoltisch am linken Rand und ein Sekretär rechts kennzeichnen die „herrschaftliche" Umgebung. Auch der im Raum getragene, spitzendekorierte Hut signalisiert den Rang, der in Erziehungsfragen so vorbildlichen fürstlichen „Schulmeisterin Westfalens". Eigentlich wäre es dem Freiherrn von Fürstenberg zugekommen, das Buch zu hal-ten, um die vorrangige geistige Führungs- und Erzieherrolle des männlichen Geschlechtes zu unterstreichen. Doch als ranghöchster Persönlichkeit in Münster und pädagogisch besonders ambitionierter Mutter mußte man ihr eine Sonderrolle zugestehen. Fürstin Gallitzin war hierzulande nicht die einzige Mutter von Stand, die sich für die Wissenserziehung ihrer Kinder einsetzte. Auch von Freifrau von Ketteler, der Gräfin Merveldt geb. von Pergen und von Freifrau von Droste zu Hülshoff ist z.B. bekannt, daß sie sich intensiv - schon wegen der Gefahr revolu-tionäre Ideen einschleppender Hauslehrer - um die Erziehung ihrer Kinder kümmerten.

Möglicherweise geht das Hinterglasbild auf einen 1782 im Münsterischen Intelligenzblatt inserierenden „Silhouettier" zurück. Hier heißt es: „Ein fremder Silhouettier macht den hiesigen hohen Herrschaften, und einem geehrten Publikum bekannt, daß er nach der neuesten Art die ganze Person auf Glas sehr accurat silhouettiert und verspricht sich hier auch bestens zu rekommendiren. Liebhaber können sich melden auf der Jüdefelder Straße im halben Mond."

Kat.Nr. 92

Unbekannter Silhouettier
Fürstin Amalia von Gallitzin beim Unterricht ihrer Kinder, 1782
Stadtmuseum, Münster

Eine feinsinnige Vertreterin der „Empfindsamkeit" nicht lesend, sondern fühlend im Park

Auf den ersten Blick nimmt sich das Bildnis der lesenden Baronesse Rosine Alexandrine von Korff-Schmising bedenklich aus. Die Freckenhorster Stiftsdame hat sich in den Park zurückgezogen, um dort „unkontrolliert" zu lesen. Vor einer Pyramide, im Schatten alter Bäume, umblüht von Rosen und Vergißmeinnicht, hat sie ein abgeschiedenes Plätzchen gefunden. Die Pyramide als Denkmal der Freundschaft, das Hündchen als Symbol der Treue zu ihren Füßen, im Hintergrund die kleine Brücke als Zeichen der Verbundenheit, ein Tempel mit flammenden Herzen als Wetterfahne, dekoriert mit einem Kränzchen, in dem eine Kerze brennt, und beschriftet in goldenen Buchstaben „TEMPLE D'AMITIÉ", weisen auf den Inhalt des Buches hin. Es handelt sich um ein Freundschaftsalbum, darin alle ihre Freunde in Schattenrissen. „SILHOUETTES CHERIES" steht mit zierlichen Buchstaben darauf. Und um das richtige Verständnis ihres Bildnisses sicherzustellen, ließ sie es rückseitig beschriften : „Rosina Alexandrina Chanoinesse in Freckenhorst hat sich 1792 so malen lassen, denkend an ihre guten Freunde und Freundinnen, wo unter gewiß ihre Geschwister gehören und empfiehlt sich werthen andenken bestens." Eine mit so viel feinsinnigem Bedacht inszenierte Empfindsamkeit rechtfertigte ein Damenbildnis mit Buch, zumal der Inhalt der Freundschaft galt, die als Weg zu Tugend, Sittlichkeit und Religion in dieser Zeit als Ersatzreligion zählte.

Im Rahmen der um 1770 in Deutschland voll zum Ausbruch gekommenen Zeitströmung der „Empfindsamkeit" war eine weibliche Profilierung durch Gefühle möglich. Denn Frauen war zwar kein Verstand (nur ein Kleinigkeitsverstand), dafür aber Gefühlsentfaltung zugestanden. Rosine von Korff-Schmising, eine typische Vertreterin der Empfindsamkeit, erfaßte und nutzte die weiblichen Chancen dieser Zeitströmung. Sie korrespondierte mit dem Maler Rincklake, förderte ihn, ließ sich acht Mal von ihm malen, um ihr Bildnis an Geschwister und Freunde zu verschenken, pflegte - über westfälische Konventionen sich hinwegsetzend - Freundschaften mit preußischen, dazu noch protestantischen Adeligen. Man rühmte ihr „gutes Hertz und Denkungsahrt", ihre so „niedliche Einrichtung" des Wohnzimmers und ihre vielen „Liebhaberreyen von Kunst und Künsteleien" (Westhoff-Krummacher S. 517), dazu gehörte auch die Kunst des Scherenschnittes, die Freunde und Freundinnen schwarz auf weiß im Profil verewigte.

1792, 42jährig, unverheiratet und damit ihren Hauptlebenszweck, ihre weibliche Bestimmung als Gattin, Hausfrau und Mutter verfehlend, mußte sie, die als „ein überflüssiges Glied der menschlichen Gesellschaft" anzusehen war, in dem Freundschaftskult ein Mittel sehen, Geltung und Anerkennung zu gewinnen. Denn die Freundschaft zählte mehr als die elterliche, geschwisterliche und sogar eheliche Liebe. Sie galt als ihre reinste und höchste Form.

Kirchturm und Strickstrumpf sichern den Ruf

Friedrich Wasmann malte seine elfjährige Schwester. Sie sitzt in halber Figur nach rechts gewandt an einem bild-parallel als Brüstung erscheinenden Tisch, auf dem Näh- und Strickzeug liegt. Sie hat den Strickstrumpf beiseite gelegt und liest in einem Buch. Durch das geöffnete Fenster sieht man über Dächer hinweg den Turm der Hamburger Petrikirche. Das Buch in ihrer linken Hand ist nicht nur Attribut oder Accessoire. Hier ist weniger das Buch, als das in feinsten mimischen Nuancen sich widerspiegelnde wache, aufmerksame, mitdenkende Lesen gemalt.

Der erst 17jährige Bruder zeichnete seine Schwester 1822. Auf der Grundlage dieser in der Hamburger Kunsthalle befindlichen Zeichnung und einer zweiten, 1828 datierten, in der Sammlung Oskar Reinhart in Winterthur entstand das gemalte Bildnis. Er verbarg ihre körperlichen Gebrechen - seine Schwester war verkrüppelt -, malte aber ungeschönt, wenn auch sehr liebevoll ihr etwas grobknochiges Gesicht, den eigenwillig geformten Mund, die kurze Nase und die auffallend hohe, breite und das Gesicht bestimmende Stirn. Aus nahem brüderlichen Umgang scheint hier ganz unbefangen realistisch die Individualität gemalt und noch nicht im Sinne der Konvention ein korrigiertes Gesicht wiedergegeben zu sein, was in den beiden Zeichnungen noch deutlicher als in den Gemälden zum Ausdruck kommt. Es hätte im Sinne weiblicher Stilisierung eine Verkürzung der dominierenden Stirn nahe-gelegen.

Doch was schicklich und notwendig für den guten Ruf seiner kleinen Schwester war, wußte der 17jährige Porträtist bereits. Um seine lesende Schwester nicht dem Verdacht auszusetzen, Ambitionen zu einem „gelehrten Frauen-zimmer" zu haben, sicherte er das ihm ganz selbstverständliche Lesen für die Mit- und Nachwelt ab. Ein Nähkäst-chen, ein Strickzeug, ein bereits fertiger Strumpf machen deutlich, daß seine kleine Schwester Minna über der ihr eigentlich nicht zukommenden „Kopf"-arbeit des Lesens ihre weiblichen „Hand"-arbeitspflichten nicht vergißt. Der im Fensterausschnitt erscheinende Kirchturm kennzeichnet sie als frommes Mädchen und weist die Lektüre als unbedenklich aus. Auch wird Minna aus dem Lesen keinen geistigen Geltungsanspruch ableiten; sie ist ein bescheidenes Mädchen, das sich mit wenigem begnügt, wie das unscheinbare, in einem Fadenglas auf den Tisch gestellte Blümchen als Hinweis auf ihre Anspruchslosigkeit dartut.

Die dem Bildnis vorausgehende Hamburger Zeichnung zeigt ein fast gleichgewichtiges Lesen und Handarbeiten, die 1828 datierte Zeichnung läßt keinerlei absicherndes Strick- und Nähzeug erscheinen. Hier steht das Lesen ganz im Vordergrund und auf der nach 1828 erfolgten Umsetzung der Zeichnung in ein gemaltes Bildnis erhalten das Strick- und Nähzeug ein größeres Gewicht. Auf dem Höhepunkt biedermeierlicher Reglementierung war beson-dere Vorsicht geboten. Nun spricht aber auch alles übrige dafür, daß Minna Wasmann ein ordentliches Mädchen ist, so die mit keinem Löckchen eitle, sondern nur nützliche und praktische Haarfrisur. Das sorgsam gescheitelte Haar ist streng hochgekämmt und in ebenmäßigen Flechten in einem Zopf zusammengelegt, der, mit einem Schildpattkamm befestigt, als Kränzchen auf dem Kopfe liegt. Die vorderen Haare sind ganz straff mit ganz kleinteilig geflochtenen Zöpfchen zurückgebunden, damit sie beim Stricken und Sticken nicht ins Gesicht fallen und die Handarbeiten behindern (vgl. Kat. Nr. 49). Auch das solide, hochgeschlossene, langärmelige Kleid mit dem blütenweißen, Bravheit, Sauberkeit und Ordnungssinn suggerierenden Kragen, stellen Minna Wasmann das Zeugnis eines braven Mädchens aus.

Kat. Nr. 94

Friedrich Wasmann
Minna Wasmann, die Schwester des Künstlers, um 1828
Hamburger Kunsthalle

Etwas lyrische Lektüre in der Natur möglich

Nur ein Büchlein bei sich, den Menschen und aller Häuslichkeit entrückt sitzt die westfälische Baronesse Amalie von Heereman-Zuydtwyck hoch über dem Wesertal an einen Eichbaum gelehnt. Der Natur ganz nahe, wachsen Wildkräuter und Farne um sie herum.

Das Schloß, Sitz ihrer Familie, das Dorf Herstelle mit der Kirche, das man nur noch als blasses Strichwerk am jenseitigen Ufer erkennt, ließ sie weit hinter sich. Abgeschieden, im Frieden der Natur, hat sie gelesen. Von dem Gesehenen angerührt, blickt sie für einen Augenblick mit einem Anflug von Lächeln auf.

Der Rückzug in die Natur deutet darauf hin, daß sie nicht in einem Gebetbuch las, denn die Natur war - wie vielfach in den Bildnissen der Zeit zu beobachten ist - ein Ort, wo man frei von allen Zwängen sich auf sich selbst besann. Daß die Lektüre von „Malchen" im Rahmen des Sittsamen und Tugendhaften bleibt, dafür spricht das Kreuzchen, das sie an einem Band um den Hals trägt.

Weil Gefühle zu dem wenigen gehörten, was Frauen an persönlicher Äußerung zugestanden war, mag die westfälische Baronesse durchaus in einem Gedichtbändchen gelesen haben.

Kat.Nr. 95

Ludwig Emil Grimm
Amalie von Heereman-Zuydtwyck, 1827
Privatbesitz

Mit Nähtisch in den Park

Eine junge Frau sitzt in einer Parklandschaft, von Rosenbüschen gerahmt, vor einer Trauerweide. Obschon es Sommer ist, trägt sie, tugendhaft züchtig alles verhüllend, ein langes, hochgeschlossenes Kleid mit langen Ärmeln. Nur die blütenhaft auf dem Kopf sich türmenden Spitzen und Schleifen deuten auf etwas modische Hoffart. Hinter der fast ein Drittel des Bildes einnehmenden Trauerweide sieht man links einen sich schlängelnden Fluß, eine Hügelkette und dahinter die aufgehende Sonne. Die junge Frau hält ein - für den Betrachter einsehund lesbares - auffällig groß ins Bild gebrachtes Buch auf dem Schoß. Darin liest man: „Wenn der Grab / gesang im Thal / verhallet / bricht vielleicht schon euer / Morgen an." Mit ihrer rechten Hand weist sie mit bedeutsam herausgestellter Geste auf den blühenden Rosenbusch vor sich, der noch im Dunkeln steht, während die Blätter des Rosenbusches hinter ihr in hellem Licht glänzen. Auch ihre Gestalt, ihr Kleid, ihr Gesicht erstrahlen im Licht. Eine schöne, lyrisch empfindsame Seele scheint hier Dichtkunst und Natur gleichermaßen hingegeben.

Ihre Sendungsbewußtsein signalisierende Geste, der selbstbewußte, männlich zielgerichtete Blick, das anspruchsvoll reine Profil und das betont ins Bild gebrachte Buch bekunden einen für ein weibliches Wesen kühn sich herauswagenden geistigen Mitteilungsanspruch. Hier mag es um Tod und Leid in pantheistischem Fühlen und Denken gehen - dafür stehen die Trauerweide und die im Schatten stehenden Rosen - aber zugleich auch um die fortwährende, lebenbeweisende Verwandlung der Natur und die daraus erwachsende Hoffnung, die in den Bildern der aufgehenden Sonne, dem seine Bahn suchenden Fluß und in dem Licht, das auf die Trauerweide, den Rosenbusch und die junge Frau fällt, ihren symbolischen Ausdruck finden.

Ein solch geistiges, mit missionarischem Anspruch Sichexponieren ist - zumal am frühen Morgen -, wo man eigentlich weibliches Hausfrauenwirken erwarten kann - auch für eine Standesperson nicht ohne Absicherung möglich. Zwar legitimieren der tod- und grabbezogene Inhalt des Buches ein Lesen in der Natur. Dennoch, so viel weibliche „Kopf"-arbeit, so viel geistigen Führungsanspruch konnte man so nicht einfach stehen lassen. Da mußte die „weibliche Bestimmung" zur „Hand"-arbeit massiv ins Bild gebracht und ein schwerer Nähtisch (mit sittlich vorbildlichem „Nähkissen", vgl. S. 167) in den Park geschafft werden.

Wahrscheinlich handelt es sich um ein Memorialbild, einen bildlich gestalteten Totenzettel zur Erinnerung an die verstorbene Dargestellte. Dies würde auch den geistigen Sendungsanspruch entschuldigen, der lebend nicht, tot aber zugestanden war.

Kat.Nr. 96

Friedrich Fleischmann
Maria Hedwig Sibylla Freiin Haller von Hallerstein, um 1831
Bildarchiv Preußischer Kulturbesitz, Berlin

258

Fr. Fleischmann del. & sculp.

259

Lesen unter männlicher Aufsicht

Verfolgt man die wachsende Zahl der Lesekundigen in Deutschland, die von 1770 bis 1830 von 15 Prozent auf 40 Prozent anstieg, dann erfährt man auf dem Familienbild der Familie des Freiherrn von Twickel, wer das Lesepublikum zunehmend verstärkte. Nachdem das lesende Frauenzimmer mit der rechten Lektüre versorgt, eine Lieblingsvorstellung der Moralischen Wochenschriften geworden war, konnten auch die Damen des westfälischen Adels es wagen, wenn die häuslichen Arbeiten nachweislich nicht vernachlässigt wurden, sich mit Büchern für die Nachwelt malen zu lassen.

Die Familie des einstigen fürstbischöflichen Oberstküchenmeisters und fürstlich münsterschen Erbmundschenken, Baronin Franziska von Twickel geb. Freiin von Rump, Tochter Viktorine, Sohn Joseph, Rittmeister in preußischen Diensten (sitzend), Sohn Louis, preußischer Hauptmann (rechts von dem alten Herrn) und Sohn Carl (stehend, im Profil) haben sich zum Tee eingefunden. Auf einem großen ovalen Tisch hat „Marie Margriet", deren Kopf im Türfenster erscheint, den Herrschaften den Tee serviert. Da alle Herren damit beschäftigt sind, ihre schönen langen Pfeifen unter Dampf zu halten und daher wohl nicht sehr gesprächig sind, müssen sich die Damen schon selbst unterhalten.

Baronin Franziska hat zur Zeitung - vermutlich ist es das Münstersche Intelligenzblatt - gegriffen, um daraus Mitteilenswertes zu berichten, und auch Tochter Viktorine ist zu geistiger Selbstversorgung übergegangen. Vor ihr liegen fünf Bücher und zwei Zeitungen. Ganz eindeutig ist die Lektüre nicht mehr den Herren, sondern den Damen zugeordnet. Doch um das weibliche Image zu wahren und um auch einen Ausgleich zu ihrer zeitunglesenden Mutter herzustellen, hat Viktorine die Bücher beiseite gelegt und die Häkelarbeit zur Hand genommen. Bezeichnenderweise ist Viktorine auf einem auf das Familienbild zurückgehenden Einzelbildnis nicht mehr mit Zeitungen und Büchern, sondern mit Häkelzeug und einem Briefchen dargestellt. Ohne männliche Aufsicht und ohne den genrehaften Zusammenhang des Familienbildes wären so viele Bücher und Zeitungen als Attribute einer Frau unschicklich.

Kat.Nr. 97

Johannes Sprick
Die Familie des Freiherrn Clemens August von Twickel beim Tee in Haus Havixbeck, um 1840
Westfälischer Privatbesitz

Vollmond und Lektüre haben sie um den Rest ihres weiblichen Verstandes gebracht

Ergriffen von ihrer Lektüre, schaut die junge Leserin - wonnetrunken, tränenselig und nach Liebe schmachtend - zum Mond. Wie man im Schimmer des Mondlichts deutlich entziffern kann, hat sie gerade „Mimili", eine 1816 erschiene Erzählung von Heinrich Clauren mit inbrünstiger Anteilnahme gelesen, die Geschichte von einem 16jährigen, unschuldigen, aufgeweckten schweizer Bergmaidli, dem auf der Alm mit allen vorhersehbaren Komplikationen Wilhelm, ein „Herr Ritter des eisernen Kreuzes", ein preußischer Offizier, begegnet. Die eine ganze Lesergeneration in höchste Mimili-Euphorie versetzende Erzählung war durch eine selten geglückte Mischung aus Tugend- und Naturschwärmerei, frivoler Rokoko-Sinnlichkeit, Empfindsamkeit und Patriotismus eine mit Genuß verschlungene Bestseller-Lektüre des Biedermeier.

Alle bedenklichen Symptome, die Pädagogen und Hausväter weiblicher „Lesewuth", „Lesesucht", „Leselust" und „Leseluxus" warnend entgegenbrachten, faßt Hasenclever hier persiflierend zusammen. Welche Wahllosigkeit, welches Durcheinander weiblicher Leserei zeichnet sich in den vielen auf der Fensterbank gestapelten, auf dem Tisch ausgebreiteten Büchern und Broschüren ab! Alle Gefahren, die heimliches süchtiges, nächtliches Lesen in „wollüstiger Ruhe" (Campe, S. 59), im erotischen Dunstkreis des Bettes nach sich ziehen, sind von Hasenclever in den sich abzeichnenden Auflösungserscheinungen, dem herabgleitenden Hemd, dem fallenden Haar erfaßt. Den befürchteten völligen Realitätsverlust, die Verwirrung der Gefühle, das in den nervlichen Ruin führende Lesen hat Hasenclever voll im Blick. Eine Diagonale, die über die vom Mondschein erhellten Titel ihrer Lektüre, von Werther's Leiden, über einen Brief an die „Innigst geliebte Fanny" und Heinrich Claurens „Mimili" auf ihren goldgerahmten Liebsten an der Wand, einen schnurbärtigen Husaren, hinführt, läßt das ganze Ausmaß der Gefühlsverwirrung erahnen. Vollmond und Lektüre haben sie um den Rest ihres weiblichen Verstandes gebracht. Sie scheint am Ende den Brief an die „Innigst geliebte Fanny" für ein „billet doux" von Goethe und ihren Husaren-Liebsten für Mimili's „Ritter Wilhelm" zu halten.

Bemerkenswert ist, daß Hasenclever diese Art weiblichen Lesens moralisch nicht kritisiert, daß er z.B. nicht wie Ramberg bei seiner Federzeichnung einer Gelehrten (vgl. Kat. Nr. 103) die verheerenden Auswirkungen solcher Leserei auf das Hauswesen miteinbezieht.

So zutreffend Hasenclever die Einwände gegen weibliches Lesen malt, die Kritik gilt nicht so sehr weiblichem Lesen, als - wie Knut Soiné in seiner Monographie über Johann Peter Hasenclever ausführt - einer gefühlsseligen, romantischen Lebenshaltung und dem literarischen Massengeschmack, der „Werther" und „Mimili" gleichermaßen erfolgreich machte. Die Zielrichtung der Kritik bestätigt auch die Herkunft des Motives der „Sentimentalen", das Hasenclever 1826 Wilhelm Hauffs Persiflage auf Heinrich Claurens Mimili „Der Mann im Mond oder der Zug des Herzens ist des Schicksals Stimme" entnahm. Mit der „Sentimentalen", mit der Aufbietung von Romanen, Rosen und Erotik, von Mondlicht, Tränen und viel Wasser, von Wehmut, Sehnsucht und Ergriffenheit, von Leiden, Liebe und Tod, durch die Kumulation von Gefühlen, Reizen und Effekten wollte Hasenclever aber auch die realitätsfernen, edel- und hochgestimmten, sentimentalisierenden, „mimilisierenden" Tendenzen der Düsseldorfer Malerei kritisieren und dies deshalb mit besonderem Anreiz, weil der Direktor der Akademie Schadow, wie Soiné schreibt, dem preußischen Hofrat, dem berühmten Mimili-Schriftsteller Heinrich Clauren, auch noch den Hof machte.

Kat.Nr. 98

Johann Peter Hasenclever
Die Sentimentale, 1846
Kunstmuseum, Düsseldorf

„Er liest in der Kölnischen Zeitung und teilt ihr das Notwendige mit"

Dargestellt ist der Barmer Bänder- und Litzenfabrikant Johann Wilhelm von Eynern, seine Frau Johanna Katharina geb. Rittershaus, und seine 42jährige, unverheiratete Tochter Nanette. Das Bild entstand nach dem Tod der Eltern, vermutlich im Auftrag der Tochter Nanette. Posthum gibt es das typische Beieinander der Familie wieder. In einem karg möblierten Raum, den weder ein Teppich noch ein Bild oder Blumen wohnlicher machen, ist die dreiköpfige Familie um einen Tisch sitzend arrangiert. Der Vater liest aus der Barmer Zeitung die seinen Damen zuträglichen Passagen vor. Die Situation entspricht fast der von Wilhelm Busch in der „Kritik des Herzens" gereimten: „Bei eines Strumpfes Bereitung / Sitzt sie im Morgenhabit / Er liest in der Kölnischen Zeitung / Und teilt ihr das Nötige mit."

Das Oberhaupt der Familie ist dem Betrachter am nächsten und in ganzer Figur dargestellt. Die Vorhänge der Gardine überhöhen und rahmen ihn. Wahrscheinlich ist es nicht zufällig, daß er vor dem Fenster angeordnet ist. Das Fenster mag seine Beziehung zur Außenwelt verdeutlichen (ähnlich Kat. Nr. 15). Als männliches Wesen zu Aktivität bestimmt, ist er dynamisch und agil in Dreivierteldrehung der Figur gegeben. Wie an seinem Kontortisch Anordnungen treffend, sitzt er mit ausgestreckten Armen und weisender Geste an dem Tisch. Mit Zeitung, Schnupftabaksdose, Lupe und Spucknapf hat er ihn fast ganz für sich in Beschlag genommen. Das Strickzeug der Gattin, das Gebet- oder Gesangbuch der Tochter, liegen am Tischrand und der Handarbeitsbeutel der Tochter hat nur auf dem Fußboden Platz. Die Mutter erfährt eine gewisse Hervorhebung durch den Paravant und ein sie inthronisierendes Fußbänkchen. Das eine schützt sie vor der Zugluft der Tür, das andere vor der Kälte des Steinfußbodens. Der sie einschachtelnde Paravant betont aber auch - im Gegensatz zu dem hinter dem Vater aufragenden Fenster - den kleineren Maßstab ihrer Welt (ähnlich Kat. Nr. 15).

Die unverheiratete Tochter, die ihre „Bestimmung als Gattin und Mutter" verfehlt hat, bleibt als gesellschaftliche Randfigur ohne Hervorhebung. Bei den Frauen ist ihre statische, frontale und symmetrische Anordnung bezeichnend, ebenso die Gesten, die nicht über den Umriß der Figur hinausweisen. Die Mutter hat die Hände, wie betend, ausruhend ineinandergelegt. Eine solche Geste der Untätigkeit ist in der Porträtmalerei des Biedermeier bei einem weiblichen Bildnis höchst selten, denn Frauen müssen immer beschäftigt sein. Sie ist der Dargestellten möglicherweise nur deshalb zugestanden, weil sie schon verstorben ist. Auch die Hände der straminbestickenden Tochter entfalten nur im kleinen Stich für Stich Aktivität. So ist der Eindruck weiblicher Ruhe und Passivität gewährleistet und der Eindruck der männlichen Aktivität gesteigert.

Dem rheinischen Genremaler gelingt es nicht nur, mit unauffälligen Mitteln nuanciert die patriarchalische Struktur der Familie sichtbar zu machen, sondern auch die Besonderheit des pietistisch geprägten Wuppertaler Unternehmer-Milieus zu charakterisieren. Hier ist man in allem gediegen, aber im beginnenden Maschinenzeitalter werktäglich nüchtern, schmucklos und sparsam. Man gibt das Kapital nicht aus, sondern reinvestiert es. Man hält an alten Formen und Normen fest, wie der Hauptgegenstand der Einrichtung, der solide Tisch aus der guten alten Zeit des „Louis Seize" dartut. Nur so, immer tätig, Seelenheil und das Geschäft im Blick, mit Gebetbuch, Zeitung und Gottes Hilfe kann man es zu etwas bringen!

Kat.Nr. 99

Peter Schwingen
Die Familie des Johann Wilhelm von Eynern, 1846
Kunstmuseum, Düsseldorf

Ein Kirchturm im Hintergrund signalisiert eine sittlich zuträgliche Lektüre

Eine junge Frau sitzt lesend an einem halbgeöffneten, weinlaubumrankten Fenster, durch das man im Tal ein Dorf und eine Kirche sieht. Sie ist ganz in die Lektüre vertieft. Es ist ein nach der Erfüllung aller Hausfrauenpflichten verdientes und zugestandenes Lesen. Es mag Sonntag oder Abend, nach der Woche oder des Tages Arbeit, sein. Das Hauswesen ist wohlgeordnet und versorgt, dafür sprechen die Schlüssel auf dem Tisch. Sie liest mit unschuldigem Sinn, wie das betont kindliche, im Profil gegebene Gesicht klarstellt.

Das Lesen bleibt im Rahmen des Sittsamen und des Frommen. Denn ihre Kleidung mit dem weißen Haarkäppchen und die Butzenscheiben des Fensters bekunden ihren rechtschaffenen altdeutschen Sinn. Die Kirche im Hintergrund läßt auf ihr frommes Gemüt schließen. Es ist erstaunlich, daß bei einer so spät, um 1850 entstandenen Darstellung einer Lesenden alle Absicherungen des guten Rufes mit so viel Bedacht, möglicherweise schon mit einer gewissen Nostalgie, wahrgenommen werden.

Kat.Nr. 100

Caroline von der Embde
Lesendes Mädchen am Fenster, 1850/55
Staatliche Museen Kassel, Neue Galerie

Wenn das Lesen nicht überhand nimmt, eine ideale Ehefrau

Vermutlich malte der 20jährige Maler 1854 eine seiner drei Schwestern. Nach der Familienüberlieferung soll die Dargestellte seine 14jährige Schwester Josephine (geb. 1839) sein.

Den Kopf leicht geneigt und auf die Hand gestützt sitzt sie, ein Buch lesend oder betrachtend, an einem Tisch. Der mitfühlende Gesichtsausdruck läßt auf einen traurigen, die auf dem Tisch stehende Vase mit Lilienblüten, auf einen frommen unschuldigen Inhalt des Buches schließen. Wenn man ein junges Mädchen so demonstrativ als Lesende zeichnete, dann war dies nur mit Absicherungen möglich, sollte nicht ihr guter Ruf in Gefahr geraten. Die Lilie, das Symbol der Reinheit, rückt sie in die Nähe der Verkündigungs-Maria.

Das nur knapp dem Tisch aufliegende Buch spricht dafür, daß Josephine Schmitt die Zeit nicht mit Lesen vertun will, sondern sich ihrer Pflichten bewußt ist. Es soll ja ein vorteilhaftes Bild von der 14jährigen, bald heiratsfähigen Schwester entstehen! Sie wird als fromm, rein und von schönem Gefühl vorgestellt. Nach dem demütig gesenkten Kopf, dem milden Gesichtsausdruck, dem weich fallenden Gewand ist sie auch ein sanftes, nach der modefernen Kleidung kein eitles und nach dem kräftigen aufgestützten Arm auch ein zupackendes, arbeitsames Mädchen, alles in allem, wenn das Lesen nicht überhand nimmt, das Ideal einer künftigen Ehefrau.

Kat.Nr. 101

Guido Philipp Schmitt
Lesendes Mädchen, 1854
Kurpfälzisches Museum, Heidelberg

Heidelberg, 30 April 1854.
Guido Schmitt.

Schriftstellernde und dichtende Frauen

Die unermüdlichen Hinweise der Pädagogen auf die natürlichen Aufgaben der Frau und die immer wieder konstatierte Rollenfestlegung als Gattin, Hausfrau und Mutter führte dazu, daß man bis in die Mitte des 19. Jahrhunderts kaum eine gemalte Frau schreibend oder an einem Schreibtisch sitzend antrifft. Ausgenommen davon waren Regentinnen, die schreibend, vor allem unterschreibend, „von Gottes Gnaden" hoheitliche Aufgaben wahrnahmen. Aber auch bei Königstöchtern gab es Schwierigkeiten. „Würde er (der König) mich je lesend oder schreibend gefunden haben, so hätte er mich vielleicht durchgepeitscht...", berichtet Wilhelmine von Bayreuth, die Schwester Friedrichs des Großen.[1]

In einer Zeichnung, im Scherenschnitt mag schon einmal ein weibliches Wesen ein Briefchen schreibend am Schreibtisch erscheinen. Aber auch hier entdeckt man Akzentuierungen, die spöttelnd andeuten, daß Frauenzimmer am Schreibtisch nicht ganz ernst zu nehmen sind und sich wohl intellektuell übernehmen. Ebenso trifft man auf kleine, aber wichtige rufabsichernde Attribute. So zeigt ein Scherenschnitt den Maler und Schriftsteller Wilhelm von Kügelgen und seine Frau Julchen geb. Krummacher. Während er malend an der Staffelei steht, sitzt sie schreibend an einem Biedermeiersekretär. Um nicht in den Verdacht zu kommen, über ihren Schreibereien ihre Pflichten als Hausfrau zu vergessen ist zur beruhigenden Kenntnisnahme des Betrachters mit Wollknäuel und langem Faden ein Strickzeug hinzusilhouettiert (vgl. Abb. 23). Daß Sophie von La Roche (1731-1807) und Therese Huber (1764-1829), daß beide Schriftstellerinnen ohne Zugabe eines Strickstrumpfes 1799 in Kupfer gestochen bzw. um 1820 am Schreibtisch arbeitend dargestellt werden konnten, ist u.a. dem Umstand zu danken, daß beide alle ihre weiblichen Funktionen mehr als erfüllt hatten. Sophie La Roche hatte acht, Therese Huber zehn

Abb. 23   Unbekannter Künstler, Der Maler Wilhelm von Kügelgen und seine Frau Julchen, um 1830, Scherenschnitt, Verbleib unbekannt

Kinder geboren. Sophie La Roche errang 69jährig, Therese Huber als „greisende Matrone", 53jährig, eine halbwegs akzeptierte Position am Schreibtisch. Beide waren Witwen. Für den Ehegatten ergaben sich also keine Nachteile aus der Schreiberei.

Eine denkende, dichtende oder schreibende Frau verschwendet ihre Zeit

Doch einem Scherenschnitt, einer Zeichnung kamen nicht der Rang und die Vorbildfunktion eines Ölgemäldes zu. Sie waren nicht für den Weg durch die Generationen bestimmt. Dagegen wäre es für das weibliche Image, für den guten Ruf bei Zeitgenossen, Kindern und Nachkommen, eine Art Selbstvernichtung, ein völliges „aus dem Rahmen seiner Zeit Fallen" gewesen, sich in einem Gemälde als Frau am Schreibtisch porträtieren zu lassen. Mit Tinte und Feder gemalt zu erscheinen, hieß, gegen den Willen der Natur, gegen die bürgerliche Ordnung und gegen den dem männlichen Geschlecht zukommenden geistigen Alleinvertretungs- und Führungsanspruch zu verstoßen.

Mit der Rolle eines kindergebärenden und stillenden Naturwesens bedacht, nach noch unangefochten geltender aristotelischer Zeugungsbiologie nur zu passiv aufnehmender, nährender Muttermaterie bestimmt, deshalb auch von der Natur ganz begrenzt mit Geist ausgestattet (vgl. S. 166), war es für ein weibliches Wesen geradezu lächerlich und anmaßend, sich schriftstellernd im Bildnis zu verewigen und auf sich aufmerksam zu machen. „Nur Närrinnen machen von sich reden, die anständigen Frauen erregen kein Aufsehen."[2] Eine in Öl gemalte, in Gold gerahmte Frau am Schreibtisch wäre ein Affront gegen die zeugende und damit allein kreative und allein geistbegabte Männlichkeit gewesen. Ob dichtend oder als Gelehrte schriftstellernd dargestellt, eine solche Form der Präsentation war von vornherein lächerlich, denn bei weiblichem Denken, Dichten und Schreiben konnte doch nichts herauskommen (vgl. Kat. Nr. 103 u. Nr. 108)!

Nicht denken, sondern lachen

Nach Rousseau und wie, ihm folgend, variantenreich bei vielen anderen vermerkt, „besitzen die Frauen zu wenig Geistesschärfe, um es in den exakten Wissenschaften zu etwas zu bringen". Und da ihnen „die Kunst zu denken zwar nicht fremd ist, sollen sie die Wissenschaften nur leicht streifen".[3] Ernstliches geistiges Streben führte bei einer Frau zu nichts. Es war Zeitverschwendung. Die Entfaltung weiblichen Geistes brachte nur Komplikationen, Auseinandersetzungen und störte den patriarchalisch geordneten Tages- und Lebensablauf. „... eine schöngeistige Frau", so sah es Rousseau, „ist die Geißel ihres Mannes, ihrer Kinder, ihrer Freunde, ihrer Diener, aller Welt..."[4]

Ob in bürgerlichem oder höfischem Rahmen, schöngeistige, schreibende, dichtende oder denkende Frauen fielen überall unangenehm auf: „Wie kann ein Mann ein Ding lieben, das ihm zum Trotze, auch denken will? Ein Frauenzimmer, das denkt, ist ebenso ekel, als ein Mann, der sich schmincket. Lachen soll es, nichts als lachen, um den gestrengen Herrn der Schöpfung bei guter Laune zu erhalten", charakterisiert Gräfin Orsina in Lessings „Emilia Galotti" die Einstellung der Herren bei Hofe.[5] Wie kann man solche Frauen auch noch denkend, „mit Ähnlichkeiten von Gedanken scharmützelnd", darstellen, zumal doch auch „alle Huld des Weibes vergeht, so wie sie von Gedanken gefangen wird". „Man halte also ... alles Peinliche und Mühevolle von diesen zarteren Wesen ab und bleibe mit ihnen auf dem schönen Gebiete zwischen dem leichten Kinderspiel und der lichten Klarheit der Jugend."[6]

Eine Frau am Schreibtisch - nicht bildwürdig

Als Ehegattin hatte man einen festen Platz im Bildnis. Hier hatte man jung und schön oder auch älter, aber dann mit üppiger, die Schönheit ersetzender Haubenpracht die „Anmut" vertretend, das Gegenstück zur männlichen

„Würde" zu stellen. Sonst war man als Mutter seiner Kinder darstellungsmöglich und -würdig. Keinerlei Bildnisberechtigung kam einer schreibenden Frau zu, denn das wirkte nur abstoßend, pflichtvergessen, eitel und töricht. „Was gibt euch eine bessere Meinung über eine Frau beim Betreten ihres Zimmers, was läßt euch ihr mit größerem Respekt entgegentreten, wenn ihr sie mit Arbeiten ihres Geschlechtes beschäftigt seht, mit Hausfrauenpflichten, die Sachen ihrer Kinder um sie herum, oder wenn ihr sie beim Verseschreiben, am Toilettentisch antrefft, umgeben von Broschüren jeder Art und kleinen Briefchen in allen Farben?"[7] Szenen wie Jean Baptiste Greuze' von Kindern umringte, heiß geliebte Mutter, „La mère bien aimée" (vgl. Kat.Nr. 72) oder „Werthers", den Kindern das Brot austeilende „Lotte", das waren erfreuliche und ins patriarchalische System passende Anblicke.

Nur männliche Wesen gehörten an die tempelartig zu Würdemöbeln gesteigerten Schreibsekretäre. Da hatte es seine Richtigkeit, daß in dem von Johann Christoph Rincklake 1797 gemalten Bildnis des Landrates von Zinnow und seiner Frau, Herr und nicht Frau von Zinnow Briefe schreibend am Schreibtisch sitzt und sie sich darauf beschränkt, in Schönheit und Anmut ihrem Gatten liebend die Hand zu reichen[8]. Der Anblick der Frau am Schreibtisch wäre unerträglich gewesen.

So empfand es auch der Vater von Madame de Staël. Er verweigerte seiner schriftstellernden Tochter zeitlebens einen Schreibtisch. Es lag nicht an der Finanzierung. Als Finanzminister Frankreichs hätte Monsieur Necker die Anschaffung des Möbels finanziell verkraften können. Er enthielt seiner Tochter den Schreibtisch vor, weil er ihn für unweiblich hielt und ihre schriftstellerische Tätigkeit mißbilligte[9]. Bezeichnenderweise läßt sich Madame de Staël 1808 von der Malerin Vigée-Lebrun nicht in männlicher Rolle mit Tinte und Feder am Schreibtisch, sondern in bewußt weiblicher Form in der geistigen Nachfolge der großen Dichterin Sappho, der berühmten griechischen Lyrikerin (um 600 v. Chr.) als „Corinna" in antikisierender Gewandung, in die Antike entrückt, mit der göttlichen Leyer des Apoll porträtieren[10]. Corinna war die berühmte Dichterin, die im 5. Jahrhundert Pindar im dichterischen Wettstreit fünfmal besiegte.

[1] Johannes Armbruster (Hg.), Eine preußische Königstochter. Denkwürdigkeiten der Markgräfin von Bayreuth, München 1910, S. 64. „... ich blieb mit meiner Schwester allein. Da ihr Alter mit dem meinen in gar keinem passenden Verhältnisse stand, blieb mir kein anderer Zeitvertreib übrig als meine Bücher. Ich hatte eine kleine Bibliothek, die in allen Betten, unter allen Tischen versteckt war, denn der König, der alle Wissenschaften verabscheute, wollte durchaus nicht, daß ich mich anders als mit weiblichen Arbeiten und Haushalt beschäftigen sollte. Würde er mich je lesend oder schreibend gefunden haben, so hätte er mich vielleicht durchgepeitscht, und so hätte ich meiner Mutter, die mich aufforderte meinen Geist zu bilden, großen Kummer gemacht." – [2] Rousseau, S. 781 – [3] Rousseau, S. 781 – [4] Rousseau, S. 819 – [5] G.E. Lessing, Emilia Galotti, 4. Aufzug, 3. Auftritt – [6] Arndt II, S. 221f. – [7] Rousseau, S. 819 – [8] Vgl. Westhoff-Krummacher, Abb. S. 125 – [9] Corinne Pulver, Madame de Staël, München 1980, S. 245; Leopold Zahn, Das Leben der Madame de Staël, Berlin 1939, S. 31 – [10] Genf, Musée d'Art et d'Histoire

Nicht am Näh- sondern am „Schreibetisch"

Eine bürgerliche Frau, die selbstbewußt am Schreibtisch auf dem Titelblatt ihrer Broschüre „Mein Schreibetisch" erscheint, stellte in Zeiten, in denen den Frauen eher „Mein Nähtisch" zugekommen wäre, einen Affront gegen die Konvention dar. Daß es einem weiblichen Wesen, dem man weitgehend die Fähigkeit geistiger Betätigung bestritt, zugestanden war, so selbstbewußt, schreibend und denkend, vor einem große Belesenheit bezeugenden, dichtgefüllten Bücherregal, mit selbstverständlichem Anspruch auf geistige Autorität sich zeichnen und in Kupfer stechen zu lassen, ist dem Entstehungszeitpunkt 1799 zuzuschreiben.

1799, als Sophie von La Roche's Broschüre „Mein Schreibetisch" erschien, war ein solches Schriftstellerinnenporträt ganz ungewöhnlich, aber noch am ehesten möglich. Um 1815 etwa, nachdem die reglementierende bürgerliche Herrschaft etabliert und ihr Domestizierungsprogramm voll gefaßt hatte, nicht mehr. In dieser Zeit von 1790-1810 profitierten die Frauen noch - wie immer wieder zu beobachten - vom Geist der Aufklärung, von der „Empfindsamkeit", die das Gefühl und damit die Frauen aufwertete und von den Revolutionsidealen „Freiheit" und „Gleichheit", deren Geltung die Frauen selbstverständlich auch für sich erwarteten.

Neben dem noch Freiräume lassenden Jahrzehnt waren es ganz singuläre Konstellationen, die Sophie von La Roche eine geistige Selbstbehauptung und schließlich ihr Bild am Schreibtisch ermöglichten. Sie wuchs als Gelehrtentochter auf, als einziges Kind, ohne die Konkurrenz eines Stammhalters, der sonst alle geistige Förderung auf sich gesammelt hätte. Ihr kamen also sehr früh männliche Erziehungsvorteile zu. Wesentlich profitierte sie von einer zeitlich begrenzten „Frauenförderung" durch Liebe. Zweimal verlobt, wurde sie von einem italienischen Arzt in die italienische Literatur, Geschichte und Kunst eingeführt und von Wieland in seinen „Oden an Sophie" in ihren literarischen Talenten sehr bestätigt. Dann war es entscheidend der liberale höfische Lebensrahmen, der ihr allen Freiraum für eine geistige Betätigung ließ. 1753 heiratete sie den Privatsekretär und Güterverwalter, den unehelichen Sohn des Grafen Stadion Georg Michael Franck, genannt La Roche. Dank ihrer hervorragenden Bildung wurde sie Gesellschafterin und Vorleserin des Grafen Stadion, und - dies war für sie als Schriftstellerin entscheidend - sie erhielt Zugang zur Bibliothek des Grafen. Während ihrer ersten Schwangerschaften lernte sie Englisch. Angeregt durch die englische Literatur, vor allem Goldsmith und Richardson, schrieb sie in drei Jahren den Roman „Die Geschichte des Fräulein von Sternheim", der sie zu einer bewunderten Erfolgsautorin machte. Ihr empfindsamer Roman erschien in vier Auflagen und wurde in mehrere Sprachen übersetzt. Wieland gab ihn 1771 heraus - ohne den Namen der Autorin zu nennen. Nach der Entlassung ihres Mannes aus dem Dienst des Grafen schriftstellerte sie, um den Unterhalt ihrer Familie sicherzustellen. Sie schrieb erzieherische Schriften „zu Nutz und Frommen für Teutschlands Töchter". Da sie konform mit patriarchalischen Auffassungen der Zeit waren, war Sophie von La Roche schriftstellerisch gelitten. Sie riet zu Anpassung: „... sobald jemand kommt, erscheinen meine Handarbeiten, die mir ebenso lieb sind, als meine Papiere und Bücher: besonders seit dem ich bemerkte, daß Männer von großer Geburt und Geist mir bey dem häuslichen Fleiß meiner Nadel noch mehr Hochachtung zeigten, als bei der Beschäftigung meiner Feder." (Zitiert nach Marlene Hübel, Mein Schreibetisch, Mainz 1994, S. 19)

Wer so schrieb, 69jährig war, seine „Bestimmung als Gattin und Mutter" nach den Geburten von acht Kindern und dem Tod des Gatten erfüllt hatte, dem konnte man als Sonderfall eine Darstellung am Schreibtisch zugestehen, zumal man von dem Sensationellen des so selbstbewußten (wahrscheinlich ersten deutschen bürgerlichen) Schriftstellerinnenporträts gewiß eine Werbewirksamkeit für den Absatz der Broschüre ausing.

Eine gelehrte Frau - doch wie sieht es im Haushalt aus!

Eine junge Frau sitzt schriftstellernd an einem Tisch. Gedankenvoll ist ihr Blick gegen die Zimmerdecke gerichtet. Auf eine Eingebung wartend, hält sie den Federkiel an den Mund. Sie schreibt an einer gelehrten Abhandlung! Ein auf dem Tisch liegendes Manuskript ist abgeschlossen, bei dem zweiten geht es nur noch um den Schluß. Eine etruskische Vase auf dem Tisch, am Boden herumliegende Schriftstücke und Bücher - „Etudes Etrusques", eine „Dissertation ... sur une ... de Pria ...", „Oden", ein begonnenes Manuskript über „Arabesques", eine Architektur-zeichnung mit dorischen Säulen - sprechen für ihr archäologisches Interesse und die verstreuten, abgeschriebenen Gänsekielfedern für ihre große schriftstellerische Produktivität. Doch sie ist nicht nur archäologisch, sondern auch naturwissenschaftlich ambitioniert, wie zwei Gläser mit Mißgeburten, ein Mikroskop und eine Schmetterlings-sammlung andeuten. Ein gerahmtes „Diplome de l'Academie" und ein Damenporträt nebst Feder, Leyer und Lorbeerkranz an den Wänden bestätigen sie als erfolgreiche Gelehrte. Und da es keine Büsten für weibliche Gelehrte und Denker gibt, hat sie die bekränzte Büste auf dem Bücherschrank mit ihrer Haube als weiblich gekennzeichnet.

Überall sieht man Hinweise auf Erfolge und Ehren. Doch wie sieht es im Haushalt aus? Spinnweben an der Decke, Mäuse im Stickkasten, die Laute neben dem Nachttopf, der Mopshund mit leerem Futternapf und abgenagten Knochen, die Kinder und der Ehegatte verwahrlost! Er muß sich, in Zipfelmütze und Schlafrock, das Essen selber warm machen. Um das Baby in der Wiege kümmert sich niemand. Das Söhnchen hüpft, halbnackt und mit zerrissenem Hemd, barfüßig im Zimmer herum. Mit erhobenem Finger ermahnt ihn das Kindermädchen, leise zu sein, denn alle müssen Rücksicht auf die Gelehrte nehmen. Da sie, gedankenverloren, vermutlich bei den Etruskern weilt, nutzt ein Dieb die geistige Abwesenheit der Hausfrau, um die Vitrine ihrer Kostbarkeiten zu berauben.

Eine solche Frau, die nicht mehr ihrem Ehegatten zu Gefallen und zur Erheiterung sanft und lieblich die Laute spielt, die den Mäusen den Stickkasten, Kinder und Ehegatten sich selbst überläßt, die, zu „Hand"-arbeit geboren, sich zu anspruchsvoller „Kopf"-arbeit versteigt, die die sittsame Hausfrauenhaube an den Nagel hängt bzw. auf die ehrwürdige Büste eines Mannes stülpt und nach Lorbeerkränzen der Wissenschaft strebt, sie hat alle tugendhaften Eigenschaften einer Frau, die Sanftmut, die Unschuld (d.h. ihre Ahnungs-, Harm- und Wunschlosigkeit), die Demut, die Bescheidenheit, die Schamhaftigkeit verloren. Eine solche ihrer selbst und ihrer Fähigkeiten bewußte Frau ist in ihrer „hitzigen Jagd auf ihre sogenannten Talente" (Arndt II, S. 231), nach männlichem Sprachgebrauch der Zeit, gänzlich dem Laster der Eitelkeit verfallen.

Ein solches Weibsbild - lautet die Mitteilung des Blattes - verdient die Rute! Mit Bedacht zeichnet der Karikaturist sie gut sichtbar in den Vordergrund. Nicht nur, daß alle weibliche Anmut, „alle Huld des Weibes vergeht, so wie sie von Gedanken gefangen wird", so Ernst Moritz Arndts Beobachtungen (Arndt II, S. 221), aus weiblicher Denkerei und Gelehrsamkeit kann nie etwas werden! Bis zum Ende des 19. Jahrhunderts (und zum Teil auch länger) war man fest verwurzelt in den Überzeugungen aristotelischer Biologie, nach der „feuchte Südwinde" das weibliche Geschlecht schon bei der Zeugung um den Intellekt brachten (vgl. hierzu S. 222). Schon deshalb gehören gelehrte, denken wollende, schriftstellernde Frauen in das Tollhaus der „verkehrten Welt". Ihre Gelehrsamkeit kann nur zu lächerlichem Dilettantismus und die Familie ins Elend führen.

Kat.Nr. 103

Johann Heinrich Ramberg
Die gelehrte Frau, 1802
Niedersächsisches Landesmuseum, Hannover

Hein: Ramberg invent. delin.
Hannover 1802

Die gelehrte Frau

Mit dem Adel von Schönheit, Tugend und Geist

Annette von Droste-Hülshoff ehrte Katharina Busch posthum in einem Gedicht als „Westfalens Dichterin", als ihre „Meisterin"; ihre Dichtungen würdigte sie als „durchsichtig wie Kristall und kräftig gleich dem edelsten Weine".

Rincklake porträtierte die 19jährige Dichterin vor einer parkartigen Landschaft und abendlich gerötetem Himmel. Vom Rahmen halb verdeckt und vom Kopfschleier verhüllt, hält sie eine Leyer im Arm. Mit dunklem vollem Haar, großen, klugen, dominierenden Augen, hoher Stirn, edel geformter Nase, schönem vollem Mund und dem ganz ebenmäßigen Oval des Gesichtes verleiht er ihr, ihre Züge feinfühlig idealisierend, den Adel von Schönheit, Tugend und Geist. Die stofflich kaum zählende Bekleidung, das weiße, durchsichtige Kleid à la grecque, das eine fein verfolgbare Sichtbarkeit des zarten Busens zuläßt, ein über Kopf und Schultern drapierter, sternenübersäter, hauchdünner Schleier entzeitlichen ihre Erscheinung, akzentuieren das Immaterielle und das Natürliche. Verbunden mit der Natur werden Himmel und Landschaft zum Resonanzraum ihrer schönen und empfindsamen Seele. Das 1810 entstandene Bildnis der Katharina Busch ist vermutlich nicht als Pendant zu dem Bildnis ihres Mannes Paul Modestus Schücking entstanden, den sie 1813 heiratete. Im Hinblick auf die alles dominierende weibliche „Bestimmung als Gattin, Hausfrau und Mutter" wäre es fehl am Platze gewesen, für das verabredete Eheunternehmen sich mit einer Leyer einzustellen.

In beispielhafter Weise wird an dem Lebensschicksal der Katharina Busch deutlich, wie weibliche geistige Entfaltung bekämpft und unterdrückt wurde. 1810, in dem Jahr, als Rincklake sie malte - sie war erst 19 Jahre alt -, veröffentlichte Friedrich Raßmann, in „Mimigardia - Poetisches Taschenbuch 1810" drei lyrische Gedichte von ihr. Gleichzeitig druckte auch der „Westfälische Anzeiger" drei Gedichte ab und gab dabei ohne ihr Wissen ihren Namen und ihren Geburtsort preis. Dieses namentliche Heraustreten veranlaßte Raßmann, sich durch ein Spottgedicht von ihr zu distanzieren. Und wie sie 1812 in einem Brief an A.M. Sprickmann schreibt, kursierten in Münsterschen Weingesellschaften daraufhin sie karikierende Zeichnungen, die sie in bösartiger Weise als Dichterin lächerlich machen sollten.

Daß eine Frau, „deren Würde es ist, nicht gekannt zu sein", deren „Ehre ... in ihrem Ruf liegt" (Rousseau, S. 819), deren „Wert" ganz von dem männlichen Urteil abhängt, „dem Wert, den wir ihren Verdiensten beilegen" (Rousseau, S. 733), aus dem ihr angewiesenen häuslichen Bereich ausbrechend, unter vollem Namen, möglicherweise gegen Geld, mit Produkten ihres (bestrittenen) weiblichen Geistes in die Öffentlichkeit trat, das verletzte das gottgegebene Naturgesetz der Unterordnung, die guten Sitten und die Würde des starken Geschlechtes!

Da mußte männlicherseits mit Spottgedichten und Karikaturen eingeschritten werden. Vor diesem Hintergrund wird greifbar, welche Verehrung, welche hohe Achtung der Maler der jungen, klugen Dichterin mit seinem Bildnis entgegenbrachte. Es spricht vieles dafür, daß es Rincklake, der auch ein menschlich wertender Porträtist war, ein Anliegen war, in seinem im Jahr des Skandals entstandenen Bildnis der Katharina Busch deren Würde bewußt wiederherzustellen, indem er ihren Zügen den Adel des Geistes verlieh. Das Bildnis der Katharina Busch profitierte von der, von den Anthropologen dem „schwachen" Geschlecht ausdrücklich zugestandenen Entfaltung des Gefühls und von dem 1810 herrschenden klassizistischen Geschmack, der für eine dichtende Frau noch das Rollenporträt als „Sappho" mit Leyer zuließ.

Kat.Nr. 104

Johann Christoph Rincklake
Die Dichterin Katharina Schücking geb. Busch, 1810
Westfälisches Landesmuseum für Kunst und Kulturgeschichte, Münster, Depositum Schücking

Mit patriotischer Legitimation am Schreibtisch

Engel Christine Westphalen (Hamburg 1758-1840), Schriftstellerin und Dichterin, war die Tochter des Kaufmanns und Bürgerkapitäns Jacob von Axen und seiner Frau Catharina Maria, geb. Albers. 1785 heiratete sie den Kaufmann und späteren Senator Johann Ernst Friedrich Westphalen (1757-1833). Sie hatte fünf Kinder, von denen nur ein Sohn und zwei Töchter überlebten. Das Westphalensche Haus war Mittelpunkt und Sammelplatz der bedeutendsten Geister Hamburgs. Während der französischen Revolution wurde es Zuflucht für viele französische Flüchtlinge. Sie schrieb dramatische Dichtungen: Charlotte Corday (1804), Petrarka (1805), Gedichte (1809), „Gesänge der Zeit" (1815), Beiträge für Journale, Lesebücher sowie geistliche Lieder.

Eine Frau am Schreibtisch, bei „Kopf"-, nicht - wie es ihrem Geschlecht zukam - bei „Hand"-Arbeit, dies ohne jedwede Rufabsicherung durch ein im Hintergrund ausgelegtes Strick- oder Nähzeug, nicht etwa nur als Gelegenheitsarbeit gezeichnet oder silhouettiert, sondern mit vollem Geltungsanspruch gemalt und auch noch in einem repräsentativen Aquatintablatt verbreitet - wie war so etwas möglich? Engel Christine Westphalen wird nach der Mode ihrer Kleidung und ihrer Frisur um 1815 von Tischbein gemalt worden sein. Wie schon an anderen Beispielen zu beobachten war (vgl. Kat. Nr. 135 u. Kat. Nr. 136), herrschte in den Jahren nach der französischen Revolution bis etwa 1815, bis die bürgerliche Etablierung und Reglementierung vollzogen war, noch ein hoffnungsvoller Geist liberaler Erwartung. Man ging selbstverständlich davon aus, daß die durch die französische Revolution errungene Freiheit und Gleichheit auch die Frauen einbezog. Der Zeitpunkt der Entstehung also machte „eine Frau am Schreibtisch" noch eben möglich. Um 1830, auf dem Höhepunkt bürgerlicher weiblicher Entmündigung, wäre ein solches Bildnis nicht mehr denkbar gewesen. Zudem ist das liberale, weltoffene Milieu der freien Hansestadt Hamburg und die kaufmännische Umgebung der Dichterin mit einzubeziehen, die zu allen Zeiten durch das kaufmännische Mittätigsein den Frauen einen größeren Lebensspielraum zugestand.

Engel Christine Westphalen war Kaufmannstochter und Kaufmannsgattin. Dennoch schrieb sie nicht unter ihrem vollen Namen. Ihre ersten Gedichte brachte sie unter dem Namen „Angelika" heraus, dann ganz anonym und erst im Matronenalter (51jährig), nachdem sie ihre „Bestimmung als Gattin und Mutter" mit der Geburt und Aufzucht von sechs Kindern erfüllt hatte, gab sie 1809 zwei Gedichtsammlungen unter ihrem vollen Namen heraus. Wahrscheinlich waren es ihre die Frauen zu Einsatz und Opfern aufrufenden vaterländischen „Gesänge der Zeit", die sie in der Zeit napoleonischer Unterdrückung schrieb, für die sie 1815 eine goldene, der Bürgertugend gewidmete Denkmünze erhielt, die ihre Darstellung am Schreibtisch legitimierten. Sie mögen der Anlaß gewesen sein, sich von Tischbein im Hinblick auf die Umsetzung in ein zur Verbreitung vorgesehenes Aquatintablatt als Dichterin porträtieren zu lassen (vgl. hierzu Viktoria Schmidt-Linsenhoff, Almut Junker, Vaterländische Frauentugend. In: Kat. Sklavin und Bürgerin, Frankfurt 1989, S. 584ff.).

Annette von Droste, oder die Autorin hinter der Maske des „Stiftsfräuleins"

1838 malte Sprick auf Hülshoff das große Ölporträt der Dichterin. Bis gegen Ende 1840 beauftragte sie den notleidenden Künstler noch mit mehreren kleineren Gemälden, darunter auch mit dem vorliegenden. Sie schenkte es Levin Schücking.

Was veranlaßte die Droste, sich seit 1838 mindestens viermal porträtieren zu lassen? Karitative Gründe allein überzeugen ebensowenig wie die Tatsache, daß es inzwischen Zeit war, noch etwas von der Jugendlichkeit ihrer Erscheinung festzuhalten. Wesentlicher ist vielmehr eine neue Stufe des Selbstbewußtseins als Mensch und Autorin. In die wenigen Jahre von 1838-1845 fällt die Blütezeit ihrer Dichtung, entsteht alles, was ihr einen festen Platz in der deutschen Literaturgeschichte sichert. Diese Hauptschaffensphase ist undenkbar ohne neue belebende menschlich-literarische Kontakte. Die Freundschaft mit dem literaturkritisch hochbegabten Levin Schücking aber wurde wichtiger als alle übrigen. Seit November 1839 besuchte er die Droste regelmäßig wöchentlich auf Rüschhaus.

Dieses alles macht es verständlicher, daß es die Dichterin jetzt drängt, speziellen Freunden ein Konterfei von sich zu schenken. Was da für Schücking entstand, war - ohne Frage nicht gegen den Willen der Auftraggeberin - ein ganz und gar standesgemäßes Bild schlichter Noblesse. Nichts deutet auf die „nun gedrukte dichterin" (Laßberg, nach Gödden, S. 271), kein Buch, keine Feder, keine Leier, denn adeligen Damen, die durch nichts auffallen durften, verbot sich alles was außerhalb der Standesrolle lag. Dem ernsten Eindruck des Bildes vermag man sich nicht zu entziehen. Der monoton dunkel gehaltene Hintergrund, das sich kaum davon abhebende schwarze Kleid mit hochschließender weißer Halskrause unterstreichen den Gesichtsausdruck, in dem sich verhaltener Schmerz, edle Fassung und Resignation mischen. Man denkt an ein Stiftsfräulein, d.h. eine Insassin jener freiweltlichen Damenstifte, in denen die unverheirateten Töchter des Adels wohlversorgt dahinschmachteten.

Das apart geschnittene sensible Gesicht zeigt hinlänglich alle bezeugten Merkmale: die hohe Stirn, die schmale lange Nase, den feinen Mund, die großen hellblauen Augen, deren Iris im Weiß des stark hervortretenden Augapfels schwimmt. Die Dichterin der „Judenbuche", des „Geistlichen Jahres", des „Fräulein von Rodenschild" aber wird kaum ahnbar. Dem vollen Ausdruck dieses Innenlebens war Sprick nicht gewachsen. Das wußte die Droste. Dennoch aber stand sie voll hinter dieser Gabe an Schücking, wie ein Brief an ihn bezeugt (27.12.1842). So bleibt der Widerspruch, warum sie gerade ihm dieses persönlich stark zurückgenommene, rein standesgemäße Bild schenkte. Es verrät nichts von dem neuen Lebensgefühl jener „poetischen" Zeit (Brief an L. Schücking vom 10.10.1842), zu dem gerade er entscheidend beitrug. Wie anders wirkt dagegen die gelöste genrehafte Skizze, die Adele Schopenhauer - auch 1840 - von der Freundin auf Rüschhaus machte. Und schließlich zeichnete sich die Droste selbst 1840 in ihrem einzigen Lustspiel „Perdu" als schöne selbstbewußte Poetin (Anna von Thielen), die nonchalant mit ihrem jungen Anbeter Seybold (= Schücking) aufzutreten weiß. Wie paßt das alles zusammen? Wir werden <u>alle</u> Bilder akzeptieren müssen als Zeugnisse ihrer vielschichtigen Existenz, die in mancherlei Rollenspiele schlüpfte, um sich den mühsam errungenen persönlichen Freiraum zu sichern. Und speziell an Schücking war die Botschaft unseres Bildes gerichtet, das über allen Klatsch und Verdacht erhaben bezeugen sollte, was sie ihm war und bleiben wollte: nicht die Geliebte, sondern die „Freundin fürs Leben und für jede Lage des Lebens" (Brief an E. Rüdiger, 25.6.1840).

AR

Kat.Nr. 106

Johannes Sprick
Bildnis Annette von Droste-Hülshoff, 1840
Westfälisches Landesmuseum für Kunst und Kulturgeschichte, Münster

Erst als „greisende Matrone" schrieb sie unter eigenem Namen

Bei der strikten Zuständigkeit des männlichen Geschlechtes für die „Kopf"-, des weiblichen Geschlechtes für die „Hand"-arbeit, war es verpönt, wenn eine Frau schriftstellerte und ein Affront, dies für die Mit- und Nachwelt auch noch festzuhalten. Denn gegen die Natur und die bürgerliche Ordnung dokumentierte dies den Ausbruch aus der von Gott und den Menschen gewollten „Bestimmung als Gattin, Hausfrau und Mutter". Bei Therese Huber kamen mancherlei günstige Konstellationen zusammen, daß sie als Frau überhaupt zur Schriftstellerei kam und vielerlei sie rechtfertigende Umstände sicherten ihre Darstellung am Schreibtisch ab.

Therese Huber (Göttingen 1764 - 1829 Augsburg) war die Tochter eines Göttinger Professors. Mit zehn Jahren verlor sie ihre Mutter. Der Vater heiratete wieder. Durch diese familiären Verhältnisse litt ihre weibliche Erziehung, d.h. ihre „Zähmung und Zurichtung"; sie gewann etwas mehr Entfaltungsspielraum. Mit 21 Jahren heiratete sie einen eher „unbürgerlichen" Mann, den Weltreisenden und Professor für Naturgeschichte Georg Forster, der sie durch gemeinsames Lesen, Diskutieren, anregende, gelehrte Gäste, den Zugang zu seiner Bibliothek an seiner Bildung Anteil nehmen ließ. Seine lange Abwesenheit auf Reisen ermöglichte ihr sogar ein zeitweise sehr selbst-bestimmtes Leben.

Ihre zweite Ehe mit dem sächsischen Gesandtschaftssekretär Ludwig Ferdinand Huber erweiterte ihre geistigen Möglichkeiten. Sie half ihm bei seinen schriftstellerischen Arbeiten und nachdem er stellungslos war, schrieb sie selbst, um den Unterhalt für die Familie mitzuverdienen. „... mit dem Kinde an der Brust, neben der Wiege und in den Nachtstunden, wo alles schlief", „von der Mägdearbeit müde" übersetzte sie Cooks Reisen aus dem Eng-lischen, schrieb sie etwa 60 Romane, Erzählungen und Reisebeschreibungen. Doch bis zu ihrem 53. Lebensjahr veröffentlichte sie alles unter dem Namen ihres Mannes, um ihm die Mittel zu erleichtern, Weib und Kind zu ernähren, „und nie erfuhr es bis zu Hubers Tod ein Mensch, daß ich die Feder ansetze...". Dennoch sicherte sie vorsichtshalber ihren Ruf etwas ab: Es wäre „viel eher meine Berufung gewesen mit Nadel und Faden zu arbei-ten..." Die Äußerungen zeigen, wie einschüchternd und tyrannisierend man jeden weiblichen Rollenausbruch verfolgte und daß man als Frau sehr vorsichtig agieren mußte, um nicht ein Opfer männlichen Rufmordes zu werden. Als Gattin hatte sie ihre Verpflichtung doppelt erfüllt, ihre Männer waren tot. Sie hatte zehn Kinder geboren, von denen sechs im Säuglingsalter starben, damit war sie ihrer Aufgabe als zum Gebären bestimmtes Naturwesen nachgekommen. Und nachdem die Männer tot und die Kinder groß waren, hatte sich auch die Mission als Hausfrau weitgehend erübrigt.

So ausgewiesen, konnte man einmal als kleine spontane Gelegenheitsarbeit, als Geschenk von Frau zu Frau, nur in 7½ cm Höhe, die schriftstellernde „greise Matrone" am Schreibtisch sitzend silhouettieren - und dies auch ohne Zugabe eines rufabsichernden Strickstrumpfes (vgl. Abb. 20)! Doch letzten Endes bekennt sie mit Stolz: „Mein Leben löste seine Aufgabe, ich erbaute, ich schuf mein geistiges Selbst." Erst als sie den Namen ihres Mannes nicht mehr benutzen konnte, nach dessen Tod, schrieb sie notgedrungen mit 52 Jahren „als greisende Matronin", wie sie sich selbst bezeichnete, unter eigenem Namen.

Als der Scherenschnitt entstand, war sie vermutlich schon in Stuttgart bei dem berühmten Verlag Cotta Redak-teurin für das sehr angesehene „Morgenblatt für gebildete Stände".

Kat.Nr. 107

Christiane Luise Duttenhofer
Therese Huber am Schreibtisch, um 1820
Schiller-Nationalmuseum / Deutsches Literaturarchiv, Marbach am Neckar

Therese Huber.

„Könnt ich dichten, könnt ich malen"

Inspiriert von den gerahmten Herren an der Wand - Tasso, Ariost, Homer und Goethe -, leiblich unterstützt von Unmengen „Butterbrod" („für Anna zum Caffee auf zwei seiten geschmiert und mit Wildbret") und einer übergroßen Kanne Kaffee, der auch „zum Malen" gedacht ist, ist die junge grazile Baronesse ganz ins Dichten vertieft. Doch wenn auch Baronesse Anna wortreich und in Reimen, in wilder Häufung alle Erhabenheiten, die „Morgenröthe", des „Mondes Silberlicht", „Abendsternlein", „Englein" und „Parzen" aufbietet, „wonnevoll" „ahndet" und „einsam" „schauert" und selbst die Orthographie opfert, damit sich „Seen" und „Quelen" reimen, es kommt noch keine Dichtung dabei heraus. Trotz Animation durch ein großes „Cölnisch Wasser"-Depot und einer Schüssel „eingemachter Feigen mit Haarlocken", auch das sorgfältigste Einzelstudium von „Aesten", „Tannen", „Felsen", einem „Baumstamm mit Wurzel", „Backsteinen" und „Kartoffeln" bringt noch keine Malerei hervor. Da bleibt Baronesse Anna nur ein Stöhnen: „könnt ich dichten, könnt ich malen"!

Ludwig Emil Grimm und auch seine Brüder Jacob und Wilhelm waren den Haxthausens, der mütterlichen Familie von Annette von Droste Hülshoff und ihrem großen Verwandtenkreis, durch Besuche und Briefwechsel, durch viele Jahre freundschaftlich verbunden. „Die Schwestern von Haxthausen waren angenehm, natürlich und gebildet" und Fräulein Anna „liebenswürdig", wie Grimm in seinen Lebenserinnerungen über die Bökendorfer Damen schreibt. Der Kasseler Maler und Zeichner wollte mit seiner Federzeichnung, so hat man den Eindruck, die künstlerisch so unternehmende 26jährige Anna mit vielerlei Anspielungen auf ihre Vorlieben und Schwächen etwas hochnehmen und pfrötzeln. Er hatte zudem von seiner Schwester Lotte den Auftrag, gezeichnete Reiseerinnerungen vom Besuch bei den Asseburgs und den Haxthausen aus Westfalen mitzubringen. In diese Darstellung eines dichtenden und malenden weiblichen Wesens geht aber auch in bezeichnender Weise das allgemeine Urteil der Zeit über künstlerisch ambitionierte Frauenzimmer ein. Nach männlicher Auffassung wagen sie sich in ihrem von vornherein hoffnungs- und erfolglosen Drang zur Kunst (siehe die Dichterfürsten an der Wand) in männliches Hoheitsgebiet.

Elementar, von der Natur blumentopfartig zur Rezeptivität, nicht wie der zeugende Mann zum Schöpferischen bestimmt, können Frauenzimmer allenfalls dilettierend, ohne Sinn und Verstand einen Wust von Gefühlen absondern oder nachbuchstabierend, sinnlos additiv, wie Baronesse Anna, Kartoffeln und Backsteine abmalen. Bei so viel naturgegebenem weiblichen Unvermögen und mangelnder Disposition kann allenfalls Zeitvertreib, nicht aber Dichtung, Malerei oder Kunst das Ergebnis sein.

Kat.Nr. 108

Ludwig Emil Grimm
Anna Freiin von Haxthausen dichtend und malend, um 1827
(Faksimile)
Westfälischer Privatbesitz

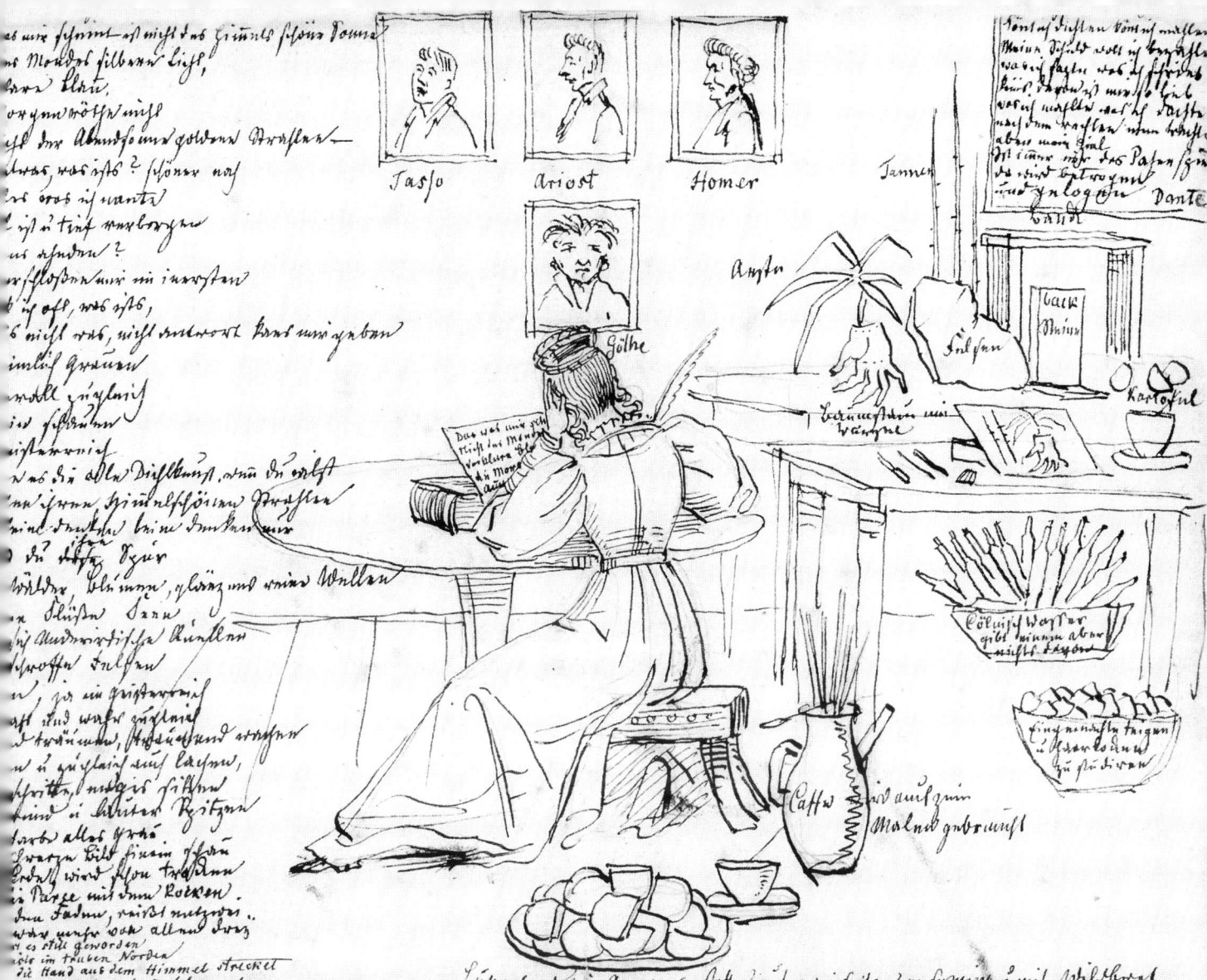

Vom Tode gezeichnet - mit brüderlicher Verehrung gemalt

Wenn die Dargestellte nicht identifiziert wäre, würde man nach der herrschaftlichen, fast hoheitsvollen Inszenierung mit mächtiger rotbrauner Marmorsäule, schwerem gerafftem Vorhang aus hochwertiger Seide, kostbar geschliffener Kristallvase und modisch-eleganter Kleidung eine Person von fürstlichem Rang vermuten. Dargestellt ist aber ganz zweifelsfrei die Dichterin Katharina Elisabeth Schücking (Ahlen 1791-1831) im Alter von 36 Jahren (vgl. auch Kat. Nr. 104). Damals lebte sie in großer Isolation in Sögel, wo ihr Mann, Paul Modestus Schücking, Richter der Königlichen Hannoverschen Justizkommission für den Hümmling war. Sie bewohnten eine einfache Dienstwohnung in den Marstallgebäuden des Schlosses Clemenswerth. Die Wohnverhältnisse erklären also nicht das Ambiente mit Säule und gerafftem Brokatseidenvorhang, wie sie als Pathosformeln auf Bildnissen höherrangiger Personen zur Verdeutlichung von Stand und Rang eingesetzt werden. Wahrscheinlich wollte der Bruder damit seiner besonderen Hochachtung für seine dichtende Schwester Ausdruck geben.

Katharina Schücking bekam in ihrer 18jährigen Ehe sechs Kinder. Ihre Ehe verlief sehr unglücklich. Wie Annette von Droste-Hülshoff an Amalie Hassenpflug schrieb (1. Juli 1839), war ihr Mann „ein schlechter Wirt und noch schlechterer Ehemann, der seine Frau reichlich totärgert". Seit ihrer Heirat 1813 schrieb sie unter dem Pseudonym „Pauline zu Cl." (Cl. = Clemenswerth), also unter dem mit einer weiblichen Endung versehenen Vornamen ihres Mannes.

Ihr jüngerer Bruder porträtiert und inszeniert seine Schwester vor einem großen Fenster, durch das man in parkartige Landschaft und auf wolkenverhangenen Himmel sieht. Doch helles, in Strahlen gebündeltes Licht durchbricht an zwei Stellen das dunkle Gewölk. Dies mag mit Bezug auf ihre bedrückende Lebenssituation von dem Bruder als tröstliche Metapher der Hoffnung gemalt sein. Die elend, mager und kränkelnd aussehende 36jährige junge Frau hält in ihrem rechten Arm eine Leyer. Sie stützt ihren Kopf auf ihren linken Arm, der auf einem kleinen, seitlich stehenden runden Tisch lehnt. Ihre großen Augen sind sinnend in die Ferne gerichtet.

Man wird an eine Briefstelle ihres Sohnes Lewin Schücking erinnert: „sie war sehr schön, nur waren ihre Augen zu groß, aber mit diesen Augen durchleuchtete sie der Menschen innerste Gedanken, wie eine Seherin."

An sich entsprach es 1828 nicht mehr der Porträtmode, eine schriftstellernde oder dichtende Frau klassizistisch (dann aber auch in antikisierendem Gewand) in der Rolle als Sappho mit Leyer zu malen. Zu berücksichtigen ist hier jedoch, daß Katharina Schücking eine besondere Beziehung zu ihrer Leyer hatte. Sie widmete ihr ein Gedicht „Meine Leyer", in dem zum Ausdruck kommt, was ihr die „Leyer" als ihres „Lebens herrlichster Schmuck", was ihr die Dichtkunst bedeutete. Aber auch von den Vorurteilen, dem Spott und dem Hohn ist die Rede, den sie als Dichterin hinnehmen mußte. Eine Leyer zierte auch ihr Grab.

Leider ist nichts über die Ausbildung und die weitere Wirksamkeit des Malers Wilhelm Busch bekannt, der mit 31 Jahren, als er dieses Bildnis seiner Schwester malte, über ein eine gute Ausbildung bezeugendes malerisches Können verfügte.

Kat.Nr. 109

Wilhelm Georg Adolf Busch
Sybilla Katharina Elisabeth Schücking geb. Busch, 1828
Westfälisches Landesmuseum für Kunst und Kulturgeschichte, Münster, Depositum Schücking

Verheiratungschancen durch Schriftstellern noch nicht beeinträchtigt

Man ist nicht ganz sicher, ob Ludwig Emil Grimm das am Schreibsekretär schriftstellernde „Malchen", die 22-jährige Baronesse Amalia von Heereman-Zuydtwyck (1809-1853), ganz ernst nimmt. Ein freundlich vertrautes Necken scheint mitgezeichnet. Ludwig Emil Grimm war 20 Jahre älter als das adelige Fräulein aus Westfalen. Grimm kannte sie seit ihrem vierten Lebensjahr und war mit ihrer Mutter und ihr durch Besuche und Briefe in herzlicher familiärer Freundschaft verbunden.

Mit schnellen, sicheren und auch ein paar frechen Federstrichen läßt er aus ihrer reizenden rückseitigen Erscheinung ihr weibliches Charakterbild erstehen. Mit besonderer Vergnüglichkeit zeichnet er die in grotesk abstehenden Löckchen gedrehte, gesträhnte, geflochtene, getürmte, etwas hoffärtige Haarfrisur und das etwas mode-törichte Zackenwerk ihres Kragens. Er nimmt aber auch all die herumstehenden, hängenden und liegenden Sächelchen, die Bilder, Bildchen und Büchlein, den Heiligen im Glassturz neben der Versteinerung, die Fächer und Lädchen ihres Sekretärs, die Kleinigkeiten und Nichtigkeiten der reizend geordneten weiblichen Kleinwelt in Fräulein Malchens Charakterbild auf. Etwas bedenklich sind die auf dem Stuhl gestapelten Folianten. Sind sie Vorboten eines geplanten Ausbruchs aus ihrer domestizierten, kleinmaßstäblichen Welt?

Doch einstweilen muß sich Malchen ihren Briefschaften widmen. Wie viele Briefchen mußte sie auch schreiben! Als Nichte von Annette von Droste-Hülshoff hatte sie allein aus ihrer von Haxthausenschen Verwandtschaft acht Tanten und sieben Onkel, die von der „edlen Nichte", wie Ludwig Emil Grimm die Schreibende identifiziert, mit einem Briefchen bedacht werden mußten. Unter diesen Tanten gab es Tante Anna von Haxthausen, die von 1828 bis 1832 bei ihnen in Kassel lebte. Sie war nur acht Jahre älter als ihre Nichte.

Grimm hat „die edle Nichte" vermutlich für ihre Tante Anna von Haxthausen gezeichnet, deren geistige Nachfolge sie auch wohl anzustreben gedenkt (vgl. Kat. Nr. 10). Für eine Zeit, wo ein näherer Umgang mit dem Schreibtisch die Verheiratungschancen eines jungen Frauenzimmers gefährdete, ist es bemerkenswert, daß Ludwig Emil Grimm so unbeschwert und unabgesichert mit dem Motiv umgeht. Nichts weist auf die Frömmigkeit, Tugend und hausfrauliche Einstellung der selbstbewußten munteren Baronesse hin. Der Heilige bleibt als unauffälliges Strichwerk in seinem Glassturz und auch kein Strickstrumpf oder Handarbeitsbeutel sichern die geistigen Aktivitäten der Baronesse Heereman ab. Bei der schnell hingeworfenen Federzeichnung ist allerdings zu berücksichtigen, daß sie wie ein „Schnappschuß" für den Augenblick, zu neckendem Vergnügen in kleinster Freundesrunde entstand. Zudem gibt sie kein bürgerliches, sondern ein noch von der Liberalität des 18. Jahrhunderts zehrendes adeliges Ambiente wieder. Hier muß man sich nicht, wie bei „Bürgerlichens" zum „Adel durch Tugend" profilieren. Aber auch in bürgerlicher Umgebung hätte es dem scharf und souverän beobachtenden, überall das Lebendige aufspürenden Ludwig Emil Grimm nicht gelegen, freundlich sich entfaltendes Leben mit reglementierenden Akzenten zu versehen. Und gerade in dem mit kleinen weiblichen Schwächen und Hoffärtigkeiten versehenen „rückseitigen" Charakterbild von Baronesse Malchen liegt der besondere Charme der Zeichnung.

Das ist die edle
Nichte
ad viv 10ᵐ Aprill
1831.

Über die Sanftmut

Aus der Zugehörigkeit zum „schwachen Geschlecht" ergibt sich: Sanftmutszwang

„*Ein Mädchen, wäre es auch vom Schicksal bestimmt, die Gattinn des vornehmsten, reichsten, mächtigsten Mannes zu werden, bleibt immer dem Gesetze der Natur unterworfen, das ... ein Frauenzimmer anweiset, ihren Mann für ihren Herrn zu erkennen ... Die erste Regel, welche ich daher bey Erziehung der Mädgen geben würde, ist: Gewöhnt sie an Nachgiebigkeit, Sanftmut, Unterwürfigkeit, ja! bis auf die Gebehrden und den Ton der Stimme müsse alles an ihnen den weiblichen Character verrathen ...*"
(Adolf Freiherr von Knigge, Briefe über Erziehung, Frankfurt 1784)

Sanftmut - weil weibliche Stärke den Männern unerträglich

Da Männer „die Stärke an den Weibern nicht zu tragen vermögen; so suchen sie nur die über alles gepriesene Sanftmut und nehmen sie ohne Untersuchung hin ... da sie die Krücken der weiblichen Unwissenheit zu ihrem eigenen Fortkommen brauchen."
(Karoline von Wolzogen, Agnes von Lilien, Berlin 1798)

Bei allen Ausfallerscheinungen der Männer weibliche Sanftmut als Ergänzungseigenschaft unerläßlich

„*Der Himmel ... schuf sie (die Frauen) nicht schwach, um herrschsüchtig zu werden; er gab ihnen nicht eine so sanfte Stimme, damit sie Beleidigungen sagen; er gab ihnen nicht solch zarte Gesichtszüge, damit sie sich im Zorn entstellen ... Jeder muß den Ton seines Geschlechtes wahren ...; ist aber ein Mann nicht geradezu ein Ungeheuer, so beschwichtigt die Sanftmut der Frau ihn wieder ...*"
(J.J. Rousseau, Emile oder Über die Erziehung, Den Haag/Amsterdam 1762 [Rousseau, S. 745])

„*Aus ... gewohnheitsmäßgem Zwang entsteht eine Gefügigkeit, deren die Frauen ihr ganzes Leben lang bedürfen, da sie niemals aufhören, unterworfen zu sein, sei es einem Mann oder dem Urteil der Männer, und es ihnen nie erlaubt ist, sich über dieses Urteil zu erheben. Die erste und wichtigste Qualität einer Frau ist die Sanftmut: einem so unvollkommenen Wesen wie dem Mann zum Gehorsam geschaffen, der so voller Laster und immer so reich an Fehlern ist, muß sie frühzeitig lernen, selbst Ungerechtigkeit zu erdulden und die Launen eines Gatten klaglos zu ertragen.*"
(J.J. Rousseau, Emile oder Über die Erziehung, Den Haag/Amsterdam 1762 [Rousseau, S. 744])

„*Soll die Mässigung im Zorn oder die Sanftmuth angedeutet werden, so hält die freundliche Göttinn einen Löwen an ihrem Zaum.*"
(Karl Wilhelm Ramler, Allegorische Personen zum Gebrauche der bildenden Künstler, Berlin 1788, S. 49)

„*Biegsam und geschmeidig wie das Rohr beugt sich das Weib unter den Schlägen des Sturms und Ungewitters, indeß der Mann oft, der ihnen Widerstand leisten will, gebrochen wird: Gerade im Unglück ist das Weib stark ...*"
(P.J.C. Boone, Pflichten des christlichen Weibes, Mainz 1857, S. 4)

Abb. 24   Louis Ammy Blanc, Die Kirchgängerin (Ausschnitt), 1837, Rheinisches Landesmuseum Bonn

Vollkommene Sanftmut - alles hinnehmend, alles erduldend

Neben der grundlegenden Forderung an die Weiblichkeit, alles zu tun, um dem Mann zu gefallen, war unter den weiblichen Eigenschaften die Sanftmut die wichtigste. „Die erste und wichtigste Qualität einer Frau ist die Sanftmut", heißt es bei Rousseau.[1] Dabei verstand man unter Sanftmut Demut, Milde, Nachsicht, Geduld, Gelassenheit, Freundlichkeit und Bescheidenheit. Sie schloß aber selbstverständlich auch Nachgeben, Widerspruchslosigkeit, Zuwillensein, Allesübersichergehenlassen, Gefügigkeit, Unterwerfung, Verzicht auf eigenen Willen, eigene Wünsche und Bedürfnisse und völlige Selbstaufgabe ein. Die Sanftmut war deshalb von so großer Bedeutung, weil sie eine lebens- und überlebensnotwendige Eigenschaft für das ungleichberechtigte Zusammenleben der Geschlechter war. An ihr hing das Funktionieren, die Ordnung und Verteilung der bürgerlichen Welt. Zunächst galt es, dem Mann, als dem allein Schöpferischen, einen unbegrenzten Lebensraum, ein vorrangiges Lebensrecht und freies Wirken zuzusichern. „Der Mann [...] der Gott", „das Symbol des Schaffenden und Zerstörenden", „das kühne starke Wesen", der bis ins „Chaos" „rastlos-tätige" - wie ihn Ernst Moritz Arndt heroisch und pathetisch kennzeichnet - hat ein erstes Recht, sich voll und ungehindert auszuleben.

„Mitwirkend und mitdonnernd, wenn die Wolken über ihm mit Blitzen geladen sind", „gewaltig als Sturmwind hindurchfahrend", erfüllt er mit seinem Tatendrang als Urkraft nicht nur die Erde, sondern auch noch den Kosmos![2] Ähnlich sieht es Schiller: „Wir stürmen und regnen und schneien und machen Wind, ihr Geschlecht soll die Wolken zerstreuen, die wir auf Gottes Erde zusammengetrieben haben, den Schnee schmelzen und die Welt durch ihren Glanz wieder verjüngen."[3]

Und wenn der Mann in seinem Tatendrang nicht gerade „wirklich schlecht, lasterhaft und schändlich" handelt, war ihm auch alles zugestanden. „Tausend Äußerungen einer freien unabhängigen Selbständigkeit sind dem Manne - so will es die Weltsitte - vergönnt oder werden ihm nachgesehen: Euch [den Frauen] nicht."[4] Er hat das Recht „ein stolzes, gebieterisches, herrschsüchtiges, oft auch aufbrausendes und in der Hitze der Leidenschaft oft bis zur Ungerechtigkeit hartes und fühlloses Geschöpf" zu sein, und sie hat allen Ausfallerscheinungen mit „Geduld, Sanftmuth, Nachgiebigkeit und Selbstverläugnung" zu begegnen, so der „Väterliche Rath" Campes an seine Tochter.[5]

Ihr die Tugend, ihm die Laster

Diese weiblichen Tugenden haben lebensnotwendig zu korrespondieren mit den männlichen Lastern, Fehlern, Zornesausbrüchen und Leidenschaften. Da die Frau nur bezogen auf den Mann einen Lebens- und Geltungsanspruch hat, kommt ihr als Restlebensraum das Gefilde der Sanftmut zu. Nach der Begeisterung für das Gleichheitsideal der französischen Revolution muß es sehr schwierig gewesen sein, den Frauen ihre ihnen zugedachte Ungleichheit und die Zuweisung - ihm die Laster, ihr die Tugend - nahezubringen. Ob in der Erziehungsliteratur, in religiösen Schriften, man wirkte unablässig auf die Frauen ein, um sie für die Zumutung der Sanftmut zu begeistern und sie auf alles Hinzunehmende einzustimmen. „Habe Geduld meine Freundin, sey anspruchslos, nachgebend und edelmütig. Suche den Charakter deines Gatten zu studieren, suche seine Fehler und Schwächen zu erforschen und vergiß sie um deiner eigenen willen [...] Sey immer sanft und anredend, der nächste Augenblick wird alles vergüten."[6]

Da ist auch selbstlose christliche Nächstenliebe gefragt und die Märtyrerrolle inbegriffen. „Die Christin trägt ihr Kreuz und wirft es nicht weg. Sie trägt daran und wenn auch mit Thränen in den Augen gottvertrauend die Launen des wunderlichen Mannes. Sie trägt die Anmaßung, die beleidigende Härte des Rohen. Sie setzt dem Aufbrausenden Geduld entgegen, dem Unverständigen Klugheit, dem Verschwender häusliche Sorgfalt, dem Gottvergessenen unerschütterliche Frömmigkeit, den seltsamen Einfällen des eifersüchtigen Mannes Wachsamkeit und unbescholtene Tugend [...] und hierin erscheint das schwache Weib so groß und ehrwürdig: Eine Gattin der Liebe, sie trägt eine Märtyrerkrone [...].“[7]

Engel oder Esel?

Mary Wollstonecraft griff 1792 - nach 1789 ausgerufener „Egalité“, selbstverständlich die Gleichheit auch für die Frauen erwartend - in befreiender Weise die Zumutung einer solchen Sanftmut an, die forderte, sich dem Ehegatten nur mit ehrerbietiger Aufmerksamkeit „zu nähern“, ihn mit „gleichmäßiger Zärtlichkeit“ zu behandeln, „seine Launen zu studieren“, seine „Fehler zu übersehen“, sich seiner „Meinung zu fügen“, „Launen und Leidenschaften zu übersehen“, „auf heftige Worte eine sanfte Antwort zu geben“ und „so selten wie möglich zu klagen“. „So eine Frau soll ein Engel sein?“ fragte sich die Engländerin. Ihre Antwort: „Eher ein Esel, denn ich kann keinen menschlichen Zug in ihrem Charakter erkennen. Dieser zahme Packesel, dessen ganzes Wesen in dem eines Tyrannen aufgeht, hat weder Vernunft noch Leidenschaft.“ Ihr prognostiziertes Ergebnis eines solchen ehelichen Umgangs miteinander - das Ende der Liebe und der Achtung![8] Sie kann in einem solchen Verständnis von Sanftmut nur Tyrannei und Sklavenhaltung sehen. Für sie hat eine so verstandene Sanftmut nichts mehr von ihren „göttlichen Eigenschaften“ - von „Güte“, „Gnade“ und „Barmherzigkeit“. Eine so entartete Sanftmut, die „unterwürfiges Benehmen aus Abhängigkeit“ ist, „die vergibt, weil sie schweigend Beleidigungen ertragen muß“, „die lächelt unter Hieben, unter denen sie nicht murren darf“, eine Sanftmut von nur „unterwürfigem Reize“, eine solche Sanftmut der „Fügsamkeit und hündischer Zuneigung“ konnte man den Frauen nicht als Sieg über sich selbst, als Haupttugend des weiblichen Geschlechtes einreden, um den männlichen Lebensspielraum vorteilhaft zu erweitern.[9]

Die Sanftmut, ebenso das „Gefallen“ und das den Ehegatten Erheitern gewinnen bezeichnenderweise mit dem beginnenden bürgerlichen Zeitalter an Bedeutung, mit dem Ende der gemeinsamen Familienwirtschaft, den erheblich zunehmenden bürgerlichen beruflichen Chancen und dem Beginn des männlichen Berufskampfes „im feindlichen Leben“. Sein „größerer ernsterer Wirkungskreis, die Mühseligkeit seiner Geschäfte“, seine „saure Lebensreise“[10] werden geradezu heroisiert. Es ist an ihr, diese Überbelastungen aufzufangen, denn „sie hat jenen glücklichen Leichtsinn“, sie kann alle Zumutungen verkraften, „weil sie“ - dank ihres „Leichtsinns“ bzw. ihres „schwachen Sinns“, gemeint ist wohl wegen des weiblichen „Schwachsinns“ - (vgl. S. 166 u. S. 222) „alles wieder im Hui“ vergißt.[11]

Das Gesetz der Natur, ihre „natürliche Bestimmung“ verpflichten sie zu erduldendem, passiven „Allesertragen“, zur „Unterwerfung“, zur Sanftmut. Diese, von Pädagogen immer wieder angemahnte und bei ganz vollkommenen, weil selbstlosen weiblichen Wesen als höchste Tugend gepriesene weibliche Sanftmut, wird nur verständlich, macht man sich die dahinterstehende bürgerliche Ideologie vom Menschen als Naturwesen klar. In der menschlichen Natur, in der leiblichen Beschaffenheit des Menschen, fanden sich genügend Hinweise auf die von ihr vorgegebenen „natürlichen Rechte“.[12] Ebenso stellt der Zeugungsakt die Rollenverteilung klar. „In der Vereinigung der Geschlechter“ muß das eine „aktiv und stark, das andere passiv und schwach sein [...] -. Aus diesem festgesetzten Prinzip folgt, daß die Frau eigens dazu geschaffen ist, dem Mann zu gefallen. Soll der Mann seinerseits gefallen, so aus einem weniger unmittelbaren Bedürfnis - sein Vorzug besteht in seiner Kraft, er gefällt einzig darum, weil er stark ist. Ich gebe zu, daß das nicht das Gesetz der Liebe ist, aber es ist das der Natur, das vor ihr bestand. Da die Frau dazu geschaffen ist, zu gefallen und sich zu unterwerfen, muß sie sich dem Mann liebenswert zeigen und ihn nicht herausfordern [...]“, so kennzeichnet Rousseau im 5. Buch seines Erziehungsromans „Emile“ mit bibelartiger Orientierungswirkung im bürgerlichen pädagogischen Schrifttum Passivität, Unterwerfung und stetes Gefallen als die naturgegebenen Grundlagen für das männliche Anrecht auf die elementarwichtige weibliche Ergänzungseigenschaft der Sanftmut.[13] Diese Besinnung auf die Natur des Menschen gewann an besonderer Aktualität durch den erschreckenden Bevölkerungsrückgang als Folge einer hohen Kindersterblichkeit, die aus Sittenverderbnis und Geringschätzung des Kindes resultierte.[14] Als „Weibchen“ ist sie zur Fortpflanzung angelegt. Durch stetes „Gefallen“ ist es ihre gattungserhaltende Aufgabe, die Fortpflanzungsneigung des Mannes bei

Laune zu halten. Um die Erhaltung der Art durch Ausfallzeiten weiblichen Nichtgefallenwollens nie zu gefährden, ist die Sanftmut als alles erduldende Selbstaufgabe unabdingbar. Das mag auch ihren hohen Stellenwert und sie als so zentrales Anliegen erklären.

Wegen der „nachgebenden Fasern" zur Sanftmut bestimmt

Bei der Fortpflanzung ist die Frau die empfangende, daher kommt ihr nach dem Willen der Natur das Erdulden, lebenslange Passivität und ein ruhendes Sein zu. „Der Mann ist zur Thätigkeit, die Frau zur Ruhe bestimmt. Jener soll seine natürlichen Kräfte hervorbringen, diese soll sie empfangen, seine Rolle ist aktiv, ihre ist passiv [...] Der Mann ist der Erzeuger, das Weib ist bloß Gebärerin. Beyde aber wirken zu dem einen Zwecke, zur Erhaltung der Gattung, aber jeder wirket verschieden [...] Der Mann erhielt den Schatz der Fortpflanzung; in seinen Adern fließt die Urquelle des Lebens; das Weib ist bestimmt, dieselbe aufzunehmen, zu erhalten und zu nähren [...]."[15] Mit diesen Auffassungen eines männlichen Monopols auf Aktivität und Schöpferkraft, der Vorstellung der Frau als nur passiver, vom Geistigen unberührten Ernährungsmaterie stand v. Rebeur, wie auch Rousseau, fest auf dem Boden aristotelischer Biologie. Da die Natur das Gebären nur mit Schmerzen eingerichtet hat, ist daraus der Hinweis zu gewinnen, daß die Frauen auch für Schmerzen aller Art prädestiniert und zuständig sind. Dies deutet wiederum auf die naturgegebene weibliche Verpflichtung alles hinnehmender Sanftmut. „Alles an dem weiblichen Körper ist weicher, schlaffer, nachgiebiger. Nichts so Strammes, Unbiegsames, Ungeschmeidiges wie bei dem Mann [...]", „weil sie ohne jede Geschmeidigkeit und ohne jedes Nachgeben der Fasern nicht zur Kindbetterin geschickt haben würde."[16] Die nach ihrer mütterlichen Bestimmung bei der Geburt zum „Nachgeben" geschaffenen „Fasern einer Frauensperson" waren als ganz eindeutiger Hinweis der Natur zu würdigen, daß einem weiblichen Wesen die Zumutungen des Nachgebens, der Sanftmut zukamen.

Mit dem Gebären und der Kinderaufzucht war ihr der Platz zuhause angewiesen. Wie das Kind hatte sie damit keine Teilhabe am Treiben der Welt, blieb wie es unmündig und zählte nicht als selbständiges Wesen. Alles, was der Entfaltung dieser natürlichen Angelegtheiten der Frau diente, führte zu vollkommen entwickelter, idealer, nur noch andere nährender, andere stillender ichloser Weiblichkeit. „Aus dem bisherigen leuchtet schon hervor, was ich unter einer gebildeten Frau, mit der wir Männer glücklich leben können, verstehe: Ihr Geschlechtscharakter muß in seiner ganzen Natürlichkeit erhalten worden seyn; das ist der Charakter der Sanftheit, der Geduld und des Bestrebens auf ungekünstelte und edle Weise gefällig zu seyn [...]."[17]

In der Beschränkung auf ihre Ergänzungseigenschaften lagen die Entfaltungsmöglichkeiten einer Frau. „Die Natur wollte das Weib zu keinem selbständigen Wesen schaffen. Das Weib soll sich nach dem Manne bilden, ihm nachgeben."[18] Deshalb war es nach Rousseau so wichtig, kleine Mädchen „frühzeitig" an Zwang zu gewöhnen, sie durch gewohnheitsmäßigen Zwang an ihre lebenslange Verpflichtung zu Fügsamkeit zu gewöhnen.[19]

Die Auswirkungen im Bildnis: Mittelscheitelzwang, schlaffe Arme und willenloser Blick

Eine so zentrale und propagierte Eigenschaft wie die Sanftmut hat natürlich auch ihre bildlichen Spuren hinterlassen. In vielfältiger Weise prägte sie in der physiognomischen und figürlichen Gestaltung, in Haltung, Gestik und Ausdruck, in Kleidung und Mode die Porträts der Zeit. Bezeichnenderweise weisen die Porträts der beiden Jahrzehnte vor und nach 1800 noch nicht die Merkmale uniformer Sanftmütigkeit auf. Es bedurfte einer gewissen Anlaufzeit, bis die bürgerliche Naturwesenideologie gegriffen und die Zähmung durchgesetzt war. Vor allem das Gesicht sollte ein Spiegelbild der Sanftmut sein. Es war von einer harmonisch ovalen Grundform mit spitzoval zurückweichendem Kinn auszugehen. Stirn und Wangen waren großflächig, ruhig und makellos glatt, ohne geringste Anzeichen der dem männlichen Geschlecht vorbehaltenen Gesichtsmuskulatur, die Stirn nicht flach, kantig und senkrecht abfallend, wie die männliche, sondern in feiner gleichmäßiger Wölbung wiederzugeben. Alle physiognomischen Einzelzüge, ob Brauen, Lider, Lippen waren in gleichmäßig gerundete, harmonisch geschwungene, sanft auslaufende Formen zu bringen. Die Binnenrahmung des Gesichtes durch die Haarfrisur war besonders wichtig. Das Gesicht wird innerhalb des Haaransatzes mit einem für alle Frauen verbindlichen „Passepartout" versehen. Entfällt beim männlichen Gesicht eine solche Binnenrahmung, lassen Geheimratsecken, Haarsträhnen, Bartansätze den inneren Umriß des Gesichtes ganz unregelmäßig erscheinen, so ist das weibliche Gesicht wie mit einer Schablone in ein regelmäßiges Oval gebracht. In dieser unterschiedlichen Prägung der Gesichter spiegelt sich die ungleiche Lebenswelt, der mühselige Lebenskampf des Mannes und die weibliche Welt reiner Harmonie. Die sanften, runden und ovalen Formen des Gesichtes korrespondieren - den Eindruck des Insichruhenden und Sanften verstärkend - mit einem rund geschwungenen Decolleté, rund ausgeschnittenen Kleidern und Miedern, dem Oval oder Rund einer Kette, eines Kragens oder einer Kopfbedeckung (vgl. Abb. 24).

Neben den in ein harmonisches Regelmaß gebrachten Formen, ist es vor allem die Symmetrie, die die weiblichen Gesichter prägt. Während die Männer zur Veranschaulichung ihrer Dynamik ganz „ungezwungen" Seitenscheitel, asymmetrische Frisuren mit seitlich augustäisch-napoleonisch ins Gesicht wehenden Locken und Strähnen tragen, mit hochstehenden Haarschöpfen, kühnen Haartollen, Lockenbüscheln, hochgekämmten, modischen Haarstößen aufwarten, haben die Damen alle wie verabredet einen Mittelscheitel, der die im Nasenrücken angelegte Symmetrie verstärkt. Die Frisuren sind mit seitlichen Locken, Zöpfen oder durchhängend glatten Haaren streng symmetrisch angelegt. Dies gilt auch für die Augenbrauen und Lider. Eine einseitig hochgezogene Braue, eine horizontal, nicht im Halboval verlaufende Augenbraue brächte den Eindruck der Sanftheit in Gefahr. Ein Seitenscheitel, mit dem sich der Eindruck von männlichem Tatendrang verband, wäre auf einem weiblichen Kopf einem Aufstand gegen die bürgerliche Lebensordnung gleichgekommen. Der Seitenscheitel, eine asymmetrische Frisur mit Haaren, die sich frei und ungestüm in alle Richtungen bewegen konnten, war zur Sichtbarmachung von Aktivität und Dynamik ein Privileg des Mannes.

Programmierung auf Harmonie und Passivität

Bezeichnenderweise sind im ersten Jahrzehnt des 19. Jahrhunderts unter den Haarfrisuren des Empire noch viele Seitenscheitel auf weiblichen Köpfen anzutreffen. Die Kanonisierung des Mittelscheitels als Kennzeichnung der Programmierung auf Ruhe, Harmonie und Passivität, brachten erst die zwanziger Jahre. Und es dauerte sehr lange, wie man in Familienalben rückblätternd verfolgen kann, bis der Ausbruch aus dem Biedermeier erfolgte und der männliche Seitenscheitel auch für Frauen selbstverständlich wurde.

Selten gibt es jähe Verkürzungen der Gesichter. Eher tendiert die Porträtmalerei beim weiblichen Gesicht zu einer ruhigen Ausbreitung der Gesichtshälften. Bei der Wiedergabe der Figuren, meist nur der Halbfigur, unterstrich ein Decolleté den Eindruck weiblicher Sanftheit. Wesentlich kam es dabei auf die weich fließende Hals-Schulter-Linie und auf die das Knochengerüst negierenden weich abfallenden Schultern an. Bei weiblichen Aktzeichnungen hält man sich noch an die Vorgaben durch das Knochengerüst, beim Porträt nicht mehr unbedingt. Besonders sanftmutssuggestiv ist die Linie, die den Busen und die schlanke Taille konturiert. Ebenso wichtig wie das durch das Inkarnat den Eindruck von Weichheit und Sanftmut vermittelnde Decolleté sind die fein schwellend, in sanften Kurven gegebenen schlaff herabhängenden Arme und ganz bezeichnend ist die Gestaltung der Hände. Während beim männlichen Porträt tatkräftige, zupackende Hände mit festen Fingerknochen sichtbar werden, enden weibliche Arme mit fast knochenlosen Fingern, die gallertartig verlaufend in einem schlanken Oval zusammengelegt sind. Lediglich alten Frauen sind wieder kräftige Hände zugestanden.

Schlaff herabhängende Arme, schöne, sanfte, aber verkümmernde Hände deuten schon darauf hin, daß für ein weibliches Wesen, das in seiner Sanftheit überzeugen und als Vorbild in die Familie eingehen soll, aktive Gestik, die auf Willensbekundung oder Taten hindeutet, nicht in Betracht kommt. Eine an- oder hinweisende Geste, schon ein in die Hüfte gestemmter Arm, ein durch die Arme oder Beine ausgreifender Umriß deuten auf zu viel Aktivität und stellen die mit der Sanftmut einhergehende, dem weiblichen Geschlecht zukommende Passivität in Frage. Nur Gesten der Anmut, der Demut und dienende Gesten sind möglich. So kann man „nährend, stillend" und

298

„gefallend" (bzw. animierend), mit Früchten, mit Blumen oder einem Kaffeetablett sich dem Gatten oder sonst einem männlichen Wesen nähern. Von Stand und verstorben, kann man allenfalls auf einem Memorialbild, wie Freifrau von Hallerstein, eine bedeutungsvolle Geste riskieren (vgl. Kat. Nr. 96). Bei der Darstellung von Schauspielerinnen, die, dienend am männlichen Geist, sein Schöpfertum, sein geschaffenes Werk reproduzieren, sind sogar ausgreifende Gesten möglich. In der Haltung sind nicht vom Tanzmeister auf herrschaftliche Erscheinung eingeübte kerzengerade, gereckte Rücken gefragt, sondern eine weniger selbstbewußte, leicht geneigte bis erschlaffte Positur. Ist man an Hals und Händen in geschlossenen, langärmeligen Kleidern züchtig „zugebunden bis oben hin", kann vom rosigen, fülligen Inkarnat des Halses, der nackten Schultern und der Arme nichts an Weich- und Sanftheit ausgehen, dann müssen die demütige Neigung des Kopfes, ein gesenkter oder ein um Beistand flehender, gen Himmel gerichteter Blick, eine schutz- und haltsuchende Geste oder auch ruhend in den Schloß gelegte Hände Sanftmut suggerieren (vgl. Kat. Nr. 111 u. Kat. Nr. 113).

Ideale Sanftmut nur tot erreichbar

Torsionen von Hals, Kopf und Blick sind dem Eindruck von Sanftheit, Ruhe und Passivität entgegen. Ideal sind bescheiden und demütig auf sich bezogene Gesten und ein gesenkter Blick, eine Haltung, wie sie das Beten und Stricken vorgibt. Im Schnitt der Kleidung - ganz konträr zu den spitzen Ausschnitten und Kragenecken der männlichen Röcke - unterstreichen sich rundende, sanft geschwungene Linien, weite Röcke, kugelrunde Puffärmel oder plauschige Keulenärmel, weich die Figur umhüllende Stolen, den Eindruck sanfter Weiblichkeit.

Eine Steigerung von Sanftheit im Sinne Geburten ermöglichender „nachgebender Fasern" ist zu erreichen, indem man Blicke, Haare, Arme, Hände, Rücken und Stoffe, alles erschlaffen läßt. Ein willen- und zielloser Blick, spannungslos durchhängende Haare, kraftlos herabhängende Arme und Hände, ein eingesunkener Rücken, fallende Tücher lassen Idealbilder weiblicher Selbstaufgabe und Nachgiebigkeit entstehen. Bei vollkommener, alles hinnehmender, alles erduldender und erleidender Sanftheit ist es ein Porträtereignis, wenn eine Frau noch lächelt (vgl. Kat. Nr. 111). Was die Bilanz noch oder wieder lächelnder Frauen anbetrifft, so ist Wien als menschlich freundliche Lebenssphäre und Waldmüller als liebenswürdiger, unkonventioneller Frauenmaler hervorzuheben. Doch vollkommene Sanftmut, so hat man den Eindruck, ist im Bild einer lebenden Frau nur unzureichend realisierbar. Das Lebendige, z.B. ein Lächeln, widerspricht ihr gänzlich. Mit großem Gewinn für die Sanftmut waren in Ohnmacht gefallene Frauen zu malen. Ideale Sanftmut war jedoch nur bei verstorbenen Frauen erreichbar (vgl. Kat. Nr. 120, Kat. Nr. 125 u. Kat. Nr. 126).

[1] Rousseau, S. 744 – [2] Arndt I, S. 191, 192, 194 – [3] F. Schiller, 27.11.1788 an Lotte von Lengefeld – [4] Campe, S. 28 – [5] Campe, S. 26 – [6] W. v. Rebeur, Elisa oder das Weib, wie es seyn sollte. 2 Theile, Frankfurt/Leipzig 1799/1800, S. 90 – [7] W. Arnoldi, Fastenpredigten, 3. Cyclus: Die Ehe, München 1869, S. 12 – [8] Mary Wollstonecraft, Verteidigung der Rechte der Frauen II (London 1792) Zürich 1978, S. 29 – [9] Mary Wollstonecraft, Die Verteidigung der Rechte der Frau, (London 1792), Leipzig 1989, S. 72f. – [10] Campe, S. 196 – [11] Campe, S. 194f. – [12] Brigitte Leierseder, Das Weib nach den Ansichten der Natur, phil.diss. München 1981, S. 53ff. – [13] Rousseau, S. 795 – [14] Elisabeth Badinter, Die Mutterliebe, München 1981, S. 1161 – [15] W.v. Rebeur, Elisa oder das Weib, wie es seyn sollte, Bd. 2, Leipzig 1800, S. 8 – [16] C.F. Pockels, Versuch einer Charakteristik des weiblichen Geschlechtes, Bd. 1, Hannover 1797, S. 14, 16 – [17] F. Pockels, Versuch einer Charakteristik des weiblichen Geschlechtes, Bd. 2, Hannover 1797, S. 328 – [18] E. Brandes, Über die Weiber, Leipzig 1787, S. 40 – [19] Rousseau, S. 742

Stilisiert zur gattengefälligen, sanftmütigen Braut

Vor dem Ausblick in die weite, hügelige hessische Landschaft, vor ihrem links nur mit einer Gebäudeecke erscheinenden Landhaus, überwölbt von den Zweigen junger Bäume, präsentiert der Maler die junge Frau des Apothekers Horstmann. Nach ihrem und ihres Gatten jugendlichen Aussehen (es gibt ein männliches Gegenstück), ihrem festlich eleganten weißen Chemisenkleid wird ihr Bild aus Anlaß der Hochzeit gemalt worden sein. Zu einem Krönchen geflochten und sorgsam in Schläfenlocken gelegt, rahmt dunkelblondes, seidig glänzendes Haar das Oval des noch kindlich ungeprägten Gesichtes. Mit einem Anflug von Lächeln sieht die junge Braut den Betrachter an. In ihrer linken Hand hält sie einen kleinen Strauß aus Nelken, Rosen, Wicken und Winden. Die Landschaft, die Bäume und die Blumen geben ihrem Einklang mit der Natur Ausdruck und lassen sie als unschuldiges Naturkind erscheinen. Die Hausecke - sie erscheint bezeichnenderweise in ihrem Bild, nicht in dem männlichen Gegenstück - mag auf ihre künftige Bestimmung als Hausfrau hinweisen.

Man kann hinter der Gemalten den lebensvollen, munteren Backfisch noch erahnen. Doch für die Verbildlichung, das „Bild einer Braut", war das junge Ding im Sinne männlicher Wünsche noch etwas zurechtzustutzen und zu akzentuieren. Das kindlich Naive mußte unbedingt bleiben; es besagte, daß die künftige Gattin, Hausfrau und Mutter noch von Natur aus gut, noch ahnungslos und weltunerfahren war, so daß man mit ihr - hielt man sie gut als Stubenblume - sich bis ins hohe Alter in der eigenen Häuslichkeit eine von allen Unbilden unberührte Oase der Harmonie bewahren konnte. In ihrem kindlichen Alter lag ein besonderer Vorzug für die Ehe, denn sie ließ dem Mann als „letztem und größtem Erzieher des Weibes" (Arndt II, S. 224) die Möglichkeit, die „unbeschriebene Kindertafel" zu beschreiben. Auf keinen Fall konnte das lebende Modell ungezwungen, lebenslustig oder temperamentvoll bleiben. Es mußte in die ihrem Geschlecht zukommende passive Rolle gebracht werden. Diagonales - Temperament und Agilität Suggerierendes - mußte in dem Bild vermieden werden.

Die Figur wird deshalb in ruhiger Fast-Frontalität mit leichter Hinwendung zum Gatten angeordnet. Arme und Hände werden in einen etwas erschlafften Zustand gebracht und ruhend übereinandergelegt. Ein unbefangen natürlicher, ein etwa wacher und unternehmender Blick war unbedingt zu revidieren. Er mußte etwas zurückgenommen, labilisiert und zum Milden hin abgeschwächt werden. Frisur, Gesichtszüge, Kleidung und Gestik waren durch symmetrische Gestaltung in einen beruhigten Zustand zu bringen. Durch weich schwellend sich rundende Körperformen und -konturen, durch fülliges rosiges Inkarnat mußte die Realität eines munteren Hessenmädchens zu einer gattengefälligen, sanftmütigen Braut stilisiert werden.

Kat.Nr. 111

Johann J. August von der Embde
Bildnis der Frau des Apothekers Horstmann, 1822
Staatliche Museen Kassel, Neue Galerie

Gefühlvoll und sanft

Dargestellt sind die beiden Töchter des Sachsen-Weimarischen Oberhofmarschalls Carl Emil Freiherr Spiegel von und zu Peckelsheim (Bayreuth 1783 - 1849 Weimar) und seiner Frau Wilhelmine Emilie Freiin von Rotberg (Rheinweiler 1786 - 1870 Weimar). Häufig ist der Anlaß, Töchter porträtieren zu lassen, eine bevorstehende Heirat, die die Trennung von Eltern und Geschwistern bedeutete. Pauline (Weimar 1806 - 1874 St. Ulrich bei Merseburg) heiratete 1829 den Kgl. preußischen Kammerherrn und späteren Landrath Karl Heinrich von Helldorf. Ihre Schwester Melanie (Weimar 1809 - 1873 München) heiratete erst 1838 Karl Alexander Freiherr von Seckendorf-Aberdar. Als die ältere Schwester heiratete, war Pauline 23 und Melanie 20 Jahre alt. Diese Altersbestimmung ginge mit dem Aussehen der beiden Mädchen zusammen. Für diese Zeit ist auch die Anwesenheit der Malerin in Weimar belegbar. Seit 1823 war sie Zeichenlehrerin der Weimarischen Prinzessinnen, seit 1824 hatte sie die Aufsicht über die dortige Gemäldegalerie.

Sie porträtierte die beiden Schwestern in reichlicher Dreiviertelfigur mit Armen und Händen. Die ältere trägt ein hauchdünnes weißes Kleid mit blauem seidenen Gürtel und, an blauem Band über den Arm gehängt, einen lichtgelben Strohhut. Die jüngere Schwester, in gelbem Kleid und rotem Schulterschal, hat ihr dunkelblondes Haar mit einem Kranz aus bunten Sommerblumen geschmückt. Zum Ausdruck ihrer geschwisterlichen Verbundenheit, wahrscheinlich im Hinblick auf die bevorstehende Trennung durch die Heirat ihrer Schwester, legt die jüngere Schwester liebevoll ihren Arm um deren Schulter und umfaßt ihre Hand. Die parallele Neigung ihrer Köpfe macht etwas von ihrem seelischen Gleichklang sichtbar.

Da Gefühlsentfaltung in den Porträts dieser Zeit eher mit der Natur als mit Innenräumen in Verbindung gebracht wird, arrangiert die Malerin die Schwestern im Freien, vor einem Wäldchen, einem Weiher und einem Durchblick in die thüringische Landschaft. In ihrem Abschiedsschmerz suchen die beiden Schwestern Trost in der Natur. „Die Liebe der Geschwister", so heißt es in Karl Wilhelm Ramlers allegorischen Empfehlungen „Zum Gebrauch bildender Künstler", „kömmt mit der Freundschaft überein. Ein Schild oder ein Altar, woran die drey Grazien mit umschlungenen Armen zu sehen sind, bezeichnet vornehmlich die Liebe unter Schwestern." Hier erscheint zwar keine Gruppe der „Drei Grazien" im Hintergrund, doch die dargestellten „zwei Grazien" erscheinen mit den gleichen den „Drei Grazien" eigenen Gesten der Verbundenheit, „mit umschlungenen Armen" (Ramler, S. 45 u. 56). Die „Drei-Grazien-Geste" ließ die Baronessen den Zeitgenossen besonders anmutig erscheinen, denn nicht nur „geschwisterliche Liebe", sondern auch „die Anmuth wird unter dem Bilde der Grazien vorgestellt", „Schönheit muß mit Anmuth verbunden sein".

Trotz aller Natürlichkeit und Schlichtheit sind die beiden jungen Mädchen als Personen von Stand gekennzeichnet. War es z.B. im 18. Jahrhundert unerläßlich, seinen Stand durch seidene Kleider zu verdeutlichen, so sind es bei den Damen von Spiegel die scheinbar einfachen, aber sehr erlesenen Stoffqualitäten der Kleider, die sehr gepflegten, frisierende Kammerjungfrauen voraussetzenden Frisuren, die sie als Standespersonen erkennbar machen. Vor allem aber empfehlen sich die Schwestern durch ihre Sanftmut. Sie kommt in ihrer passiven, opferlammartigen, schicksalsergebenen Haltung, in den spannungslosen Gesten, den anschmiegsamen, weich fallenden Stoffen, in den abfallenden Schultern, der leicht geneigten Kopfhaltung zum Ausdruck.

Kat.Nr. 112

Luise Seidler
Pauline und Melanie Spiegel von und zu Peckelsheim, um 1829
Goethe-Museum, Düsseldorf

Schön durch entsagende, leidvolle Sanftmut

Dargestellt sind Leonore von Este, die Schwester des Herzogs von Ferrara und Leonore Sanvitale, Gräfin von Scandino aus Goethes 1790 erschienenem Schauspiel „Torquato Tasso". Die beiden jungen Frauen stehen vor weit sich erstreckender ferraresischer Landschaft auf der Gartenterrasse ihres Lustschlosses Belriguardo. Nach Goethe (1. Aufzug, 1. Auftritt) träumten sich die beiden Freundinnen „in die goldene Zeit der Dichter". Doch der Abschied ist gekommen. Gräfin Leonore muß die „Insel der Poesie" verlassen und zurück zu Mann und Kind nach Florenz. Die reich in Seide und Samt gekleidete Prinzessin reicht ihrer Freundin in großer Traurigkeit die linke Hand und die rechte, wie zur baldigen Wiederkehr mahnend, legt sie ihr mit matter Geste auf die Schulter. Die ineinandergelegten Hände der beiden Frauen bilden den Mittelpunkt des Bildes. Dies unterstreicht die Wichtigkeit des Freundschaftsgedankens. Doch nicht nur der Abschied von der Freundin, vor allem der Verzicht auf die Liebe des Dichters Tasso erfüllt die Prinzessin mit Trauer. Ihr fürstlicher Stand verlangt Entsagung.

Carl Ferdinand Sohn geht es nicht um ideale, südliche und nördliche, ernste und heitere, prächtige und natürliche weibliche Schönheit, sondern um die Schönheit der Seele. Und dafür stellt Goethes Dichtung die Gefühlsgehalte: Liebe, Entsagung, Trauer, Freundschaft und Abschied. Das Rahmenmotiv für die Entfaltung und Mitteilung dieser Gefühle bietet die gerade von der Düsseldorfer Malerschule in Schadows Umkreis mit großer Resonanz gemalte Freundschaftsallegorie.

Schönheit der Seele mag sich in der anmutigen Gelassenheit der mit Blumen bekränzten Freundin zeigen. Der ganze Adel der Seele widerspiegelt sich aber in der Trauer, in der Schwermut. Nur die Trauer machte Seelengröße erkennbar. Das Ergebnis des Leidens, des Erduldens ist eine geläuterte Schönheit der Sanftmut. Sie erfährt, wie der Vergleich der jungen Frauen ablesbar macht, durch ein größeres Maß an Leid, durch Unterwerfung und Selbstaufgabe noch eine Steigerung, ihre Vollendung jedoch nur im Tod (vgl. Kat. Nr. 120, Nr. 125 u. Kat. Nr. 126).

Weit ausgebreitet das Herzogtum Ferrara hinter sich, zeigt die Schwester des Herzogs in Gesten und Haltung keinerlei Herrschaftsgebaren. Die schöne junge Frau erscheint leicht gebeugt, mit zu Boden gesenktem Blick und schwermütigem Gesichtsausdruck. Matt und kraftlos sind ihre Gesten. Obschon in kostbar gestickte Brokatseide und schweren Samt gekleidet, ist sie fern von jeder Eitelkeit, und, obschon jung und schön, ist sie wie ein Engel ohne Sinnlichkeit. Eine hohe Stirn, die Augen, eine edle Nase bestimmen ihr Gesicht. Doch der Mund ist klein und als ganz bedeutungslos zurückgenommen. In vollkommener Weise verkörpert hier eine fürstliche Frau mit großer Vorbildwirkung das für die bürgerlichen Frauen der Biedermeierzeit propagierte Ideal - die Schönheit der Schwäche, die durch Leiden und Entsagung geläuterte sanfte Schönheit einer traurigen Seele. Die von Dichterfürsten auserwählten edlen schönen Frauen, der poetische Gehalt, romantisches Sehnen nach Italien in die „Lorbeerhaine" der Poesie, die Darstellung großer Gefühle, des Abschieds, der Entsagung und Trauer machten dieses kennzeichnende Werk der Düsseldorfer Malerschule zu einem gefeierten Erfolg.

In den 40er Jahren hatte sich diese von der Düsseldorfer Malerschule zu einem zuverlässigen Publikumserfolg entwickelte Poesie der Trauer überlebt. Man durchschaute die Absicht: „Traur'ge Gerber, traur'ge Juden / Traur'ge Schmuggel Räuberei / Füllte damals alle Buden / Lustig ist die Malerei", dichtete ein Anonymus, und A. Achenbach illustrierte diese Verse.

Kat.Nr. 113

Carl Ferdinand Sohn
Die beiden Leonoren, 1836
Muzeum Narodowe, Sammlung Athanasius Graf Raczyński, Poznań

Über die Unschuld

Aus dem Aktiv-Passiv und Stärke-Schwäche-Verhältnis von Mann und Frau ergibt sich

„Männliche Art ist es, zu begehren, weibliche Art, der sinnlichen Leidenschaft gänzlich unwissend und unschuldig gegenüberzustehen ...“
(P.J.C. Boone, Pflichten des christlichen Weibes, Mainz 1857, S. 103)

Möglichst lange ahnungslos und unwissend unter Verschluß halten

„Ein Weib soll ja dem Kinde gleich sein und auch so gehalten werden ...“
(Ernst Moritz Arndt, Briefe an Psychidion oder Über weibliche Erziehung [1819], [Arndt II, S. 219])

„Wozu soll die Frau geschaffen sein? Um unschuldig zu bleiben, kann man vielleicht sagen. Sie meinen aber in einem Kindheitsstadium zu bleiben. Dann hätten wir ebensogut gar nicht geboren zu werden müssen. Es sei denn, wir wären geschaffen worden, um dem Manne zu ermöglichen das edle Vorrecht der Vernunft zu erwerben, die Fähigkeit das Gute vom Bösen zu unterscheiden, während wir im Staube liegen, aus dem wir genommen sind, und uns niemals wieder erheben.
(Mary Wollstonecraft, Eine Verteidigung der Rechte der Frau, 1792 [Wollstonecraft, S. 112])

„Die Frau wird zur Frau gemacht, wenn sie noch Kind ist und wird wieder zum Kind gemacht, wenn sie eigentlich dem Gängelband längst entwachsen sein sollte.“
(Mary Wollstonecraft, Eine Verteidigung der Rechte der Frau, 1792 [Wollstonecraft, S. 112])

„Wenn man nun aber auch den Mädchen allerlei lehren will ..., so vergesse man nie, daß alle Huld des Weibes vergeht, so wie sie von Gedanken gefangen wird ..., man bleibe mit ihnen auf dem schönen Gebiete zwischen dem leichten Kinderspiel und der lichten Klarheit der Jugend.“
(Ernst Moritz Arndt, Briefe an Psychidion oder Über weibliche Erziehung [1819], [Arndt II, S. 212])

„Die beste Manier für ein junges westfälisches Mägden ist, sich im Rufe eines guten Kindes zu erhalten.“
(Justus Möser, Patriotische Phantasien [1774ff.] Bd. II, Sämtliche Werke, Bd. V, Oldenburg/Hamburg 1946, S. 198)

„Die Reinheit der Frau muß Natur bleiben, nicht Tugend werden. Ihr Geschlecht ist eigentlich nur von dieser Seite nicht zur Tugend, sondern zur Unschuld gemacht. Es muß keine Kraft aufwenden, gewisse Unsittlichkeiten zu unterlassen - es muß sie nicht kennen ...“
(J.L. Ewald, Die Kunst, ein gutes Mädchen, eine gute Gattin, Mutter und Hausfrau zu werden, Bd.1, Frankfurt 1807, S. 48)

„So stehst du da in deinem Wesen, holdes Weib, eine unbewußte Blume, eine himmlische Pflanze, ein spielender Singvogel, der von seinem Gesange nichts weiß.“
(Ernst Moritz Arndt, Briefe an Psychidion oder Über weibliche Erziehung [1819], [Arndt II, S. 211])

„Aufgabe der weiblichen Erziehung ist vornehmlich die Bewahrung der Reinheit und der Unschuld ...
Ach, mögen die zarten Geschöpfe recht lange in jenem unschuldigen Stande der Unwissenheit verharren!“
(G. Krenner, Gedanken, Wünsche und Vorschläge zur Verbesserung des Frauenzimmerunterrichts, München 1779, S. 155)

„Frauenzimmer, welche Mütter werden können, sind keine Kinder mehr.“
(Th. G. Hippel, Über die bürgerliche Verbesserung der Weiber, Berlin 1792, S. 233)

„*Ist die Sinnlichkeit im heranwachsenden Weibe erwacht, so ist auch die Schar der Verführer nicht mehr weit, die sich wie Jäger um das kostbare Wild drängen ... Ist die weibliche Keuschheit, die zarte Schamhaftigkeit überwunden, haben sinnliche Begierden und wollüstige Gedanken in die Mädchenseele erst einmal Eingang gefunden, so stürzt auch leicht die Mauer der Tugend, die eine wohleingerichtete Erziehung so mühevoll Stein für Stein aufgebaut ...*"*

(J.H. Campe, Höchstnöthige Belehrung und Warnung für junge Mädchen zur frühen Bewahrung ihrer Unschuld. Von einer erfahrenen Freundin, Wolfenbüttel 1787, S. 123)

Nicht „second hand"

„*Nichts fesselt die männliche Begierde so sehr wie das rührende Beispiel ächter weiblicher Unschuld die gänzlich unberührt von jeder Trübniß geblieben ist ... unschuldig, frisch, wie neugeboren steht sie vor dem entzückten Mann, der sie bald sein eigen nennen darf ... läßt die Liebe heiß und brennend in seiner Brust lodern ... macht ihn gewiß, daß sie die Liebe noch nicht kennt ...*"*

(Das Mädchen, 2 Bde., Budissin 1774, Bd. 2, S. 243)

„*Glücklicher Mann, dem ein Weib ins Haus zieht, deren frommes Gemüt noch eine unbeschriebene Kindertafel ist!*"

(Ernst Moritz Arndt, Briefe an Psychidion oder Über weibliche Erziehung [1819], [Arndt II, S. 223])

Unschuldig und von reiner Seele

„Unschuldig" zu sein bedeutete noch „von Natur aus gut", vor allem seines Geschlechtes und seiner sündlichen Triebe nicht bewußt zu sein. Diesen kindhaften Zustand einer natürlichen, unberührten Reinheit galt es, recht lange zu erhalten. „Ein Weib soll ja einem Kinde gleich sein und auch so gehalten werden", heißt es bei Ernst Moritz Arndt.[1] Eine Frau sollte möglichst immer ein Kind bleiben. „Glücklich der Mann, dem ein Weib ins Haus zieht, deren frommes Gemüt noch eine unbeschriebene Kindertafel ist."[2] Hier nimmt Arndt die aus der antiken Philosophie herrührende Vorstellung der „tabula rasa", der noch leeren Schreibtafel auf, unter der Locke und der Sensualismus die Seele vor aller Erfahrung verstanden. Der einzige, der die Kindertafel beschreiben darf, ist der Mann. Er „soll der letzte und größte Erzieher des Weibes sein, ihr das feste Gepräge geben"[3]! So bleibt alle Entfaltung im Rahmen der Natur, d.h. der natürlichen „Bestimmung als Gattin, Hausfrau und Mutter" und es kann verhindert werden, daß das Weib „nach Fremdem hinauswolle".[4] Nur an „heiligem Ort", wo nichts „Rohes, Unsittliches, Gewalttätiges" an die weiblichen Wesen herankommt, kann man die „zarten, weißen Paris=Apfelblüten als Stubenblumen" im Zustand der kindlichen Gutartigkeit, der Unschuld und der Tugend halten. Es galt, die Isolation, das Unbewußte, die Ichlosigkeit, die Unmündigkeit, die Einfalt, Unerfahrenheit, Unwissenheit und Unselbständigkeit zu erhalten und deshalb allem, was sie gefährdete, zu begegnen. Schon „durch das gefährliche Spiel mit Gedanken" verschwinden „die tiefe Phantasie, die gleich Blumen und Träumen in ihrer Unschuld und Unbewußtheit wie in einer unaufgebrochenen Frühlingsknospe liegt, alle die Huld und Schönheit, die [...] den Mann locken und fesseln [...]"[5]. Schon durch Lesen wird „das Unbestimmte, der glückliche Traum der Jugend zerstört". Lesen bedeutet, in den „Medusenschild" gesehen zu haben.[6]

Die Unschuld der Frauen Bestandteil der bürgerlichen Ehre

In heute kaum mehr nachvollziehbarer Weise kreiste mit dem Aufstieg des Bürgertums, während und nach dem Ende des Ancien régime, das Denken um die Unschuld, um die Tugend. Man hatte keinen Adel von Geburt, keinen ererbten Rang und überwiegend keine materiellen Werte. Als dritter Stand hatte man kaum etwas zu repräsentieren. Aber, wenn auch ein fast Nichts in der Standespyramide, man hatte Moral und hohe ideelle Werte. Sie legitimierten den Aufstieg des Bürgertums und die bürgerliche Ablösung des vielerorts sittenverderbten und unfähigen Ancien régime. Wenn die bürgerlichen Männer sich durch Leistung und Verdienst, durch selbstlosen mitmenschlichen Einsatz profilierten, dann kam es - abgesehen von Fleiß und Nützlichkeit - den Frauen zu, Tugend, und den Töchtern, ihre Unschuld einzubringen. An der moralischen Überlegenheit hingen das ganze bürgerliche Selbstwertgefühl, die Standesehre und die gesellschaftliche Durchsetzung. Verlorene Unschuld bedeutete Verrat der bürgerlichen Werte, Schändung des einzigen, was man hatte, der bürgerlichen Ehre. Eine solche Versündigung an der bürgerlichen Sache hatte den Ausschluß aus der Gemeinschaft der Wohlanständigen zur Folge. Eine Heirat war ausgeschlossen; das einzige für ein weibliches Wesen vorgegebene Lebensziel, die „Bestimmung als Gattin, Hausfrau und Mutter", die einzige materiell abgesicherte Existenzmöglichkeit, war mit dem Verlust der Unschuld verwirkt. Wie indoktrinär man den Frauen dieses Tugendstreben beizubringen suchte, liest man bei Rousseau: „Sophie liebt die Tugend, diese Liebe ist ihre beherrschende Leidenschaft geworden. Sie liebt sie, weil es nichts Schöneres gibt, als die Tugend; sie liebt sie, weil die Tugend den Ruhm der Frau ausmacht und weil eine tugendhafte Frau ihr fast einem Engel gleich scheint; sie liebt sie als den einzigen Pfad wahren Glücks [...]"[7] Sophie muß sie lieben, weil durch die Abhängigkeit von dem allein entscheidenden Urteil der Männer[8] die Alternative nur Elend, Schimpf und Schande wäre. Sie muß sie wegen der „Eltern" lieben, denen „die Tugend so teuer ist"[9] Diese auferlegte, weitgehend fremdbestimmte „edle Leidenschaft für die Tugend" führt dann, wie Rousseau suggeriert, in steter „Begeisterung" zu einer Erhebung der Seele. Und in dieser Begeisterung wird Sophie „bis zu ihrem letzten Atemzug [...] keusch und ehrbar sein". Damit war den Frauen - abseits der männlichen Welt der materiellen Werte - in ihrem Tugendstreben neben der Frömmigkeit (vgl. S. 333-337) ein weiteres großes immaterielles Betätigungsfeld überlassen.

Eine unschuldige, kindliche Frau ohne sinnliche Begierden - Gegenpol zur verderbten Welt

Neben den gesellschaftlichen Außenwirkungen hatten Unschuld und Tugend eine gewichtige familiäre Binnen-funktion. Eine von „Natur aus gute", von der Verderbnis der bösen Welt noch nicht verunstaltete, also unschuldige und daher möglichst jung zu verheiratende und im Naturzustand zu bewahrende Frau, bot dem Mann die einzige Rückzugsmöglichkeit in die Idylle einer noch natürlichen, heilen, vollkommenen weiblichen Gegenwelt. Blieb die Frau recht kindhaft, ahnungslos und weltfremd, nur dann konnte man sich eine Oase von Glück und Harmonie erhalten. War der Mann triebhaft und voll Leidenschaft, dann erwartete man von ihr, „[...] der sinnlichen Leiden-schaft gänzlich unwissend und unschuldig gegenüberzustehen". Begehrt wurde eine noch „zarte und unberührte Mädchenseele", die „noch gänzlich in ihrem lichten Traum befangen", der „sinnliche Begierden gänzlich fremd sind [...]".[10] „Lediglich aus Gründen ihrer übergroßen Liebe zum Manne [...] giebt sich das Weib dem Manne hin [...] ihm selbst liegt eigentlich nichts daran."[11] Trotz vieler Kinder wird die Sexualität der Frauen völlig negiert. Während der Mann seine sinnliche Leidenschaft auslebte - auch das gehörte zur Verteilung der Welt -, blieb die Frau ganz reine Seele.

Tugend bis zur Vervollkommnung zum Engel - Mittel der Selbstaufwertung

Unschuldig, tugendhaft und asexuell zu sein und zu bleiben war schon deshalb geboten, weil es die einzige Möglichkeit der Selbstaufwertung war. Die als naturgegeben gedachte menschliche Minderwertigkeit des weib-lichen Geschlechtes - wegen der Schuld am Sündenfall und des weiblichen Fleischwesens im Gegensatz zum männlichen Geistwesen - konnte nur durch Unschuld, durch Profilierung in Tugendhaftigkeit etwas ausgeglichen werden. Eine Profilierung auf dem Felde der Tugend ließ dann auch den Aufstieg zum „Engel", zur „Heiligen" und zur „Madonna" zu. Bei der Ausübung der ehelichen Pflichten degradierte sich die Frau zwar, doch durch absolute Liebe, unumschränkte Ergebung, durch Abtretung aller Rechte, und Besitztümer, durch Aufgabe der Ich-Identität und „Unterwerfung" waren Reinheit und Unschuld wiederzuerlangen (Honegger zu Fichtes Begriff der Unter-werfung, S. 186).

Die bis ins hohe Alter für Frauen programmierte Kindlichkeit erleichterte den Übergang in die Rolle eines Engels. Denn Kinder setzte man mit Engeln und Engel mit Kindern gleich, wie der Titel von Wilhelm Heinrich Wackenroders Betrachtung „Über die Kinderfiguren auf den Raffaelschen Bildern" und als sixtinische Engel gemalte Kinder verdeutlichen (vgl. Abb. 27). „Wenn wir der Kinder holdseliges Angesicht betrachten, so verges-sen wir gern und leicht die Verwicklungen der Welt und wie Propheten einer schönen Zukunft [...] stehen die Kinder um uns. So kommt denn in unsere Seele die Erinnerung der himmelsüßen Unschuld." „Dieser Äther-schimmer, diese Erinnerung der Engelswelt leben und regen sich noch hell und frisch im Kindergeiste, der dunkle Schatten der Erdgegenstände ist noch nicht verfinsternd in den Glanz hineingereicht [...]."[12] Im Kind glaubte man das reine Urbild des Menschen zu finden, unberührt von der Verderbtheit der Gesellschaft, unverdorben von der Künstlichkeit der Zivilisation. Man sah in dem Kind, wie George Boas schreibt: „eine Wiederholung von Adam vor dem Sündenfall [...], so war es möglich, das Kind als im Besitz aller Tugenden zu preisen, die der Mensch jemals hatte."[13] Hölderlin sieht in dem Kind „ein göttliches Wesen solange es nicht in die Chamäleonsfarbe des Menschen getaucht ist."[14]

Hielt man die Frauen im Kindesstatus, konservierte man sie im Zustand der „himmelsüßen Unschuld", schirmte man sie gegen die „Verwicklungen der Welt", gegen die „dunklen Schatten der Erdgegenstände" ab, dann waren die Frauen für eine Engelhaltung und für das Durchhalten der Engelrolle geeigneter, als die sich noch wandelnden Kinder. Diese brachen spätestens in den Flegeljahren aus der ihnen zugedachten Unschuldsrolle aus und machten die Unschulds- und Vollkommenheitsvorstellungen der Erwachsenen zunichte. Das führte in der Literatur dazu, daß man die engelhaften Kinder im Pubertätsalter alle sterben lassen mußte. Goethes engelhafte „Mignon", „Das edle Blut" von Wildenfels, alle mußten sterben.[15] Und führte das Tugendstreben zur höchsten Vollkommenheits-stufe, der Engelsgleichheit, dann resultierte daraus für den Mann eine ideale Erweiterung seines Lebensspielraumes. Nach Rousseau sollten Männer deshalb bei der Wahl einer Frau eher nach einem engelgleichen Wesen, als nach Schönheit Ausschau halten. „Ist eine schöne Frau nicht gerade ein Engel, so ist ihr Gatte der unglücklichste aller Männer." Ist die mit engelhaftem Wesen gepaarte Häßlichkeit nicht abstoßend, so empfiehlt Rousseau, sie der Schönheit vorzuziehen.[16] Bei der Engelsgleichheit scheint es dabei entscheidend auf Selbstaufgabe und ein Alles-Erdulden angekommen zu sein. „Ich habe sanfte, weibliche Taubenseelen gekannt, welche mit der Selbstverläugnung eines Engels alles über sich ergehen ließen und immer gelassen, immer nachgiebig, immer freundlich blieben."[17] Kam jedoch das geringste an Selbstbesinnung, an Selbstbewußtsein, an „Eitelkeit" auf - „weg waren Sanftmuth, Selbstverläugnung und Freundlichkeit; das Täubchen ward zum Geier, mit Augen welche Funken sprüheten und mit Krallen, die Verderben droheten"![18]

Versinnbildlichung und Veranschaulichung der Unschuld

Entsprechend der Bedeutung im Leben der Zeit geht dieses Unschuldsdenken auch in den verschiedensten Formen in die Porträtdarstellung ein. Attribute bezeugen die Unschuld. Eine Taube, als schon antikes Symbol der Unschuld, kennzeichnet das sanfte unschuldige Kindsein. „Die Unschuld ist sehr jung und ist sehr einfach bekleidet, hält eine Lilie in der Hand, und spielt mit einem kleinen Lamme", empfiehlt Karl Wilhelm Ramler 1788 „zum Gebrauche der bildenden Künstler".[19] „Soll die Bezähmung wollüstiger Begierden oder die Keuschheit ausgedrückt werden", so rät er zu einem weißen Gewand, einem Schleier und am Zaum einen kleinen Liebesgott. Doch „die meisten", schreibt er, „geben ihr statt dessen eine weiße Lilie, das Sinnbild der Reinigkeit in die Hand". Die Keuschheit kann aber auch durch eine Vesta mit Schleier und einem brennenden Altar angedeutet werden (vgl. Kat. Nr. 114).[20] Chodowiecki läßt „die Unschuld", eine junge Frau, in einer Schale frisches Wasser am Brunnen holen.[21] Wilhelm v. Schadow stattet seine beiden Kinder mit Engelsflügeln und rosa Gewändern aus (vgl. Abb. 25, 26).

Abb. 25, 26   Wilhelm von Schadow, Rudolf und Sophie, die Kinder des Künstlers als Engel, um 1832, Öl/Lw., Stadtmuseum, Düsseldorf

In der Physiognomie kann sich Unschuld in kindlich runden, unausgeprägten Köpfen mit kleiner Nase, knopfartig kleinen Augen, kleinem, nur angedeutetem Mund, zurückweichendem Kinn, junger, glatter, faltenloser, blasser, ein wohlbewahrtes Stubendasein bezeugender Haut andeuten. Ausgeprägt läßt sich diese physiognomische Stilisierung ins Unschuldige und Kindliche z.B. bei Ludwig Richter verfolgen. Nur Männer haben bei ihm Charakterköpfe, ausgeprägte Hakennasen, Münder, Kinnpartien, Falten, eine braune Gesichtsfarbe, kräftiges,

Abb. 27   Caroline Bardua, Adelheid, Wilhelm und Gerhard von Kügelgen, um 1811, Öl/Lw., Privatbesitz

struppiges Haupthaar und Augenbrauen. Nur sie scheinen zu altern, während Mütter mit ihren Kindern fast gleichaltrig scheinen und immer kindlich bleiben. Und auch sonst stellt man eine Tendenz fest, Kinder, vor allem Mädchen, jünger darzustellen, als sie sind.[22]

Soll Unschuld physiognomisch zum Ausdruck kommen, dann ist die Mundpartie besonders betroffen. Ein schöner Mund mit vollen sinnlichen Lippen wäre fehl am Platze. Während junge Männer uneingeschränkt mit vollen, vitalen Lippen porträtiert werden können und die Ähnlichkeit auch in der Mundpartie gewährleistet ist, nimmt man zur Verdeutlichung des Unschuldigen, Unerfahrenen bei jungen Mädchen den Mund von einer realistischen Gestaltung aus. Um die Mundpartie zu neutralisieren, wählt man einen formelhaften, schablonisierten, einen steril höfischen, lächelnden Mund mit aufsteigenden Mundwinkeln, einen herzförmigen Puppenmund oder man stilisiert ihn als leonardesken oder raffaelischen Madonnenmund. Dies ist z.B. in den Porträts von Carl Begas eindrucksvoll zu beobachten. Man verkleinert den Mund, unterschlägt die Unterlippe, läßt die Lippen eingezogen, nur als schmale Ränder sehen, nimmt den Mund durch ein fliehendes Kinn, durch einen nach vorn gesenkten Kopf zurück, läßt den Mund als nebensächlich erscheinen und bringt durch dominierend große Augen die reine, schöne Seele zum Ausdruck. Ist neben Unschuld die Frömmigkeit ein besonderes Darstellungsanliegen, wie bei der Kirchgängerin von L.A. Blanc (Kat. Nr. 125), der fromm gen Himmel blickenden jungen Römerin von Theobald von Oer (Kat. Nr. 128) oder der von F.W. Harsewinkel mit Ludgeri-Kirche im Hintergrund gemalten Münsteranerin (Kat. Nr. 120), dann ist eine verstärkte Reduzierung des Mundes, ein Einziehen der Lippen, dann sind blasse Lippen angesagt.

Auch in der Haltung drückt sich das seiner selbst noch Unbewußte, die Unberührtheit und Unschuld aus. Nicht eine Selbstbewußtsein anzeigende, frontale oder gerade, sondern eine geneigte Kopfhaltung und ein gesenkter Blick signalisieren Unschuld und Jungfräulichkeit. Die Malerin Caroline Bardua verdeutlichte kindliche Unschuld, indem sie zwei der drei Kinder des Malers Gerhard von Kügelgen in der Anordnung und mit der Gestik der berühmten und viel kopierten Engel der Sixtinischen Madonna von Raffael malte (vgl. Abb. 27). Zu einer unschuldigen Haltung gehörte aber auch, daß man nicht „mit übergeschlagenen Beinen und Schenkeln sitzt" und daß man die Hände auf dem Tisch hat und, um die „unehrbaren Teile des Leibes nicht zu reizen", die Näharbeit nicht auf dem Schoß, sondern „ein Nehkissen, das auf dem Tisch befestigt wird" benützt (vgl. Kat. Nr. 36 , Kat. Nr. 50 u. Kat. Nr. 96). Kleidung und Frisur gehen ebenfalls mit ein in die Unschuldsdarstellung. Ein weißes Kleid, wie es die von Franz Wilhelm Harsewinkel gemalte fromme Münsteranerin trägt, oder das duftige, blütenweiße Kleid der an ihrem Haubenband stickenden Tochter des Malers Kolbe (vgl. Kat. Nr. 118), das als Ärmel wie Engelsschwingen aus dem Gewand quellende, schneeweiße Leinen der Kirchgängerin (vgl. Kat. Nr. 125) oder sonst in der Kleidung hervorgehobenes weißes Leinen weisen auf Unschuld und Reinheit hin. Altdeutsche Kleidung verweist auf noch vorbildliche, nicht überfremdete, sittenreine Zeiten. Kurze Lockenfrisuren, wie sie Raffaels Engel auf dem Altarbild der Sixtinischen Madonna tragen, unterstützen die Assoziation engelhafter Unschuld (vgl. Kat. Nr. 115 u. Kat. Nr. 116). Bezeichnend sind auch die auf den Eindruck lebenslanger unschuldiger Kindlichkeit abzielenden Frisuren. So trägt man die Frisur mit den vorne, rechts und links des Mittelscheitels, hochansetzenden und in Schaukeln um das Ohr fallenden Zöpfchen von Kindertagen an bis ans Lebensende. Zunächst sind die seitlich fallenden Zöpfchen hinten unter den Locken zusammengebunden, später enden sie in einem Zopf, der „als Nest antik aufgewunden ist".[23] Annette von Droste Hülshoff trug eine solche Zöpfchen-Frisur bis kurz vor ihrem Tode.[24]

[1] Arndt II, S. 218 – [2] Arndt II, S. 223 – [3] Arndt II, S. 224 – [4] Arndt II, S. 224 – [5] Arndt II, S. 218 – [6] Arndt II, S. 198 – [7] Rousseau, S. 795 – [8] Rousseau, S. 773 – [9] Rousseau, S. 795 – [10] P.J.C. Boone, Die Pflichten des christlichen Weibes, Mainz 1857, S. 23 – [11] Feyerstunden. Eine Quartalschrift zur Aufklärung des Verstandes und Bildung des Herzens der Jugend beiderley Geschlechts, München 1811, S. 78 – [12] Wilhelm Heinrich Wackenroder, Über die Kinderfiguren auf Raffaelschen Bildern. In: Werke und Briefe, Heidelberg 1967, S. 178f. – [13] George Boas, The Cult of Childhood, London 1966, S. 11 – [14] F. Hölderlin, Hyperion, Bd. I., 1 Buch – [15] Rainer Hagen, Kinder, wie sie im Buche stehen, München 1967, S. 26ff. – [16] Rousseau, S. 820 – [17] Campe, S. 182 – [18] Campe, S. 182 – [19] Karl Wilhelm Ramler, Allegorische Personen zum Gebrauche der bildenden Künstler, Berlin 1788, S. 53 – [20] P.J.C. Boone, Die Pflichten des christlichen Weibes, Mainz 1857, S. 49 – [21] Daniel Chodowiecki, Gute menschliche Eigenschaften, 12 Radierungen, 1789 – [22] Vgl. Westhoff-Krummacher, S. 259 – [23] Wilhelm von Kügelgen, Lebenserinnerungen eines alten Mannes, Bd. II., Leipzig 1925, S. 321 – [24] Vgl. die Daguerreotypie von F. Hundt von 1845

„aus Sitte nicht sehen, hören und denken"

Karl Wilhelm Ramler empfiehlt den „bildenden Künstlern", mit dieser Radierung von Christian Bernhard Rode illustriert, folgende Lösungen zur Darstellung der „Keuschheit": „Soll die Bezähmung wollüstiger Begierden oder die Keuschheit ausgedrückt werden, so trägt die junge, sittsame Göttinn ein weißes Gewand und einen Schleyer, ist gegürtet, und führt an ihrem Zaum einen kleinen Liebesgott. Die meisten geben ihr stattdessen eine weiße Lilie (vgl. Kat. Nr. 120), das Sinnbild der Reinigkeit, in die Hand."

Die Keuschheit und die Schamhaftigkeit waren nach männlicher Auffassung von so zentraler Bedeutung, weil die Frauen mit ihrem „unbegrenzten Liebesverlangen" leicht Opfer ihrer besonders ausgeprägten Animalität werden können. Bei den Tieren regelt der Instinkt die sexuellen Bedürfnisse, beim Mann der Verstand. Da dieser bei der Frau weitgehend entfällt, kann nur das Schamgefühl die Regulierung übernehmen. Gott hat dies - so Rousseau - alles bedacht. Liefert er den Mann übermäßigen Leidenschaften aus, so gibt er diesen Leidenschaften die Vernunft bei, sie zu beherrschen; „liefert er die Frau schrankenlosen Begierden aus, fügt er diesen Begierden das Schamgefühl bei, um sie in Schranken zu halten." (Rousseau, S. 722f.)

Damit gar keine Gefahren aufkommen, bietet der Illustrator Bernhard Rode die ideale Lösung zur „Bezähmung wollüstiger Begierden" - Schleier drüber, Lilie in die Hand und „aus Sitte nicht sehen, hören und denken" (Hippel 2, S. 108).

Kat.Nr. 114

Bernhard Rode
Allegorie der Keuschheit, um 1788
Grafische Sammlung der Kunsthalle, Kiel

Kindlichkeit und Unschuld - für das weibliche Geschlecht bis ins hohe Alter hoch geschätzte Eigenschaften

Da Individualität oder gar Persönlichkeit noch gar nicht in einem Kind gesehen wurden, galt es, neben dem Stand, vor allem das Lebensalter, das unschuldige Kindsein, zu veranschaulichen. Das in den Zügen egalisierte Standesgesicht, die feine, hochwertige, der Mode entsprechende Kleidung, das gepflegte, seidige, feine Haar sowie der Ausblick in den Park verdeutlichen hier den höfischen Rang. Das rosa Kleidchen gibt den Hinweis auf das weibliche Geschlecht, denn lichte, blütenhafte Farben der Kleidung, ob lichtgelb, lichtblau oder rosa, kennzeichneten in den beiden Jahrzehnten um 1800 das weibliche Geschlecht. Doch die Kennzeichnung des Geschlechtes ist nicht so wichtig, denn Kinder sind sich nach Auffassung der Zeit - wie die Engel - ihres Geschlechtes nicht bewußt. Die Engelähnlichkeit gehörte mit in das Bild des unschuldigen Kindseins. Um des Eindrucks des Unschuldigen willen ist auch bei Kinderbildnissen dieser Zeit eher mit einer Stilisierung zum Jüngeren als zum Älteren zu rechnen. Vor allem aber stellt die weiße Taube als Symbol der Unschuld das unschuldige Kindsein heraus. Nach dem Ende des Ancien régime taucht gehäuft dieses Symbol der Taube in Kinderbildnissen auf.

Die moralische Krise des 18. Jahrhunderts hatte ein leidenschaftliches Verlangen nach Tugend und Unschuld ausgelöst. Diese Sehnsucht projizierte man auf das Kind und auch auf die Frauen (vgl. S. 309-313). Im Kind glaubte man das reine Urbild des Menschen zu finden, unberührt von der Verderbtheit der Gesellschaft, unverdorben von der Künstlichkeit der Zivilisation.

Die beiden Kinderbilder mit dem Attribut der Taube (vgl. auch Kat. Nr. 116) werden hier im Zusammenhang der „sanften und engelsgleichen Frauen gezeigt, weil man diese von Natur aus gute, unberührte, reine Kindlichkeit, den unschuldigen Sinn, diesen vorindividuellen, unmündigen Zustand auch von den Frauen erwartete. Ihn galt es möglichst zu konservieren. Entsprechend war die Erziehung zu reduzieren. Nur so war der Idealzustand erreichbar, wie ihn Schiller in seinem Gedicht „Die Würde der Frauen" feiert: „Aus der bezaubernden Einfalt der Züge / Leuchtet der Menschheit Vollendung und Wiege, / Herrschet des Kindes, des Engels Gewalt."

Kat.Nr. 115

Anton Wilhelm Tischbein
Luise Wilhelmine Prinzessin von Anhalt-Bernburg mit Taube, um 1803/04
Anhaltische Gemäldegalerie Dessau, Schloß Georgium

316

Engelsgleich und unschuldig - aber es blieb nicht dabei

Der westfälische Bildnismaler Johann Christoph Rincklake porträtierte Annette von Droste-Hülshoffs Kusine Antoinetta an ihrem neunten Geburtstag. Er malt sie mit kurzen blonden Locken, in weißem Kleid, mit beiden Händen eine weiße Taube haltend. Auch hier (vgl. Kat. Nr. 115) gilt die Kennzeichnung nicht den individuellen Zügen, der persönlichen Besonderheit des Kindes, sondern dem Stand und dem unschuldigen Kindsein. Als erstgeborenes Kind ließ man es noch porträtieren, die 21 nachfolgenden Geschwister blieben ungemalt.

Das weiße Kleid, das weiße Täubchen, ein schon antikes Symbol der Unschuld, stand für „Unschuld", die kurzen blonden Locken erinnerten die damaligen Betrachter an die bekanntesten und geliebtesten Kinderbildnisse der Zeit, Raffaels Engel auf dem Gemälde der Sixtinischen Madonna in Dresden. Bevor ein Kind in die Pubertät kam, für die man noch keinerlei Einordnung hatte, hielt man gemalt das unschuldige Kindsein fest. Dies galt es bei einem Mädchen zur Erhöhung der Verheiratungschancen möglichst bis ins hohe Alter zu erhalten. Wie man einer Zeichnung von Ludwig Emil Grimm entnehmen kann, der mit Annette und Jenny von Droste-Hülshoff 1827 „eine Unterhaltung beim Caffé" in Haus Stapel in der Familie des Baron Droste-Kerckerinck erlebte und zeichnete, hatte sich jedoch das Unschuldige bei der 26jährigen Antonetta von Droste-Kerckerinck (vgl. Kat. Nr. 55, die am Spinett sitzende Tochter) gänzlich verloren. Auch das Engelartige war abhanden gekommen. Annette von Droste-Hülshoff schreibt 1837 über ihre Stapeler Kusinen: „Die Mädchen werden alle Tage häßlicher und widerlicher." (Karl Schulte Kemminghausen [Hg.], Die Briefe der Annette von Droste-Hülshoff, Jena 1944, Bd. 1, S. 258).

Kat.Nr. 116

Johann Christoph Rincklake
Antoinetta Freiin von Droste-Kerckerinck mit Taube, 1811
Westfälischer Privatbesitz

Unschuldig und sanft - diesen Zustand galt es zu konservieren

Ein Kind sitzt auf einem Felsblock vor einer Säulenarchitektur in altmeisterlich nuanciert gemalter, parkartiger Landschaft. Anmutig, mit geneigtem Kopf, schaut es den Betrachter an. Mit zärtlicher Geste hält es ein braun-weißes Täubchen an sich. Die feine, veredelnde Stilisierung des blassen Gesichtes, des Arms, der Hand und die noch seidiger als das Federkleid des Täubchens schimmernden goldblonden Haare, vor allem aber das hoheitsvolle Attribut der Säule verdeutlichen die vornehme Abkunft des Mädchens. Es war die uneheliche Tochter des dama-ligen Kurprinzen Wilhelm, des späteren Kurfürsten Wilhelm II. von Hessen-Kassel, und der Emilie Ortlepp. Als Gräfin Reichenbach-Lessonitz heiratete sie 1845 Carl August Reichsgraf von Bose (1814-1887). Ihr beachtliches Vermögen vermachte sie zu wissenschaftlichen Zwecken der Senckenbergischen Gesellschaft in Frankfurt und den Universitäten Marburg, Jena und Berlin. Ihre Kunstsammlung schenkte sie ihrer Heimatstadt Kassel.

Im Hinblick auf die uneheliche Geburt mag es ein besonderes Anliegen gewesen sein, in blütenweißem Kleid mit einem Täubchen - als Sinnzeichen der Unschuld - die Reinheit und Unschuld des Kindes hervorzuheben. Mit einem Täubchen verband man aber auch die höchst geschätzte weibliche Eigenschaft der Sanftmut. Sie verlieh den Adel der Seele. Das siebenjährige „kurprinzliche" Mädchen ist also wohlerzogen, „gezähmt", sanft und unschuldig wie ein Täubchen und damit schon in seiner idealen, seiner zukünftigen weiblichen Lebensrolle gemalt. Kindlich, unschuldig und sanft, so sollten Frauen immer bleiben und gehalten werden. Um dieses zarte Bild paradiesischer Unschuld und edler Sanftmut nicht nur als etwas Fiktives erscheinen zu lassen, sind die Blumen und Pflanzen ganz realistisch und mit botanischer Genauigkeit gemalt. Sie bezeugen die Realität und Glaubwürdigkeit dieses gemal-ten Idealbildes (vgl. hierzu Kat. Nr. 41 u. Kat. Nr. 128).

Kat.Nr. 117

Johann J. August von der Embde
Bildnis der Gräfin Louise Bose als Kind, 1820
Staatliche Museen Kassel, Neue Galerie

Verheiratungsgerecht auf kindlich und noch formbar stilisiert

Kolbe malte seine achtzehnjährige Tochter an einem Haubenband stickend. Dies mag ein Hinweis auf ihre baldige Verheiratung sein. Entsprechend den Wunschvorstellungen, die man von einer künftigen Ehegattin hatte, malte der Vater seine Tochter Luise als kindlich unschuldiges, sanftes, noch formbares Wesen. Nicht nur das blütenhaft reine weiße Kleid aus zartem Organza, sondern auch die ins unschuldig Kindliche stilisierte Physiognomie - die treuherzig blickenden Augen, die zierliche Nase, der kleine schmallippige Mund, die mit zurückweichendem Kinn kindliche Kopfform, das Seiner-selbst-nicht-Bewußte - veranschaulichten das noch unschuldige Alter. Der gerundet in den Schoß gelegte Arm, die ausruhend auf dem Stickkästchen liegende Hand, der in weichen und anschmiegsamen Falten fallende Stoff, die weiche Linie, die Busen und Taille konturiert, das weiche, seidige Haar kennzeichnen ihren sanften Charakter. (Im Vergleich mit dem ebenfalls im Von der Heydt-Museum befindlichen Bildnis der Mutter wird die verheiratungsgerechte Stilisierung auf sanft, kindlich und noch formbar ablesbar.)

Neben Unschuld und Sanftmut ging es Kolbe aber auch darum, das fast adelsgleiche gesellschaftliche Lebensniveau seiner Familie im Bildnis darzutun. Er inszenierte seine in Paris groß gewordene Tochter nicht bürgerlich, sondern eher adelsgleich mit hocheleganter Haarfrisur, einem großzügig decolletierten Kleid von hochwertigem Stoff. Er hinterfängt sie mit großem Samtvorhang und setzt sie an einen säulengerahmten Fensterausschnitt. Bezeichnenderweise malte er sie nicht in bürgerlichem Fleiß emsig strickend, sondern ausruhend, nicht die Arbeit, den Nutzen und den Fleiß, sondern den Zeitvertreib und die Feinheit der Handarbeit betonend. Ein elegantes, samtbezogenes Stickkästchen, Stickgarn, Schere, Fingerhut und kleine Wachstäfelchen, um die Nadeln noch glatter, die Stiche noch feiner zu machen, stellen klar, daß es sich nicht um strickenden Broterwerb, sondern um eine anspruchsvolle Luxushandarbeit handelt (vgl. hierzu S. 151), daß die künftige Ehegattin und Hausfrau von klein auf eine sorgfältige, domestizierende weibliche Erziehung genossen hat und in geringem Umfang und auf hohem Niveau auf etwas „Hand"-arbeit eingestellt ist.

Kat.Nr. 118

Heinrich Christoph Kolbe
Luise Kolbe, um 1825
Von der Heydt-Museum, Wuppertal

Kindlich, treuherzig und sanft - eine Traumbraut des Biedermeier

Carl Begas malte die Tochter des Berliner Schriftstellers, Buchhändlers und Kriminalrates Julius Eduard Hitzig wohl als Verlobte. 1833 heiratete sie den Kunsthistoriker, Maler und Dichter Franz Kugler (1808-1858). Begas porträtierte sie in einem repräsentativen Format, in reichlicher Halbfigur mit Armen, vor tiefliegendem Horizont und weitem, leicht wolkenverhangenen Himmel. Die Figur ist etwas nach rechts gedreht, das Gesicht bei leichter Neigung des Kopfes dem Betrachter frontal zugewandt. Die leichte Neigung des Kopfes (wie sie bei männlichen Bildnissen dieser Zeit undenkbar wäre) verspricht in idealer Weise weibliche Anpassung, Unterordnung und Verzicht auf die Durchsetzung des eigenen Willens.

Die Sympathie des Malers galt dem kindlichen, treuherzigen Gesicht. Mit seelenvoll und sanft blickenden Augen, kleiner Nase, kindlichem Mund, zu einem Krönchen geflochtenen schwarzen Haaren muß Clara Hitzig - „unschuldig" und noch formbar - der biedermeierliche Inbegriff weiblicher Vollkommenheit gewesen sein. Begas inszenierte sie nicht, wie die etablierten Damen der Berliner Gesellschaft, würdebetont, von Schals umwallt, vor drapierten Vorhängen sitzend, vielmehr arrangierte er sie stehend, als Naturkind, nur von Himmel hinterfangen. Da Clara Hitzig kein südliches, sondern nach ihrem altdeutsch stilisierten Kostüm ein nördliches Naturkind war, malte er - auch abgestimmt auf ihre graublauen Augen - den Himmel nicht strahlend blau, sondern leicht wolkenverhangen graublau.

Doch trotz geflochtener und fein-linnener Hinweise auf altdeutschen, biederen Sinn, bei näherer Betrachtung des gotisierenden, zinnoberroten Biedermeier-Kleides aus noblem Tuch, mit Ärmeln aus feinstem weißen Batist, reliefartig erhaben abstehenden, kielbogenförmig eingenähten Samtbiesen, ist die raffinierte Kostümkreation eher aus einem ersten Berliner Mode-Atelier, als selbst gesponnen und gewebt. Ebenso zeigt sich in dem großzügigen Decolleté die weltstädtische Liberalität Berlins. Während man in der Provinz noch „zugebunden bis oben hin", blickdicht und hochgeschlossen mit einem Kreuz auf der Brust geht, leistet man sich in Berlin modisch kultivierten nackten Liebreiz. Doch wenn auch luxuriös und liberalisiert, eine Stilisierung ins Altdeutsche signalisierte eine sittenbewußte, häusliche, nicht etwa eine großstädtisch leichtlebige Gesinnung der Braut. Mit sublimem Sinn dosierte Begas den Schmuck. Um Hals und Stirn gelegte zarte goldene Kettchen mit schwarzen Onyx-Steinen lassen Vorwürfe der Eitelkeit nicht aufkommen.

Clara Kugler hatte schon in ihrem Elternhaus Kontakte zu vielen Dichtern und Schriftstellern. E.T.A. Hoffmann, ein enger Freund ihres Vaters, dichtete für sie und ihre Geschwister das „Märchen vom Nußknacker und Mausekönig". Als Gattin des Kunstkritikers und Historikers Franz Kugler unterhielt Frau Clara in Berlin bis zum Tode ihres Mannes einen Salon. Zu den befreundeten Gästen ihres „ewigen Herdes" gehörten Jacob Burckhardt, Emanuel Geibel (der ihr einige Gedichte widmete), Paul Heyse (den ihre Tochter Margarethe später heiratete), Theodor Fontane, Theodor Storm, Felix Dahn und Adolf Wilbrandt.

Kat.Nr. 119

Carl Joseph Begas
Clara Susanna Kugler geb. Hitzig, um 1833
Privatbesitz

Keine Individualität, nur Unschuld und Tugend

Vor blauem Himmel, dem mit jungen Bäumen bestandenen Wall, der münsterschen „Promenade", und einem blühenden Wiesengrund steht ein junges Mädchen. Es hält eine Rose in seiner rechten Hand. Das Mädchen trägt eine kindliche Frisur mit hochansetzenden Zöpfchen, ein langes, hochgeschlossenes langärmeliges, mit Schleifen verziertes weißes Kleid und um die geflochtene Haarkrone Blüten. Mit seiner linken Hand weist es auf einen Schmetterling hin. Vor ihm blüht eine weiße Lilie und ein Maiglöckchen. Links sieht man ein von Efeu umwundenes Postament, dahinter ein mit Blumen geschmücktes Kreuz, rechts auf einem Wiesengrund weitere mit weißen Blumen geschmückte Kreuze und in der Ferne den Vierungsturm von St. Ludgeri.

In diesem Bildnis ist nicht die individuelle Charakterisierung das Darstellungsanliegen. Bei einem gesenkten Blick kann man noch nicht einmal die Augenfarbe erkennen. Hier ist weibliche Vollkommenheit durch Tugend die Botschaft des Bildnisses. Es geht hier um Unschuld, Reinheit, Keuschheit, Liebe, Treue und Frömmigkeit. Das weiße Kleid und die weiße Lilie sind Hinweise auf Reinheit und Unschuld, die Rose ist ein Zeichen der Liebe. Das um das Postament sich windende Efeu ist ein Symbol für ewige Treue, das Postament ein Sinnzeichen für „Beständigkeit" (vgl. hierzu die „Beständigkeit", Radierung von Daniel Chodowiecki aus einer Folge der „Gute[n] menschliche[n] Eigenschaften"). Der gesenkte Blick deutet auf die Keuschheit hin und der in der Ferne auftauchende Kirchturm auf die Frömmigkeit des jungen Mädchens. Der Schmetterling, ein in dieser Zeit vielfach auf Grabsteinen benutztes Sinnbild für die Seele und die Auferstehung, ebenso die mit weißen Blumen geschmückten Kreuze und auch die Rose als Zeichen für die Kürze des Lebens könnten Hinweise auf den frühen Tod der jungen Frau sein. In seinem Gehalt ist das Bild der „Kirchgängerin" von Louis Ammy Blanc verwandt (vgl. Kat. Nr. 125).

An einem Bild wie dem „Mädchen mit Rose" wird das ganze Ausmaß der „Zurichtung" durch die jede Individualität auslöschende Erziehung zu Tugend, Keuschheit und Frömmigkeit ablesbar. Diese anzustrebende tugendhafte, keusche und fromme weibliche Vollkommenheit war kaum lebend, sondern nur tot erreichbar.

Kat.Nr. 120

Franz Wilhelm Harsewinkel
Mädchen mit Rose, um 1835
Westfälisches Landesmuseum für Kunst und Kulturgeschichte, Münster

Als „unbeschriebene Kindertafel" von großem weiblichen Reiz

Der unbekannte Zeichner kennzeichnete die junge Frau im Sinne des männlichen Wunschbildes seiner Zeit als kindlich, unschuldig, sanft und schüchtern. Sie wirkt ängstlich und ohne jedes Selbstbewußtsein. Noch nicht „unter der Haube", sind die Locken und das geflochtene Haarkrönchen als besonders weiblich zu würdigen. Löckchen oder Flechten gehörten stereotyp zur Kennzeichnung des Weiblichen. Bis Ende der 30er Jahre des 19. Jahrhunderts hätten glatte Haare alle Weiblichkeit in Frage gestellt. Selbst, wenn man schnittlauchartig glattes Haar hatte, man mußte mit Zuckerwasser und Ondulierschere sich wenigstens ein paar Locken drehen oder sich Zöpfe zulegen, um seine Weiblichkeit zu signalisieren. Ein hochgeschlossenes, blickdichtes Kleid, das - den Busen einebnend - alle körperlichen Reize unterschlägt, läßt die Braut besonders sittsam und unschuldig erscheinen. Auch das Kleid im altdeutschen Geschmack mit dem gezackten Ärmelschmuck bestätigt eine ordentliche Erziehung im Sinne alter Werte.

Unschuldig und noch der Formung bedürftig bietet „Linchen Wendt" die ideale Voraussetzung für eine Ehefrau: „Ein Weib soll ja einem Kinde gleich sein und so gehalten werden." „Glücklicher Mann, dem ein Weib ins Haus zieht, deren frommes Gemüt noch eine unbeschriebene Kindertafel ist." Denn „erst der Mann gibt ihr das Gepräge und stellt sie als ein bestimmtes Ding ins Leben." (Arndt I, S. 194; II, S. 219, 223)

Kat.Nr. 121

Unbekannter Zeichner
Caroline Eleonore von Wendt-Papenhausen, um 1825
Universitäts- und Landesbibliothek, Münster, Nachlaß Schulte Kemminghausen

Caroline Droste
Hülshof.

„Wie ein Lamm will sie um Deine Wünsche spielen..."

Julie Krummacher (Duisburg 1804 - 1909 Dessau) war die Tochter von Friedrich Adolf Krummacher (Tecklenburg 1768 - 1846 Bremen) und der Eleonore Möller (Lippstadt 1763 - 1844 Bremen). Ihr Vater, Professor der Theologie und Beredsamkeit, war in seiner Zeit vor allem als Parabeldichter bekannt. 1827 heiratete sie den Maler Wilhelm von Kügelgen. Mit 35 Jahren hatte sie bereits sechs Kinder, von denen zwei Töchter starben und ein Sohn fiel. Sie wurde 104 Jahre alt.

„Als ein sinniges, stilles, unverrückt heiteres, herzlich frommes und kindlich naives Gemüt", „wie ein Kind unbefangen und freundlich ohne Arg", so charakterisieren ihr Vater und ihr Mann ihr Wesen. In der Traupredigt beschrieb ihr Vater ihr zukünftiges Wirken als Ehegattin: „Wie ein Lamm will sie um Deine Wünsche spielen und Dir die Seele erheitern" (Wilhelm von Kügelgen, Jugenderinnerungen eines alten Mannes, 2. Bd., Leipzig 1925, S. 86, S. 121, S. 153). Über ihre Ausbildung, die exemplarisch für diese Töchtergeneration ist, schrieb er: „Meine Töchter haben das gar nicht empfangen, was man Bildung nennt. Von unserer sogenannten schönen Literatur wissen sie so gut als nichts, verstehen keine einzige fremde Sprache, wissen nicht schön zu reden, sind befangen bei Fremden, lesen aber Menkens Homilien mit Freuden und singen bei häufiger Arbeit aller Art fröhliche Lieder. Ich habe meinen Kindern keine Erziehung geben können, wegen meiner stets überhäuften Amtsgeschäfte, bin auch kein Freund von Ziehen und Erziehen, sondern habe frisch wachsen lassen, was wachsen konnte und wollte und nur Auswüchsen zu wehren gesucht..." Selbstverständlich wurden die Söhne Krummacher zusätzlich von ihrem Vater unterrichtet, lernten Sprachen und studierten. Die Töchter dagegen hielt man im Geiste Rousseaus möglichst naturbelassen, um sie für den künftigen Ehegatten formbar zu halten.

Kindlich und treuherzig, so zeichnete Wilhelm von Kügelgen auch sein „Julchen aus dem Gedächtnisse" während seines Aufenthaltes in Rom. Dieses Zeichnen aus der Ferne traf nicht unbedingt das Spiegelbild, um so mehr jedoch ein Wunschbild. Die Idealvorstellung von einem weiblichen Wesen mag in einer solchen Zeichnung daher besonders zum Ausdruck kommen. Wilhelm von Kügelgen zeichnete die „Auserwählte seines Herzens" im Ausschnitt des Kopfes, in leicht seitlich geneigter, Anmut und Anpassung andeutender Haltung. Das Gesicht rahmende, verspielt fallende Löckchen, die noch unausgeprägten Formen des Gesichtes, die zierliche kleine Nase, das zurückweichende Kinn, der kleine, nebensächlich gegebene Mund betonen das Kindliche und Unschuldige. In dem Gesicht dominieren als „Fenster der Seele" die Augen. Sie blicken ernst, fast furchtsam, leidensbereit, aber voller Vertrauen. Das weich fallende Haar, die glatten Züge, die weich fließenden Linien von Hals und Schulter lassen sie sanft und anschmiegsam erscheinen. Nach ihrem Aussehen könnte man sie für fünfzehn- bis siebzehnjährig halten. Julie Krummacher war 1826 jedoch 22 Jahre alt. Man beobachtet häufig eine solche, um der Wunsch- und Idealvorstellung der Unschuld willen, bewußte Stilisierung ins Kindliche.

Kat.Nr. 122

Wilhelm von Kügelgen
Julie Krummacher, 1826
Privatbesitz

Roma
30 Jun
1826

Über die Frömmigkeit

Durch Frömmigkeit „reich ohne Mühe"

„*Da die Rolle der Weiber in der wirklichen Welt äußerst unbedeutend ist und sie aus diesem Glückstopfe bloß Nieten, wir dagegen die Gewinne zogen, so müssen sie, um sich zu entschädigen die Einbildungskraft zu Hilfe nehmen, die reich macht ohne Mühe und sich vermöge der wohlthätigen Einbildungskraft eine Welt schaffen, wo sie mehr zu Hause gehören als in der wirklichen.*"

(Th.G. von Hippel, Nachlaß über weibliche Bildung [1801], [Hippel 3, S. 106])

Predigten lesen und Strümpfe stricken

„*Und was bleibt überhaupt einem Weibe, das ihr Schicksal nicht selbst schaffen kann? Öde und dürr ist jede Zukunft, die der Frau und die der alten Jungfer ... uns bleibt nur Gottseligkeit übrig. ... Predigten lesen und Strümpfe stricken für die Hottentotten in Boriobulagah!*"

(Sally von Kügelgen, Stilles Tagebuch eines baltischen Fräuleins [1855], Berlin o.J., S. 36)

Für den Mann die Philosophie, für die Frau die Religion

„*Ein Weib ohne Religion entbehrt ihrer schönsten Zierde, so wie der Mann der seinigen ohne alle philosophische Ansicht der Dinge. Die widerwärtigste und unnatürlichste Erscheinung ist die Freigeisterei eines Weibes und die Betschwesterei eines Mannes.*"

(Joseph Hillebrand, Anthropologie als Wissenschaft, Bd. 2, Mainz 1823, S. 405)

„*... Ein Weib, das nicht fromm und gottesfürchtig ist, heißt mit Recht ein Ungeheuer*"

(Ernst Moritz Arndt, Briefe an Psychidion oder Über weibliche Erziehung [1819], [Arndt II, S. 216])

Frömmigkeit ist Frauensache

„*Wahre und aufgeklärte Frömmigkeit ... ist zwar jedem Menschen ... in Hinsicht auf gewissenhafte Rechtschaffenheit und wahre Glückseligkeit recht sehr zu wünschen, aber doch unter allen Keinem mehr, als dem Weibe; als sie ... der Beruhigungsmittel und Tröstungen bedarf, welche die Religion den Leidenden darbietet.*"

(Joachim Heinrich Campe, Väterlicher Rath für meine Tochter, Braunschweig 1789, S. 138)

Ausgiebige religiöse Betätigung, aber nur rezeptiv

„*Im Staate tritt das weibliche Geschlecht ganz zurück, am religiösen Leben schreiben wir ihm einen großen Anteil zu, der aber doch nur auf der Seite der Rezeptivität liegt.*"

(F.E.D. Schleiermacher, Theorie der Erziehung [1826], In: Ausgewählte pädagogische Schriften, Paderborn 1959, S. 187)

Schön durch Frömmigkeit

„*Eine schöne Frau beeindruckt vielleicht niemals sò stark, als wenn sie, in frommer Andacht versunken und mit den edelsten Betrachtungen beschäftigt, ohne es zu wissen, eine höhere Würde und neue Anmut annimmt. Die Schönheit der Heiligkeit scheint sie zu umstrahlen und die Umstehenden sind fast geneigt sich vorzustellen, daß sie bereits unter ihr gleichgearteten Engeln ihre Andacht verrichtet!*"

(James Fordyce, Predigten für junge Frauenzimmer, Leipzig 1768, zit. nach Wollstonecraft, S. 153)

Abb. 28   Gerhard von Kügelgen, Porträt Baronin Krüdener mit Tochter, Öl/Lw., Muzeum Narodowe, Poznan

Naturgesetzlich zu Schmerz, Leid und Frömmigkeit bestimmt

Eine ganz unangefochtene Domäne der Frau ist die Frömmigkeit! „Im Staate", so heißt es bei Schleiermacher, „tritt das weibliche Geschlecht ganz zurück, am religiösen Leben schreiben wir ihm einen großen Anteil zu, der aber doch nur auf der Seite der Rezeptivität liegt..."[1] Selbstverständlich können Frauen nicht ihrem selbstgewählten Glauben nachgehen. Als Töchter haben sie der Religion der Mutter, als Frauen der ihrer Männer zu folgen. „Außerstande, selbst entscheiden zu können, müssen sie die Entscheidung der Väter und der Gatten annehmen, wie die der Kirche."[2] Rezeptivität, Passivität und Unmündigkeit sind, abgesehen von der täglichen Arbeit für die Familie, wo unbegrenzte Aktivität entwickelt werden kann und soll, auch bei der Frömmigkeit der von den Frauen erwartete Part. Joachim Heinrich Campe meint in seinem „Väterlichen Rath für meine Tochter"[3], daß „wahre und aufgeklärte Frömmigkeit" für „Rechtschaffenheit und wahre Glückseligkeit" zwar allen Menschen nottut, aber „unter allen Keinem mehr, als dem Weibe, das zur 'Leidenden' bestimmt ist". Sie bedarf der „Kraft der Religion", um zu ertragen, was der „unerforschliche Rath der Vorsehung" an Pflicht, Unterstützung und Unterwerfung „von ihr fordern". Im Verzicht auf „unabhängigen Willen"[4], in völliger Selbstverleugnung hat sie alle „Ungerechtigkeit und Unterdrückung eines ehelichen Gebieters" zu ertragen[5]. „Im Häuslichen Zwinger", „im bürgerlichen Verließ", „in der Sklaverei"[6], „zu Kummer und Elend berufen"[7] hat sie alle Nachteile ihres Geschlechtes zu erdulden. Durch Religion, durch die christlichen Tugenden Geduld, Sanftmut, Nachgiebigkeit und Selbstverleugnung, durch diese für eine Frau „aller unentbehrlichsten Tugenden"[8] kann sie sich „die Unannehmlichkeiten weiblicher Abhängigkeit ... versüßen"[9].

Früh gilt es, die Frauen darin einzuüben. „Jede Gelegenheit, dem kindlichen Geist beizukommen, muß wahrgenommen und bald hier, bald dort bei ihm angeklopft werden, um den Punkt herauszufinden, wo er sich dem großen Heilsverhalten am willfährigsten öffnet", rät Fénelon, der in der Erziehung zur Religion die Wurzel zu allem wünschenswerten Verhalten des weiblichen Geschlechtes sieht.[10]

Nicht nur zur Leidenden, sondern auch zur früh Sterbenden war die Frau bei der Erfüllung ihrer „heiligen, ehelichen Pflichten" bestimmt. Gegen Ende des 18. Jahrhunderts starb etwa jede zwölfte Frau an den Folgen ihrer Mutterschaft. Bei 61 Geburten, die der Augsburger Geburtshelfer Deisch um die Mitte des 18. Jahrhunderts durchführte, kamen 43 Kinder und 22 Mütter ums Leben. Zu dieser Zeit, als man weder gegen Pocken, Ruhr, Diphterie, Masern noch Scharlach Gegenmittel hatte, starben in Niedersachsen mehr als 22 % der Kinder vor ihrem 16. Lebensjahr.[11] Welches Leid war für eine Mutter mit dem Verlust eines Kindes verbunden!

Für die Herren die Erde, für die Frauen der Himmel

Neben ihrer Funktion, eine Zuflucht für alle Leidenden, alle Benachteiligten zu sein, bot die Religion eine Ersatzwelt. Nachdem das männliche Geschlecht die materielle Welt mit ihren Möglichkeiten unter sich geteilt hatte, blieb für die Frauen nur der Himmel. „Da die Rolle der Weiber in der wirklichen Welt äußerst unbedeutend ist und sie aus diesem Topfe bloß Nieten, wir dagegen die Gewinne zogen, so müssen sie, um sich zu entschädigen, die Einbildungskraft zu Hilfe nehmen, die reich macht, ohne Mühe und sich vermöge der Einbildungskraft eine Welt schaffen, wo sie mehr zu Hause gehören, als in der wirklichen Welt."[12] An dieser Aufteilung tat man recht, weil die eigentlich in nicht ernst zu nehmender Weise beschäftigten Frauen auch „weit mehr Zeit und Raum zum Glauben an Gott, Vorsehung und Unsterblichkeit haben"[13]. Um die Zeit zu nutzen und den Mann in seinen religiösen Rücksichtnahmen zu entlasten, ist es da nur billig, daß die Frau den „Himmel für den Mann und die Kinder gleich mitverdient", wie Pestalozzi es beispielhaft von „Gertrud" berichtet und dies von „jedem Weibe" erhofft.[14] Und ganz elementar notwendig ist die Religion für die als fleischliche Wesen besonders gefährdeten Frauen, weil sie „die Gebote und Warnungen ... gegen die Lüste des Fleisches" enthält und „vor dem Ausbruch sündlicher Triebe" bewahrt.[15]

In den Auffassungen kirchlicher Tradition stehend, die in der Frau ein fleischliches, in dem Mann ein geistiges Wesen sah, betont Betty Gleim, die fortschrittliche Bremer Mädchenpädagogin, die Notwendigkeit der Religion im besonderen für Frauen: „Ist Religion und Glaube dem Menschen überhaupt ein Schmuck und eine köstliche Zierde, ist sie das Merkmal und Ordenszeichen der höheren vernünftigen Natur, ohne das der Mensch nichts ist, als ein gesteigertes Thier, so ist sie ganz vorzüglich dem Weibe angehörig, dem Weibe unentbehrlich."[16] Wie leicht droht sonst die Herrschaft des Fleisches über den Geist! Und dieser täglich neu zu führende Kampf kann nur durch Arbeit und Frömmigkeit bestanden werden. Frömmigkeit ist für eine Frau unerläßlich, weil sonst die ganze von den Männern beschlossene Konzeption der Frau, alle weiblichen Tugenden wie Geduld, Sanftmut, Unschuld, Gehorsam und Selbstaufopferung nicht gewährleistet wären, „denn ein Weib, das nicht fromm und gottesfürchtig", so Ernst Moritz Arndt zusammenfassend, „heißt mit Recht ein Ungeheuer"[17].

Mit Kreuz und Gebetbuch

Ende des 18. Jahrhunderts bis in den Beginn des 19. Jahrhunderts bot das Bildnis einen von jeder Bevormundung freien Raum privater, ganz persönlicher Gefühlsentfaltung. Dem Bildnis der Eltern, der Geschwister, der Frau, des Mannes, des Kindes galten die ganz persönlichen Gefühle der Liebe, der Verehrung und des Andenkens. Und obwohl alle höheren Empfindungen und Gefühle für die Religiosität in Anspruch genommen wurden, eine religiöse Zielrichtung haben sollten und vornehmlich nur religiös legitimiert waren, bleibt in der Zeit der Aufklärung das Bildnis, auch das Familienbildnis, religiös unakzentuiert. Es ist bezeichnend, daß in Einzel- wie auch in Familienbildnissen, auch bei denen, die aus Anlaß des Todes eines Angehörigen gemalt wurden, kein christliches Zeichen im Bild erscheint. Gerade diese erste Inanspruchnahme eines Ortes persönlichster Gefühlsentfaltung begründete den Erfolg der Bildnismalerei in dieser Zeit.

Erst seit dem frühen Biedermeier, nachdem sich die letzten Spuren höfisch liberalen und aufklärerischen Geistes im Bildnis verloren hatten und bürgerliches Tugenddiktat den Frauen im wesentlichen nur noch die Entfaltung in Selbstverleugnung ließ, mehrten sich - und zwar nur im weiblichen Porträt - die Hinweise auf den frommen Sinn der Dargestellten. In den Hintergründen weiblicher Bildnisse tauchen Kirchtürme, religiöse Gemälde, Heiligenfiguren auf.

Wie verabredet trug man seit 1815 ein goldenes Kreuz an dünnem Goldkettchen, am Samtband und nicht selten an einer groben Büßerkordel um den Hals. Dahinter verbarg sich allerdings auch der Wunsch nach Schmuck. Schmuck war bis dahin weitgehend dem Adel vorbehalten gewesen. Nachdem aber das Bürgertum gegen diesen Luxus des Adels polemisiert und sich mit seinem Antiluxusstandpunkt und seinem Einfachheitsideal gebrüstet hatte, konnte es schlecht selbst Schmuck tragen. Wollte man in bürgerlichen Kreisen zu einem Schmuckstück kommen, dann war dies nur in Form eines Kreuzes möglich. In dieser Form waren Diamanten und Perlen christlich legitimiert. Neben einem Kreuzchen als Halsschmuck ließ man sich fast obligatorisch mit einem Gebet- oder Erbauungsbüchlein porträtieren. Da bei einem weiblichen Wesen eine reizende Individualität, Begabungen, charakterliche Vorzüge, Leistungen und Verdienste nicht zählten und nur eines - der fromme Sinn - der Nachwelt mitteilenswert war, ist das Gebetbuch, das Erbauungsbüchlein bis in die zweite Hälfte des 19. Jahrhunderts, das obligatorische weibliche Attribut.

Ein Gebetbuch gab auch für nachkommende Generationen erschöpfend über die Individualität einer Frau Auskunft. Als Naturwesen zur Fortpflanzung, zur Erhaltung der Gattung bestimmt, hatte eine Frau im Gegensatz zum Mann, keine Individualität und auch gar nicht die Anlage, sie zu entwickeln.[18] Für sie gab es ein Nachleben nur als „christliche Hausfrau". Wie die Totenbriefe dieser Zeit in Unzahl bestätigen: Eine Frau konnte die ganze Familie an Vielseitigkeit der Begabung und des Charakters übertreffen, für ein weibliches Wesen hieß die entindividualisierende Zusammenfassung der Lebensbilanz immer: „Sie war eine fromme Frau!" Dies konnte allenfalls noch erweitert werden: „Sie war eine fromme und fleißige Frau!"

Geistige Entfaltung nur in Frömmigkeit

Bot die dem weiblichen Geschlecht zugebilligte „Hand"-arbeit eine Chance zu individueller Entfaltung, konnte sich weibliche Individualität, weibliches Ich-Bewußtsein nur auf dem Kopf in der reinlichen, kunstreich getürmten, gefältelten, gestickten oder geklöppelten Haube mit Bändern, Schleifen und Blütenaufbauten bis zur Torheit und Narretei artikulieren, so bestand die einzige Möglichkeit zu geistiger Entfaltung in der Frömmigkeit. „... Was bleibt überhaupt einem Weibe, das ihr Schicksal nicht selbst schaffen kann? ... uns bleibt nur Gottseligkeit übrig ... Predigten lesen und Strümpfe stricken für die Hottentotten in Boriobulagah! Ist das eines Weibes Los?", fragt sich das baltische Fräulein Sally von Kügelgen 1855.[19] Es war vor allem der Pietismus, der für das subjektive Gefühl, das religiöse Erlebnis, das individuelle Gebet, den persönlichen Umgang mit Gott eintrat, der im Rahmen der Frömmigkeit auch den Frauen einen Freiraum zu persönlicher Entfaltung brachte. Hatte man das rechte Bewußtsein seiner Sündhaftigkeit entwickelt - und das fiel in den sittenstrengen, keuschen, bürgerlichen Zeiten nicht schwer - dann stand nach der „Rechtfertigung" durch Nachfolge im Leiden Christi und nach Bußkampf einer „Wiedergeburt", dem „Gnadendurchbruch" und dem Weg der Seele zu Gott nichts mehr entgegen. War das Erdenleben von Unrecht und Leiden bestimmt, dann gab es als legitimes zweites Leben den persönlichen Umgang mit Gott und Christus. In Christus fand sich der verständnisvolle Freund und Ehemann der Seele. Und die Verehrung seines Leidens gab auch den eigenen Leiden einen höheren Sinn.

Wenn die Blütezeit des Pietismus auch zwischen 1690 und 1740 lag, in seinen Auswirkungen prägte der von einer Gefühls- und Erlebnistheologie geprägte Neupietismus auch noch die ersten Jahrzehnte des 19. Jahrhunderts. Auch die Auffassung, daß vollkommene weibliche Schönheit nur durch die Vereinigung von Schönheit und Frömmigkeit erreichbar ist, daß wahre Schönheit den Adel der Frömmigkeit hat, mag puritanisch pietistische Wurzeln haben.

„Niemals rührt eine Frau mehr", so liest man in den „Predigten für junge Frauenzimmer" eines englischen Landgeistlichen, „als wenn sie in fromme Sammlung versunken ist. Von edlen Betrachtungen erfüllt, nimmt sie, ohne es zu wissen, eine höhere Würde, und neue Grazie an. Die Schönheit der Einsamkeit scheint sie zu umstrahlen, und der sie Betrachtende vermeint, sie fast den Engeln gleich in Andacht versunken zu sehen."[20] Diese Flirt- und Schönheitsempfehlung könnte geradezu die Interpretation für Louis Ammy Blancs 1834 gemalte „Kirchgängerin" sein (vgl. Kat. Nr. 125), die so sehr männlichen Vollkommenheitsvorstellungen von einem weiblichen Wesen entsprach, daß die „Kirchgängerin" als Frauenideal bald auf Pfeifenköpfen, Tabaksdosen, Lichtschirmen, Broschen und Tabletts verehrt wurde.

Wenn nach bürgerlichem Verständnis Tugendhaftigkeit mit Frömmigkeit gleichgesetzt wurde, dann mußte man sich für das Nachleben seiner Tugend - und dafür gab man ja schließlich das Geld für das Porträtieren aus - mit Hinweisen auf seinen frommen Sinn porträtieren lassen. War in den 20er und 30er Jahren des 19. Jahrhunderts im romantischen Bildnis gefühlvolle Schönheit gefragt, dann gab es für weibliche Bildnisse, abgesehen von sehnsüchtigem Blicken in die Ferne, wehmütigen abschiednehmenden Freundschaftsbildern, für Geistig-Seelisches nur die Ausdrucksmöglichkeit des Religiösen. Madonnenhafte Züge, gesenkter oder himmelnder Blick veranschaulichten eine schöne, fromme weibliche Seele. Vollkommene, tugendhafte Schönheit war eine sakralisierte Schönheit (vgl. Kat. Nr. 120, Kat. Nr. 124, Kat. Nr. 125 u. Kat. Nr. 128).

[1] Schleiermacher, Theorie der Erziehung(1826). In: Ausgewählte pädagogische Schriften, Paderborn 1959, S. 187 – [2] Rousseau, S. 758 – [3] Campe III, S. 138 – [4] Campe III, S. 248 – [5] Campe III, S. 138ff. – [6] Hippel II, S. 13 u. 15 – [7] Hippel II, S. 50 – [8] Campe III, S. 24 – [9] Campe, S. 129 – [10] Fénelon, S. 44 – [11] Ute Frevert, Frauengeschichte zwischen bürgerlicher Verbesserung und neuer Weiblichkeit, Frankfurt 1986, S. 47-49 – [12] Hippel II, S. 106 – [13] Hippel II, S. 75 – [14] Pestalozzi, Bd. 1, S. 257. In: J.B. Pestalozzis Ausgewählte Werke (4 Bde.), hg. v. Friedrich Mann, Langensalza 1889 – [15] B. Overberg, Anweisungen zum zweckmäßigen Schulunterricht, Hg. von I. Esterhues, Paderborn 1957, S. 50 – [16] Betty Gleim, S. 19 – [17] Arndt II, S. 216 – [18] Claudia Honegger, Die Ordnung der Geschlechter. Die Wissenschaften vom Menschen und das Weib 1750-1850, Frankfurt 1991, S. 198 – [19] Sally von Kügelgen, Stilles Tagebuch eines baltischen Fräuleins 1855/1856, Berlin o.J., S. 36 – [20] James Fordyce, Predigten für junge Frauenzimmer, Leipzig 1768 (zitiert nach: Wollstonecraft, S. 159.)

Entindividualisiert, enterotisiert - nur fromm!

Eine junge Frau kniet mit gefalteten Händen in einem Betstuhl vor einem Hausaltar. Ihr Blick ist auf ein Kruzifix gerichtet. Der Raum ist nach hinten durch einen schweren grünen Samtvorhang abgeschlossen. Sie trägt ein Kleid im Stil der Reformationszeit, ein leuchtend rotes, mit schwarzem Samt eingefaßtes, mit Bändern und Schleifen verziertes seidenes Kleid, dazu eine schwere doppelte Goldkette, daran ein blaues goldgefaßtes Schmuckkreuz mit rotem Mittelstein.

Nach den kostbaren Textilien, dem Schmuck, dem neugotischen Hausaltar mit silbernem Corpus Christi vermutet man in der Dargestellten eine Person von Stand. Nach dem reichen Goldkettenschmuck, mit dem man sich im 16. Jahrhundert aus Anlaß der Heirat malen ließ, könnte es sich um eine Braut handeln. Mit dem geflochtenen Haarkranz und der Kleidung im altdeutschen Stil bekannte man sich zu althergebrachter guter deutscher Art. Man bekundete damit seinen alten Werten verpflichteten soliden Sinn. Neben der Verdeutlichung einer vornehmen Abkunft und einer altdeutschen Gesinnung ist die Hauptmitteilung des Bildnisses die Frömmigkeit der Dargestellten.

Individualität, Schönheit, Anmut und Reiz der Jugend, alles ist ohne Belang. Das völlig neutralisierte und enterotisierte Gesicht ist ganz auf den toten Christus am Kreuz ausgerichtet. Man ist geneigt, in der Dargestellten eher eine Braut Christi als eine irdisch menschliche Braut zu sehen. Mit dem in der Mitte mit einem blutroten Stein gezierten Schmuckkreuz, das ganz nah mit dem Altar-Kreuz auf dem Betstuhl korrespondiert, ist in lutherischem Verständnis der unmittelbaren Beziehung zu Christus und seinem Erlösungswerk Ausdruck gegeben. Das lutherische Bekenntnis der Dargestellten könnte auch in der einzigen Figur des geschnitzten neugotischen Hausaltares herausgestellt sein. Mit der kleinen, breitbeinig dastehenden Gestalt in Mönchskutte und ohne Heiligenattribut, mit der Geste „Hier stehe ich, ich kann nicht anders", ist vermutlich Luther gemeint. Nach einem gleichfalls von Heinrich Olivier gemalten, sehr ähnlichen und durch seine Wappen identifizierbaren Bildnis könnte die Dargestellte eine angeheiratete Familienangehörige des Malers, eine Olivier geb. Wagner von Wagenburg, sein (vgl. Abb. Ludwig Grote, Die Brüder Olivier und die deutsche Romantik, o.J., S. 369, Abb. 244).

Leider war nichts Näheres zu den Lebensdaten und der Konfession der Dargestellten zu ermitteln. Möglicherweise verstarb die Dargestellte früh im Kindbett. Das würde die bei einer Frau übliche, auch auf Totenzetteln der Zeit immer wieder bestätigte, auf Frömmigkeit sich reduzierende Lebensbilanz erklären. Da die Frauen mehr oder weniger als ichlose Wesen anzusehen waren, denen man keine Individualität zubilligte (vgl. hierzu S. 297), war immer das Lebensfazit: Sie war eine fromme Frau. Der Vater des Malers pflegte sehr die Familienüberlieferung einer ritterlichen Abkunft der Oliviers und bemühte sich wiederholt vergeblich um die Bestätigungen alter Nobilitierungen. Daher mag Heinrich Olivier neben einer allgemein gepflegten romantischen Beziehung zu ritterlichen Zeiten an einer historisierenden Inszenierung der Verwandten gelegen gewesen sein.

Kat.Nr. 123

Heinrich Olivier
Junges Mädchen am Hausaltar betend, 1824
Anhaltische Gemäldegalerie Dessau, Schloß Georgium

Weibliche Schönheit erhöht durch Religion

Dargestellt ist die junge Frau des Malers - Wilhelmine Begas (1800-1872). Als Begas seine Frau porträtierte, war sie 28 Jahre alt. 1825 hatte er Wilhelmine, Tochter des Berliner Schloßbaumeisters Johann Ludwig Bock, geheiratet. Sie galt als „eine der schönsten Frauen Berlins" und Begas führte mit ihr eine „über die Maßen glückliche Ehe" (Kat. Carl Joseph Begas, Heinsberg 1994, S. 25f. und Anm. 74, 75). Doch das Eheglück wurde bald tief getrübt. 1826 und 1827 starben kurz nach der Geburt zwei Söhne. 1844 und 1845 starben zwei Töchter. Von zehn Kindern blieben nur sechs am Leben. Nachdem Wilhelmine Begas am 31. Juli 1828 wieder einen Sohn geboren hatte, malte Begas seine Frau, ernst, noch gezeichnet von den Schicksalsschlägen, aber doch mit dem Ausdruck von Zuversicht und neuem Gottvertrauen.

Sie sitzt in einem nicht näher bestimmbaren Raum, ein Skizzenbuch ihres Mannes betrachtend, an einem Tisch. Wie man auf der ersten Fassung des Gemäldes in der Nationalgalerie in Berlin noch genauer erkennen kann, zeigt das aufgeschlagene Blatt des Skizzenbuches das wenige Tage oder Monate junge Söhnchen Oskar. Mit nachdenklicher Geste hält sie - den Kopf auf ihre schöne, feingliedrige Hand gestützt - für einen Augenblick beim Betrachten der Zeichnungen inne und blickt vertrauensvoll nach oben, als wolle sie darum bitten, daß ihr dieses Kind erhalten bleiben möge. Hinter ihr öffnet sich ein Ausblick in die weite Rheinlandschaft. Darüber wölbt sich - mehr als ein Drittel des Bildes einnehmend - blauer, sich aufhellender Himmel. Der Strom, der weit ins Land zieht, und ein Segelkahn auf dem Fluß mögen die Idee des Lebensweges und der Lebensfahrt ansprechen. Der Kopf der jungen Frau ist ganz vom Himmel hinterfangen. Ihr schönes, rotblondes, sorgsam in Locken und Flechten gelegtes Haar, ihr ernstes, fast märtyrerinnenhaftes Gesicht ist von mildem, verklärenden Licht beschienen. Tugendhaft, fern von Hoffart und Eitelkeit, trägt sie ein fast schwarzes, dunkelviolettfarbenes, durch hauchzarten Tüll entmaterialisiertes hochelegantes Kleid mit goldenem Gürtel. In seiner morbiden, asketischen Nichtfarbigkeit läßt es das rosige Inkarnat der Schultern, des Halses, des Gesichtes noch blühender erscheinen. Die Wirkung des in seinem Understatement raffinierten Kleides wird durch das dominierende Amethystkreuz zurückgenommen, das sie an langer, büßerstrickartiger Goldkette über Schultern und Brust gelegt trägt.

Vergleicht man das Bildnis mit der 1825 entstandenen, noch ganz abbildhaft der Alltäglichkeit verhafteten Vorstudie (vgl. Kat. Nr. 81), dann wird der sakral idealisierende Anteil des Bildnisses greifbar. Der an eine Heilige erinnernde nach oben gerichtete, eine „schöne Seele" andeutende Blick, der durch Leid geläuterte und veredelte Gesichtsausdruck, das von oben fallende verklärende Licht, das die Gestalt der jungen Frau beherrschende Kreuz, sind die Mittel der religiösen Überhöhung.

Begas adelt die Schönheit seiner Frau durch Religion. Bei aller frommen Stilisierung ist ungewöhnlich, daß Wilhelmine Begas nicht mit einem Gebetbuch, sondern mit dem Skizzenbuch ihres Mannes - darin die Zeichnung ihres Kindes - dargestellt ist. Der große Anteil, den Landschaft und Himmel an dem Bildnis haben, der Himmel, der das persönliche Schicksal der Familie widerzuspiegeln scheint, deutet schon auf den ganz intimpersönlichen Charakter des Porträts hin. In der Natur ist man Gott nahe. Hier hat man Anteil an dem göttlichen Walten, und hier gewann man auch in der Sorge um das Leben eines Kindes Vertrauen in das Schicksal. In einer Zeit hoher Kinder- und Müttersterblichkeit steht das Bildnis der Wilhelmine Begas für eine weibliche Religiösität, die von Leid und ständiger Todesnähe geprägt ist, und für eine Frömmigkeit, die durch Aufopferung und alles erduldende Sanftmut das Schicksal gnädig zu stimmen suchte.

Kat.Nr. 124

Carl Joseph Begas
Bildnis Wilhelmine Begas geb. Bock, um 1828
B. Stegemann, Krefeld

Idealbild weiblicher Vollkommenheit

Es gibt ganz wenige Bildnisse im 19. Jahrhundert, die so der männlichen Vollkommenheitsvorstellung eines weiblichen Wesens entsprachen, wie das der „Kirchgängerin" von Louis Ammy Blanc. Drei Fassungen des Gemäldes - in der Landesgalerie Hannover, datiert 1834, im Rheinischen Landesmuseum Bonn, datiert 1837 und in der Kunstsammlung der Stadt Königsberg, datiert 1839, Kopien in Aquarell und Pastell, Reproduktionen - Stahl- und Kupferstiche, Lithographien und Holzschnitte widerspiegeln seine Popularität. Man malte die Kirchgängerin auf Kaffeetassen, Porzellanpfeifen, Broschen, Tortenschaufeln, stickte sie auf Sofakissen, Wandteppiche, Schlüssel-schränkchen, Ofenschirme. Die Manufakturen Meißen, Berlin und Plaue preßten sie in eine lichtdurchlässige matte Porzellanmasse als Lithophanien.

„In aller Herrgottsfrühe", in dem reinen Licht des frühen Morgens, ist das junge Mädchen in festtäglicher Kleidung, ein Gebetbuch in ihren Händen, auf dem Weg zur Kirche. Die Häuser des mittelalterlichen Köln, der Treppengiebel des Templer- oder Overstolzenhauses liegen noch im Schatten der Nacht. Hier und da steigt aus einem Kamin erster, dünner Rauch auf. Über der Rheinebene, dem lichtgelben Widerschein der aufgegangenen Sonne, spannt sich der blaue Himmel. Mehr dem Himmel als der Erde zugeordnet, steht die junge Kirchgängerin fast in ganzer Figur, in Dreiviertelansicht nach links vor dem Mauerwerk einer Brüstung. Sie steht hoch über der Stadt, ihr Kopf überragt noch die beiden unvollendeten westlichen Türme des Kölner Domes. Aus ihrer Haltung, dem gesenkten Kopf, dem nach unten gerichteten Blick, der gebetsähnlichen Geste, spricht versonnene Andacht. Obgleich in reicher, altdeutscher Kleidung, in ihrem prächtigen, goldbrokatdurchmusterten Kleid aus schwerem grünem Samt, in hermelingesäumter blauer Pelerine, blausamtenem Unterkleid und dem purpurfarbenen, mit Goldborten besetzten Häubchen ist das junge Mädchen frei von aller Eitelkeit. Die mit dem kostbaren grünen Samtkleid etwas unvermittelt verbundenen weitschwingenden Ärmel aus weißem Leinen mögen auf ihren reinen, unschuldigen Sinn, vor allem aber in der flügelähnlichen Ausweitung auf das engelsgleiche Wesen des jungen Mädchens hinweisen.

In kindlichem Gehorsam (nur an einem widerspenstigen Haarwirbel zeigt sich noch die letzte Spur einer eigenen Lebensregung), in Haltung, Blick und Geste sakralisiert, war das kindlich unschuldige Mädchen in seiner Zeit ein Idealbild von Sanftmut und Engelsgleichheit.

Diese Inkarnation von Anmut, Liebreiz und Frömmigkeit ist jedoch nicht nur eine Inszenierung „altdeutscher Sittsamkeit" wie sie sich die Romantik erträumte. Dem Gemälde der „Kirchgängerin" liegt ein Porträtauftrag zugrunde. Dargestellt ist Gertraud Küntzel (Düsseldorf 24.7.1809 - 18.6.1834). Sie war die Tochter eines wohl-habenden Düsseldorfer Gastwirtes, des Johann Wilhelm Breidenbach (Düsseldorf 1764 - 1837). Ihr Vater war der Begründer des heute noch bekannten „Breidenbacher Hofes". Am 3. September 1833 heiratete sie mit fünfund-zwanzig Jahren Eduard Küntzel, Rittmeister im Düsseldorfer Husarenregiment. Das in seiner ersten Fassung 1834 entstandene Bildnis ist möglicherweise erst nach ihrem Tod vollendet worden, denn die junge Frau starb nach kurzer Ehe bei der Geburt ihres ersten Kindes, eines Sohnes, der mit ihr starb. Diese Lebensdaten mögen das kindlich-mädchenhaft Aussehen der Dargestellten, die verklärende Sicht erklären, die unvollendeten Türme des Kölner Domes als Gleichnis ihres unvollendeten Lebens und ihren Kirchgang als Heimgang ins Jenseits verstehen lassen. - Louis Ammy Blanc malte dieses Erfolgsbild 24jährig, nachdem er 1833 an die Düsseldorfer Kunstaka-demie gekommen war, als eine seiner ersten Arbeiten.

Kat.Nr. 125

Louis Ammy Blanc
Die Kirchgängerin, 1837
Rheinisches Landesmuseum, Bonn

Erst verstorben ist eine ideale Durchdringung von Sanftmut und Frömmigkeit möglich

Vor grauem Gewölk, das nach oben immer mehr zu blauem Himmel aufklart, steht die mit 26 Jahren verstorbene Friederike von Siegsfeld in fast ganzer Figur. Sie blickt seelenvoll zum Himmel hinauf. An ihre linke Schulter gelehnt hält sie ein großes, sie überragendes Holzkreuz. Ihre rechte Hand liegt in einer Geste der Buße flach auf der Brust. Sie trägt ein gedämpft rotes Gewand, das nur mit einem Büßerstrick zusammengehalten wird, in der liturgischen Farbe der Buße einen lilablauen Überwurf und zum Zeichen ihrer jungfräulichen Unschuld ein weißes Tuch, das das Haar verhüllt und über Schultern und Rücken herabwallt. Die verhüllenden, nur das Gesicht und die Hände freigebenden Stoffmassen fallen schlaff, die Unwichtigkeit der Materie betonend, herab. Die langrückige Nase, die gleichmäßig halboval geschwungenen Augenbrauen, die edle hohe Stirn, die ebenmäßig ovale Kopfform verleihen dem Gesicht aristokratische Züge.

Die im Allgemeinen bleibende Charakterisierung deutet auf die posthume Entstehung hin. Wie der gen Himmel gerichtete Blick verdeutlicht, gilt die Porträtmitteilung der Schönheit und dem Adel ihrer Seele. 1847 liest man noch von der munteren, unternehmenden Oberhofmarschallstochter, die „lebende Bilder" stellend und theater- spielend zur Geselligkeit des Ballenstedter Hoflebens beitrug (J. Werner, Die Schwestern Bardua, Leipzig 1929, S. 216 u. 232).

Am 30. Juni 1848 starb sie. Im November 1848 malte Wilhelm von Kügelgen ihr Bild als „Glaube". Von dem lebensfrohen, jungen Mädchen ist nichts mehr zu erahnen. Bereit, alles Leiden auf sich zu nehmen, trägt sie das Kreuz. Die Mattigkeit der Gesten, des Blickes, das schlaff herabfallende Gewand, die Passivität und Schwäche verklären sie zum Idealbild reiner Sanftmut. Eigentlich müßte die schwere Last des Holzkreuzes aktiv und zupackend geschultert werden. Doch dies widerspräche der Sanftmut. Deshalb lehnt das Kreuz nur an ihrer Schulter und die Hand liegt kraftlos darauf.

Nach einer aquarellierten Zeichnung in Privatbesitz, die auf der Rückseite beschriftet ist: „Studien zum Glauben oder Friederike von Siegsfeld", nach dem Ankauf des Bildes von Nachkommen der Familie von Siegsfeld, dem Todesjahr der Dargestellten und der Datierung 1848 ist das Gemälde identisch mit dem von Wilhelm von Kügelgen unter dem 20. November 1848 erwähnten (Wilhelm von Kügelgen, Lebenserinnerungen des alten Mannes 1840-1867, S. 136).

Eine Anregung zu dem Motiv einer kreuztragenden weiblichen Gestalt mag von einem Bildnis der Frau von Krüdener, geb. von Vietinghoff aus Livland (1764-1824) und ihrer Tochter ausgegangen sein, das sein Vater Gerhard von Kügelgen von der gefürchteten religiösen Schwärmerin malte (Muzeum Naradowe, Posen, Inv.Nr. 1622 [vgl. Abb. 28]. Diesen Bildhinweis danke ich Hans Schöner, Mönckeberg). Aber auch nazarenische Vorbilder mögen ihn beeinflußt haben, wie „Die Religion" von Philipp Veit (Nationalgalerie der Staatlichen Museen zu Berlin), eine vergleichbare Frauengestalt mit Kreuz, die mit Märtyrerpalme, Tränenkrug, blutgetränk- tem Lappen und Marterwerkzeugen die Religion vornehmlich als Hingabe an das Leiden anschaulich macht.

In der Durchdringung von Bildnis und Allegorie, in der poetischen Sicht der Verstorbenen, in der im Bildnis einer Verstorbenen einmal rein verwirklichten Vollkommenheitsvorstellung von idealer, sanfter und frommer Weiblich- keit mag die künstlerische Leistung dieses Gedächtnis- und Erinnerungsbildnisses zu sehen sein.

Kat.Nr. 126

Wilhelm von Kügelgen
Friederike von Siegsfeld als „Glaube", 1848
Städtisches Heimatmuseum, Ballenstedt

Betende Hände und himmelnder Blick sprechen für den Adel der Seele

Eine junge Frau in weißem Kleid kniet oder sitzt mit gefalteten Händen vor einem großen Fenster mit gerafftem Vorhang. Vor ihr steht ein aufgeschlagenes religiöses Buch. Doch sie liest nicht in dem Buch. Ihr Blick ist gen Himmel gerichtet. Die sonst nur mit einer fadendünnen Goldkette geschmückte Betende trägt eine kleine Krone, von der ein weißer Schleier herabfällt. Links durch das Fenster sieht man eine weite Flußlandschaft, eine Felsenanhöhe mit einer Burgruine, Hügelketten und grau gewölkten Himmel darüber.

Hier wird der Versuch gemacht, den erst eine Generation jungen Adel von 1794 durch hinzugemalte Vergangenheit etwas aufzubessern. Nach der Burgruine im Hintergrund und der siebenzackigen freiherrlichen Krone auf dem Kopf könnte man den Eindruck gewinnen, es handele sich um ein altes, ehrwürdiges, in ritterliche Zeiten zurückreichendes Geschlecht. Mit der Pathosformel eines gerafften Vorhanges, mit viel nobler Kleiderseide und gepflegtem, edel schimmerndem Haar, wird die Standesperson zur Geltung gebracht. Mit dem zum Himmel gerichteten, eine schöne Seele signalisierenden Blick, mit den betenden Händen wird ihr Seelenadel betont. Das Weibliche und das Sanfte wird durch die Hervorhebung und Ausbreitung der Textilen, durch das reiche, weich gerundete Faltenwerk des Vorhangs und des seidenen Kleides in das Bildnis eingebracht. Der Busen erfährt durchaus eine Würdigung. Für einen tugendhaften Eindruck werden die Lippen zugunsten der hohen Stirn und der edlen Nase entsinnlicht und zurückgenommen.

Kat.Nr. 127

Wilhelm von Harnier
Bildnis der Luise von Fürstenrecht, 1827
Hessisches Landesmuseum, Darmstadt

H z 7748

Schön hieß fromm und tugendhaft

Während seines zweijährigen Italienaufenthaltes zeichnete Theobald von Oer in nazarenischem Stil „Annunziata", eine junge hübsche Römerin. Da es ihm, unter Schadow an der Düsseldorfer Akademie geschult, auch um das poetisch Überhöhende ging und da man in den dreißiger Jahren vor allem mit gemalter frommer, entsexualisierter Schönheit Erfolg hatte (vgl. Kat. Nr. 125), zeichnete er die junge Römerin mit zum Himmel gerichtetem Blick. Der nach oben gerichtete Blick, das keusch verhüllende Brusttuch, die leicht gebeugte Haltung des Oberkörpers deuten auf Gläubigkeit, Demut und frommen, die zurückgenommenen entsinnlichten Lippen, die Haarfrisur mit den hochansetzenden Zöpfchen auf kindlich unschuldigen, reinen Sinn. Um „Annunziata", die auch Dresdnerin oder Düsseldorferin sein könnte, als Schöne aus der Fremde, als schöne Römerin zu kennzeichnen, hebt von Oer naturalistisch genau die fremdartige Schmucknadel hervor. Darin folgt er dem vielfach zu beobachtenden Gestaltungsideal der Düsseldorfer Malerei, die im übergeordneten Motiv die Idealität, im untergeordneten - zur Bezeugung der „Wahrheit" des Dargestellten - den Naturalismus pflegte.

DW

Kat.Nr. 128
Theobald Freiherr von Oer
Fromme Italienerin, 1839
Museum für Kunst- und Kulturgeschichte, Dortmund

Annunziata.
Roma li 29 Magg.
79.

Über die Eitelkeit

Angeboren und unausrottbar

„*Fast von Geburt an sind kleine Mädchen putzsüchtig, nicht zufrieden damit, hübsch zu sein, wollen sie auch, daß man es merkt.*"
(J.J. Rousseau, Emile oder Über die Erziehung 1762 [Rousseau, S. 734])

„*Und tatsächlich lernen fast alle kleinen Mädchen mit Widerwillen lesen und schreiben, aber sie lernen immer gern, wie man die Nadel führt. Sie sehen sich schon als Erwachsene und denken voller Lust daran, daß diese Fertigkeit ihnen eines Tages dazu dienen wird, sich herauszuputzen.*"
(J.J. Rousseau, Emile oder Über die Erziehung 1762 [Rousseau, S. 739])

„*Auf einer Insel würde eine Miß Robinson, wäre auch niemand da, als ihr Bild im Wasser, täglich die neuesten Moden machen und tragen ...*"

„*Noch im Alter und auf dem Krankenlager - welche beide der Mann so gern benutzt, um sich bequem in Schlafmützen und Schlafröcke zu werfen - legen sie Putzwerk an.*"
(Jean Paul, Levana oder Erziehlehre, 1807 [Jean Paul, S. 259])

Umgang mit Nichtigkeiten erhält die Kindlichkeit

„*Ein Weib soll ja einem Kinde gleich sein und auch so gehalten werden; so lasse man ihr dann auch die kleinen Torheiten und Kinderspiele, die kleinen Etwas und Nichts ... lasset die Kinder doch spielen! Sie könnens nicht lassen.*"
(Ernst Moritz Arndt, Briefe an Psychidion oder Über weibliche Erziehung [1819], [Arndt II, S. 219])

Einziges zugestandenes Vergnügen: sich putzen

„*Wie das Federvieh in Käfige eingeschlossen haben sie (die Frauen) nichts weiter zu tun als sich zu putzen und mit lächerlicher Majestät von Stange zu Stange zu hüpfen.*"
(Mary Wollstonecraft, Eine Verteidigung der Rechte der Frau [1792], [Wollstonecraft, S. 104])

Viel Putz spricht für Mängel

„*Viel Putz ist immer ein Zeichen, daß irgendwo etwas fehlt, es sei nun im Kopfe oder im Zeuge.*"
(Justus Möser, Wozu der Putz diene. Patriotische Phantasien IV. In: Sämtliche Werke, Bd. VII, Oldenburg/Hamburg o.J., S. 47)

Eitle Mütter eine Gefahr

„*Wenn nun aber die Mütter schlecht sind ..., wenn sie der Eitelkeit, dem Putz, dem Visitemachen ... ergeben sind - ja da können freilich die Töchter nicht gut werden ...*"
(Ernst Christian Trapp, Versuch einer Pädagogik [Berlin 1780] Paderborn 1977, S. 94)

Lernen macht eitel und selbstbewußt, es gefährdet die weibliche Ichlosigkeit

„.... Das viele Lernen der Mädchen ... schließt aller Eitelkeit Tor und Tür auf ... lieber wollte ich, daß die wirklichen Talente in Weibern unentwickelt liegen bleiben, wenn dadurch die halben Talente, ihre Äfferei und Zierei aus der Welt verschwinden könnten."
(Ernst Moritz Arndt, Briefe an Psychidion oder Über weibliche Erziehung [1819], [Arndt II, S. 219])

Die Torheiten weiblicher Eitelkeit Schuld der Männer

„Jene Eitelkeit, die jetzt den Weibern anklebt, wird von selbst aufhören, wenn wir ihnen den Zutritt zu Dingen erstatten, wo sie sich von einer vorteilhafteren Seite zeigen können. Bis jetzt schränkte sich ihre ganze Bestimmung auf die Kunst ein, uns zu gefallen ... Gebet den Weibern und Mädchen andere Beschäftigungen und sie werden jene Kleinigkeiten aufgeben ...
(Th. G. Hippel, Über die bürgerliche Verbesserung der Weiber, 1792 [Hippel II, S. 224])

Die Eitelkeit oder das Ende der Sanftmut und Selbstlosigkeit

„Ich habe sanfte und biegsame weibliche Taubenseelen gekannt, welche mit der Selbstverleugnung eines Engels alles über sich ergehen ließen ..., aber kaum wurde ihre liebe Busenfreundin, die Eitelkeit, auch nur auf die leiseste Weise berührt ... weg waren Sanftmuth, Selbstverläugnung und Freundlichkeit; das Täubchen ward zum Geier ...!"
(Joachim Heinrich Campe, Väterlicher Rath für meine Tochter [1796], [Campe, S. 182])

Statt Eitelkeit Einfachheit und Reinlichkeit

„Dem Anzuge und der Bereitung des Putzes werde nicht viel Zeit gewidmet. Die Mutter präge ihrer Tochter früh ein, wie albern und thöricht es sei, an der bloßen Hülle des Körpers lange Stunden und Tage zu verschwenden und so die flüchtige, unwiederbringliche Zeit gewissenlos an kindische Erbärmlichkeiten ... zu vergeuden. Sie setze eine Ehre darein in wenigen Minuten sich ankleiden zu können, möglichst wenig zu seinem Schmuck zu bedürfen, diesen in Reinlichkeit und geschmackvoller Einfachheit zu suchen und das, was dazu erfordert wird, sich selbst und zwar hurtig, verfertigen zu können."
(Betty Gleim, Über die Bildung der Frauen und die Behauptung ihrer Würde in den wichtigsten Verhältnissen ihres Lebens, Bremen/Leipzig 1814, S. 282)

Männlichem Ehrgeiz entspricht weibliche Eitelkeit

„Ein Hauptfehler bei Mädchen ist die Eitelkeit. Von frühester Kindheit an haben sie den eifrigsten Wunsch zu gefallen. Da die Wege, die den Mann zu Ansehen und Ruhm führen, ihnen verschlossen sind, so sind sie bestrebt durch Anmut des Geistes und des Körpers sich dafür schadlos zu halten ... Ein Häubchen, ein Endchen Band, eine oben oder unten angebrachte Haarlocke, die Wahl einer Farbe, das sind für sie lauter Dinge von größter Wichtigkeit."
(F. Fénelon, Über Mädchenerziehung, 1698 [Fénelon, S. 64])

Die Eitelkeit - ein angeborener Dämon der Versuchung

Es gibt vom 18. Jahrhundert bis zur Mitte des 19. Jahrhunderts kaum eine pädagogische Schrift, die sich nicht mit der weiblichen Hauptuntugend, der Eitelkeit, beschäftigt. „Ein Hauptfehler ist bei Mädchen die Eitelkeit", heißt es bei Fénelon. Was beim Mann das Streben nach Ansehen und Ruhm ist, ist beim weiblichen Geschlecht das Streben zu gefallen. „Ein Häubchen, ein Endchen Band, eine oben oder unten angebrachte Haarlocke, die Wahl einer Farbe, das sind für sie lauter Dinge von der größten Wichtigkeit", so der Erzbischof von Cambrai François Fénelon 1687 in seiner Schrift „Über Mädchenerziehung"[1], und nicht viel anders sieht es 1796 Campe in seinem „Väterlichen Rath für meine Tochter": „Eitelkeit, d.i. die Begierde durch Kleinigkeiten, oft sogar durch Nichts-würdigkeiten und durch solche Dinge zu glänzen, welche nicht gelobt, sondern getadelt zu werden verdienen. Ehrgeiz und Eitelkeit verhalten sich wie Mann und Weib [...], beide richten in den Herzen [...] scheußliche Verwüstungen an."[2] Allerdings setzt der Mann bei seinem Ehrgeiz „auf wirklich große ruhmwürdige Dinge", während es bei dem „Kleinigkeitsverstand eitler Weiber" um erbärmliche „Nichtswürdigkeiten", um „Armselig-keiten" geht, die gar „nichts Verdienstliches" haben.[3] In diese Auseinandersetzung von weiblicher Eitelkeit und männlichem Ehrgeiz, Nichtswürdigkeiten und „großen ruhmwürdigen Dingen" ist Philipp Friedrich Hetschs 1794 gemalte Darstellung der die Eitelkeit überwindenden römischen Witwe Cornelia einzuordnen (Kat. Nr. 77).

Und aus theologischer Sicht zielt dieser die Seele erfassende Eitelkeitsgeist, dieses ständige Sich-Putzen und Schmücken letzten Endes darauf ab, die Männer zu verführen. Von der weiblichen Eitelkeit und von weiblicher Verführungskunst - das haben die Theologen seit Adam und Eva nicht übersehen - ging immer eine Bedrohung für das männliche Geschlecht aus. Als Dämon der Versuchung hat die Eitelkeit Anteil am Unglück der Menschheit, vor allem am Unglück des Mannes! Deshalb war es auch der Geistlichkeit und den meist geistlichen Pädagogen immer ein Anliegen, die weibliche Eitelkeit zu bekämpfen und ihre Gefahren vor Augen zu halten. Doch sie war insofern schwer zu bekämpfen, als man Eitelkeit und Gefallsucht für einen festen, unausrottbaren Bestandteil des weiblichen Geschlechtscharakters hielt. „Fast von Geburt an sind kleine Mädchen putzsüchtig: nicht zufrieden damit hübsch zu sein, wollen sie auch, daß man es merkt - an ihren kleinen Äffereien sieht man, daß diese Sorge sie schon beschäftigt."[4] „Die Mädchen mögen von Natur einen Hang zur Eitelkeit und zur Putzsucht haben; dieser Hang läßt sich wie alle angeborenen Fehler durch frühe gute Gewöhnung bekämpfen", so sieht es Karl von Raumer auch noch 1853.[5]

Der bürgerliche Aufstieg durch weibliche Eitelkeit bedroht

Ende des 18. Jahrhunderts hatte das Thema Eitelkeit eine besondere Aktualität. Die adelige „Putz- und Neulust" drohte auf die bürgerlichen Frauen überzugreifen. Es bestand sogar ein gewisser Anreiz für die bürgerlichen Frauen, in ihrem Putz die Égalité voranzutreiben und die Standesunterschiede zu verwischen. Es gehörte zu den Standesverpflichtungen und -privilegien des Adels, „à la mode" zu sein. Was würde aus diesem Privileg, wenn die bis dahin mode-losen Bürgerfrauen auch der Mode folgten? Diese Entwicklung ließ z.B. Fénelon um das Standesprivileg des Adels, das Vorrecht auf Putz und Mode, um die Unterschiede der Stände fürchten. „Sobald es für Kleidung und Hausgerät keine Unterschiede mehr gibt, fallen auch die Unterschiede der Stände."[6] Mit dem Laster der Eitelkeit gingen Leichtfertigkeit, Verschwendung, ein Leben in einer wertelosen Scheinwelt, Luxus, Verschuldung und Sittenverderbnis einher. Von der Schwachstelle weiblicher Eitelkeit konnte eine Bedrohung für die bürgerliche Sache, die hochgehaltenen bürgerlichen Werte, für die Standesehre und - trotz aller erbrachten Leistung - eine Gefahr für die moralische Durchsetzung des Bürgertums ausgehen. Dies erklärt, daß in der Etablierungsphase des Bürgertums sich die Diskussion um die Eitelkeit so sehr verstärkte. Sie gefährdete die bürgerliche Lebensordnung, das mühsam durchgesetzte Rollendiktat, die weibliche Bestimmung! Deshalb galt es, die Eitelkeit der Frauen streng und mit Nachdruck in Schach zu halten.

Der Eitelkeitsgeist bedrohte die Erfüllung der Pflichten als Hausfrau, Gattin und Mutter. Und war die Mutter ihm verfallen, dann wurde auch die Tochter sein Opfer. „Wenn nun aber die Mütter schlecht sind, wenn sie sich selbst um ihr Haus nicht bekümmern, wenn sie der Eitelkeit, dem Putz, dem Visitemachen usw. ergeben sind - ja da können freilich die Töchter nicht gut werden, aber diese Fehler scheinen im Mittelstande noch nicht so allgemein zu sein, als bei den Damen von Stande und Vermögen.“[7] Über fatale Vorbilder führte der Weg ins Verderben „sowohl in Hinsicht auf das Weib selbst, als auch für den Mann und für die menschliche Gesellschaft“. Die „unvorhergesehenen Putz-, Schneider- und Künstlerrechnungen“ machen den „für fest gehaltenen Haushaltsplan wankend, daß er auf den Kopf des armen Gatten zusammenstürzen und ein neuer angelegt werden muß“, sogar der Griff in des Gatten Kasse ist möglich, wenn der Plagegeist der Eitelkeit, die „Begierde durch Kleinigkeiten, oft sogar durch Nichtswürdigkeiten zu glänzen“, die Frauen erfaßt. „Die Befriedigung dieser kleinlichen, aber nichts desto weniger heftigen Leidenschaft“ bewirkt, daß „sie darüber alles andere aus den Augen verliert“. „Sogar [...] ihre heiligsten Pflichten, als Gattin und Mutter, werden diesem kleinen winzigen Abgott ihrer Seele ohne Bedenken aufgeopfert [...].“[8]

Die Putzsucht als ein Mitsichselbstbeschäftigtsein untergrub das von klein auf hart anerzogene Nützlich-Tätigsein und den Aufopferungswillen. Betty Gleim, die fortschrittliche Bremer Mädchenpädagogin, hatte vor allem den Zeitverlust im Blick, „das beständige Hineilen zum Spiegel, so wie das unaufhörliche Ordnen, Zurechtziehen, Verbessern des Hals- und des Kopfputzes“. Nach den großen Mengen erhaltener Biedermeierspiegel zu urteilen, muß jedoch der Spiegel in bürgerlichen Kreisen sehr in Anspruch genommen worden sein. Rousseau berichtet von Damen, die sechs Stunden am Tage mit ihrer Toilette verbringen.[9] Betty Gleim empfahl deshalb - auch im Sinne von Rousseaus Einfachheits- und Natürlichkeitsideal - die Mädchen dahingehend zu erziehen, die Ehre darein zu setzen, „in wenigen Minuten sich ankleiden zu können“, möglichst wenig Schmuck zu bedürfen und „diesen in Reinlichkeit und geschmackvoller Einfachheit zu suchen“... „was dazu erfordert wird, sich selbst und zwar hurtig, verfertigen zu können.“[10]

Gefahren für das Tugendstreben und die Selbstverleugnung

Nicht nur, daß das Natürlichkeitsideal durch Putzsucht immer auf dem Spiel stand, das Laster der Eitelkeit war dem Tugendstreben ganz konträr. Nicht „schöne Haare und Kleider“ sind anzustreben, sondern „der Ruf guten Betragens und wirklicher Tüchtigkeit“, das galt es nach Fénelon den Frauen klar zu machen.[11] Weibliches Sinnen und Trachten sollten sich nicht der äußeren Hülle, sondern der Seele und dem Streben nach Tugend zuwenden. Das Ausmaß der seelischen Zerstörung, das tugendvernichtend von der Eitelkeit ausgeht, schilderte Campe seiner Tochter mit beschwörenden Worten, wobei er weniger den „Lappenkram“, als die Gefahr eines Rollenausbruches durch erstarkendes Selbstbewußtsein im Blick hatte. Was sollte werden, wenn die Frauen nicht mehr ichlos zu völligem Lebensverzicht, zu Aufopferung und Selbstverleugnung bereit waren? „Ich habe sanfte und biegsame weibliche Taubenseelen gekannt, welche mit der Selbstverläugnung eines Engels alles über sich ergehen ließen und immer gelassen, immer nachgiebig, immer freundlich blieben; aber kaum wurde ihre liebe Busenfreundin, die Eitelkeit, auch nur auf die leiseste Weise berührt [...] weg waren Sanftmuth, Selbstverläugnung und Freundlichkeit; das Täubchen ward zum Geier, mit Augen, welche Funken sprüheten und mit Krallen, die Verderben droheten.“[12] Ernst Moritz Arndts Befürchtungen gingen in die gleiche Richtung. Er fürchtete, daß durch Eitelkeit die „angeborne Demut“ und „stille Unbewußtheit“ verlorengeht, daß sie das Weib „neutralisiert“, daß die „schöne Abstoßung und Anziehung“ darunter leidet. Was „manche Verzierungen, Verlarvungen und Auskleidungen des Lebens, manches Geflitter, Geflatter und Gezwitscher“, die „Fülle von kleinen Torheiten, Launen, Aufwallungen, Trieben und Bedürfnissen“ betrifft, so toleriert Arndt sie als angeboren und unvertilgbar, als „unbewußtes Übel“, als „Spiele der Natur“. Er warnt sogar davor, „diese scherzhaften und lustigen Auswüchse“ „als üppiges Unkraut aus[zu]reißen.“ „Ein Weib soll ja einem Kinde gleich sein und auch so gehalten werden; so lasse man ihr denn auch die kleinen Torheiten und Kinderspiele, die kleinen Etwas und Nichts.“ „... lasset die Kinder doch spielen ... Sie könnens nicht lassen“, verteidigte Arndt die kleinen weiblichen Eitelkeiten.[13]

Eitelkeit kann zu Selbstbewußtsein führen und zum „Aus" für manipulierbare Kindlichkeit

Doch alle Eitelkeitstoleranz ist fehl am Platze, sollte sich etwa aus den kleinen kindlichen Freuden der Eitelkeit Selbstbewußtsein entwickeln, wenn die Freude an sich selbst, an Bändern, Schleifen und Tüchlein etwa auf das Bedürfnis nach geistiger Entfaltung übergreifen sollte. So ist für Ernst Moritz Arndt das „viele Lernen der Mädchen das mißlichste Ding von der Welt, schließt aller Eitelkeit Tür und Tor auf und gibt ihnen so viele leere Wünsche und Gaukeleien nach außen hin, die sie nimmer befriedigen können". Und Arndt kommt, „was diese ganze Spielerei und Tändelei in der Welt", „das Lügenaffenspiel mit Talenten" betrifft, zu dem Schluß, daß er „lieber wollte, daß die wirklichen Talente in Weibern unentwickelt liegen blieben, wenn dadurch die halben Talente und ihre Äfferei und Ziererei aus der Welt verschwinden." Gesucht wurde die Frau ohne Selbstbewußtsein, dessen zugelassene Dosierung in der Regie des Mannes blieb; gefragt war die Frau vom Typ „tabula rasa", vom Typ der „unbeschriebenen Kindertafel" (vgl. S. 309) „... dreimal glücklich in unserer Zeit der Mann, der ein Weib mit schönen Künsten, Fertigkeiten und Talenten gewinnt, die da, wo er sie bilden und gestalten kann, noch ein unschuldiges Kind ist!"[14]

Sollte sich Stolz auf die eigene Leistung, auf eigenes Können einstellen, dann stand der Ausbruch aus der Anonymität nahe bevor. Dann war nicht mehr durchzuhalten, was Rousseau für eine Frau forderte: „Ihre Würde ist es nicht gekannt zu sein; ihre Ehre ist die Achtung ihres Mannes: ihre Freuden liegen im Glück ihrer Familie."[15] Deshalb war es auch bei aller männlichen Förderung der weiblichen „Talente, Fertigkeiten und Künste" notwendig, sehr vorsichtig mit dem Lob umzugehen! Es könnte das Unbewußte, das Kindliche, das Ichlose der Frauen gefährden, zu Eigeninteressen, zu Selbstbewußtsein und gar zu Stolz verleiten. Dabei sollte es für eine Frau neben dem zugelassenen Stolz auf ihr Leinen nur einen Stolz, den Stolz auf ihren Mann, geben. „Dein Mann muß Dein größter Stolz sein. Man muß Dich seinetwegen ehren, nicht deinetwegen."[16]

Eitelkeitsvorwürfe ideales Mittel der Zähmung

Theodor Gottlieb Hippel, der in seinen Schriften „Über die Ehe" (1774) und „Über die bürgerliche Verbesserung der Weiber" (1792), das partriarchalische Ehewesen schonungslos aufdeckend, die Unterdrückung und Benachteiligung der Frauen, den männlichen Egoismus angreift, weist dem männlichen Geschlecht die wesentliche Schuld an der Eitelkeit der Frauen zu, denn dies war es, das die „Bestimmung" des Weibes auf „die Kunst uns zu gefallen" einschränkte. Er hielt das ganze Geschrei um die Gefahren der weiblichen Eitelkeit für überflüssig. Sein hellsichtiger Rat: „Gebet den Weibern und Mädchen andere Beschäftigungen und sie werden jene Kleinigkeiten, jene Puppen aufgeben und die äußerlichen Vorzüge weit unbeträchtlicher finden, als ein großer Theil unserer Narzissen, die im Spiegel der Mädchen bloß ihr geziertes Selbst erblicken."[17] Und auch die Frauen selbst durchschauten längst die Absichten und Hintergründe der männlichen Eitelkeitspredigten. Mary Wollstonecraft, beflügelt vom freiheitlichen Geist der französischen Revolution, erkannte und benannte schon 1792 in ihrer Schrift „Verteidigung der Rechte der Frauen" die kleinhaltende, den Kleinigkeitsverstand pflegende, verdummende Abschiebung auf das männlich genehme, nichtswerte Nebenfeld der „Hauben, Bänder und des Lappenkrams". Ihr war klar, daß dies nur dazu diente, die Käfighaltung der Frauen möglichst lange abzusichern und das Image weiblicher Torheit und geistiger Minderwertigkeit aufrecht zu erhalten. „Wie das Federvieh im Käfige eingeschlossen, haben sie [die Frauen] nichts weiter zu tun, als sich zu putzen und mit lächerlicher Majestät von Stange zu Stange zu hüpfen." „Unbedeutende Beschäftigung hat die Frau zu einem unbedeutenden Menschen gemacht", so die zusammenfassende realistische Sicht von Mary Wollstonecraft.[18]

Daß die Eitelkeitsvorwürfe - obschon man längst ihre Fragwürdigkeit durchschaut hatte - in der Etablierungsphase des Bürgertums eine solche Rolle spielten, mag ihrem hohen Einschüchterungswert zuzuschreiben sein. Sie waren ein ideales Mittel der Zähmung. Sie hielten die Erinnerung an den Sündenfall und damit Schuldgefühle wach. Eitelkeiten bewiesen die angeborene weibliche Torheit und die mindere geistige Ausstattung des weiblichen Geschlechtes, bei dem es eben nur zu dem Kleinigkeitsverstand reichte. Entzug und Gewährung, zugestandene

Kleinigkeiten - ein neues Hauben- oder Strumpfband, ein paar Spitzen - erleichterten die Regierbarkeit. Und mit einem zierlichen Nähkästchen, ein paar Röllchen bunten Garns und ein paar Stickmustern hielt man die Frauen, ohne Konkurrenz in männlichen Revieren fürchten zu müssen, kostengünstig auf der Spielwiese ihrer kleinen Narreteien.

Die gemalten Spuren der Eitelkeit

Sieht man die Bildnisse und Familienbildnisse auf das Wirken des Eitelkeitsteufels hin durch, dann scheint er vor allem in den bis ins Narrenhafte gesteigerten Kopfbedeckungen, in Hauben und Hüten sich auszutoben. Wien scheint ihm ein besonderer Lustort gewesen zu sein und Waldmüller ihm besonders gewogen. Allerdings sind derartige Ausbrüche auf dem Kopfe immer auch als Zeugnisse besonderer Gattenliebe zu würdigen. Sie zeugen von der mit großem Bemühen wahrgenommenen Lebensaufgabe, dem Gatten zu gefallen! Zudem, selbst wenn die Kopfdekoration etwas töricht ausfällt, bekundet sie den männlicherseits hochgeschätzten, noch rechtschaffenen, einfältigen weiblichen Sinn der Trägerin. Sind Gattin und Gatte als Pendants gemalt, dann dient ihr von unbekümmertem Frohsinn zeugender törichter Kopfputz, ihre heitere „Anmut" dazu, seine „Würde", seine entsagungs- und sorgenvolle Lebensrolle zu verdeutlichen. Was bei den haubengeschmückten Häuptern der Damen die munteren Bänder, Spitzen und kleinen modischen Einfälle sind, sind bei den kahlen, kargen Köpfen der Herren die schütteren, grauen Haare, die Falten, die Schweißperlen und die von aller Lebensmühsal durchtretenden blauen Adern. Die vielfach im bürgerlichen Porträt gewünschte Selbstheroisierung wird erst durch die Gegensätzlichkeit der weiblichen und männlichen Lebenswelt ablesbar. Der Gegensatz der Köpfe widerspiegelt „den größeren ernsten Wirkungskreis" des Mannes, „die größere Mühsal seiner Geschäfte", Verdruß und Kummer, die „Sorge für das Ganze", „seinen Hang zu ernsten und trübsinnigen Gedanken", „die saure Lebensreise", während sie in ihrem „beschränkteren Wirkungskreis", mit den „leichten Sorgen", von „glücklichem Leichtsinn" ist, „weil sie alles wieder im Hui vergißt."[19] Gut herausgeputzt fungiert die Frau auch als „Statussymbol", als Zierde der Privatsphäre und als Schaufenster für den geschäftlichen Erfolg des Mannes. Ist der Ausputz der eigenen Geschicklichkeit zu danken, dann wird an Hauben, Hüten und Bändern, an den mit Weißstickerei geschmückten, mit Spitzen und Blenden garnierten Halskrausen, Kragentüchlein, Umleg- und Doppelkrägen, an den bestickten Pelerinen, Manschetten und Vorärmeln sichtbar, was man dem Ehegatten gespart hat.

Nicht hoffärtig modisch, sondern reinlich, schmuck und ordentlich

Der weiße Ausputz, „das Weißzeug", die „Lingerie" hatten - zumal im Bildnis - einen hohen bürgerlichen Demonstrationswert. Ein blütenweißes Morgenhäubchen, ein adretter, frisch gewaschener, gebleichter und geplätteter Kragen bekundeten Bravheit, Sauberkeit, Sparsamkeit, Fleiß und Ordnungs- und klugen Hausfrauensinn und den Sieg über die Eitelkeit. Mit dem herausputzenden, selbstgefertigten Weißzeug konnte man auch noch die ältesten Kleider auftragen, ihnen ein freundliches Aussehen geben und die guten, meist nicht waschbaren Kleider durch waschbaren Ausputz am Hals, den Ärmeln und dem Vorderteil schonen. Dieser pflegliche, sparsame Umgang mit der Kleidung machte den Anteil der Frauen an der Wohlfahrt der Familie, an dem häuslichen Glück sichtbar. Wenn es die Sache des Mannes war, Wohlstand zu erwerben, so war es der Part der Frau, durch Schonen und Sparen ihn zu erhalten. Dann ersetzten Reinlichkeit und geschmackvolle Einfachheit auch den Schmuck. Man entsprach so ganz den Schmuckvorstellungen der Bibel: „Ihr Schmuck ist, daß sie reinlich und fleißig ist."[20] In diesem Sinne ist z.B. die junge Frau Farina geb. Dumont aus Köln als vorbildlich herauszustellen (vgl. Kat. Nr. 29). Ein blütenweißer, sicherlich selbstgefertigter Kragen, in reinlichstem Weiß aufblitzende, selbstgestrickte Strümpfe und das Körbchen an der Hand, aus dem ein Strickzeug herauslugt, machen sie zu einem Vorbild des Schonens und Sparens, das verdient, mit einem goldsparenden Schaumgoldbröschchen ausgezeichnet zu werden. Verzicht auf modische Erscheinung muß als „freiwilliges und freudiges Opfer" an den „geliebten Mann" und an die Tugend im Bildnis gewürdigt werden. Wenn man, wie die Weseler Gastgebersfrau Dornbusch (vgl. Kat. Nr. 38), eine selbstgefertigte Haube schlichtester Ausführung trägt, die kein Haar mehr herausgucken läßt, dann spricht dies dafür, daß sie keine Minute mit dem Legen einer Locke verliert, daß ihr Sinn vorbildlich ganz auf die häusliche Arbeit gerichtet ist. Wenn man wie Frau Dornbusch nur ein modemißachtendes Brusttuch trägt, bei dem man auch noch die Unkosten für die Knöpfe spart, dann ist dies ihrer Tugendhaftigkeit zuzurechnen. Eine solche Mutter wirft natürlich auch ein sehr günstiges Licht auf die genossene mütterliche Erziehung der zu verheiratenden Tochter. - Die gänzliche Überwindung weiblicher Eitelkeit demonstrieren die von Hetsch gemalte Mutter Cornelia (vgl. Kat. Nr. 77) und die von Wilhelm von Kügelgen gemalte kreuztragende Friederike von Siegsfeld (vgl. Kat. Nr. 126). Nur von ein paar Tüchern umwallt, entsagen sie gänzlich aller Eitelkeit. Ebenso signalisiert „altdeutsche" bzw. „altfränkische" Kleidung, daß man dem Eitelkeitsgeist, der Mode und Putzsucht entsagt, „altfränkisch" bleibt und „den Ernst und die Schlichtheit der alten Sitten bewahrt"[21], daß man „sittsam, einfältig, häuslich, gehorsam, in Stille, Zucht, Gottesfurcht, Arbeitsamkeit und Fröhlichkeit erzogen" ist.[22] Nicht minder ist der Verzicht auf Schmuck der Tugendhaftigkeit eines gemalten weiblichen Wesens zuzurechnen.

Sicherlich ist es auch den Eitelkeitsverfolgungen zuzuschreiben, daß kaum eine Frau mit Schmuck gemalt ist. Wenn ein silbernes, goldenes oder diamantenes Schmuckstück erscheint, ist es in der Form eines Kreuzes ein Zeichen der Frömmigkeit. Wollte man in bürgerlich tugendhaftem Rahmen bleiben, dann war nicht die Ausstattung mit Kostbarkeiten gefragt, sondern eine Kleidung, die „ehrbar, anständig, züchtig [...] reinlich, schmuck und ordentlich war".[23]

[1] Fénelon, S. 64 – [2] Campe, S. 181 – [3] Campe, S. 182f. – [4] Rousseau, S. 734 – [5] Raumer, S. 64f. – [6] Fénelon, S. 65 – [7] Ernst Christian Trapp, Versuch einer Pädagogik, Berlin 1780, Nachdruck Paderborn 1977, S. 94 – [8] Campe, S. 181-184 – [9] Rousseau, S. 749 – [10] Gleim, S. 182 – [11] Fénelon, S. 65 – [12] Campe, S. 182 – [13] Arndt II, S. 217ff. – [14] Arndt II, S. 222f. – [15] Rousseau, S. 819 – [16] C. F. Sintenis, Der Mensch im Umkreise seiner Pflichten, Bd. 2, Leipzig 1804-1807, S. 143 – [17] Hippel II, S. 224 – [18] Wollstonecraft, S. 34, S. 104 – [19] Campe, S. 194ff. – [20] Sprüche Salomonis, Kap. 31 – [21] Fénelon, S. 65 – [22] Arndt II, S. 205 – [23] B. Gleim, Über die Bildung der Frauen und die Behauptung ihrer Würde in den wichtigsten Verhältnissen ihres Lebens, Bremen/Leipzig 1814, S. 122

Das Ende der Sanftmut - „das Täubchen ward zum Geier"

„... Es ist ein verlockendes Weib. Wie zart, wie rein und weich sind diese Formen, welch ein süsser, rosiger Schmelz ist darüber hingebreitet! ... vor allem aber die zarte, warme und reine Farbe im Nackten ...", so schwärmt 1835 in biedermeierlich sittenstrengen Zeiten - wie die Rheinschiffer dem Zauber der Loreley schon halb erlegen - der Kunsthistoriker Franz Kugler (Franz Kugler, Die Loreley des Herrn Professor Begas. In: Kleine Schriften und Studien zur Kunstgeschichte, Stuttgart 1854, Teil 3, S. 56).

Sieht man die Gestalt der Loreley, wie sie Carl Begas 1835 malte, inmitten der biedermeierlich gezähmten, „sanften und engelsgleichen" Damen, die mit keuschen, hochgeschlossenen Kleidern, langen Röcken, versteckten Haaren, mit niedergeschlagenem Blick, unterschlagenen Lippen, ohne Schmuck, strickend oder betend mit der „Herrschaft des Fleisches" (Fénelon) kämpfen, dann ist die Loreley das alle weiblichen Gefahren exemplifizierende Gegenstück, die personifizierte männermordende Bedrohung und die Begründung dafür, warum man Frauen vor sich selber schützen muß.

Eine Frau nicht in der Stube, sondern aus aller bürgerlichen Ordnung gelöst, allein auf hohem Felsen, das ganze Rheintal überblickend, das verheißt schon nichts Gutes. Mit unverhülltem rosigen Busen, obenherum nur mit Steinen und Perlen „bekleidet", sitzt sie hoch auf dem Plateau eines Rheinfelsens. Um die Taille trägt sie einen Gürtel, der von einem blutrot leuchtenden Stein geschlossen wird. Über ihren Knien liegt ein prächtiger, grün gefütterter Mantel aus schwerer rosarot und weiß gewirkter Seide. Auf dem weiß-perlmuttfarbenem Grund des Mantels erkennt man Nixen, Fledermäuse, Schlangen und Drachen. Als versteckte Zeichen lassen sie das unheilvolle Wirken der zaubermächtigen Frau erahnen. Von einer zierlichen perlenbestickten altdeutschen Phantasiekappe bedeckt, fällt ihr üppiges blondes Haar frei über die rosige Haut, über Schulter und Rücken des nackten Oberkörpers. Der am Boden liegende goldene Kamm, eine Salbbüchse aus kostbarem, goldgefaßtem Bernstein, ein Spiegel und die noch nicht angelegte Perlenkette lassen darauf schließen, daß sie bei ihrer Toilette gestört wurde.

In dem gefahrvoll engen Flußgraben einen sich nähernden Kahn erblickend, hat sie zu ihrer Laute gegriffen, um die Schiffer mit betörenden Klängen von den Gefahren des Stromes abzulenken und sie so ins Verderben zu locken. Ihr Gesichtsausdruck und die hochgezogenen Brauen lassen Rache und Lust an der Vernichtung erkennen. Wie Kugler beschreibt, ist der „Kopf nicht unhold, sondern von schöner Bildung, doch ohne qualifiziert sittlichen Ausdruck" (Kunstblatt, 1836, Nr. 36, S. 147). Ein Ruder ist schon von einem Strudel erfaßt, der Nachen schon halb gesunken. Doch die beiden Männer scheinen ihr Verderben selbst noch gar nicht wahrgenommen zu haben. Zu der alle Sinne verwirrenden schönen Frau aufblickend, sind sie ihr bereits verfallen. Der ältere schaut sie prüfend an. In ihm scheint Argwohn aufzukommen. Doch der Jüngling streckt ihr in „wildem Weh" (Heine) und hingebungsvoll die Hand entgegen. Über steilen, zerklüfteten Uferfelsen des Rheintales sich heranschiebende düstere Wolken und die auf dem Felsplateau wie von Blitzen erhellte Gestalt der Loreley geben dem Unheil die Dimension einer Naturgewalt.

Als Begas seine „Lureley" 1835 malte, war die „Sage" gerade 35 Jahre alt und bildete sich erst aus. Sie war „kein Märchen aus alten Zeiten", sondern eine 1800 entstandene „pure Kopfarbeit" von Clemens Brentano (W. Minaty, S. 11 - E. Beutler, S. 307-359). Er verband das Summen und Rauschen (= luren), die Echolaute des widerhallenden Felsens (= Ley) mit Ovids Metamorphosen. Hier verwandelt sich die Nymphe Echo aus

Kat.Nr. 129

Carl Joseph Begas
Die Loreley, 1835
Kreismuseum Heinsberg/Geilenkirchen

verschmähter Liebe in einen Stein und läßt sich nur noch als Echo hören. Brentano „metamorphorisiert" zurück; er läßt in der in seinem Roman „Godwy" enthaltenen Ballade „Zu Bacharach am Rheine" aus einem widerhallenden Felsen die „Lore Lay" erstehen. Betrogen und enttäuscht in ihrer Liebe, ist sie böse und rachsüchtig. Bevor sie sich selbst ins Verderben stürzt, will sie noch einmal hoch von einem Rheinfelsen das Schloß ihres Liebsten sehen. Herabschauend bestimmt sie einen vorüberfahrenden Schiffer zu ihrem Liebsten und stürzt sich zu ihm vom Felsen herab. Brentano mögen neben den Metamorphosen des Ovid Vorstellungen von Schadenzauber, verschmähter Liebe und magischem Gesang aus der griechischen Mythologie beflügelt haben, die Zauberin Circe und die Nymphe Kalypso aus Homers Odyssee.

Wie auch aus den Atelier-Gesprächen Kuglers mit Begas hervorgeht (Kunstblatt 1835, Nr. 85, S. 349), nahm Begas Brentanos Ballade und Heines 1824 und 1827 veröffentlichtes Gedicht als literarische Vorlage. Heines Gedicht hatte noch nicht die Vorherrschaft, die dazu gezwungen hätte, sich eng nur an seine Motive zu halten. Mit Friedrich Silchers Vertonung 1824 wurde Heines Loreley mehr und mehr mit dem wachsenden Dampfboot-Tourismus auf dem Rhein zu einem schließlich in aller Welt gesungenen Volkslied.

Doch in Begas' Gemälde „fließet der Rhein" nicht „ruhig" im friedlichen „Abendsonnenschein". Seine Loreley singt und kämmt sich nicht. Sie verführt durch die Reize ihrer Nacktheit und die Klänge ihrer Laute, sie ist böse, gefühllos, von Vernichtungswillen erfüllt und nicht, wie bei Heine, die durch ihre Liebe und Schönheit letztlich unschuldige „wunderbare, schönste Jungfrau". So akzentuiert und aktualisiert Begas den Gehalt seiner Loreley durchaus auch im Sinne wachgehaltener männlicher Ängste vor weiblichen Gefahren.

Im Sinne der Bildsprache seiner Zeit versieht er die Darstellung mit den Attributen der Eitelkeit. In welch erschreckendem Ausmaß Eitelkeit im Spiel ist, mag im Vergleich zu den 1842 von Wilhelm v. Schadow gemalten Gestalten der „Pietas und Vanitas" im Rheinischen Landesmuseum in Bonn ermeßbar werden (vgl. Kat. Nr. 130). Das offene Haar, der goldene Kamm, der Spiegel, die kostbare Salbbüchse, die Perlenkette und die hoffärtig prächtige Kleidung verdeutlichen, daß „Lureley" unrettbar das Opfer ihrer verderblichen Schönheit, ihrer Eitelkeit geworden ist.

Im Ringen um Tugend, Sanftmut und Unschuld unermüdlich diskutierte, ganz zentrale Gefahren für die Weiblichkeit waren in der Gestalt der Loreley personifiziert. Nach Joachim Heinrich Campe (1746-1818), der die Folgen der Eitelkeit, dieses „Auswuchses der weiblichen Menschheit", warnend beschreibt, hatte Begas' „schönste Jungfrau" nichts mehr von seinem weiblichen Idealbild - nichts mehr von „einer sanften und biegsamen weiblichen Taubenseele, welche mit der Selbstverläugnung eines Engels alles über sich ergehen ließ", „immer gelassen, immer freundlich". Mit der Eitelkeit gingen auch Loreleys einstige liebende „Sanftmuth, Selbstverläugnung und Freundlichkeit", ihr „anspruchsloser Sinn" zugrunde. „Das Täubchen ward zum Geier, mit Augen welche Funken sprüheten und mit Krallen, die Verderben drohten." (Campe, S. 182-187)

In seiner Loreley rührt Begas an diese mythischen männlichen Untergangsängste und den aus ihnen resultierenden Zähmungs- und Unterdrückungswillen. Loreley vollzieht den Ausbruch ihres „schwachen Geschlechtes" aus dem Käfig. Sie steht für das sich abzeichnende Ende weiblicher Sanftmut, die Rache an allen untreuen Männern, die die Liebe verrieten. Doch Begas ist kein Moralist. Dafür spricht das Bildnis seiner Frau, das trotz frommer Stilisierung sinnliche Schönheit zur Geltung bringt, oder sein Erfolgsbild „Die Mohrenwäsche" (1841), das liberal die Prüderie der Zeit durchbricht. Er macht aus seiner Loreley kein Warn- und Mahnbild für Eitelkeit und Unkeuschheit. Er gibt diesen überlebten Vorstellungen keinen Platz in der Gegenwart. Er verweist sie in die Alpträume, in die Sagenwelt. Er rührt nur daran und läßt sie hintergründig eingehen in „das Märchen aus alten Zeiten", um „die Sage" lebendig zu halten.

360

Leid statt Lust, Verzicht statt Besitz

Diese Kartons sind Entwürfe zu einem großen, aufwendig gerahmten Ölgemälde, das sich heute im Rheinischen Landesmuseum in Bonn befindet. Den Maßen nach (194,0 x 144,0 cm) hat es Altarbildrang.

Inhaltlich wendet sich Schadow mit seiner Thematik speziell an die Frauen. Dem anzustrebenden Idealbild der Frömmigkeit ist das weibliche Laster der Eitelkeit gegenübergestellt. Damit war ein aktuelles und vieldiskutiertes Thema weiblicher Erziehung angesprochen. In der Dreipaßrahmung eines großen Rundbogens sieht man den segnenden, an das jüngste Gericht mahnenden Christus, darunter zwei kleinere Rundbögen, die von einer Säule getragen werden, unter diesen links die Personifikation der Frömmigkeit und rechts die der Eitelkeit, Haar und Gestalt verhüllt, in einem form- und zeitlosen, modefernen Gewand mit Büßerstrick. Mit leidendem, schmerzerfülltem Gesichtsausdruck und gesenktem Blick hält die Pietas eine brennende Öllampe in der Hand. Damit wird die Frömmigkeit als ständige Ausrichtung auf das Jenseits, den wiederkehrenden, einst richtenden Christus umschrieben und als Christus nachfolgende, willige Bereitschaft zum Leiden gekennzeichnet.

In einem zweiten Entwurf und in dem ausgeführten Gemälde wird die Personifikation der Frömmigkeit sehr viel gewinnender, vorteilhafter, schöner und besser bekleidet, etwas attraktiver, nicht mit gesenktem, sondern aufschauendem Blick dargestellt. Das Leidende, Schmerzgezeichnete wird in Hoffnung und Zuversicht verwandelt. Dies ordnet sich ganz in die Tendenzen der Düsseldorfer Malerschule ein, die Ende der 30er Jahre großen Erfolg mit sakralisierter weiblicher Schönheit hatte (vgl. Kat. Nr. 125 u. Kat. Nr. 128).

Die Frömmigkeit war für das seit dem Ende des 18. Jahrhunderts propagierte, zum Gebären vieler Kinder bestimmte „Naturwesen Frau" von fundamentaler Wichtigkeit. Die Frau war sozusagen naturgesetzlich, so argumentierte man, von der Organisation ihres Körpers her zu Schmerzen und zum Leiden, zu „Kummer und Elend berufen" (vgl. S. 335). Und aufgrund der Schwäche des weiblichen Geschlechtes und seiner damit gegebenen Identifizierung mit den Schwachen war sie auch zu karitativen Aufgaben bestimmt. Diese karitativen Pflichten erläutert eine der Pietas zugeordnete Grisaille auf dem ausgeführten Altargemälde. Um diese Rolle durchzusetzen, um die Leidensbereitschaft, die Selbstverleugnung und die Sanftmut sicherzustellen, war Frömmigkeit erzieherisch unerläßlich (vgl. S. 335). Bei hoher Kindersterblichkeit waren Kummer und Leid im Leben einer Frau vorprogrammiert. Die hohe Müttersterblichkeit bestimmte sie zur Frühsterbenden. Die aus den „nachgebenden Fasern" der Frau naturgesetzlich sich ergebende Bestimmung zum Nachgeben, zur Unterwerfung, d.h. der Verpflichtung, alles über sich ergehen zu lassen (vgl. S. 297), stellte lebenslanges Leid sicher. Frömmigkeit war die einzige Möglichkeit zur Bewältigung der zugewiesenen passiven, alles erduldenden Lebensrolle. Frömmigkeit bot die einzigen Überlebensperspektiven einer Frau. Über einem solch frommen Lebensweg der Selbstverleugnung und des Leidens liegt dann auch die segnende Hand der über den Damen erscheinenden Christusgestalt.

Über der „Vanitas", der Eitelkeit, liegt die auch sie einbeziehen wollende geöffnete Hand. Mit einer Öllampe ausgerüstet, die aber hinter dem Schmuckkasten abgestellt ist und nicht mehr brennt, ist sie als törichte Jungfrau dargestellt. Doch ihre Ausstattung geht über die einer törichten Jungfrau hinaus. Für die Zusammenstellung von Pietas und Vanitas gibt es keine Tradition, etwa in Tugend und Laster-Gegenüberstellungen. Auch ist mit der Eitelkeit nicht mehr die Eitelkeit der Welt, sondern die persönliche Eitelkeit gemeint. Dies mag dafür sprechen, daß eine aktuelle Problematik in den beiden Gestalten der Pietas und Vanitas angesprochen werden sollte. Ein

Kat.Nr. 130

Wilhelm von Schadow
Pietas und Vanitas, um 1840
Kunsthalle Bremen, Kupferstichkabinett

Wiederaufleben der mit der höfischen Welt verbundenen Schmuck-, Kleider- und Luxussucht, einer selbstbezogenen genuß- und gefallsüchtigen, einer nur materiellen Dingen zugewandten Lebensauffassung und Glücksvorstellung sollte verhindert werden. Die Weiblichkeit mußte von Lust auf Leiden, von Ansprüchen auf Verzicht, von materiellen Schätzen auf immateriellen Reichtum umgepolt werden.

Die noch „unbekehrte", aus dem Ancien régime überkommene weibliche Lebensauffassung stellte der in Rom vom frommen Geist der Nazarener geprägte Wilhelm von Schadow in dieser Gestalt der Eitelkeit dar. Wie das ausgeführte Gemälde zeigt, trägt sie kein nur aus Tüchern drapiertes, die Körperformen verhüllendes Gewand, sondern ein modisch geschneidertes, die Körperformen anmutig artikulierendes Kleid aus luxuriösem Stoff. Ein dekolletiertes Kleid, halbnackte Arme, eine vom Arm herabhängende Perlenkette, aus der Schmuckkassette quellender Schmuck, mit einem Kranz geschmücktes Haar, ein schöner Zopf, dessen Ende die junge Frau nestelnd in den Fingern hält, der möglicherweise mit Verführungsabsichten gelöst werden soll, veranschaulichen ein von materiellen Werten, Lebensgenuß und Selbstsucht bestimmtes Leben. Die Eitelkeit befindet sich im Zustand der Entscheidung. Soll sie das Haar lösen, soll sie der Libertinage und dem materiellen Glück folgen oder soll sie wie die Pietas das neue, männlich programmierte bürgerliche, tugendhaft veredelnde Lebensmodell der Frömmigkeit, der Sanftmut, der Unterwerfung und des Verzichts wählen? Liest man in dem pädagogischen Schrifttum der Zeit, welche Bedrohung für das Funktionieren des bürgerlich männlichen Lebenskonzepts von weiblicher Eitelkeit ausging, dann wird die Aktualität des lehrhaft moralischen Schadow-Gemäldes nachvollziehbar.

Kat.Nr. 130 a

Wilhelm von Schadow
Pietas und Vanitas, um 1840 (Zweitfassung der Pietas)
Kunsthalle Bremen, Kupferstichkabinett

Über die Witwen

Da Individualität und Geist nicht zählen, ist eine Witwe nur noch die Summe ihrer Abnutzungserscheinungen

„Man könnte fragen, was ist eine Witwe mehr als eine verwischte Schilderei, ein umgewandtes Kleid, ein aufgewärmtes Essen, eine Perücke statt eignen Haars, eine Tulpe, die den Schlüssel verloren hat und sich nicht mehr zuschließen läßt."
(Theodor Gottlieb Hippel, Über die Ehe [1774], [Hippel, S. 280])

Gilt nicht für Witwer

„Ein Weib gegen ihren Mann soll sein, wie ein Wintergrün gegen einen Baum, das ihn umfängt und umarmt, wenn er auch verdorben."
(Abraham a Santa Clara, Heilsames Gemisch-Gemasch [1704], In: Werke in Auslese, 6 Bde., Wien 1907, Bd. 5, S. 291)

„Einer Witwe ist nichts anständiger, als daß sie es bis ans Ende ihres Lebens bleibe, und den Witwenstuhl nicht verrücke, ich möchte sagen neu beschlagen lasse ... Ein Weib, das den Rock auszieht, zieht die Schamhaftigkeit aus; und dies könnte man insbesondere vom Trauerrocke sagen."
(Theodor Gottlieb Hippel, Über die Ehe [1774], [Hippel, S. 276])

Erbe entfällt

„Allein ich finde es noch weit unnatürlicher einer Frau Güter zu lassen, die meinen Namen verläugnet, die von meinem Bilde die Brillianten wegbricht und sie auf die Auktion gibt."
(Theodor Gottlieb Hippel, Über die Ehe [1774], [Hippel, S. 270])

Trauerflor das Netz für den nächsten

„Oft ist, leider! der Flor, den die Weiber um ihren Mann tragen schon so durchsichtig, daß es füglich als ein Netz angesehen werden kann, worin der zweite Mann gefangen werden soll."
(Theodor Gottlieb Hippel, Über die Ehe, [1774], [Hippel, S. 280])

Abb. 29   Caroline Bardua, Sophie Sabine Bardua, um 1820, Öl/Lw., Verbleib unbekannt

Die Witwe - eine Frau ohne Mann wie ein Efeu ohne Eiche

Wenn es für eine Frau kein anderes zulässiges Lebensmodell als das einer Ehefrau, als einzigen beherrschenden Lebensfixpunkt und Inhalt nur den Mann, als einzig möglichen Lebensrahmen die Bestimmung als Gattin, Hausfrau und Mutter gab, wie war da eine Witwe einzuordnen? Nur auf die Ergänzung des Mannes eingerichtet, ohne männlichen Geist und Verstand, nur mit Gefühlen ausgestattet, ohne Mut, Stärke und Muskelkraft, nur aus weiblicher Schwäche bestehend, keine Ahnung von der Welt, nur mit dem Kleinigkeitsverstand für das Haus gerüstet, was sollte man da von einer Frau ohne Mann halten? Nicht auf Aktivität, sondern Passivität, auf Erleiden und Erdulden, nicht auf „Erwerben und Gewinnen", sondern auf Schonen und Sparen programmiert, wie hatte man eigentlich dieses nicht überlebensfähige, aus ergänzenden Resteigenschaften bestehende Wesen zu würdigen?

Nur auf immateriellen Nebenfeldern, für den Himmel, den Nächsten, die Unschuld und die Tugend tätig, welche Überlebenschancen blieben da noch in den Realitäten des Lebens? Wegen der besonderen weiblichen animalischen Belastung waren diese abbüßenden, reinigenden, ideellen Tätigkeiten zur Selbstaufwertung nun umso notwendiger. Deshalb waren auch die caritativen Aufgaben, die ideelle Ausrichtung zu verstärken und die Maßstäbe für einen guten Ruf zu verschärfen. Sonst war eigentlich, wie in Indien, nur noch das freiwillige, später auferlegte Selbstopfer durch Verbrennung für Witwen angesagt (von den Engländern 1829 verboten). Mit dem Tod des Mannes war das Leben seiner Frau wertlos geworden. Was konnte anderes als Gestrüpp aus dem Efeu werden, wenn die Eiche gestürzt war? So erläutert Campe seiner Tochter ihre künftige Abhängigkeit von dem Mann: „... er [ist] die Eiche, sie der Efeu, der einen Teil seiner Lebenskraft aus den Lebenskräften der Eiche saugt, der mit ihr in die Lüfte wächst, mit ihr steht und fällt - ohne sie ein niedriges Gesträuch, das von jedem Vorübergehenden zertreten wird."[1]

Eine Witwe - eine Frau zweiter Hand

Selbst wenn noch jung und schön, „was ist eine Witwe mehr als eine verwischte Schilderei, ein umgewandtes Kleid, ein aufgewärmtes Essen, eine Perücke statt eigenen Haars, eine Tulpe, die den Schlüssel verloren hat und sich nicht mehr zuschließen läßt", so gibt der Königsberger Polizeidirektor und Frauenverteidiger Theodor Gottlieb Hippel das gängige männliche Urteil über Witwen wieder.[2] Da man einer Frau keine Individualität oder gar Persönlichkeit zugestand, zählten nur die Abnutzungserscheinungen. Hatte eine Witwe viele Kinder zu versorgen, blieb ihr noch die sie legitimierende Stellung als Mutter und Hausfrau, hatte sie dankbare, sie achtende, erwachsene Kinder, stand durch eine große Sippe ihre Stellung als künftige Ahnfrau bereits fest, hatte sie in kaufmännischer Wirksamkeit einen unabhängigen Platz, war sie jung und schön, war die Chance einer Wiederverheiratung inbegriffen, hatte sie vor allem zudem Vermögen, so waren dies alles Faktoren ihrer Aufwertung.

Ohne Gatte - Konsequenzen für das Bildnis

Verstorbene Ehemänner führten auch zu Konsequenzen für die Präsentation im Bildnis. So entfiel nun die Rollenverpflichtung zu Passivität, Sanftmut und sonstigem Ergänzungsverhalten. Man brauchte also nicht mehr mit mildem, willenlos harmonischem Blick, mit muskellosen, spannungslos schlaff hängenden Armen Sanftmut und ideale Nachgiebigkeit im Bildnis zu repräsentieren. Auf diese Stilisierung kam es vor allem im heiratsfähigen Alter, bei Bildnissen jüngerer Frauen, an. Mit zunehmendem Alter, schon in den Matronen-Jahren, ließen diese Verpflichtungen etwas nach. Ein weibliches Erdulden anzeigender seelenvoll ernster Gesichtsausdruck erübrigte sich, weil mit dem Tod des Ehegatten die Korrespondenz von männlicher Stärke und weiblicher Schwäche nicht mehr gegeben war. Ohne durchgeistigtes männliches Pendant brauchte man als Witwe zur Demonstration von Kopf- und Handarbeit auch nicht mehr mit Strickstrumpf im Bildnis zu erscheinen.

Für das Bildnis einer Witwe galt auch nicht mehr die bürgerliche Reihenfolge „erst der Mann und dann die Frau"; sie konnte wieder den ersten Pendant-Platz einnehmen. Da für eine Witwe die männliche Grundforderung des Gefallens entfiel, konnte man sich, wie die Witwe Cornelia, die Mutter der Gracchen (vgl. Kat. Nr. 77), modern in einfache Tücher hüllen. Die sinnliche Präsens der Körperformen spielte keine Rolle mehr, die Figur konnte verhüllt werden. Große Umschlagtücher waren die passende Bekleidung. Ebenso kam es nicht mehr auf den weiblichen Reiz der Haare an. Man brauchte sich nicht mehr zu mühen, die Haare mit Zuckerwasser in anmutige Schläfenlocken zu legen. Die Haare konnten unter einem Tuch, unter einem Schleier verschwinden oder gänzlich in einer Leinenmütze verschnürt werden. Schmale Volants an der Haube, die das Gesicht rahmten, konnten die Locken, die Frisur gänzlich ersetzen. Ohne Kosmetik, ohne Frisur, blieb dann von einem Gesicht oft nur eine von einem gutmütigen Blick schwach durchseelte moluskenhafte Landschaft welker Haut übrig. Durch den Tod des Mannes völlig entwertet, nur „Gesträuch zum Zertreten", sollte man eigentlich erwarten, daß Witwen auch nicht mehr würdig waren, porträtiert zu werden.

Merkwürdigerweise gibt es verhältnismäßig viele Witwenbildnisse. Man mag darin nach patriarchalischer Minderwürdigung eine nachträglich ausgleichende Selbstwürdigung sehen. Es mag aber vor allem der menschliche „Platz im Leben" gewesen sein, den Mütter im Kreis ihrer Familien einnahmen, der die Geschlechterbewertung, die Ehehierarchie und die Minderbewertung der Anthropologen über den Haufen warf. Im wesentlichen entwickkelten sich zwei Präsentationsformen für Witwenbildnisse, die eine mit, die andere ohne Bezug zu dem verstorbenen Mann.

Als Wintergrün am verdorbenen Baum

Zu der ersten Gruppe gehört der Typ der trauernden Witwe. Witwen, die um ihre Gatten trauern, sind im Bildnis häufiger anzutreffen als Männer, die ihren Frauen nachtrauern. Auch wenn die verstorbene Frau in einem Familienbild als Denkmal, als Büste umgeben von Kindern und Mann gemalt wird, dann vornehmlich zum Trost und zur Erinnerung für die Kinder.[3] Denn - dies wird immer wieder betont - der Mann ist nicht so auf die Frau angewiesen wie die Frau auf den Mann. Wie auch die bildlichen Quellen bestätigen, hat nur die Frau einen gänzlichen Bezug auf den Mann (vgl. Kat. Nr. 23, 32, 90,131), denn sie ist nach alter patriarchalischer Tradition nur die Gehilfin, nur die Ergänzung des Mannes (Gen. 2,18).

Die Bildnisse der trauernden Witwe, wie das von Tischbein gemalte Bildnis der Witwe Schmidt-Capelle, 1786 (vgl. Kat. Nr. 131) und das 1801 von Rincklake gemalte der Witwe von Elverfeldt (vgl. Kat. Nr. 133), entsprechen ganz der männlichen Idealvorstellung, die Abraham a Santa Clara 1704 in Worte faßte: „Ein Weib gegen ihren Mann soll sein wie ein Wintergrün gegen einen Baum, das ihn umfängt und umarmt, wenn er auch verdorben."[4] Wenn auch nicht „umarmend und umfangend", halten die Witwen an der Urne oder dem Grabmal des Gemahls sitzend die Gattenliebe wach.

Wesentlichen Anteil an den Bildnissen trauernder Witwen hat die Ende des 18. Jahrhunderts sich entfaltende Gefühlskultur. Da Gefühlsentwicklung nicht von männlicher Seite beansprucht wurde und ein Äquivalent für den bei Frauen als fehlend festgestellten Verstand eingeräumt werden mußte, waren den Weibern von den Anthropologen Gefühle zugestanden. Empfindsamkeit und Pietismus würdigten die Sensibilität, das reichere Empfindungsvermögen des weiblichen Geschlechtes als Ausdruck einer schönen Seele. Durch Empfindsamkeit, durch Gefühle konnten sich Frauen profilieren und zeitweise auch zu einer Aufwertung kommen. Eine allgemeine, fast modische Strömung begünstigte das Trauern. Ob im Historienbild, ob im bürgerlichen Trauerspiel, ob trivialisiert auf Wedgwoods Teekannen, überall erscheinen trauernde Frauen. Nach aller Heiterkeit des Rokoko genoß man die Trauer. Mit aufkommender Antiken-Begeisterung regten die großen Vorbilder der Antike zu Trauer an: Agrippina mit der Asche des Tiberius, Artemisia am Grabmal des Mausolos, Andromache, die um den toten Hektor trauert. Nach der Begegnung mit Homer, aus Bewunderung für den 6. und 24. Gesang der „Ilias", begeistert von seinen Vorbildern inniger Gattenliebe, trauerte man aus innerer Nachfolge. Zudem paßte die Trauer genau in das Konzept der weiblichen Naturwesenanthropologie. Aufgrund des Hinweises der Natur, die die Frau für das „Mit-Schmerzen-Gebären" eingerichtet hatte, war sie naturgesetzlich für Kummer und Leid zuständig und für einen gefühlvollen Umgang mit dem Tod prädestiniert. Dies erklärt auch, warum es keine in der Art der Witwe Elverfeldt trauernden gemalten Männer gibt.

Mit der Dienststelle des verstorbenen Mannes im Hintergrund

Einen anderen charakteristischen Typ des Witwenbildnisses mit Bezug auf den Mann vertritt das von Caroline Bardua gemalte, leider verschollene Bildnis ihrer Mutter. Sophie Sabine Bardua (1760-1825) war die Frau des Herzoglich Anhalt-Bernburgischen Kammerdieners Johann Adam Bardua (1740-1818) (vgl. Abb. 29). Ihre Tochter malte sie als etwa 60jährige, nachdem der Vater 1818 gestorben war, mit dessen Bildnis im Hintergrund. Sie arrangierte ihre Mutter zwischen dem Bildnis ihres Vaters und dem Ausblick auf das Ballenstedter Schloß, der „Dienststelle" ihres Vaters.

Der Bezug zu dem verstorbenen Mann mag liebevollem Gedenken Ausdruck geben, vor allem aber - den Absturz ins Witwennichts verhindernd - die Stellung der Witwe Bardua als Frau des herzoglichen Kammerdieners absichernd nachleben lassen. Bezeichnenderweise strickt sie nicht mehr. (Ob sie die nicht mehr gebrauchten Strümpfe des Gatten wieder aufzieht?) Nach dem Tod des Mannes konnte die handarbeitende Unterordnung entfallen. Wie eine Parze hält sie - vielleicht die eigene Lebenszeit bedenkend - einen Wollknäuel und läßt einen langen Faden durch die Hand gleiten.

Daneben gibt es die selbständigen Witwenporträts. Auch sie sind viel häufiger als Witwer-Porträts anzutreffen. Hier haben Dankbarkeit, Liebe und Verehrung der Kinder sich über den anthropologisch ermittelten minderen weiblichen Rang hinweggesetzt. Hier haben menschliche Bedeutung und Verbundenheit über die Bildwürdigkeit entschieden. Vor allem malende Söhne setzten ihren verwitweten Müttern in herausragenden Bildnissen ein Denkmal, denkt man an das eindrucksvolle Bildnis der Mutter von Alfred Rethel in der Nationalgalerie Berlin oder an Ferdinand Georg Waldmüllers Bildnis seiner Mutter in der Österreichischen Nationalgalerie in Wien.

Witwen mit verlorenem und Witwen mit gerettetem Ich

Man trifft auf Witwen mit verlorenem und Witwen mit gerettetem Ich. Doch wie viele gemalte Gesichter zurückgelassener Frauen widerspiegeln in vielen Faltenrinnsalen, verlöschendem Blick, welk und dünn gewordener Haut das in lebenslanger Hingabe an andere Verbrauchtsein. Da ist nichts Eigenes geblieben, das noch Kraft zur Entfaltung hätte. Nach einem selbstlosen Diesseits gibt es nur noch ein Warten auf das Jenseits (vgl. Kat. Nr. 132). Hatte man sich trotz allem noch ein Rest-Ich aus den Zeiten als Gattin, Hausfrau und Mutter gerettet, dann konnte man nach seiner erfüllten weiblichen Bestimmung, unter Berufung auf eine stattliche Anzahl von Geburten, einen oder auch zwei zeitlebens gut versorgte verstorbene Ehemänner, erwachsene Kinder noch etwas individuelle Entfaltung im Bildnis wahrnehmen. Kamen dann noch einige begünstigende Umstände, wie pekuniäre Unabhängigkeit hinzu, dann konnten selbstgewisse, souveräne Witwenbildnisse entstehen, wie die von Bastiné gemalten Porträts der Witwe Pastor (vgl. Kat. Nr. 134) oder der Frau Hasselbach (vgl. Kat. Nr. 7). Nicht mehr zu Indifferenz, Passivität und Erdulden verurteilt, konnten dann Persönlichkeit, Originalität, Energie, Tatkraft und sogar - wie öfter bei Witwen-Bildnissen zu beobachten - ein Anflug von einem wohlgemuten Lächeln in einem weiblichen Gesicht aufleuchten.

---

[1] Campe, S. 23 – [2] Hippel, S. 280 – [3] Vgl. z. B. J. C. Rincklake, Die Familie des Freiherrn von Galen (1792); Die Familie des Grafen Merveldt (1802). In: Westhoff-Krummacher, Abb. S. 231 u. 244 - Johann Friedrich Dietrich, Der Kaufmann Karl Friedrich Kurtz mit seinen Kindern (um 1815), Kronberger-Frentzen, Abb. S. 56 – [4] Heilsames Gemisch-Gemasch. In: Werke in Auslese, 6 Bde., Wien 1906/1907, Bd. 5, S. 291

Bedeutungssteigerung einer Frau nur durch Gefühlsentfaltung

Eine alte Dame sitzt in parkartiger Umgebung auf einem grünen Stuhl am Grabmal ihres Mannes. Sie hält ein Buch in der Hand. Links, unter dem Laubwerk einer Eiche, steht auf einem steinernen Sockel eine mächtige urnenartige Vase, rechts sieht man Eichbäume und eine Tanne, im Hintergrund den von der untergehenden Sonne rötlich getönten Abendhimmel. Sie hat die Hände ruhend übereinandergelegt. Wie der zwischen die Seiten des Buches gelegte Finger andeutet, hat sie für einen Augenblick ihre Lektüre unterbrochen. Mit leicht nach links geneigtem Kopf blickt sie freundlich den Betrachter an. Sie trägt ein graues seidenes Kleid, darüber einen spitzengesäumten durchsichtigen schwarzen Trauermantel, dazu, zum Zeichen ihrer großen Trauer, einen mehr als die Hälfte der Bildbreite einnehmenden gewaltigen schwarzen Schleier. Wie ein großes dunkles Gewölk umschließt er das Gesicht und das grau gepuderte Haar. Hinterfangen von der auf Schwarz und Grau gestimmten Farbigkeit kommt das Inkarnat des Gesichtes und der Hände besonders lebendig zur Geltung.

Doch Tischbein porträtiert hier nicht nur die vornehme Erscheinung, das gütige Gesicht, die schönen Hände der alten Dame. Durch die Inszenierung in der Natur, in großer Trauerrobe am Grabmal ihres Mannes, malt er sie als vorbildliche Gattin auch noch über den Tod hinaus in völligem Bezug auf ihn, als Exemplum inniger Gattenliebe. Dies motiviert und legitimiert ihre persönlichen, nicht religiösen Gefühle.

Die Abgeschiedenheit eines Parkes, die Abendstimmung, das wehmütige Gefühle auslösende Grabmal, die Lektüre, alles ist in den Dienst ihrer Gefühlsentfaltung gestellt. Da für Frauen eine Bedeutungssteigerung durch Geist, Verstand und bleibende Leistung gänzlich entfiel, kam - von den Anthropologen zugestanden - für die Profilierung weiblicher Personen nur Gefühlsentfaltung in Betracht. Tischbein schöpft diese Möglichkeit voll aus. Mit dem die ganze Bildbreite füllenden Trauerschleier scheint er das ganze Ausmaß ihrer Gefühle mitzumalen. In idealer Weise korrespondiert so, auch noch nach dem Tode des Mannes, das schwache Geschlecht mit dem starken Geschlecht, weibliches Gefühl mit männlichem Verstand. Mit einem solchen porträtistischen Arrangement konnte die Dargestellte auf ein Nachleben als schöne, empfindsame Seele rechnen.

Nach der aristokratischen Physiognomie, dem für diese Zeit typischen Standesgesicht, dem gepuderten Haar, dem seidenen Kleid, der hoheitsvollen Trauerrobe, der parkartigen Umgebung, dem sehr anspruchsvollen Grabmal, möchte man die Dargestellte für eine Person von fürstlichem Rang halten. Doch einstweilen ist sie als Bürgerliche, als eine biographisch nicht näher bestimmbare Frau Schmidt-Capelle identifiziert. Es gibt in der Neuen Galerie in Kassel auch das Bildnis von Herrn Dr. Schmidt-Capelle, der nach seiner Inszenierung ein Gelehrter, ein Geograph und Sammler sein könnte. Nach dem das Grabmal überrankenden Eichenlaub wird es ein Mann von auch vaterländischen Verdiensten gewesen sein.

Kat.Nr. 131

Johann Friedrich August Tischbein
Porträt Frau Schmidt-Capelle, 1786
Staatliche Museen Kassel, Neue Galerie

Ihre Lebensbilanz: Ichlos und aufopfernd gab sie alles hin

Leider weiß man nicht genau, wer die alte Dame ist. Bisher ist sie als Mutter des Malers identifiziert. Die intime und verehrende Sicht des Gesichtes könnte für eine sehr nahe Beziehung des Malers zu der Dargestellten sprechen. Ein großer, über die weiße Haube gelegter, durchsichtiger schwarzer Schleier weist auf den Witwenstand der Dargestellten hin.

Sie braucht keinen Strickstrumpf mehr, um sich als fleißig und arbeitsam auszuweisen. Das abgezehrte, knöcherne Gesicht, die müde gewordenen Augen mit dem fast verlöschenden Blick, die tiefen Faltenrinnsale der welken Haut, die im Gegensatz zu dem seidig schimmernden Umschlagtuch besonders zur Geltung gebracht sind, widerspiegeln ein Leben, das dienend nur Arbeit, Fleiß und Sorge für andere war. Nachdem alle weiblichen Lebenspflichten erfüllt waren, gab es bei dieser Frau kein Aufleben eines Ichs mehr. Sich aufopfernd gab sie alles hin. Und dies hat der Maler in dem monumentalisierten, mit Achtung und Verehrung gemalten Gesicht auch als menschliches Verdienst und bürgerliche Vorbildlichkeit herausgestellt.

Kat.Nr. 132

Johann Christoph Rincklake
Elisabeth Rincklake geb. Heidvogt, um 1800
Westfälisches Landesmuseum für Kunst und Kulturgeschichte, Münster,
Dauerleihgabe der Sammlung Rincklake van Endert, Münster

Alt, nicht mehr schön, aber von großem, hohem Gefühl

In gedämpften Farben, in schwarzem Schleier, silbergrauem Chemisenkleid und lila Schal erscheint die alte Dame, das von Leid gezeichnete Antlitz dem Betrachter zugewandt. Nahezu die Hälfte des Bildnisses ist dem verstorbenen Mann gewidmet. Durch einen ungewöhnlich großen Fensterausschnitt blickt man auf eine düster gestimmte Parklandschaft als Spiegelbild ihrer wehmütigen Seele, auf eine Wind und Wetter trotzende Eiche, die als Sinnzeichen für das Schicksal des Verstorbenen steht. Auf hohem Postament, unter den wehenden Zweigen einer Trauerweide, steht seine Urne.

Bei so viel Ausrichtung auf den verstorbenen Mann, der bewußten Einbeziehung der Natur ist im Hinblick auf die allgemeine Entwicklung des Porträts als persönlichem privatem Freiraum, in dem Gebetbücher immer seltener werden, eher mit einem Gedichtband als mit einem Gebetbuch in der Hand der alten Dame zu rechnen.

In dem Bildnis der Freifrau von Elverfeldt vollzieht sich in der Inanspruchnahme eines Bereichs kirchlich unbevormundeter, persönlicher Gefühlsentfaltung ein Stück menschlicher Befreiung. Dies bestimmt auch den geistigen Rang des Bildnisses.

Kat.Nr. 133

Johann Christoph Rincklake
Bildnis der Christine Freifrau von Elverfeldt geb. Freiin von Vittinghoff
gen. Scheele zu Schelenburg, 1804
Westfälischer Privatbesitz

Eine Aachener Tuchmagnatin - schon in den Siebzigern aber noch eine „power-frau"

Die nach ihrem Aussehen etwa 70jährige Aachener Fabrikantengattin ließ sich um 1830 - sehr teuer - als reichliches Kniestück mit Händen von Johann Baptist Bastiné, dem Maler der Aachener Gesellschaft, porträtieren. Zu malen war eine „betuchte" Vertreterin des bürgerlichen Neuadels. Friedrich der Große hatte ihrem Vater als Gründer mehrerer Tuchfabriken in der Grafschaft Mark adelige Privilegien verliehen. Und Kurfürst Theodor zu Pfalz-Bayern hatte ihn 1781 wegen seiner Fabrikgründungen im Jülicher Land in den Adelsstand erhoben. Die geborene „Edle von Scheibler" machte diesem Leistungsadel alle Ehre. Nachdem ihr Mann 1816 gestorben war, vertrat sie die Familie und die Firmen. Vor allem verheiratete sie ihre sechs Kinder. Bis auf eine Tochter, die einen preußischen Rittmeister ehelichte, verheiratete sie innerhalb der eigenen Großfamilie von Scheibler, Pastor und Moll die Töchter mit Aachener und Iserlohner Tuchfabrikanten und die Söhne mit Iserlohner und Burtscheider Fabrik- und Hüttenbesitzerstöchtern.

Bastiné inthronisiert die durch Adel herausgehobene Vertreterin des Aachener Tuchpatriziats auf einem eleganten, rotsamten gepolsterten Mahagoni-Sessel vor einer grünen Samtbespannung. Links wird die alte Dame von einer auf hohem Podest stehenden porzellanenen, urnenförmigen Prunk- und Ehrenvase und rechts von zwei klassizistischen Säulen gerahmt.

Die Familiengeschichte erklärt, warum Bastiné die geborene Edle von Scheibler einerseits mit so nobler Porträtkulisse versieht, andererseits sie physiognomisch so realistisch, bürgerlich natürlich malt. Da sie keine althergebrachten höfisch typisierenden Schönheitsverabredungen einhalten muß, kann sie gezeichnet von Arbeit und Alter im Bildnis erscheinen. Da sie nicht in höfischer Weise zu vornehmer Distanz und Uniformität verpflichtet ist, kann sie auch lebendig, gegenwärtig und ganz „augenblicklich" sein. Als bürgerliche „Edle" muß sie sich nicht vornehm, der materiellen Sphäre entrückt präsentieren, sondern als Kaufmannsfrau kann sie gut „betucht" den sehr guten Samt ihres Kleides (wahrscheinlich aus der familienzugehörigen Kölner Samtfabrik Andreae) vorführen, dazu - ganz nahsichtig gemalt - eine üppig blütenhafte Haube und einen Rüschenkragen in textiler Spitzenqualität.

Sie zeigt ein sonst nur männlichen Gesichtern zugestandenes Maß an individueller Kennzeichnung und Persönlichkeit. Zwar ist ihr Porträt nach den Forderungen der Konvention in der Frisur, den Haubenschleifen, der Dekoration auf Symmetrie und damit auf Entwicklungslosigkeit und Passivität angelegt und ihre Weiblichkeit, umrahmt von kostbarem Spitzenwerk, auf vegetative Dauerblüte programmiert, doch wie der hellwache Blick, die männlichen Augenbrauen, die charaktervolle Nase und der entschlossene Mund verraten, ist die energische Tuchfabrikantin nach vielen Jahren Witwenschaft autark und längst über diese Verpflichtung zu blütenhafter Weiblichkeit hinaus. Voller Energie, die sich in den Wellenlinien der Schulter- und Ärmelvolants des Samtkleides widerzuspiegeln scheint, hat sie noch einiges in der Familie und im Tuchgeschäft vor.

Der väterliche Leistungs- und Verdienstadel, viel in die Ehe eingebrachtes Geld, eine unanfechtbare Stellung als Mutter von sechs Kindern, ein weitreichendes Pastorsches und von Scheiblersches Familienimperium, ihre unternehmerische Entfaltung in fast 15 Jahren Witwenschaft ermöglichten eine solche aus dem Rahmen der Zeit fallende weibliche Souveränität. Weit über das physiognomisch Zufällige hinaus hat Bastiné mit feinem Einordnungsvermögen die besondere Stellung und die außergewöhnliche Persönlichkeit der Tuch-Magnatin zum Ausdruck gebracht.

Kat.Nr. 134

Johann Baptist Joseph Bastiné
Christine Dorothea Wilhelmina Pastor geb. von Scheibler, um 1830
Wallraf-Richartz-Museum, Köln

Noch in Freiheit

Viele der ausgestellten Bildnisse, die nach dem Ende des Ancien régime in den gut zwei Jahrzehnten vor und nach 1800 entstanden, sind noch unbefangen von der Erwartung geprägt, daß die nun zugesicherten Menschenrechte auch die Frauen einschlössen. Sie haben unterschwellig noch Teil an Freiheits- und Gleichheitserwartungen. Bei adeligen Bildnissen wirkt das Höfische, auch die höfische Liberalität noch nach. Man sieht noch Bildnisse weiblicher Dargestellter mit kerzengerader, selbstbewußter, wie vom Tanzmeister eingeübter herrschaftlicher Haltung. Die Frauen tragen noch keine gänzlich verhüllende, amodisch reduzierte Nützlichkeitskleidung. Da die Empire-Mode herrscht, zeigt man noch bloße nackte Arme, schöne Schultern und Dekolletées (vgl. Kat. Nr. 13, 104, 135, 136), hauchdünne Schleier. Durchsichtige, dem Körper sich anschmiegende Stoffe vermitteln noch Schönheit und sinnlichen Reiz. Angeregt vom Vorbild der Antike läßt man die Schönheit des natürlichen, ungepuderten Haares in Locken und Löckchen, von Perlen durchwoben - noch unverhüllt von einer Leinenhaube - zur Geltung kommen (vgl. Kat. Nr. 13, 104). Erst nach und nach werden die Haare „unter die Haube gebracht". Mit einem Kopftüchlein ist es dann nicht mehr getan (vgl. Kat. Nr. 73, 135). Die Stoffe sind kurzlebig und auf modischen Wechsel angelegt, noch nicht von unverwüstlicher Tuchqualität „fürs Leben"! Sie verweigern noch nicht die Schönheit klassizistischen Faltenfalls; sie sind noch nicht die Körperformen negierend steif und blickdicht.

Individualität, ein Anflug von Selbstbewußtsein, eine hohe Stirn und ein kluger Gesichtsausdruck waren in der Darstellung eines weiblichen Wesens noch eben möglich (vgl. Kat. Nr. 104). Der Verstand war noch nicht völlig abgesprochen. Die Polarisierung - dem Mann der Verstand, der Frau das Gefühl, dem Mann die Kopfarbeit, der Frau die Handarbeit - hatte, wenn auch schon in Münster (vgl. Kat. Nr. 23), noch nicht überall konsequent gegriffen. Schöne volle Lippen, hübsche lange Beine (vgl. Kat. Nr. 136, Fassung in der Nationalgalerie) ein kekker Blick, ein Lächeln waren in der Porträtdarstellung noch möglich (vgl. Kat. Nr. 135, 136). Die Polarisierung der Geschlechter - der Mann das starke, die Frau das schwache Geschlecht - erfaßte die Bildnisse erst allmählich. Die „Apotheose der Schwäche", die Claudia Honegger in der Anthropologie in den ersten Jahren des 19. Jahrhunderts hervorhebt[1], trieb in der Malerei erst in den 30er Jahren in erschlaffter Haltung, erschlafften Gesten, in erschlaffendem Faltenfall, in erschlaffenden Frisuren ihrem Höhepunkt zu (vgl. Kat. Nr. 113). Mit dem sich durchsetzenden patriarchalischen Schwachengeschlechtsrollendiktat wurden die weiblichen Bildnisse auch von Sanftmuts-, Kindlichkeits-, Unschulds-, Gefallens- und Leidenszwang erfaßt. Und auch im Sinne des weiblichen Materiecharakters nimmt die Neigung zu biedermeierlicher „Stoffigkeit" und „Fettigkeit" zu (vgl. S. 81).

Unter allen bürgerlich patriarchalischen Rollenzuweisungen ging die Bestimmung zur Fortpflanzung als erste in das weibliche Bildnis ein. Die Maler beziehen Schwangerschaften (vgl. Kat. Nr. 76, 78, 80, 81, 136 u. Abb. 17, 21), schöne, volle Busen und Gesäße bewußt in die Darstellung ein. Ein ausgebildetes Gesäß wird als Merkmal weiblicher Schönheit bewußt wahrgenommen. Man denke hier auch an die Bemerkung Diderots über Anna Dorothea Therbuschs „Busen" und „Hinterpartie" (vgl. S. 225)[2] und an die Erkenntnis der Anthropologen, daß der weibliche Körperbau am schönsten sei, bei dem das „Becken zu dem übrigen Körper ein größeres Verhältnis" hat (vgl. S. 384)[3]. Diese Würdigung des Beckens, des Leibes, des Busens, die Sicht der Frau als Gebärerin hatte in ihrer Darstellung die Tendenz zu weiblicher Kleinköpfigkeit zur Folge, wie es z.B. bei Schicks Bildnis der Heinrike Dannecker (vgl. Kat. Nr. 136) oder auch bei Seeles Darstellung der Frau Klein (vgl. Kat. Nr. 80) zu beobachten ist.

All diese weibliche Bildnisse kennzeichnenden Merkmale sind besonders zur Geltung gebracht, sobald der Anspruch bürgerlicher Vorbildlichkeit ein Darstellungsanliegen ist. Sind Bildnisse nicht so sehr auf demonstrative Außenwirkung und Nachleben angelegt, haben sie intim privaten Charakter, handelt es sich um Familienangehörige von Künstlern, dann sind sie ausgleichender, weniger kollektiv und mit höherem Natürlichkeitsanteil gemalt.

[1] Honegger, S. 151 – [2] Baumgärtel, S. 54 – [3] Honegger, S. 174 - Leierseder, S. 48

Eine noch nicht bürgerlich patriarchalisch „zugerichtete" Porträtierte

Dargestellt ist die Tochter des Stuttgarter Goldschmiedes und Hofjuweliers Heigelin (1768-1808). 1791 heiratete sie den Bildhauer Philipp Jacob Scheffauer (1756-1808). Hetsch, der mit Scheffauer durch den gemeinsamen Besuch der Carlsschule in Stuttgart und einen mehrjährigen Paris-Aufenthalt freundschaftlich verbunden war, porträtierte dessen Frau unmittelbar nach ihrer Heirat. Wäre das um 1792 gemalte Bildnis drei Jahrzehnte später, auf dem Höhepunkt eingeübter bürgerlich patriarchalischer Herrschaft, entstanden, so hätte sich die frisch verheiratete Frau des in Stuttgart, Paris und Rom ausgebildeten Bildhauers Scheffauer nicht mehr so gleichberechtigt, selbstbewußt, so ausgeprägt individualistisch im Bildnis präsentieren dürfen. Die Kritik der sittenwachsamen biedermeierlichen Hausväter wäre ihr in mehrfacher Hinsicht gewiß gewesen.

Sie hat keine ordentliche Haube! Wie kann man, so hätte man um 1830 gesagt, als verheiratete Frau, die (an die besonders tierische Natur der Frau erinnernden) Haare so unverhüllt zeigen und nur mit einem so lächerlich kleinen Kopftuch bedecken! Wenn nicht durch die Haube, wodurch weist sich die junge Ehefrau nähend und stickend, mit hand-„arbeitendem" Fleiß als verläßliche Hausfrau überhaupt aus? Statt dessen spielt sie unbekümmert mit den Fingern! Wo bleibt der Strickstrumpf, wo das Gebetbuch? Wie kann man ein so enganliegendes, abformendes, die Körperreize noch verdeutlichendes Kleid tragen? Wie kann man eine Frau mit soviel sinnlichem Reiz der Haare, der rosigen Haut und der Lippen malen? Wie kann man sich so sittlich anstößig mit übereinander geschlagenen Beinen porträtieren lassen? Wo bleibt der sittliche Ernst und die Bezogenheit auf das Bildnis des Ehemannes, die Korrespondenz von weiblicher Anmut mit männlicher Würde? Wo bleibt bei so wachem, selbstbewußtem und intelligentem Blick die Unterwerfung?

Ein solch ungewöhnlich lebensvoll natürliches Bildnis wie das der Caroline Scheffauer ist ein besonderer Glücksfall in der Landschaft des weiblichen Porträts. Ein solches Porträt setzt für seine Entstehung ein noch revolutionsnahes freiheitliches Lebensgefühl, einen ungewöhnlich souveränen Porträtisten, eine familiäre Zugehörigkeit zu freieren Künstlerkreisen, ein nahes, herzliches, freundschaftlich vertrautes Verhältnis zu dem Porträtisten, die Zeit der „jungen Liebe", die etwas mehr Entfaltungsspielraum zubilligt, und eine jugendlich unbefangene, noch nicht durch die bürgerliche „weibliche Erziehung" zugerichtete Porträtierte voraus. Gerade an einem solchen, noch lebensvollen Porträt aus dem letzten Jahrzehnt des 18. Jahrhunderts ist die spätere, die Frauen reduzierende, reglementierende und abtötende „Verbürgerlichung" nachzuvollziehen.

Kat.Nr. 135

Philipp Friedrich Hetsch
Caroline Scheffauer, um 1792
Galerie der Stadt Stuttgart

Kraftvoll und blühend - noch nicht zum schwachen Geschlecht deklariert

Kurz nach der Rückkehr des Malers aus Paris porträtierte Christian Gottlieb Schick die junge Frau seines verehrten Lehrers und Freundes Johann Heinrich Dannecker, Heinrike Dannecker geb. Rapp (1773-1823). Die wohlhabende Kaufmannstochter heiratete 17jährig den 32jährigen Bildhauer.

Schick malte die junge Frau durchaus etwas im Sinne der aktuellen anthropologischen Rollensicht der Geschlechter als Hausfrau und zur Mutter vieler Kinder bestimmt. Schick akzentuiert die von Hausfrauenarbeit gezeichnete Hand, den nackten kräftig entwickelten Arm und macht ihn durch den hochgeschobenen Ärmel besonders sichtbar. Mit bildhauerischem Empfinden betont er das faltenreiche, den Körper abzeichnende kalkig weiße, an Marmor erinnernde Gewand, das volle, harmonisch sich rundende Gesäß. In der Würdigung der Anthropologen galt ein großes Becken als besonderes Merkmal weiblicher Schönheit. Man beobachtete, daß „diejenigen weiblichen Körper in allen ihren Theilen am schönsten, am weiblichsten gebauet waren, deren Becken zu dem übrigen Körper ein größeres Verhältnis hatte", so der Anthropologe Jacob Fidelis Ackermann in seiner allgemein sehr beachteten und die Sicht der Frau prägenden Schrift „Über die körperliche Verschiedenheit des Mannes vom Weibe..." (Mainz 1788, S. 7). Es ist sicher auch kein Zufall, daß das kurze leuchtend rote Spencerjäckchen den prangenden Busen voll zur Geltung bringt. Vielleicht malte Schick Heinrike Dannecker bewußt körperlich vital, um ihren Mann in der Hoffnung auf Kindersegen tröstlich zu bestärken. Denn Heinrike war schon 29 Jahre alt und noch hatte sich kein Nachwuchs eingestellt.

Wenn er auch durchaus die von der Natur bestimmte Rolle ihres Geschlechtes akzentuiert, verleiht Schick der jungen Frau mit einem munteren, hellwachen, selbstgewissen, intelligenten Blick und ihrer völlig ungezwungenen Haltung lebensvolle Freiheitlichkeit.

Über alles bürgerliche Sittenreglement sich hinwegsetzend, sitzt Heinrike Dannecker sogar mit übereinander geschlagenen Beinen da. Diese Haltung, die sich bei der „sitzenden Penelope" des Vatikan nachweisen läßt (A. Spemann, J.H. Dannecker, Berlin/Stuttgart 1909, S. 21) übernahm man bezeichnenderweise für die Personifikation einer Liberté und Egalité (Klaus Herding, Deutscher Klassizismus nach der französischen Revolution. In: Kat. Freiheit-Gleichheit-Brüderlichkeit, Nürnberg 1989, S. 131). Was kümmerten sie des großen Pädagogen Joachim Heinrich Campes Ängste, der in seiner 1787 sogar gekrönten Preisschrift „Höchstnöthige Belehrung und Warnung für junge Mädchen zur frühen Bewahrung ihrer Unschuld" auf die Gefahren des Sitzens „mit übergeschlagenen Beinen und Schenkeln" hinwies (Campe II, S. 53. Vgl. auch S. 167) - weil damit - sehr unsittlich - „ein Berühren oder Drücken der Schamteile verbunden ist"!

Nicht in der Stube, sondern vor blauem Himmel, nicht auf einem modischen Stuhl, sondern auf einem Felsblock sitzend, in einem zeitlosen linnenen, fast ungenähten Gewand, ein rotes Tuch um die Haare geschlungen ist sie fern aller menschlichen Reglementierung und Mode als frei sich entfaltendes, blühendes Leben gemalt. Inmitten der bereits bürgerlich domestizierten „sanften und engelsgleichen" Damen dieser Ausstellung fällt die junge Bildhauergattin geradezu „revolutionär" heraus.

Entgegen der Geschlechterdiskussion hat sie mit kräftigen, noch nicht auf Schwäche stilisierten Gliedmaßen Teil an der Gleichheit mit dem starken Geschlecht.

Kat.Nr. 136

Christian Gottlieb Schick
Heinrike Dannecker, 1802
Staatsgalerie Stuttgart

Erste Ausbrüche

Nachdem sich die kämpferische bürgerliche Anerkennungs- und Durchsetzungsmentalität gelegt hatte, die Stellung des Bürgertums durch sein Ansehen, seine Leistung und seine Moral unumstößlich geworden war, ließ der patriarchalische Domestizierungsdruck nach. Man konnte die weiblichen Fleißdemonstrationen im Bildnis einstellen. Die Strickstrümpfe, Nähkörbe und Leinenproben konnten eingezogen werden. Damit entfiel allerdings auch die den Mann so bedeutsam heraushebende schöne Gegensätzlichkeit von weiblicher Hand- und männlicher Kopfarbeit.

Wahrscheinlich war man in der dritten Generation patriarchalischer Erfahrungen, nachdem auch die Anthropologen, Pädagogen, Theologen und Hausväter durch die ihre Auffassung korrigierende Lebenswirklichkeit - angesichts immer neu heranwachsender Kinderscharen mit bunt verteilten Begabungen - klüger geworden waren, nicht mehr so recht von der völligen weiblichen Intelligenzlosigkeit überzeugt. Auch waren sicherlich keine Lorbeeren mehr mit pädagogischen Traktaten des alten Inhalts zu gewinnen. Nachdem den Männern mehr Betätigungsfelder, mehr öffentliche und berufliche Aufgaben, zugekommen waren, ließ das pädagogische Engagement der Hausväter nach.

Auch durch mehr bürgerlichen Wohlstand gewannen die Frauen etwas Lebensspielraum hinzu. Unter den Frauen gab es zudem mehr Zusammenschluß. Der Siegeszug des Kaffees, das epidemisch sich ausbreitende Kaffeetrinken lieferten dazu einen nicht unwesentlichen Beitrag. Der „Kaffeeklatsch" mit den „Kaffeeschwestern" im „Kaffeekränzchen" beendete die häusliche Isolation. Durch Erfahrungsaustausch kam man zu mehr Ein- und Überblick, Meinungsbildung und auch Selbstbewußtsein. Das Dasein der in Unschuld und Ahnungslosigkeit gehüteten „Stubenblume" fand damit ein Ende.

Zudem hatte man trotz aller anthropologisch wohldurchdachten weiblichen Rollenfestlegung beim Bau des Käfigs eine Ausbruchsmöglichkeit nicht recht bedacht. Aufgrund der Schwäche des weiblichen Geschlechtes, aufgrund der durch das Gebären von der Natur vorgegebenen Zuständigkeit für Schmerzen und Leid waren den Frauen unbezahlte, karitative Aufgaben zugestanden worden. Selbst schwach und unglücklich, waren sie besonders geeignet, sich mit allen Leidenden zu identifizieren.[1] War durch Seuchen - z.B. die Cholera-Seuche 1832 -, durch Kriege und Wirtschaftskrisen Elend zu bewältigen, dann waren die Frauen aufgerufen zu helfen. Auch hieraus ergab sich ein Mehr an Zusammenschluß, Bewährung und Einblick in die Lebensrealität. Ob in patriotischen Wohltätigkeitsvereinen oder Vereinen zur Betreuung von Armen, Kranken, Waisen, man sammelte außerhäusliche Erfahrungen und kam zu Selbstwertgefühl. Eben auf diesen Gebieten zeichneten sich dann auch die ersten Berufsmöglichkeiten für die Frauen ab. Sie betrafen das Erziehen, Heilen, Pflegen und Helfen.

All dies ließ die Frauen an Boden gewinnen und führte - auch durch die Impulse der Juli-Revolution 1830 in Frankreich - zur Frauenbewegung von 1848, zur Gründung von Frauenbildungsvereinen, zur Einrichtung von Lehrerinnenseminaren und öffentlichen Mädchenschulen.[2]

Maschinen unterminieren den Hausfleiß

Von außen kamen technische Entwicklungen den Frauen befreiend zu Hilfe. Der Handarbeitsterror, der geistabtötende, strickende, nähende, webende Hausfleiß, wurde durch die Technik unterminiert. Schon die ersten Strumpf-Wirkstühle strickten sechsmal so schnell wie eine Handstrickerin. Nach der Weiterentwicklung der Wirkstühle arbeiteten diese so schnell, daß sie in der zweiten Hälfte des 19. Jahrhunderts das Hausgewerbe des Handstrickens zum Erliegen brachten. Es verlor an Sinn, zum Nachweis seiner Heiratswürdigkeit hundert Strümpfe gestrickt zu haben.[3]

Abb. 30   Ferdinand Georg Waldmüller, *Unbekannte Dame mit einem Kind (Ausschnitt)*, 1855, Westfälisches Landesmuseum für Kunst und
Kulturgeschichte Münster, Dauerleihgabe der Bundesrepublik Deutschland

Auch das Besticken der Haubenbänder, die Selbstherstellung des ganzen „weißen Ausputzes", erübrigte sich nach und nach. Seit 1808 konnte eine Maschine, die Bobbinet-Maschine, Spitzen maschinell herstellen. In Verbindung mit der Jacquard-Maschine stellte man seit 1835 reich gemusterte Tülle her.[4] Da hatte auch „Dortheas" in Liebe selbstkasteiendes, aufopferndes Nähen und Sticken an Sinn eingebüßt - bei dem die „Stunden der Nacht ihr sind, wie die Stunden des Tages" und „niemals die Arbeit zu klein und die Nadel zu fein".[5] Die Maschinen stickten schneller, noch kleiner und perfekter. Schließlich gab es seit 1862 in Deutschland Nähmaschinen, die einer terrorisierend akribischen Stichel- und Näherziehung den Wind aus den Segeln nahmen.

In einer mehr und mehr sich verändernden Welt, durch die seit 1835 auch die Eisenbahn brauste, war man in seinen pädagogischen Domestizierungszielen etwas in die Verunsicherung geraten. Als die Anthropologie ihre universale, philosophische und humanwissenschaftliche Mission erfüllt hatte, popularisiert war und überall die Hierarchien des Lebens und die Rollenverteilung bestimmte, zerfiel seit den 30er Jahren die allgemeine Anthropologie allmählich.[6] Es gingen keine neuen stoßkräftigen Impulse für die Pädagogik von ihr aus. Sie wirkte spezialisiert, neuen Höhepunkten zutreibend, in der Wissenschaft von der Frau, in der Gynäkologie nach. Als „absoluten Höhepunkt" stellt Claudia Honegger die 1900 in Halle erschienene Schrift von Paul Julius Möbius „Über den physiologischen Schwachsinn des Weibes" heraus.[7] Rousseaus 1762 erschienener Erziehungsroman „Emile" war inzwischen ein pädagogischer „Oldtimer" und Campes Tochter, die der Vater als 15jährige mit seinem „Väterlichen Rath" bedachte, ging inzwischen auch schon auf die 70 zu.

In der dritten Generation patriarchalisch-bürgerlicher Käfighaltung zeigten sich - abhängig vom Jahrgang, Stand und Familienstand, von Vermögensverhältnissen, Lebensrahmen und -ort - erste Ausbruchssymptome. Die jungen Frauen Farina und Arndts (vgl. Kat. Nr. 29) lehnen es ab, noch 1837 eine mittlerweile narrenhaft gewordene Haube zu tragen. Die 1855 von Waldmüller gemalte junge glückliche Mutter verweigert den „sittlichen Ernst" und wagt es, gemalt zu lachen (vgl. Kat. Nr. 84 u. Abb. 30). Begas' 1835 gemalte „Loreley" vollzieht den Ausbruch des „schwachen Geschlechtes" aus dem Käfig und bezeichnet das nahende Ende der Sanftmut (vgl. Kat. Nr. 129). Baronin von Twickel läßt sich um 1840 im Familienkreis selbstbewußt das „Münstersche Intelligenzblatt" lesend porträtieren (vgl. Kat. Nr. 97). 1852 streiken die Baronessen von Arnswaldt. Für sie kommt kein Stricken und kein Tugendstreben mehr in Betracht (vgl. Kat. Nr. 138). Und die von Begas 1835 gemalten „Zwo Jungfrauen" (vgl. Kat. Nr. 137) kündigen die Isolation und das Stubendasein auf. Sie beschränken sich nicht mehr darauf, wie es Ernst Moritz Arndt für junge Mädchen empfiehlt, „nur zitternd an die Weite zu denken."[8] Sie erklimmen selbst einen Berg und verschaffen sich Überblick und neue Horizonte.

---

[1] Vgl. Honegger, S. 148 u. 167 – [2] Ute Frevert, Frauengeschichte zwischen bürgerlicher Verbesserung und neuer Weiblichkeit, Frankfurt/ Main 1986, S. 69ff. – [3] Ingeborg Weber-Kellermann, Frauenleben im 19. Jahrhundert, München 1988, S. 56 – [4] Kat. Almut Junker, Eva Stille, Zur Geschichte der Unterwäsche 1700-1960, Frankfurt/Main 1988, S. 68 u. 95 – [5] J. W. von Goethe, Hermann und Dorothea, 7. Gesang – [6] Honegger, S. 198ff. – [7] Honegger, S. 198 – [8] Arndt II, S. 213ff.

„Zwo Jungfrauen" brechen aus

Die Anregung zu diesem Gemälde gab das Sonett „Die zwo Jungfraun" von Ludwig Uhland: „Zwo Jungfraun sah ich auf dem Hügel droben, Gleich lieblich von Gesicht, von zartem Baue. Sie blicken in die abendlichen Gaue, Sie saßen traut und schwesterlich verwoben; Die eine hielt den rechten Arm erhoben, Hindeutend auf Gebirg und Strom und Aue; Die andere hielt, damit sie besser schaue, Die linke Hand der Sonne vorgeschoben..."

Die beiden Mädchen bestätigen nicht mehr die dem weiblichen Geschlecht zugedachte „Erziehlehre" Jean Pauls, der sich gegen Mädchenfreundschaften und für weibliche Isolation ausspricht: „Männer sind zur Gesellschaft gemacht, aber Weiber nur zur mütterlichen Einsamkeit" (Jean Paul, S. 240). Sie fungieren nicht mehr, in der Stube, strickend am Fenster gemalt, als Vorbild für ein „passives Sitzleben" im Hause und für die angebliche weibliche „Vorliebe für ankernde Lebensart" (Jean Paul, S. 247). Begas' „Frauenzimmer" beschränken sich nicht mehr darauf, „allein auf den goldenen Flügeln der Phantasie sich in die Weite" zu sehnen oder gar „nur zitternd an die Weite [zu] denken", wie es Ernst Moritz Arndt noch 1819 in seiner Schrift „Über weibliche Erziehung" (Arndt II, S. 213 ff.) den Frauen nahelegt.

Begas malte den Ausbruch aus der Stube und aus der Isolation. Gemeinsam haben die Mädchen den Berg erklommen. Beglückt und befreit erleben sie die Weite des Himmels und der Landschaft. Ungewöhnlich ist ihr wohlgemuter Gesichtsausdruck. Frei von nazarenischem Ernst und Tiefsinn, selbst auf die Gefahr hin, daß man mangels schwermütigen Gesichtsausdruckes an ihren edlen Seelen zweifelt, sind die beiden Mädchen ganz natürlich und in beachtlich munterer Stimmung.

Ungewöhnlich ist zudem die sehr bildwirksam in die Ferne weisende Geste des älteren Mädchens. In patriarchalisch reglementierten Zeiten war sie ein Affront! Denn hinweisende, erklärende, Autorität in Anspruch nehmende, dynamische Gesten waren der Männlichkeit vorbehalten. Die Verletzung des Gestikkanons ist hier der Literatur anzulasten. Denn Uhland fordert diese Geste in seinem Gedicht. Dem um die Jüngere gelegten Arm hätte als Geste schwesterlicher seelischer Verbundenheit etwa die Geste ineinander gelegter Hände entsprochen (vgl. Kat. Nr. 112). Legitimiert durch die literarische Vorlage, bricht Begas aus dem Kanon weiblich männlicher Gestikverteilung aus. Doch bei allem Ausbruch, man bleibt sich der Schwachheit, des Unvermögens und der häuslichen Bestimmung des weiblichen Geschlechtes bewußt, von der der kleine, keine zweite Bergbesteigung zulassende Stoffschuh und die keine Mobilität ernstlich zulassenden Kleider den Betrachter überzeugen.

Bei der Umsetzung des Uhland-Gedichtes bleibt es nicht allein bei der akzentuiert ins Bild gebrachten Gestik. Begas macht auch den wesentlichen Gehalt des Gedichtes, das traute schwesterliche Verwobensein, anschaulich. Die Jüngere ist so „verwoben" und auf Ergänzung angelegt, daß man - deckt man den Kopf der Jüngeren ab - sie auch als eine einzige Gestalt mit Strohhut, rotem Rock und schwarzem Schuh zusammensehen kann.

Wenn als Merkmal der auch von Begas hoch eingeschätzten Düsseldorfer Malerschule immer die Verbindung von Poesie und Malerei feiernd herausgestellt wurde, so hat Begas hier die Poesie in sehr eigener Weise geistvoll, kritisch und befreiend mit großer Resonanz in Malerei umgesetzt.

Kat.Nr. 137

Carl Joseph Begas
Zwei Mädchen auf dem Berge, 1835
Rheinisches Landesmuseum, Bonn

Schluß mit der Zähmung und dem Tugendstreben

Die aus einem Album der Familie von Arnswaldt stammende kleine Bleistiftzeichnung stellt zwei Kusinen von Annette von Droste-Hülshoff dar, die 17jährige Maria von Arnswaldt (1835-1863) und deren 16jährige Schwester Therese (1836-1873), Töchter von August von Arnswaldt (1798-1850) und seiner Frau Anna, geb. von Haxthausen (1801-1877).

Hier erlauben sich zwei liebreizend lächelnde Backfische den Ausbruch aus der Konvention. Sie denken gar nicht daran, sich „gefügig" und „gezähmt", mit Strickstrumpf zu präsentieren und sich der stereotypen Forderung zu beugen, immer, die Zeit nutzend, etwas zu handarbeiten. Demonstrativ nichtstuend, läßt Maria die Hände im Ärmel verschwinden und Therese hat - sich rekelnd, eine gesittete Haltung verweigernd - ihre Hände herausfordernd untätig in den Schoß gelegt. Auch verweigern die jungen Damen den ihnen angemessenen sittlichen Ernst. Heiter und selbstgewiß gefallen sie sich sogar in ihrer Opposition. Dabei haben die Eltern alles für eine strenge Erziehung getan, wie man den sittsamen Frisuren und den hochgeschlossenen, kuttenartigen unmodischen Kleidern mit Büßerstricken ansieht.

Doch, wo gibt es bei den jungen Damen Anzeichen von tugendhaftem Streben? „Wenns Herz nur schwarz ist", läßt Therese ihr Konterfei kommentieren. Und Maria ist stolz darauf, alle gut gemeinten Erziehungsratschläge, ein folgsames, frommes, fleißiges Mädchen zu werden, in den Wind geschlagen zu haben. Mit einem schelmischen Lächeln bekennt sie: „Ich hab mein Tag nit gut gethan / Und trags auch nicht im Sinn / Die ganze Freundschaft weiss es ja / Dass ich ein Unkraut bin."

Auch wenn man berücksichtigen muß, daß adelige junge Mädchen dargestellt sind, denen etwas mehr Verhaltensspielraum als bürgerlichen Mädchen zugestanden wurde, auf dieser kleinen Bleistiftzeichnung ereignet sich ein erfrischender Rollenausbruch. 1852 also zeichnen sich hoffnungsvoll das Ende weiblicher Käfighaltung und ein Durchbruch zu mehr persönlicher Entfaltung ab.

Kat.Nr. 138

Karl Christian Andreae
Maria und Theresia von Arnswaldt, 1852 (Faksimile)
Universitäts- und Landesbibliothek, Münster, Nachlaß Schulte Kemminghausen

Ich hab meine Tag nit gut gethan
Hat trag's auch nicht im Sinn
Die ganze Freundschaft weiß es ja
Daß ich ein Unkraut bin.

Wenns Herz nur schwarz ist —

Zusammenfassende Schlußbetrachtung

Nach der Durch- und Zusammensicht so vieler weiblicher Bildnisse aus der Zeit der Aufklärung und des Biedermeier ist man beeindruckt von der so übereinstimmenden und von den Malern so selbstverständlich gehandhabten männlichen und weiblichen Rollenverbildlichung. Man fragt sich, wie die Maler zu solch einer so allgemein verbindlichen Porträtkonvention kamen. Lediglich in Karl Wilhelm Ramlers 1788 erschienenem Werk „Allegorische Personen zum Gebrauch bildender Künstler" trifft man auf ein paar Hinweise, was dem Mann, dem Jüngling, dem Knaben, der Frau, der Jungfrau und dem Mädchen zuzuordnen ist. So sollen die Maler etwa bei Fünfsinnedarstellungen kleine Mädchen mit einem Korb voll Rosen, die Knaben mit optischem Gerät ausstatten. Für Jungfrauen wird Nähen, Stricken, Weben und Singen zur Laute empfohlen, für Jünglinge das Lesen am Schreibtisch vor der Büste eines gelehrten Griechen oder Römers, für „alte Matronen" das Lesen „durch ihre Brillen in andächtigen Büchern". Weiblicher Fleiß ist mit Wollspindel oder Bienenkorb, männlicher Fleiß mit Lampe und Buch darzustellen.[1] Diese verstreuten Rollenhinweise erklären nicht das bis zum Ende der 30er Jahre des 19. Jahrhunderts sich auswachsende Rollenbild, das Vorbildlichkeit beansprucht und programmatische Züge annimmt. Dennoch, nirgends sind Anweisungen für Maler greifbar, Frauen passiv, statisch, nur mit Binnenformen, ohne ausgreifenden Umriß, ohne ausgreifende Gesten, eher sitzend als stehend, im Zimmer, mit Bett, mit Strickstrumpf, ihr Leinen vorzeigend darzustellen, Frauen mit Buch nur unter besonderen Umständen und besonderen Absicherungen zu malen. Nirgends ist direkt ausgesprochen: die „Kopf"-arbeit nur dem Mann, die „Hand"-arbeit nur der Frau.

Wie konnte sich die weibliche Rolle und eine solche allgemeine Sicht entwickeln? Wie kamen die Bildnismaler zu einer so selbstverständlichen Handhabung der Rollen? Welche Impulse standen dahinter? Aus welchen Strukturen und Zusammenhängen entwickelte sich die Sicht der Frau in der Zeit der Aufklärung und des Biedermeier?

Hatte das Ancien régime, die Adelsherrschaft, nach Herkunft, Geburt und für sich in Anspruch genommener göttlicher Gnade („Gottesgnadentum") das Placement in der Standespyramide und die daraus resultierenden Lebens- und Geltungsrechte verteilt, so mußte nach dem Zusammenbruch der Standeswelt und proklamierter Gleichheit ein neuer „Verteiler" gefunden werden. Den neuen Verteiler bot die Natur. Nach ihren Vorgaben wurden nun die Rollen zugewiesen. Rousseaus Ruf „Zurück zur Natur" wies die Richtung. Sein 1762 erschienener Erziehungsroman „Emile" führte die neue „natürliche" männliche und weibliche Rolle vor. Dank seiner romanartigen, eingängigen Darstellung übertraf er in der Resonanz das Heer der von ihm beflügelten Anthropologen. Rousseau war für das neu entstehende Rollenbewußtsein von breiter Maßgeblichkeit, weshalb Rousseaus „Emile" auch hier besonders häufig mit Zitaten ins Feld geführt wurde. „Unter allen Schriftstellern, welche über die Weiber geschrieben haben, hat J.J. Rousseau ihre natürlichen Neigungen am besten entwickelt und ihre wahre Bestimmung am richtigsten erkannt", so ordnet ein jüngerer Zeitgenosse Rousseaus, der Anthropologe Pierre Jean Georges Cabanis (1757-1808) die Bedeutung Rousseaus ein.[2]

Die Vorgaben der Natur

Die Anhaltspunkte für die Umverteilung der Welt und den nun neu auszumachenden göttlichen Willen gewann man aus der Natur des menschlichen Körpers. Er war voller Hinweise für eine neue Güter- und Rollenverteilung. Schon der Zeugungsakt lieferte Anhaltspunkte für die aktive, herrschende Rolle des Mannes und die körperlich unterlegene, passive Rolle der Frau.[3] Daraus resultierte der männliche Anspruch auf Stärke, Dynamik und Aktivität, die Zuweisung der Schwäche, des Erduldens, des statischen Verharrens für die Frau. In dem schwächeren, weicheren, zarteren Knochengerüst, in der weniger festen Muskulatur, in den schwächeren Gehirnsträngen, in den dünneren und feineren Gefäßen, in der Kleinheit, der geringeren Nahrungsaufnahme, vor allem in der Fähigkeit, Kinder zu gebären, in all dem gab die Natur die Rollen vor. Die „Nachgebenskraft des weiblichen

Körpers, das Nachgeben der Fasern bei der Geburt" sprachen ganz eindeutig für die weibliche Verpflichtung zur Nachgiebigkeit, zum Erdulden und zur Sanftmut. Die körperliche Bestimmung, mit Schmerzen zu gebären, stellte auch die Zuständigkeit für Leid, Kummer, d.h. Schmerzen aller Art, klar.[4]

Es ist erstaunlich, wie früh die Rolle schon fest umrissen war, „welche das Weib in der Welt einnehmen soll", und der „zweckmäßigste Gebrauch seiner Fähigkeiten" festgelegt war.[5] 1775 sah der Begründer der weiblichen Anthropologie, Pierre Roussel, bereits klar. Nach der Beschaffenheit des weiblichen Körpers, seiner Einrichtung zur Fortpflanzung und dem daraus abzuleitenden Charakter kam dem Weib die Bestimmung zum Leiden zu. Der Frau wurde die Fähigkeit zu zärtlichen Empfindungen zu - die Fähigkeit zur Idee abgesprochen. Der französische Arzt konstatierte eine Abneigung gegen körperliche Bewegung, eine Liebe zum Detail, eine aus ihrer Schwäche resultierende Sanftmut und Furchtsamkeit und eine aus ihrer Identifizierung mit den Schwachen erwachsende karitative Neigung. Ihre Sittlichkeit, ihre Anlage zur „practischen Moral" ergaben sich aus ihrer Pflicht zur Erhaltung der Menschengattung.[6] Ob die Philosophen von Humboldt[7], Fichte[8], Kant[9], Schelling[10], Hegel[11], ob Gelehrte der Medizin, medizinisch inspirierte Philosophen oder philosophisch inspirierte Mediziner, Anatome, Chirurgen oder Gynäkologen, Erfahrungsseelenkundler und Weltweise, Juristen oder Militärwissenschaftler, sie alle betätigten sich als Frauenforscher, um der Frau den ihrer Natur gemäßen Platz zuzuweisen. Ärzte, Pädagogen - hier vor allem Joachim Heinrich Campe -, Geistliche und Dichter - z. B. Schiller, Jean Paul, Adolf v. Knigge, Ernst Moritz Arndt und viele andere - verbreiteten hierzulande das neue Rollendiktat. Um 1775 setzte die Veröffentlichungswelle verstärkt ein, Ende der 90er Jahre hatte sie ihren Höhepunkt, um 1830 war die Rollenzuweisung voll durchgesetzt, um 1860 lebte sie in den Konversationslexika des Bildungsbürgertums nach.[12] Mit Schillers 1796 entstandenem Gedicht „Würde der Frauen" und mit seinem 1799 veröffentlichten „Lied von der Glocke" wurde ihre fatale Allgemeingültigkeit bis heute grundgelegt.

Proteste gingen völlig unter

In diesem Zusammenwirken aller männlichen Kräfte wurde eine „Verteidigung der Rechte der Frau" fast völlig übergangen. Die Autorin Mary Wollstonecraft erhob 1792 mit ihrer Schrift vergeblich Einspruch gegen „das System von Sklaverei", „moralische Wesen anders als nach den Regeln der Vernunft zu erziehen", Frauen allein aufgrund ihrer „körperlichen Beschaffenheit" zu „Sklavinnen" zu machen, sie wie „das Federvieh in Käfigen eingeschlossen" zu halten, „die Frauen zu Haustieren zu machen". „Wollten die Männer nur großmütig unsere Ketten durchbrechen und zufriedensein mit vernünftiger Partnerschaft anstatt mit sklavischem Gehorsam, dann würden sie in uns gehorsamere Töchter, liebevollere Schwestern, treuere Ehefrauen und vernünftigere Mütter, kurz bessere Bürgerinnen finden."[13] Es war auch vergeblich, daß Männer ihre Stimme für die Frauen erhoben und auf die trostlose und unwürdige Rolle hinwiesen, die man den Frauen zumutete. Wie kein zweiter ging der Königsberger Polizeidirektor Theodor Gottlieb Hippel (1741-1796) mit dem männlichen Despotismus ins Gericht. In seiner 1792 veröffentlichten Schrift „Über die bürgerliche Verbesserung der Weiber" stellte er die Frage: „Was hätte die Natur veranlassen können, die eine Hälfte ihres höchsten Meisterstückes zu beglücken und zu ehren, die andere dagegen zu verkümmern und zu vernachlässigen ... schwächer [zu] bilden und unvollendet lassen [zu] wollen? ... Wollen wir der Natur lieber Mißgriffe aufbürden, um nur unser System zu retten? ... Nicht die Natur, sondern die Menschen haben die Frauen zurückgesetzt. ... Man vernachlässigt sie nicht bloß, man unterdrückt sie absichtlich. ... Wenn diese Hiobsleiden, womit wir das andere Geschlecht heimsuchen, über uns verhängt würden - was wäre aus uns geworden?"[14] Auch der Heidelberger Philosophieprofessor Karl Augustus Erb, in seinem folgerichtigen Denken ausgewiesen durch seine Schrift „Zur Mathematik und Logik" (1821), konnte gegen die einmütigen Auffassungen, gegen die die Wissenschaft „verunzierenden, befleckenden" Thesen seiner Geschlechtsgenossen mit seiner 1824 erschienenen Schrift „Zur Geschichte der physiologischen Herabwürdigung des weiblichen Organismus" nichts ausrichten.[15] Sie blieben Rufer in der Wüste! Erbs geplante Geschichte der physiologischen Herabwürdigung des weiblichen Geschlechtes von Aristoteles bis in seine Zeit wurde leider nicht geschrieben. Dabei war Aristoteles bei der Neuaufteilung der Welt, der Verteilung der Lebens- und Geltungsansprüche von Mann und Frau nach wie vor einzubeziehen. Denn bis zur Entdeckung des weiblichen Eies 1827 galt unwidersprochen seine Zeugungslehre „de generatione animalium" (vgl. hierzu S. 166). Man ist erstaunt, wie gegenwärtig sie auch noch in den Bilddokumenten des 18. und 19. Jahrhunderts ist.

Man mußte die Frauen vor sich selber schützen

Bei der der Frau zuzubilligenden Rolle war zu berücksichtigen, daß sie als mindere Leistung der Natur betrachtet werden mußte. Durch den windrichtungsbedingten höheren Wassergehalt hatte sie einen nur ganz geringfügig vorhandenen Geist. Sie konnte daher nur als Ernährungsmaterie für den männlichen Samen fungieren. Als nicht-selbständiges, ich-loses Wesen, war die Fortpflanzung ihr Hauptdaseinszweck. Die schöpferische Leistung bei der Zeugung lag allein beim Mann, denn er allein verfügte über das Schöpferische, den Samen. Ihr kam es zu, blumen-topfartig nur für Einsaat zur Verfügung zu stehen. Zudem war eine ganz wesentliche Nebenwirkung des höheren Wassergehaltes zu berücksichtigen - aufgrund des dadurch kaum vorhandenen Geistes war die Frau ihrer Anima-lität, ihren sündlichen Trieben und der Mann den weiblichen Verführungskünsten in gefährlicher Weise ausge-liefert. Man mußte sie also vor sich selber schützen! Und hatte man nicht gerade wieder seine Erfahrungen mit den Frauen gemacht? Ihrer Verführung zu Luxus, Vergnügung und Immoralität schrieb man den Zusammenbruch der höfischen Gesellschaft zu.[16] Wollte man ein solides Staatswesen haben, wollte man die Adelsherrschaft durch moralisches Ansehen überwinden, dann galt es, den Einfluß der Frau im Staat und in der Gesellschaft zurück-zudrängen. Die katastrophale Bevölkerungssituation war zu bewältigen. Durch die Geburtenrückgänge, die hohe Kinder- und Säuglingssterblichkeit war Europa vom Aussterben bedroht.[17] Man mußte die Frauen wieder dazu bringen, Kinder zu gebären. Zähmung, Domestizierung, strikte männliche Oberaufsicht durch Staat, Kirche, Schule und die Hausväter, wenig Kontaktaufnahme mit der Außenwelt und wenig Selbständigkeit waren gefor-dert.

Die neue bürgerlich patriarchalische Verteilung der Welt

Aus den Anhaltspunkten, die die Natur im menschlichen Körper vorgab, auf dem Boden der „Südwind-Erkennt-nisse", unter Berücksichtigung des unheilvollen höfischen Verführungstreibens der Damen des Ancien régime, aus bürgerlich moralischen Image-Notwendigkeiten und im Hinblick auf die katastrophalen Bevölkerungszahlen galt es also, sich eine neue bürgerliche Lebensordnung zu geben und die Lebensrechte neu zu verteilen. Dabei war zu berücksichtigen, daß das Weib auf Ergänzung angelegt und mehr als ein Zubehör des Mannes und nicht eigentlich als selbständiges Wesen anzusehen ist. Wertet man das anthropologische, pädagogische und philosophische Schrifttum der Zeit aus, auch die vielen inzwischen veröffentlichten Selbstzeugnisse in Tagebüchern und Brie-fen, dann ergibt sich daraus die folgende Verteilung der Welt. Dem Manne das Tun, dem Weib das Sein / Ihm die Aktivität, ihr die Passivität / Ihm die Dynamik, ihr die Statik / Ihm die Unrast, ihr die Ruhe / Ihm das Tätigsein, ihr das Erleiden, Leiden, das Erdulden und die Geduld / Ihm die Leidenschaften, Zornesausbrüche und Launen, ihr die Sanftmut / Ihm das Zerstören, ihr das Erhalten / Ihm die Stärke, ihr die Schwäche / Ihm die Tapferkeit und der Mut und ihr die Furchtsamkeit / Ihm die Laster, ihr die Tugend / Ihm die Welt und ihr das Haus / Ihm der öffentliche, ihr der private Raum / Ihm die materiellen, ihr die immateriellen Güter / Ihm die Erde, ihr der Himmel / Ihm das Gewinnen und Erwerben, ihr das Sparen und Schonen / Ihm die Vermögenswerte, ihr der Leinenschrank und ein paar Haubenbänder / Ihm das Geld und ihr die Kinder / Ihm die Orden, „ihr ein gutes Herz" (vgl. Kat. Nr. 10, 25). Ihm Achtung, Ruhm, Ehre und Verdienste, ihr die Anonymität.[18] Ihm individuelles Glück, Erfolg und Freude, ihr das Leid, ihr Glück: das Glück des Gatten / Ihm der Geist und ihr die Materie / Ihm der Verstand, ihr das Gefühl / Ihm die Vernunft und die Philosophie, ihr der Glaube und die Religion / Ihm das Wissen und ihr die Unwissenheit / Ihm die Kultur und ihr die Naturbelassenheit / Ihm vielseitige Entfaltung der Individualität und der Begabung, ihr Reduzierung und geistige Sedierung / Ihm die Individualität, ihr die Ich-losigkeit / Ihm das Sichausleben, ihr der Lebensverzicht / Ihm die Sexualität, ihr die Unschuld / Ihm die Kopfarbeit und ihr die Handarbeit / Ihm der Befehl und ihr der Gehorsam.

Der Begriff der „Gleichheit" kam für das den Mann nur ergänzende Naturwesen Frau gar nicht in Betracht. Schon wegen der bei der Fortpflanzung notwendigen „Unterwerfung" war Gleichheit nicht möglich. Männliche Stärke („sein körperliches Vermögen und sein Mut") mußten mit der weiblichen Schwäche korrespondieren.[19]

„Menschenrechte" waren zu „Männerrechten" und Menschenwürde zu Männerwürde geworden.[20] Man richtete sich die nun „bürgerliche" Männerherrschaft bequem ein. Und da Herrschaft nur genußreich ist, wenn man andere etwas unterdrückt, wenn die Bedienung, die Verehrung sichergestellt sind, wies man den Frauen, die bisher innegehabte, sie entmündigende, dienende Rolle des dritten Standes zu. Man erbaute mit großem moralischen Anspruch den Tempel der Humanität, aber „das schöne Geschlecht ließ man in seinen Ruinen"[21] und „beschränkte die Menschenrechte auf die männliche Linie von Adam abwärts".[22]

Die bildlichen Auswirkungen der neuen Rollenzuweisung

Nun fragt es sich zusammenfassend - und das ist ein Hauptanliegen der Ausstellung - wie widerspiegelt sich die bürgerliche Neuverteilung der Welt in den Bilddokumenten? Welches Rollenbild erbringt die Auswertung der Bildquellen? Welche Strukturen der bürgerlich patriarchalisch geordneten weiblichen Lebenswelt widerspiegeln sich in den Einzel- und Familienbildnissen? Diese Fragen sind auch noch heute von Belang, weil das bildlich Gestaltete besonders nachwirkt, weil diese Bilder bewußt oder unbewußt noch vielfach heute die Vorstellung von Ehe und Familie bestimmen. Einiges sei als Fazit aus dem Mosaik der Beobachtungen herausgestellt. Da ist es z.B. kennzeichnend, wie schon weiter oben ausgeführt (vgl. S. 79), daß bei Pendantbildnissen eines Ehepaares - vor allem, wenn es um eine besonders herauszustellende bürgerliche Vorbildlichkeit ging (wie z.B. bei den Bilderbogen) - vielfach die „höf"-liche Regelung „erst die Dame, dann der Herr" mehr und mehr außer Kraft gesetzt wird. Denn das „Naturwesen Frau" kann als Fortpflanzungszusatzeinrichtung selbstverständlich nur nach dem Mann rangieren (vgl. Kat. Nr. 20, 22, 23, 28, 43, 52). Schließlich hatte man am Untergang des Ancien régime gesehen, wohin luxus- und vergnügungssüchtige Weiberwirtschaft führte. Jetzt war es an der Zeit, daß die Männer wieder die Führung übernahmen. Mit der Regelung „erst der Mann und dann die Frau" geht auch überein, daß der Mann in vielfacher Größe der Frau im Bildnis erscheint (vgl. Kat. Nr. 25 u. Abb. 13).

Prägend bestimmen der Naturwesen- und der Fortpflanzungsaspekt den ganzen Lebens- und Entfaltungsspielraum der Frau. So geht als neuer Inhalt die von Rousseau als ganz zentrales Anliegen propagierte weibliche Bestimmung, dem Ehegatten stets „zu gefallen", in die Bildnisse und Familienbildnisse ein. Eine bisher nicht wahrgenommene Ehegatten-Erheiterungsikonographie kommt auf (vgl. Kat. Nr. 11, 12, 13, 15, 16 u. Abb. 2, 3, 4). Dahinter steht die Notwendigkeit einer ständigen ehelichen Animation zum Erhalt der Fortpflanzungsneigung. Wie notwendig „Reize und Annehmlichkeiten"[23] sind, ist an den als völlig überarbeitet gemalten Männern zu beobachten. So ist in Bildnissen mit der Ehegattenerheiterung eine spezielle, selbstheroisierende bürgerliche „stressman"-Ikonographie verbunden (vgl. Kat. Nr. 15, 17, 80 u. Abb. 4). Vom harten Lebenskampf durch Blässe, Haarausfall und Faltenfurchen gekennzeichnete, für die Familie sich aufopfernde, gehetzte, von Arbeit gänzlich absorbierte, gedankenverlorene Väter, die erheitert werden müssen, tauchen als neuer Gehalt bürgerlicher Familienbilder auf. Diese Lebenskampfsituation des männlichen Geschlechtes führt in der bildlichen Darstellung zu der gängig zu beobachtenden Regelung: Wer nicht in der Betreuung, Erheiterung oder Versorgung der Herren tätig ist, muß stricken. Und selbstverständlich gilt die weibliche Erheiterungsverpflichtung allen männlichen Wesen, auch dem Bruder (vgl. Kat. Nr. 14, 18), dem Sohn (vgl. Kat. Nr. 15) und dem Großvater (vgl. Kat. Nr. 19). Aus dem schweren Berufskampf und der auszehrenden ernsten gedanklichen Arbeit, von der die mangels Geist glücklich unbeschwerten Frauen unberührt bleiben, resultiert zudem, daß es auf Familienbildern den Herren und Söhnen jederzeit zugestanden ist, die Hände in den Schoß zu legen, während die nur zur Handarbeit taugenden Frauen immer schaffend etwas in den Händen halten müssen (vgl. Kat. Nr. 38, 55, 99 u. Abb. 7) - daß die selbstlosen Frauen immer sorgend im Dienst der Herren tätig sind, während die Herren egozentrisch sich einen vergnügten Tag machen (vgl. Kat. Nr. 19).

Was heute Scheidung heißt, hieß damals Sanftmut

Ebenso wichtig wie das zur ehelichen Animation notwendige Streben zu gefallen ist die Sanftmut, eine ganz zentrale, alles prägende weibliche „Bestimmung". Mit zunehmender Verbürgerlichung wird aus der Begeisterung für die Schwäche die weibliche Sanftmut zum Schlüsselbegriff. Die Sanftmut war deshalb von so zentraler Bedeutung, weil sie überlebensnotwendig in dem ungleichberechtigten Zusammenleben der Geschlechter war. Was heute Scheidung heißt, hieß damals Sanftmut. Sanftmütig zu sein beinhaltete Verzicht auf eigenen Willen, eigene Wünsche, Unterwerfung und Allesübersichergehenlassen (vgl. S. 295). Nur auf der Basis der weiblichen Sanftmut konnte die neu vorgenommene Verteilung der Welt funktionieren. Nach der Verteilung der Eigenschaften an Mann und Frau, die erst einmal ein volles Sichauslebenkönnen des aktiven, dynamischen Mannes sicherstellen mußte, war die Sanftmut eine abfallende Resteigenschaft, von der aber das Zusammenleben abhing. Bei dieser Bedeutung der Sanftmut ist es nicht verwunderlich, daß sie in vielfältiger Weise ihre Spuren in den Bildnissen der Zeit hinterließ. So stößt man in der Grafik und der Malerei auf die Gattung der bürgerlichen, weiblichen Kinderbildnisse traurig strickender kleiner Mädchen (vgl. Kat. Nr. 51 u. Abb. 9). Damit sie später als Ehefrauen sanft sind, muß man sie früh an Zwang gewöhnen. Die normierten, symmetrischen „Passepartout-Gesichter" mit kanonisiertem, madonnenhaften Mittelscheitel sind für ein sanftes Aussehen unentbehrlich. Bei aller Suche ließ sich nur eine Frau mit Seitenscheitel ermitteln - in dem Selbstbildnis der Katharina Karolina Luja (Hanau 1800-1874 Marburg). Bezeichnenderweise war sie Künstlerin: Bildnis- und Blumenmalerin. Dem nicht streng bürgerlichen Milieu ist es zuzuschreiben, daß sie einen männliche Dynamik signalisierenden Seitenscheitel für sich in Anspruch nahm. Vor allem die gesenkten Köpfe und Blicke, die Ende der 20er bis Ende der 30er Jahre, auf dem Höhepunkt bürgerlicher Entfaltung, geradezu eine Erfolgsrezeptur der Düsseldorfer Malerschule wurden (vgl. Kat. Nr. 113, 120, 125), die dienenden, halt- und schutzsuchenden Gesten, die möglichst erschlaffte Körperlichkeit, die schlaff durchhängenden Frisuren sind Kennzeichen des schwachen Geschlechtes und der geforderten bürgerlichen Sanftmut (vgl. Kat. Nr. 15, 29, 112, 113).

Ebenso geht auf sie ein neuer, besonders geschätzter Typ des weiblichen Bildnisses zurück - die tote Sanfte! Macht man sich die Mühe, die biographischen Daten besonders fromm und sanft gemalter Frauen zu überprüfen, dann stellt sich vielfach heraus, daß sie schon gestorben waren, als sie gemalt wurden. Da sich die Sanftmut wegen der Widerstände zu munterer Vitalität am lebenden Objekt nicht so wie erträumt durchsetzen ließ, boten durch Ohnmacht, Trauer, fromme Buße, Demut und Leid psychisch geschwächte Frauen, ganz besonders aber tote Frauen die idealen Bedingungen für die Veranschaulichung vollkommener Sanftmut (vgl. Kat. Nr. 120, 125, 126). Wie die zentralen Anliegen des Gefallenmüssens und der Sanftmut, so zieht auch die innerhalb der bürgerlichen „Weltverfassung"[24] weibliche Existenz fest eingrenzende „Bestimmung als Gattin, Hausfrau und Mutter" neue Motivausbildungen nach sich. In diesen Zusammenhang gehört die in der Rückbesinnung auf Aristoteles und seine Leugnung des weiblichen Geistes strikt gehandhabte weibliche „Hand"arbeits- und männliche „Kopf"arbeits-Ikonographie. Mitunter schließt die Handarbeits-Ikonographie mit dem bildlichen Hinweis auf einen besonders kräftigen, zupackenden Arm, die auch von Goethe bei „Dorothea" in Betracht gezogene weibliche „Armarbeit" ein (vgl. Kat. Nr. 38, 101, 136, Abb. 5). Bekam nun bürgerlicher Stolz auf geistige Leistungen und Verdienste, die männliche Kopfarbeit im Bildnis einen Platz, dann mußte dafür auch ein Äquivalent im weiblichen Bildnis geschaffen werden. Stricken und Flicken, Strümpfe und Nähkörbe boten noch keinen Grund für Stolz, der im übrigen wegen der Gefahren der Eitelkeit nur dem Mann zukam. Den Frauen, die tugendhaft nach Selbstverleugnung und Sanftmut zu streben hatten, war grundsätzlich kein Stolz zuzubilligen. Was man ihnen im Rahmen ihrer Bestimmung als Hausfrau zugestehen konnte, war ihr Stolz auf das als Vermögenswert in die Ehe eingebrachte Leinen, das bis zur Verheiratung in der Vision eines gefüllten Leinenschrankes neben dem Mann ein Hauptlebensziel und -inhalt war. So ist der „Leinenstolz" ein bisher nicht beachtetes neues Motiv, das vor allem in den Familienbildnissen auftaucht. Man rafft das kostbare, auf dem Tisch liegende Damast-Leinen, um darauf aufmerksam zu machen. Man zeigt es als weiblichen Vermögenswert im Vordergrund korrespondierend mit dem männlichen Haus- und Grundbesitz im Hintergrund (vgl. Kat. Nr. 29). Man läßt sich mit einem langen Laken im Familienbild malen (vgl. Kat. Nr. 15), bringt es vom Bett herabfallend als dekorative klassizistische Draperie in das Bildnis ein (vgl. Kat. Nr. 76), weist es stolz dem Vater vor (vgl. Abb. 8).

Nicht „Erwerben und Gewinnen", sondern „Schonen und Sparen des Weibes Bestimmung"

Wie sich immer wieder verfolgen ließ, ging auch die bürgerliche Ideologie des Schonens und Sparens in die Ikonographie des weiblichen Bildnisses ein. Wenn z.B. unter Verheiratungsgesichtspunkten die Hausfrauenqualitäten unverheirateter, weiblicher Personen im Bildnis zu erläutern waren, dann war es wichtig, kleine Hinweise auf den hausfraulichen Vorzug der Sparsamkeit zu geben. Ein beim Lesen zur Schonung des guten Kleides und des Buches untergelegtes Tuch, die beim Sticken, beim Gitarrespiel zur Schonung des Kleides angelegte schwarze Schürze, das auf dem Tisch beiseite geschobene Leinen, die zurückgeschlagene feine Fransendecke, die mit Schonbezügen versehenen Sitzmöbel (vgl. Kat. Nr. 15, 29, 50, 90, 91, 97) sind die motivlichen Spuren dieser Ideologie, die eine ganz wesentliche Struktur des weiblichen Lebens berührte. „Des Mannes Wirtschaft ist Erwerben, die des Weibes Sparen", heißt es bei Kant.[25] „Nicht Erwerb, sondern Erhaltung durch Schonen und Sparen ist in der civilisierten Welt des Weibes Bestimmung, Uneigennützigkeit und Selbstverleugnung aber, die wir durch Wecken der Lust zu erwerben und zu gewinnen, schwächen, wo nicht tödten würden [ist] zu einer verdienstlichen und gesegneten Wirksamkeit das Grunderfordernis."[26] Durch weibliches Geldverdienen geriet die große männliche Freiräume schaffende, selbstlose, stets verzichtende Sanftmut in Gefahr! Dieses Nebenfeld des Schonens und Sparens war insofern so wichtig, als sich diese Tätigkeit nicht in Geld ausdrückte und unbezahlt blieb. Was verhindert werden mußte, war, daß die Frauen selbst Lust bekamen, zu erwerben und zu gewinnen. Um dem vorzubeugen, galten Frauen, die für Lohn arbeiteten, als unsittlich.

Wie sich aus der Zusammensicht nicht nur des hier ausgestellten Bildmaterials ergab, weisen viele Motive, die man als „zufällig" einordnete, auf bisher übersehene wesentliche Strukturen des weiblichen Lebens hin, z.B. auf die alttradierte, für das weibliche Geschlecht erwünschte „stabilitas loci". Frauen sollten sich „allein auf den goldenen Flügeln der Phantasie in die Weite sehnen" und „nur zitternd an die Weite denken", so empfiehlt es Ernst Moritz Arndt in seiner Schrift „Über die weibliche Erziehung" noch 1819.[27] Der männliche Wunsch nach Arrestierung, die Furcht vor einem Ausbruch aus dem häuslichen Käfig, schlägt sich bildlich immer wieder in den Schuhsituationen der Damen nieder. Während es bei den Herren stets ein Anliegen ist, durch gutes Schuhwerk die Beziehung nach draußen, in die Welt, zu verdeutlichen (vgl. Kat. Nr. 11, 15, 29, 72), sind bei den Damen die Schuhe oft ganz unterschlagen, nur mit der Spitze eines Stoffschuhes angedeutet oder völlig unterrepräsentiert, wie auf dem Bild der Familie Begas. Hier sind zur Charakterisierung als häusliche Wesen fünf Personen weiblichen Geschlechts, denen zehn Schuhe zukämen, nur mit einer Schuhspitze vertreten. Den vier Herren wird dagegen eine Vertretung durch sechs kräftige Lederschuhe zugestanden und bei ihnen wird die Wichtigkeit guten Schuhwerks bis in die Details der Beschlageisen demonstrativ in verdeutlichender Untersicht herausgestellt.

So verbergen sich hinter vielen unauffällig in das Alltägliche eingebundenen, scheinbaren Nebensächlichkeiten, Attributen, Gesten und kleinen Gegenständen damals sehr wohl beachtete und gewürdigte Mitteilungen und Vorstellungen. Angesichts strickender, spinnender, flickender Frauen war es beruhigend festzustellen, daß sie nicht „müßig" waren. Denn aus dem Blickwinkel der alten aristotelischen Weiblichkeitsdefinition als Fleisch-ohne-Geist betrachtet, war für Frauen in ganz besonderem Maße „Müßiggang" als „aller Laster Anfang" eine große Bedrohung. Stricken und Spinnen, ständiges Tätigsein waren da die einzigen Mittel zur Abwehr der sündlichen Triebe (vgl. hierzu S. 165-167). Strickstrümpfe dienten einerseits einer vom Bürgertum gegenüber der Adelsherrschaft demonstrierten Nützlichkeitsideologie, aber zum anderen stellten sie klar, daß eine mit Strickstrumpf Dargestellte ein durch Selbstzwang gesittetes Wesen war, das sich durch ständiges Tätigsein vor dem Ausbruch seiner sündlichen Lüste zu bewahren wußte. Großväter, Väter, Jünglinge und Knaben können untätig dargestellt werden, aber weibliche Wesen müssen an jedem Ort, zu jeder Zeit und Gelegenheit geradezu zwanghaft stricken. Goethe reimt in „Hermann und Dorothea" z.B. nichts davon, daß Frau Apotheker strickt, während sie und ihr Gemahl auf einer Bank sitzend der Ankunft der Flüchtlinge zusehen. Aber flugs zeichnet ihr Ludwig Richter ein Strickzeug zwischen die Hände (vgl. Abb. 7). In gleichem Sinne waren auch Beiläufigkeiten und scheinbare Nebensächlichkeiten zu würdigen, wie ordentlich nebeneinander gestellte Beine, beim Nähen und Sticken die Benutzung eines am Tisch befestigten Nähkissens oder ein beim Stricken am Arm getragener Wollknäuelbehälter. Übereinander geschlagene Beine dagegen machten einen sehr schlechten Eindruck! Denn mit einer solchen Haltung war das sündliche „Berühren und Drücken der Schamteile" verbunden![28] Aus diesen Gründen war den Malern auch eine einsehbare Präsentation am Tisch sitzender Frauen ein Anliegen (vgl. Kat. Nr. 22, 50, 90, Abb. 22). Ein Nähkissen und ein Wollknäuelhalter waren insofern löblich, als sie das Aufkommen fleischlicher Lüste durch das Hüpfen des Knäuels oder das Hin und Her des Stoffes auf dem „unehrbaren Körperteil"[29] des Schoßes ausschlossen.

Textiles bezeichnet die weibliche Lebenswelt

Es fällt auf, daß weibliche Personen gern mit einem Bett oder einem Alkoven im Hintergrund inszeniert werden (vgl. Kat. Nr. 21, 36, 40, 72, 76). Eine männliche Inszenierung mit Bett ist weit und breit nicht oder höchstens bei sterbenden Männern auszumachen. Aus der Sicht der aristotelischen weiblichen Bestimmung als männlich zu nutzender weiblicher Fortpflanzungsmaterie lag es sehr nahe, mit der Bettstatt an diese wesentliche weibliche Bestimmung zu erinnern.

In diese Vorstellungswelt ordnet sich auch die oft auffallend reiche textile Ausstattung weiblicher Bildnisse, das Schwelgen in Tüchern und Laken ein. Sie mögen beschränktes weibliches Denken in Flachs, Wolle und Leinen und das weibliche einer sanft bewegten, weichen Materie Verhaftetsein kennzeichnen. Zwar bieten Vorhänge und Bettlaken auch die Gelegenheit zur Darbietung weiblichen Schönheitssinns, zu malerischem Faltenfall und anti-kischer Inszenierung, doch wie an den kahlen asketischen männlichen und den textilschönen weiblichen Lebens-weltbildern von Georg Friedrich Kersting ganz eindeutig zu beobachten ist, hat Textiles Anteil an der Verdeut-lichung der Geschlechterrollen. Mit der Materie-Natur, dem nur gering vorhandenen Geist, geht auch der nur für die Kleinigkeiten ausgebildete Sinn einher. Das Kleine, das ganz Kleine, die Details des Alltags, die Stickschere, das ins Haubenband gestickte Kränzchen, der perlenbestickte Geldbeutel, die in Reih und Glied stehenden Kupfer-töpfe und Zinnteller, das sind die weiblichen Bedeutsamkeiten, auf die es in der Darstellung weiblicher Personen aufmerksam zu machen gilt (vgl. Kat. Nr. 15, 42, 90, 93, 118).

Denken, Lesen, Schreiben schadet den Fortpflanzungsorganen

Die Altlasten der aristotelischen Zeugungsbiologie wirkten sich vor allem da gegen die Frauen aus, wo denkend, lesend, schreibend geistige und künstlerische Entfaltung drohte. Da bei einem Weibe die alles bestimmende Zwecksetzung des Körpers die Fortpflanzung war, durfte sie durch angespannte Gehirntätigkeit nicht beeinträch-tigt werden. Es wurde deshalb von einem Arzt Paul-Victor de Sèze, 1786 empfohlen, möglichst haushälterisch in der Inanspruchnahme der weiblichen Gehirnwindungen zu sein. Man fürchtete eine Ermattung der Zeugungs-organe.[30] Obgleich trotz genossener Lektüre noch Kinder geboren wurden und obschon die Natur Generation für Generation mit jedem geborenen Kind von neuem klarstellte, daß sie Verstand und Geist nicht nur an männliche Personen abgab, schon aus Gründen des Machterhalts blieb man bei den von Aristoteles, Thomas von Aquin, Fénelon und allen folgenden, meist geistlichen Pädagogen weitergereichten Auffassungen. Im Hinblick auf das, was auf dem Spiel stand, daß nämlich der „dienende Stand" in Gestalt der Frauen entfiel, konnte jedes Buch in der Hand einer Frau, jede Frau am Schreibtisch oder vor der Staffelei, die Gefahr des Umsturzes heraufbeschwören und den Weiterbestand der Menschheit, die Fortpflanzung gefährden. Die ganze, gerade von den Hausvätern so bequem, vorteilhaft und moralisch eingerichtete Ordnung konnte durch geistige Entfaltung und Einflußzuwachs der Frauen zerbrechen. Die Kontrolle, die Isolierung, der Service, die Unschuld, die Unwissenheit, Orientierungs-losigkeit, Hilflosigkeit, die mühsam gegen alle reale Erfahrung durchgesetzte Programmierung auf Schwäche waren bedroht, wenn man Frauen den Zutritt in die männlichen Hoheitsgebiete des Geistes und des Schöpfer-ischen gewährte. Künstlerische Betätigung war reine Zeitverschwendung, völlig sinnlos und konnte nur in Dilettantismus enden. Da eine Frau als nur aufnehmende Materie ohne schöpferischen, prägenden Anteil an der Zeugung galt und damit von der körperlichen Struktur und Funktion her kein Gestaltungsvermögen besaß, konnte sie nur rezipierend, reproduzierend als Stickerin (vgl. Kat. Nr. 90): Gemälde nachstickend, als Schauspie-lerin (vgl. Kat. Nr. 87 u. Abb. 18): das von männlichem Geist geschaffene repetierend oder als Malerin: Blumen

401

abmalend (vgl. Kat. Nr. 89), auf keinen Fall mit Tinte und Feder dichtend am Schreibtisch, sondern allenfalls in einem Rollenbildnis als Sappho (vgl. Kat. Nr. 104 u. 109) porträtiert werden. Erst wenn man sein Fortpflanzungssoll erfüllt, der Mann tot und die Kinder groß waren, war eine Darstellung am Schreibtisch im Scherenschnitt, in 7,5 cm Höhe, als kleines Geschenk von Frau zu Frau möglich (vgl. Kat. Nr. 107). So ausgewiesenen Witwen konnte man einen gewissen Freiraum zugestehen (vgl. Kat. Nr. 102).

Um Frauen nicht mit einem Buch in der Hand in der Versündigung an der bürgerlichen Ordnung zu malen, entwickelten die Porträtmaler mit Nähkörben, Strickstrümpfen, Schmuckkreuzen, Madonnenbildern an der Wand, einer Heiligenfigur auf dem Schreibtisch, einem Kirchturm im Hintergrund eine ganz bedachte Absicherungsikonographie. Der Betrachter konnte beruhigt sein, allen Anzeichen nach wurde eine fromme Lektüre gelesen.

Auf persönliche Gefühlsentfaltung hindeutendes Lesen war in der Natur und durch Trauer legitimiert. Unverheiratete, weibliche Personen lasen in der Natur gemalt, am besten stehend, etwas Lyrisches. Dann war sichergestellt, daß sie nicht allzulange mit etwaigem Gedichtelesen die Zeit vertaten (vgl. Abb. 21). Das, was an geistigem Erscheinungsbild zugelassen war und sogar männlicherseits wegen des anzustrebenden Ziels gänzlicher Selbstverleugnung und wegen der Nachbarschaft zur Sanftmut gefördert wurde, war weibliche Selbstverwirklichung in Frömmigkeit. So ist denn auch bei allen posthumen Bildnissen die „ich-lose" Bilanz: sie war eine fromme Frau.

Da weibliche Schönheit auch große Gefahren in sich barg und bei weiblichen Wesen aufgrund des höheren Wassergehaltes in ganz anderem Maß als beim Mann mit dem Ausbruch sündlicher Triebe zu rechnen war, wurde um 1830, auf dem Höhepunkt hausväterlicher Entfaltung, eine entsexualisierte, sakralisierte und damit tugendhafte weibliche Schönheit zur Konvention. Nur schön und fromm war schön! Weibliche Schönheit hieß nun: sanft, durch Trauer, Buße oder schwere Gedanken gemindert, d.h. schwach erscheinen, gesenkter Kopf und Blick - „aus Sitte nicht sehen, hören und denken dürfen"[31] oder auch gen Himmel gerichteter Blick, in jedem Fall eingezogene, entsinnlichte Lippen, blickdichte, durch steifes Tuch, die Körperformen abstrahierende, neutralisierende, verhüllende, möglichst moderne oder altfränkische Kleidung, die für eine nicht höfisch-französische, angekränkelte, sondern für eine rechtschaffene deutsche, althergebrachten Werten verpflichtete Gesinnung stand (vgl. Kat. Nr. 113, 120, 124-126, 128).

So schmuck und frisch so manche haubendekorierte Biedermeierfrau uns goldgerahmt von der Wand ansieht, so gemütvoll und behaglich uns die Familienbildnisse einladen, einen Blick in ihre geordnete heile Welt zu tun, wo alles noch so lief, wie es der Hausvater wollte, nach der Auswertung der Bildquellen kann man nicht umhin festzustellen, wie entmündigend und unterdrückend die fortpflanzungsfixierte, aufstiegs- und imagebemühte bürgerliche Männerherrschaft für die Frauen wurde. Im Verhältnis zu dem liberaleren, gleichberechtigten Umgang der Geschlechter in der Gesellschaft des höfisch bestimmten 18. Jahrhunderts brachten die bürgerlichen Zeiten im Namen der Sittlichkeit, der Tugend, der Frömmigkeit und der Sanftmut nicht nur eine nie dagewesene soziale Zurichtung, eine seelische und geistige Verkrüppelung und geistige Ausbürgerung der Frauen, sondern gegen alles Leben eine inhumane Abtötung individueller weiblicher Entfaltung.

[1] Ramler, S. 25, 28, 50 – [2] Zitiert nach Honegger, S. 162 – [3] Vgl. hierzu weiter oben S. 78 – [4] Leierseder, S. 47-73 – [5] Zitiert nach Honegger, S. 162 – [6] Honegger, S. 147ff. – [7] v. Humboldt, Über männliche und weibliche Form, 1795 – [8] Fichte, Grundlage des Naturrechts, 1796 – [9] Immanuel Kant, Anthropologie in pragmatischer Hinsicht, 1798 – [10] Schelling, Entwurf des Systems der Naturphilosophie, 1799 – [11] Hegel, Phänomenologie des Geistes, 1807 – [12] Leierseder, S. 48, Anm. 35 – [13] Wollstonecraft, 1989, S. 72, 77, 104, 149, 239 – [14] Hippel, S. 13, 21, 37, 41, 66, 135 – [15] Honegger, S. 196 – [16] Honegger, S. 53 – [17] Badinter, S. 107f. – [18] Rousseau, S. 819 – [19] Kant, S. 255 – [20] Hippel I, S. 162 – [21] Hippel, S. 16 – [22] Wollstonecraft, 1989, S. 149 – [23] Campe, S. 73 – [24] Campe, S. 33 – [25] Immanuel Kant, Anthropologie in pragmatischer Hinsicht, Stuttgart 1983, S. 261 – [26] Johann Heinrich Meier, Über weibliche Bildung durch öffentliche Anstalten, Lübeck 1826, S. 205 – [27] Arndt, S. 213ff. – [28] Campe II, S. 58 – [29] Overberg, S. 50 – [30] Paul-Victor de Sèze, Recherches physiologiques et philosophiques sur la sensibilité ou la vie animale, Paris 1786, S. 217, zitiert nach Honegger, S. 152 – [31] Hippel, S. 108

Abb. 31   Franz Wilhelm Harsewinkel, Mädchen mit Rose (Ausschnitt), um 1835, Westfälisches Landesmuseum für Kunst und Kulturgeschichte Münster

Autoren einzelner Katalogtexte

Vera Losse (VL)
Kat.Nrn. 37, 39, 45, 47-48, 56-71, 74, 82, 85-86

Anneliese Raub (AR)
Kat.Nr. 106

Detmar Westhoff (DW)
Kat.Nrn. 73, 128

Verzeichnis der ausgestellten Arbeiten

Kat.Nr. 1
Jodocus Mattias Kappers
Auguste Marie Freifrau von Boeselager geb. Freiin von Heiden-Belderbusch, um 1774
Öl/Leinwand, 61,7 x 48,7 cm
Privatbesitz
Lit.: H. Hesse-Frielinghaus, Die Kappers als Bildnismaler. In: Westfalen 27, 1948, S. 131ff. - H. Westhoff-Krummacher,
Kat. Johann Christoph Rincklake, Westfalens Gesellschaft um 1800, S. 32, Abb. S. 34.

Kat.Nr. 2
Anna Dorothea Therbusch geb. Lisiewska
Bildnis der Henriette Herz, 1778
bez. u.l.: A.D. Therbusch née de Liszweska. Peintre du Roi 1778
Öl/Leinwand, 75,0 x 59,0 cm
Staatliche Museen zu Berlin, Nationalgalerie
Inv.Nr. NG 577
Lit.: Verzeichnis der Gemälde und Skulpturen des 19. Jahrhunderts der Nationalgalerie, Berlin 1976, S. 402 (hier weitere
Literatur).

Kat.Nr. 3
Heinrich Anton Dähling
Kranzwinderinnen, 1828
sign. u. dat.: 1828
Öl/Leinwand, 94,0 x 128,5 cm
Galerie Westphal, Berlin

Kat.Nr. 4
Marie Ellenrieder
Kniendes Mädchen, einen Blumenkorb ausschüttend, 1841
bez. a.d.Rs.: Marie Ellenrieder pinxit / 1841
Öl/Leinwand, 70,0 x 84,0 cm
Staatliche Kunsthalle Karlsruhe
Inv.Nr. 515
Lit.: Kat. „... und hat das Weib unglaubliches Talent", Angelika Kauffmann, Marie Ellenrieder, Konstanz 1992, S. 219.

Kat.Nr. 5
Caroline Bardua
Flora oder die Kranzwinderin, um 1843
Öl/Leinwand, 36,0 x 28,6 cm
Anhaltische Gemäldegalerie Dessau, Schloß Georgium
Inv.Nr. 756
Lit.: Margrit Bröhan, Die Malerin Caroline Bardua. In: Der Bär von Berlin, Jahrbuch des Vereins für die Geschichte Berlins,
33 F, 1984, S. 25-59.

Kat.Nr. 6
Adolf Schroedter
Bildnis Alwine Schroedter als Braut, 1839
Aquarell über Bleistift, 35,2 x 26,6 cm
Museum für Kunst und Kulturgeschichte der Stadt Dortmund
Inv.Nr. C 6964
Lit.: Kat. Die deutschen Zeichnungen des 19. Jahrhunderts, Karlsruhe 1978, Nr. 3667. - Kat. Zeichnungen des 19. Jahr-
hunderts, Dortmund 1984, S. 76f.

Kat.Nr. 7
Johann Baptist Joseph Bastiné
Bildnis der Frau Hasselbach, um 1820
Öl/Leinwand, 96,5 x 72,0 cm
Wallraf-Richartz-Museum Köln
Inv.Nr. 2481
Lit.: Felix Kuetgens, Johann Baptist Joseph Bastiné. In: Aachener Kunstblätter, Heft XIV., Aachen 1928, S. 97. - Rolf Andree, Katalog der Gemälde des 19. Jahrhunderts im Wallraf-Richartz-Museum, Köln 1964, S. 19.

Kat.Nr. 8
Bernhard Dietrich Funke
Bildnis der Regina Schröder geb. Droop, 1832
sign.u.dat. r.: B.D. Funke p. 1832
Öl/Leinwand, 60,0 x 50,0 cm
Focke-Museum, Bremer Landesmuseum für Kunst und Kulturgeschichte
Inv.Nr. K 670b
Lit.: Kat. Ein Hauch von Eleganz, Bremen 1984/85, S. 73, Abb. 29.

Kat.Nr. 9
Johannes Sprick
Bildnis Franziska Freifrau von Twickel geb. Freiin von Rump, 1829
beschriftet o.r.: Franziska von Twickel / geb. v. Rump / geb. 1767 gest. 1850
Öl/Leinwand, 59,0 x 67,0 cm
Privatbesitz

Kat.Nr. 10
Ludwig Emil Grimm
Maria Anna Freifrau von Haxthausen geb. von Wendt-Papenhausen, 1821
bez. u.r.: Boekendorf a 24ten/Nov. 1821. ad vivum
Bleistift auf hellem Papier, 17,3 x 14,7 cm
Universitäts- und Landesbibliothek Münster, Nachlaß Schulte Kemminghausen
Lit.: Ludwig Emil Grimm, Erinnerungen aus meinem Leben, Adolf Stoll (Hg.), Leipzig 1911, S. 388. - Margarete Lippe, Ludwig Emil Grimm und der von Haxthausensche Kreis. In: Westfalen 23, 1938, Heft 2, S. 158. - Ingrid Koszinowski/Vera Leuschner, Ludwig Emil Grimm, Zeichnungen und Gemälde, Marburg 1990, S. 98, Nr. P 195. - Anneliese und Wolfhard Raub, Annette von Droste-Hülshoff und ihr Kreis, Münster 1991, S. 28.
Die Bleistiftzeichnung diente als Grundlage für eine Lithographie sowie ein Ölgemälde.

Kat.Nr. 11
Philipp Friedrich Hetsch
Die Familie des Architekten Fischer, 1788
bezeichnet auf der Rückseite: 1788
Öl/Leinwand, 160,0 x 294,0 cm
Staatsgalerie Stuttgart
Inv.Nr. 1490
Lit.: Werner Fleischhauer, Philipp Friedrich Hetsch, Ein Beitrag zur Kunstgeschichte Württembergs, Stuttgart 1929, S. 46. - Ders., Das Bildnis in Württemberg 1760-1860. Geschichte, Künstler und Kultur, Stuttgart 1939, S. 41. - Arno Preiser, Kat. Schwaben sehen Schwaben, Bildnisse 1760-1840 aus dem Besitz der Staatsgalerie Stuttgart, Stuttgart 1977, S. 35ff. - Angelika Lorenz, Das Deutsche Familienbild in der Malerei des 19. Jahrhunderts, Darmstadt 1985, S. 61ff, S. 66f, 180, Abb. 10. - Kat. Schwäbischer Klassizismus, Stuttgart 1993, S. 166 m.Abb.

Kat.Nr. 12
Willem Joseph Laquy
Familienbild, um 1790
Öl/Leinwand, 74,0 x 63,0 cm
Städtisches Museum Haus Koekoek Kleve - Inv.Nr. 880702

Kat.Nr. 13
Friedrich Georg Weitsch
Bildnis Charlotte Friederike Wilhelmine Rudolphi geb. Meyer, 1813
bez. u.l. auf der Harfe: F.G. Weitsch f. 1813
Öl/Leinwand, 74,0 x 57,5 cm
Von der Heydt-Museum Wuppertal
Inv.Nr. G 140
Lit.: Uta Laxner-Gerlach, Von der Heydt-Museum Wuppertal. Katalog der Gemälde des 19. Jahrhunderts, Wuppertal 1974, S. 256.

Kat.Nr. 14
Heinrich Christoph Kolbe
Luise und Etienne Kolbe, die Kinder des Künstlers, um 1820
unbez.
Öl/Leinwand, 65,0 x 56,0 cm
Von der Heydt-Museum Wuppertal – Inv.Nr. G 466
Lit.: Uta Laxner-Gerlach, Von der Heydt-Museum Wuppertal. Katalog der Gemälde des 19. Jahrhunderts, Wuppertal 1974, S. 110.

Kat.Nr. 15
Carl Joseph Begas
Die Familie Begas, 1821
Bezeichnet r.a.d.Blatt in der Hand des Malers: „C. Begasse/Köln/1821"; beschriftet auf dem Notenblatt: „Wir sitzen so fröhlich beysammen"
Öl/Leinwand, 76,0 x 85,5 cm
Wallraf-Richartz-Museum Köln – Inv.Nr. WRM 1556
Lit.: K. Lankheit, Das Freundschaftsbild der Romantik, Heidelberg 1952, S. 156. - Rolf Andree, Katalog der Gemälde des 19. Jahrhunderts, Köln 1964, S. 20, Abb. S. 143 (dort ausführliche Literatur und Aufzählung aller Familienmitglieder). - H.R. Möller, Innenräume - Außenwelten, Gießen 1981, S. 89-93. - Kat. Indianapolis 1985, S. 112, Abb. S. 113. - Angelika Lorenz, Das deutsche Familienbild in der Malerei des 19. Jahrhunderts, Darmstadt 1985, S. 170f., Abb. 43.

Kat.Nr. 16
Ferdinand Georg Waldmüller
Bildnis eines Kartographen mit seiner Frau, 1824
Bezeichnet u.r.: Waldmüller 1824
Öl/Holz, 41,0 x 32,6 cm
Westfälisches Landesmuseum für Kunst und Kulturgeschichte Münster, Dauerleihgabe der Bundesrepublik Deutschland
Inv.Nr. 1161 BRD
Lit.: H. Westhoff-Krummacher, Katalog der Gemälde des Westfälischen Landesmuseums, Münster 1975, S. 170. - Klaus Albrecht Schröder, Kat. Ferdinand Georg Waldmüller, Wien 1990, S. 16.

Kat.Nr. 17
Ferdinand Georg Waldmüller
Bildnis Theresia Krittner-Babics geb. Fritz, 1830
bez. u.r.: Waldmüller 1830
Öl/Leinwand, 115,0 x 90,0 cm
Von der Heydt-Museum Wuppertal – Inv.Nr. G 294
Lit.: Uta Laxner-Gerlach, Von der Heydt-Museum Wuppertal. Katalog der Gemälde des 19. Jahrhunderts, Wuppertal 1974, S. 252 (dort weitere Literatur).

Kat.Nr. 18
Friedrich Wasmann
Paul, Maria und Filomena von Putzer, 1840
bez. u.r.: Wasmann f. 1840
rücks. handschriftlicher Vermerk: Paul, Maris (spätere Magistris) und Filomena (spätere Goldegg von Putzer als Kinder, von

Wasmann gemalt 1840)
Öl/Leinwand, 37,0 x 49,0 cm
Staatliche Museen zu Berlin, Nationalgalerie
Inv.Nr. A II 478
Lit.: Verzeichnis der Gemälde und Skulpturen des 19. Jahrhunderts, Nationalgalerie Berlin 1976, S. 446 (hier weitere Literatur). - Willi Geismeier, Biedermeier, Leipzig 1986, farb.Abb. 45.

Kat.Nr. 19
Johann Peter Hasenclever
Der achtzigste Geburtstag, 1849
sign. auf dem Weinkorb u.l.: J.P. Hasenclever. 49
Öl/Leinwand, 113,5 x 159,5 cm
Galerie Paffrath, Düsseldorf
Lit.: Hanna Bestvater-Hasenclever, J.P. Hasenclever, Recklinghausen 1979, S. 33, S. 132, Abb. 61. - H. Westhoff-Krummacher, Eine Motivstudie zum Thema Geburtstag. In: Westfalen, 60. Bd., Münster 1982, S. 237-252. - Knut Soiné, Johann Peter Hasenclever, Neustadt 1990, S. 163-166.

Kat.Nr. 20
Der Geburtstag, Nürnberg, um 1830
Bezeichnet: Der Geburtstag. Le jour de la naissance. Nürnberg, in G.N. Renners Kunsthandlung
Kolorierter Kupferstich, 19,1 x 35,3 cm
Westfälisches Landesmuseum für Kunst und Kulturgeschichte Münster

Kat.Nr. 21
Johann Michael Voltz
Das Geburtstagsfest, Nürnberg, um 1820-1825
bez. u.: Das Geburtsfest; u.r.: Nürnberg bei G.N. Renner fec. Schuster
Kupferstich, Radierung, handkoloriert, 19,9 x 27,7 cm
(hier nur als Foto ausgestellt)
ehemals Sammlung Lankheit

Kat.Nr. 22
Johann Christoph Rincklake
Bildnis eines Naturwissenschaftlers, 1801
bez. a.d.r. Kante des Tisches: Rincklake 1801
Öl/Leinwand, 82,0 x 63,2 cm
Westfälisches Landesmuseum für Kunst und Kulturgeschichte Münster, Geschenk von Prof. H. Hüffer, Bonn
Inv.Nr. 148 LM
Lit.: H. Westhoff-Krummacher, 1984, S. 155, 277, 373f.

Kat.Nr. 23
Johann Christoph Rincklake
Bildnis einer jungen Frau, 1801
Gegenstück zur vorigen Kat.Nr. 22
Öl/Leinwand, 82,4 x 63,0 cm
Westfälisches Landesmuseum für Kunst und Kulturgeschichte Münster, Geschenk von Prof. H. Hüffer, Bonn
Inv.Nr. 149 LM
Lit.: H. Westhoff-Krummacher, 1984, S. 155, 277, 373f.

Kat.Nr. 24
Carl Joseph Begas
Die Eltern des Künstlers, um 1826
unbez.
Öl/Leinwand, 40,7 x 81,0 cm
Replik der unsignierten und 1826 datierten Fassung im Wallraf-Richartz-Museum Köln

Staatliche Museen zu Berlin, Nationalgalerie
Inv.Nr. NG 854
Lit.: Verzeichnis der Gemälde und Skulpturen des 19. Jahrhunderts, Nationalgalerie Berlin 1976, S. 36f. m.Abb. - Kat. Carl Joseph Begas (1794-1854). Blick in die Heimat, Heinsberg 1994, S. 119 (hier weitere Literatur).

Kat.Nr. 25
Gerhard Wilhelm von Reutern
Selbstbildnis mit Charlotte von Reutern geb. von Schwertzell, 1829
unbez.
Aquarell, 32,0 x 28,5 cm
Privatbesitz
Lit.: Kat. Ludwig Emil Grimm 1790-1863, Maler, Zeichner und Radierer, Kassel 1985, S. 335, Nr. 231, farbige Abb. S. 156.

Kat.Nr. 26
Etienne Maria Kolbe
Der Buchhändler und Verleger Johann Heinrich Christian Schreiner, 1832
bez. u. dat. u.l.: Kolbe j. 1832
Öl/Leinwand, 66,0 x 52,0 cm
Kunstmuseum Düsseldorf im Ehrenhof
Inv.Nr. 4029
Lit.: Walter Cohen, Etienne Maria Kolbe: Thieme-Becker, XXI, 1927, S. 31 – Kat. Irene Markowitz, Die Düsseldorfer Maler-schule, Düsseldorf 1969, S. 187f., Abb. 128, 129 (hier weitere Literatur).

Kat.Nr. 27
Etienne Maria Kolbe
Johanna Frederica Schreiner geb. Teichmann, 1832
bez. u. dat. u.l.: Kolbe j. 1832
Öl/Leinwand, 66,0 x 52,0 cm
Kunstmuseum Düsseldorf im Ehrenhof
Inv.Nr. 4030
Lit.: Kat. Irene Markowitz, Die Düsseldorfer Malerschule, Düsseldorf 1969, S. 187f., Abb. 128, 129 (hier weitere Literatur).

Kat.Nr. 28
Caroline Bardua
Wilhelm Isaak von Gillé und seine Frau, um 1832
Öl/Leinwand, 123,0 x 101,0 cm
Historisches Museum Frankfurt am Main
Inv.Nr. B 86:113 (1153)
Lit.: Johannes Werner (Hg.), Die Schwestern Bardua, Leipzig 1929. - Kat. Sklavin oder Bürgerin, Frankfurt 1989, S. 769, 770 (m.Abb.).
Dargestellt sind Wilhelm Isaak Gillé (Offenbach 1805 - 1873 Frankfurt) und seine Frau Elisabeth Emilie geb. Nestle (Frankfurt 1811-1839). Er war Bankier, Senator und seit 1854 Direktor der Frankfurter Bank. 1871 wurde er geadelt. 1832 heiratete er die Tochter des Frankfurter Kaufmanns Johann Tobias Nestle und der Anna Dorothea geb. Andreae. Das bisher ohne Zuschreibung gebliebene Doppelporträt ist der Wanderporträtistin Caroline Bardua zuzuschreiben. Sie hielt sich mit ihrer Schwester Wilhelmine von September 1829 bis August 1832 in Frankfurt auf, wo sie mit Aufträgen der alteingesessenen Frankfurter Familien überhäuft wurde. Da die beiden Schwestern „durch den Saus und Braus der Frankfurter Geselligkeit sehr in Anspruch genommen waren", machte „Mine" leider nicht wie sonst genaue Einträge in ihr Tagebuch über ihre dortigen Auftraggeber (Johannes Werner [Hg.], Die Schwestern Bardua, Leipzig 1929, S. 135). Der Vergleich mit den Bildnissen ihrer Schwester, ihrer Verwandten Emilie und Mathilde Bardua (vgl. Johannes Werner, S. 129 und 145), auch der Vergleich mit der „Flora" (Kat.Nr. 5, hier ein ganz ähnliches Baummotiv), die Art der Bild-anlage (vgl. Anm. 5, S. 256 und Kat.Nr. 5), die Malweise der Hände (vgl. Anm. 5, S. 176), das sinnige, beim Stellen „lebender Bilder" geübte Arrangement sprechen für die Autorschaft von Caroline Bardua. Das Doppelbildnis dürfte demnach nicht, wie bisher angenommen „um 1827", sondern es müßte in der Zeit von Sepember 1829 bis August 1832 entstanden sein.

Kat.Nr. 29
Heinrich Franz Gaudenz Rustige
Die Familie Farina, 1837
bez. u.r.: H. Rustige 1837
Öl/Leinwand, 76,6 x 93,4 cm
Westfälisches Landesmuseum für Kunst und Kulturgeschichte Münster
Inv.Nr. 1169 LM
Lit.: H. Westhoff-Krummacher 1975, S. 142.

Kat.Nr. 30
Wilhelm von Harnier
Der Sohn des Malers, Julius Ludwig Adolph von Harnier, mit Fahne, 1838
Öl auf grundierter Leinwand, 26,7 x 21,8 cm
Wallraf-Richartz-Museum Köln
Inv.Nr. WRM 3263
Lit.: Kat. Gerhard Bott, Wilhelm von Harnier 1800-1838. Ein Maler und Zeichner des frühen Realismus, Darmstadt 1975, S. 45, Abb. S. 11.
Als Pendant zu dem Bildnis der Tochter entstanden (vgl. Kat.Nr. 31). Nach einer Eintragung im Tagebuch des Malers am 3. Dezember 1837 angefangen und am 13./14. April 1838 in Meran, kurz vor seinem Tod, vollendet.
Julius Ludwig Adolph von Harnier (geb. 1834 in Darmstadt), Sohn des Malers und Juristen Wilhelm von Harnier und seiner Frau Caroline geb. Freiin von Pretlock.

Kat.Nr. 31
Wilhelm von Harnier
Die Tochter des Malers, Mathilde von Harnier, mit Puppe, 1838
Öl/Papier auf grundierter Leinwand, 27,0 x 22,6 cm
Wallraf-Richartz-Museum Köln - Inv.Nr. WRM 3262
Lit.: Kat. Gerhard Bott, Wilhelm von Harnier 1800-1838. Ein Maler und Zeichner des frühen Realismus, Darmstadt 1975, S. 45, Abb. S. 11.
Als Pendant zu dem Bildnis des Sohnes entstanden (vgl. Kat.Nr. 30). Nach einer Tagebucheintragung des Malers am 3. Dezember 1837 angefangen und am 13./14. April 1838 in Meran, kurz vor seinem Tod, vollendet.
Mathilde von Harnier (Darmstadt 1832 - 1853 Civitavecchia), Tochter des Malers und Juristen Wilhelm von Harnier und seiner Frau Caroline geb. Freiin von Pretlock.

Kat.Nr. 32
Lebensläufe, um 1815
bez.: Augsburg bei Herzberg. Nr. 6
Bilderbogen, Lithographie, koloriert, 21,0 x 33,0 cm
Historisches Museum Frankfurt am Main
Inv.Nr. C 4724
Lit.: Kat. Sklavin oder Bürgerin, Frankfurt 1989, S. 793, Nr. 12.22.

Kat.Nr. 33
Bernhard Rode
Allegorie der Arbeitsamkeit, um 1776
Radierung, 18,1 x 12,4 cm
Grafische Sammlung der Kunsthalle zu Kiel
Inv.Nr. AB 3121, Nr. 54
Lit.: Karl Wilhelm Ramler, Allegorische Personen zum Gebrauch der bildenden Künstler, Berlin 1788, S. 49. - Kat. Radierungen von Bernhard Rode 1725-1797, Kiel 1986, S. 71, Abb. S. 58.
Ein entsprechendes Gemälde von Christian Bernhard Rode befindet sich im Märkischen Museum Berlin (Ekhart Berckenhagen, Die Malerei in Berlin im 13. bis zum ausgehenden 18. Jahrhundert, Berlin 1964, Abb. 427. Auf Gut Neuhaus in Ostholstein, im Rahmen eines Zyklus von 16 Ölgemälden, in einem Festsaal des Herrenhauses, eine weitere, um 1776/77 von Rode gemalte Allegorie der Arbeitsamkeit).

Kat.Nr. 34
Johann Christoph Rincklake
Marianne Wermerskirch als Vestalin, um 1796/97
Öl/Eichenholz, 19,1 x 14,2 cm
Westfälisches Landesmuseum für Kunst und Kulturgeschichte Münster, Dauerleihgabe der Sammlung Rincklake van Endert
Inv.Nr. 1373 LG
Lit.: H. Westhoff-Krummacher, S. 341.

Kat.Nr. 35
Susette Henry geb. Chodowiecki
Löbliche häusliche Beschäftigung, um 1802
Öl/Leinwand, 64,0 x 51,0 cm
Bomann-Museum Celle
Inv.Nr. BM 265,1/St.
Lit.: H. Börsch-Supan (Hg.), Die Kataloge der Berliner Akademie-Ausstellungen 1786-1850, Berlin 1971, S. 1802, Nr. 60. - Kat. Sklavin oder Bürgerin, Frankfurt 1989, S. 702f.
Das Ölgemälde gehört zu einem nicht vollständig erhaltenen, ursprünglich achtteiligen Gemälde-Zyklus „Die Folgen der glücklichen und unglücklichen Ehe", den „Madame Henry geb. Chodowiecka", Tochter des berühmten Illustrators und langjährigen Direktors der Berliner Akademie Daniel Chodowiecki, Gattin eines reformierten Predigers, 1802 in der Berliner Akademie ausstellte.

Kat.Nr. 36
Georg Friedrich Kersting
Strickende Frau am Fenster, 1811
unbez.
Feder, Tusche über Bleistift, laviert, 22,9 x 18,8 cm
Museum Folkwang Essen
Inv.Nr. C 19/36
Lit.: Hannelore Gärtner, Georg Friedrich Kersting, Leipzig 1988, S. 187, Abb. 137. - Werner Schnell, Georg Friedrich Kersting, Berlin 1994, S. 303, Abb. A 33.

Kat.Nr. 37
Heinrich Christoph Kolbe
Sarah Esther Siebel geb. Merrem, 1824
sign. u.r.: Kolbe f. 1824
Öl/Leinwand, 104,0 x 85,0 cm
Historisches Zentrum Wuppertal
Inv.Nr. 48
Lit.: Katalog der Ausstellung deutscher Kunst aus der Zeit von 1775-1875 in der Königlichen Nationalgalerie Berlin 1906, hrsg. vom Vorstand der Deutschen Jahrhundertausstellung, München 1906, S. 276, Nr. 888, Taf. 20 (Abb.). - Karl Koetschau (Hg.), Rheinische Malerei in der Biedermeierzeit zugleich ein Rückblick auf die Jubiläums-Ausstellung Düsseldorf 1925 der Jahrtausendfeier der Rheinlande, Düsseldorf 1926, S. 35. - Joh. Victor Bredt, Geschichte der Familie Siebel. Ein Beitrag zur Kultur- und Kirchengeschichte des Niederrheins, Marburg 1937, S. 95. - Edmund Strutz, Die Ahnentafeln der Elberfelder Bürgermeister und Stadtrichter von 1708-1808, 2. Aufl., Neustadt a.d.Aisch 1963, S. 140f.

Kat.Nr. 38
J.M. oder Theodor Dornbusch
Bildnis der Familie Dornbusch, um 1830
Öl/Leinwand, 115,0 x 95,5 cm
Städtisches Museum Wesel, Galerie im Centrum
Inv.Nr. 85/3
Provenienz: Das Familienbild stammt aus dem alten Weseler Gasthof Dornbusch. Der letzte Besitzer des „Hotel Dornbusch" verkaufte es 1914 als „Gemälde aus der Biedermeierzeit von dem Maler Dornbusch, seine Eltern und Geschwister darstellend" an das Städtische Museum Wesel.
Lit.: Kat. Schätze im Verborgenen, Städtisches Museum Wesel, Auswahl aus den Beständen, Wesel 1994, S. 88.

Kat.Nr. 39
Louis Krevel
Franziska Christina van Haar geb. Snethlage, 1834
sign. u. l.: L. Krevel 1834
Öl/Leinwand, 66,5 x 54,5 cm
Privatbesitz
Lit.: Bernhard Körner, Deutsches Geschlechterbuch. Genealogisches Handbuch bürgerlicher Familien, 24. Bd., Görlitz 1913, S. 74.
Franziska Christina van Haar war die Großmutter von Friedrich Engels. Sie lebte von 1758 bis 1846 und war die Ehefrau von Gerhard Bernhard van Haar (1760-1837), der Rektor am Hammer Gymnasium war. Ihre Tochter Elisabeth Mauritia van Haar (1797-1873) heiratete den Elberfelder Textilfabrikanten Engels, deren Sohn Friedrich der berühmte Mitstreiter von Karl Marx wurde.

Kat.Nr. 40
Georg Konrad Weitbrecht
Linnenzeug, Entwurf für den Zyklus „Die Hausfrau", um 1830/35
bez. o.r.: 2.
Bleistift auf bräunlichem Papier, 16,9 x 35,3 cm
Graphische Sammlung der Staatsgalerie Stuttgart
Inv.Nr. C 2716
Lit.: Kat. Christian von Holst (Hg.) , Schwäbischer Klassizismus, Stuttgart 1993, S. 436 (hier weitere Literatur).

Kat.Nr. 41
Albert Korneck
Mädchen am Spinnrad, 1837
bez. u.r.: A. Korneck, Düsseldorf 16. April 1837
Kreide und Weißhöhung/grauem Papier, 42,2 x 32,4 cm
Kunstmuseum Düsseldorf im Ehrenhof, Graphische Sammlung
Inv.Nr. 1921/217

Kat.Nr. 42
Johann Michael Voltz
Die Küche, 1835/37
Verlag Renner und Schuster, Nürnberg
Kolorierter Kupferstich, 22,9 x 32,2 cm
Historisches Museum Hannover
Inv.Nr. 33990,14

Kat.Nr. 43
Bürgerliche Wohnstube, um 1840
aus: Lehrtafeln für Kinder, Tab. I. Bürgerliches Interieur
Verlag Schneider, Esslingen
kolorierte Lithographie, 41,6 x 52,4 cm (Blatt)
Münchner Stadtmuseum, Puppentheatermuseum, Sammlung Böhmer
Lit.: Kat. Biedermeiers Glück und Ende, München 1987, S. 371 (farb.Abb.).

Kat.Nr. 44
Die Küche, um 1840
aus: Lehrtafeln für Kinder, Tab. II. Küche
Verlag Schneider, Esslingen
kolorierte Lithographie, 41,6 x 52,4 (Blatt)
Münchner Stadtmuseum, Puppentheatermuseum, Sammlung Böhmer
Lit.: Kat. Biedermeiers Glück und Ende, München 1987, S. 371 (farb.Abb.).

Kat.Nr. 45
Ludwig Richter
Das Lob des Weibes, 1851
aus: Beschauliches und Erbauliches. Ein Familien-Bilderbuch von Ludwig Richter in Dresden, Erste Lieferung, Leipzig 1851
bez. u.l.: LR; u.: GABER; o.Mitte dat. 1849
Holzschnitt, 26,4 x 20,3 cm
Staatliche Museen zu Berlin, Kupferstichkabinett
Inv.Nr. 531-83
Lit.: Hoff/Budde, Nr. 299. - Stubbe, S. 27.

Kat.Nr. 46
Ludwig Richter
Marthens Fleiß, 1858
aus dem Album: „Für's Haus"
Holzschnitt, 19,9 x 13,5 cm
Germanisches Nationalmuseum Nürnberg
Inv.Nr. H 7156, Kapsel 74

Kat.Nr. 47
Leinenschrank, 2. Hälfte 18. Jahrhundert
Eichenholz, 225,0 x 162,0 x 53,0 cm
Vereniging Oudheidkamer Twente
Lit.: L. Wissink-Bezoen, Kastinpakken, in: 't inschrien, zesde jaargang nr. 1, januari 1974 kwartaaluitgave, S. 6f. - Dietmar Sauermann, Bäuerliche Brautschätze in Westfalen (17.-20. Jahrhundert). In: Rheinisch-westfälische Zeitschrift für Volkskunde, Bd. XVIII/IXX, 1972, S. 103-153.

Kat.Nr. 48
Wilhelm von Kobell
Mutter Kobell mit ihren beiden Kindern Maria Josepha und Franz Ferdinand, um 1789
unsigniert
Bleistift, teilweise aquarelliert auf weißem Papier, 14,8 x 18,2 cm
Staatliche Museen zu Berlin, Kupferstichkabinett
Inv.Nr. 904
Lit.: Siegfried Wichmann, Wilhelm von Kobell, Monographie und kritisches Verzeichnis der Werke, München 1970, S. 179, Nr. 104 (m.Abb.) (hier ältere Literatur bibliographiert).

Kat.Nr. 49
Heinrich Gotthold Arnold
Die kleine Strickerin, 1829
bez.: gest. v. Beigling (rechts auf dem Blatt der Strickerin)
Beschriftet: DIE KLEINE STRICKERIN / Angekauft vom Sächßs. Kunstvereine und bey der Verloosung 1829 gewonnen von Herrn von Reinecke Russ.Kais. Hofrath auf Nr. 128
Stahlstich, 14,0 x 11,0 cm
Privatbesitz
Lit.: Böticher, Bd. 1, S. 39. - Hans Schöner, Wilhelm von Kügelgen, Mönkeberg 1992, S. 81 (Abb.).

Kat.Nr. 50
Heinrich Gotthold Arnold
Die kleine Naehterin, 1829
bez.: gem. v. Arnold (links auf dem Blatt der Näherin)
Beschriftet: DIE KLEINE NAEHTERIN / Angekauft vom Sächßs. Kunstvereine und bey der Verloosung 1829 gewonnen von Herrn Hofrath Rochlitz in Leipzig auf No 188.
Stahlstich, 14,0 x 11,0 cm
Privatbesitz
Lit.: Böticher, Bd. 1, S. 39. - Hans Schöner, Wilhelm von Kügelgen, Mönkeberg 1992, S. 81 (Abb.).

Kat.Nr. 51
Guido Philipp Schmitt
Bildnis seiner Schwester Amalie, 1848
bez. u.l. am Rand: Guido Schmitt / Im Juni 1848; r. unter der Feuerbrüstung: Seine liebe Schwester Amalie
Aquarell, 11,7 x 19,0 cm
Kurpfälzisches Museum der Stadt Heidelberg
Inv.Nr. Z 1508

Kat.Nr. 52
Januarius Zick
Der Hüttenherr Gottfried Peter von Requilé mit zwei Söhnen und Gott Merkur, 1771
signiert und datiert a.d. Brunnenrand r.: „J.Zyk fecit 1771"
Öl/Leinwand, 97,0 x 83,0 cm
Rheinisches Landesmuseum Bonn
Inv.Nr. 19866
Lit.: L. Beck, Beiträge zur Geschichte der Eisenindustrie in Nassau. In: Annalen des Vereins für Nassauische Altertumskunde
33, 1903, S. 283ff. - Fritz Goldkuhle/Ingeborg Krüger/Hans M. Schmidt, Rheinisches Landesmuseum Bonn, Gemälde bis
1900, Köln 1982, S. 566ff.

Kat.Nr. 53
Januarius Zick
Bildnis der Frau von Requilé mit einer Tochter und einem Sohn, um 1771
sign. u. dat. u.r. unter dem Fuß des Knaben: „Jan. Zick"
Öl/Leinwand, 96,5 x 83,5 cm
Rheinisches Landesmuseum Bonn
Inv.Nr. 19867
Lit.: L. Beck, Beiträge zur Geschichte der Eisenindustrie in Nassau. In: Annalen des Vereins für Nassauische Altertumskunde
33, 1903, S. 283ff. - Fritz Goldkuhle/Ingeborg Krüger/Hans M. Schmidt, Rheinisches Landesmuseum Bonn, Gemälde bis
1900, Köln 1982, S. 566ff.

Kat.Nr. 54
Franz Michelis
Friedrich Ludolf Graf von Westerholt-Gysenberg und seine Frau Wilhelmine geb. von Westerholt, im Park, um 1795
bez. u.r.: Michelis del.
Tusche, 24,0 x 30,0 cm
Westfälischer Privatbesitz
Lit.: Fritz Graf von Westerholt-Arenfels, Maximilian Friedrich Graf Westerholt. Seine Familie und seine Zeit, Köln 1939,
S. 37-53. - Kat. Musik in Münster, Münster 1994, S. 153, Abb. S. 154.
Friedrich Ludolph Freiherr von Boenen, seit 1779 Reichsfreiherr von Westerholt und Gysenberg (1747-1828), heiratete 1769
die Erbtochter Wilhelmine Freiin von Westerholt (1757-1820). Das Paar hatte vier Kinder.

Kat.Nr. 55
Ludwig Emil Grimm
Besuch in Haus Stapel, 1827 (Faksimile)
bez. a.d. Noten am Klavier: „Preciosa Still und Einsam, Feder in Braun"
Bleistift, Feder/Papier, ca. 22,0 x 27,8 cm
Privatbesitz
Lit.: Ingrid Kossinowski/Vera Leuschner, Ludwig Emil Grimm, Zeichnungen und Gemälde, Werkverzeichnis, Bd. 2, Marburg
1990, S. 226, Bl. 12.
Das Blatt gehört in den Zusammenhang von 14 Zeichnungen, die 1827 in Westfalen entstanden. Grimm stellte sie vermutlich
selbst zu einem Album zusammen. Ein Brief von Ludwig Grimm an seine Schwester Lotte Hassenpflug, datiert „Münster d.
6ten Dec. 27", vom 5., 16., 26. Dezember 1827 und 1. Februar 1829 datierte Zeichnungen vom Taufstein der Ludgerikirche
in Münster, vom Kreuzgang des münsterischen Doms und zwei Zeichnungen von Amalie von Zuydtwyck belegen einen
längeren Aufenthalt Ludwig Emil Grimms in Münster. Vgl. hierzu Margarete Lippe, Ludwig Emil Grimm und der Von
Haxthausensche Kreis, in: Westfalen, 23. Bd., 1938, Heft 2, S. 163 u. 171, Abb. 42 u. 44; dieselbe, Ludwig Emil Grimm

und Westfalen (Nachtrag), in: Westfalen, 24. Bd., 1939, Heft 2, Taf. S. 85 u. Taf. XXIII, 1 u. 2.

Die Federzeichnung „Einen halben Tag in Stappel. Unterhaltung beim Caffé" wird demnach im Dezember 1827 entstanden sein. Ende des Jahres 1827 hatten „die Stapeler", die Familie des Ernst Constantin Freiherrn von Droste-Hülshoff, genannt von Droste Kerckerinck zu Stapel, das von dem münsteraner Architekten August Reinking neuerbaute Herrenhaus bezogen. Sowohl der ovale Festsaal als auch die Ahnengalerie bis auf den Ritter Matthias haben sich erhalten (diese und weitere freundliche Auskünfte danke ich Baron H.J. Raitz von Frentz). Jenny, Annette, Werner und Ferdinand von Hülshoff werden Ludwig Emil Grimm, mit dem sie eine langjährige Freundschaft verband, mitgenommen haben, um ihm die vielbesprochene Stapeler Verwandtschaft und das neue Haus ihres Onkels (Bruder von Annettes Vater) vorzuführen.

Auf Grimms Federzeichnung ist nur ein kleiner Teil der Familie dargestellt. Zur Identifizierung der Personen: Geht man davon aus, daß die modisch gekleideten und frisierten Herren zu dem Besuch aus Hülshoff gehören und daß man sich verteilt um die Hülshoffer Kusinen und Vettern sowie den mitgekommenen Maler aus Kassel kümmert, so könnte man nach Einzelporträts (Karl Schulte Kemminghausen/Winfried Woesler, Annette von Droste-Hülshoff, München 1981, Abb. 14 u. 15) den links stehenden jungen Mann als Annettes Bruder Werner, den am Spinett Spielenden als ihren Bruder Ferdinand, den die Erklärungen des Hausherrn entgegennehmenden Gast als Ludwig Emil Grimm identifizieren (vgl. Kat. Ludwig Emil Grimm [1790-1863] Maler, Zeichner, Radierer, Kassel 1985, Abb. 33). Da man die Geburtsdaten der Familie von Droste-Kerckerinck nur sehr lückenhaft kennt, die Reihenfolge der 22 Kinder ungeklärt ist und auch vermutlich nur sechs davon anwesend sind, ist eine Identifizierung nur mit Vorbehalt möglich. Die am Spinett Sitzende könnte die 1827 fünfundzwanzigjährige „Nette" (Antoinette), die älteste Tochter (geb. am 17. Juli 1802 - nach der rückseitigen alten Inschrift auf ihrem 1811 von J.C. Rincklake gemalten Bildnis) sein; die ältere, im Stehen Strickende, mit der ungalanten Beinstellung, wäre die 1927 einundvierzigjährige Mutter der Kinder, Maria Theresia. Ihre Anordnung inmitten der Kinder, als strickendes Vorbild der Töchter spricht für diese Identifizierung. Der mit gespreizten Beinen dastehende, mit etwas verschlagenem, ältlichen Gesicht, dreist den Betrachter anguckende Junge im Rücken der Mutter könnte der elfjährige Max (geb. 12.4.1816) sein, der als Siedler nach Amerika auswanderte, mit „leeren Taschen" sehr schnell wiederkam, „komplett verrückt" wurde und früh in einer Anstalt für Geistesgestörte in Stadtberge starb.

Der strickende, ungestalte Teenager ist möglicherweise die fünfzehnjährige „Fanny" (Franziska), geb. am 4. Mai 1812, vom Alter jedoch eher die vierzehnjährige Marie, geb. am 16. August 1813. Das jüngste Kind mit tonsurartigem Haarschnitt könnte das am 1. Mai 1825 geborene, damit gut zweieinhalbjährige „Malchen" sein.

Kat.Nr. 56
Geldstrumpf, um 1800
eingestrickte Devise: Est peu de chose que je vous donne (Es ist nur eine Kleinigkeit, die ich Ihnen gebe)
grüne und weiße Seide, gestrickt, 2 Quasten aus Seidenposamenten, 2 Messingringe, L. 57,0 cm, B. 8,0 cm
Historisches Museum Frankfurt am Main
Inv.Nr. X 5477
Lit.: Kat. Sklavin oder Bürgerin, S. 573, Nr. 3.84 (m.Abb.).

Kat.Nr. 57
Geldkatze, um 1819
Baumwollgarn, gehäkelt, silberfarbene Eisenperlen, Metallringe, an den Enden Quaste bzw. Borde aus Metallquasten, L. 29,0 cm, B. 6,0 cm
Deutsches Textilmuseum Krefeld – Inv.Nr. 20733

Kat.Nr. 58
Geldtasche, Mitte des 19. Jahrhunderts
Umschrift: CAO nimmer leer
gestrickt, Perlstickerei, Holzquaste mit Perlschnüren, Bügelverschluß, (mit Quaste 17,0 x 9,0 cm)
Museum für Kunst und Gewerbe Hamburg – Inv.Nr. Glgb X 7004
Lit.: Holm, Nr. 84.

Kat.Nr. 59
Tabaksbeutel, 1818
Monogramm D.H., auf der Gegenseite 1818
grünes und mittelgraues Baumwollgarn, gestrickt, mit Perldekor, 18,0 x 16,0 cm
Museum für Kunst und Gewerbe Hamburg – Inv.Nr. 1911.56
Lit.: Holm, Nr. 79.

Kat.Nr. 60
Tabaksbeutel, Anfang 19. Jahrhundert
Inschrift: In des Tabakrauches Mitte hüllt sich jede Sorge ein / M.P.
Seide, gestrickt mit Glasperlenornament, 18,0 x 13,0 cm
Historisches Museum Frankfurt am Main
Inv.Nr. HMFX 4955
Lit.: Kat. Sklavin oder Bürgerin, Frankfurt 1989, S. 707, Nr. 8.22 (Abb. 8.21).

Kat.Nr. 61
Feuerzeugtäschchen, Anfang 19. Jahrhundert
Stramin, bestickt, mit Seidenfutter, geätzter Stahl
8,0 x 6,8 cm
Westfälisches Landesmuseum für Kunst und Kulturgeschichte Münster
Inv.Nr. BMS 470 LM
Lit.: Frank Gnegel, Feuerzeugs. Schwefelhölzer, Zündmaschinen. Begleitbuch zur gleichnamigen Wanderausstellung des Westfälischen Museumsamtes, Münster 1994, S. 166 (m.Abb.).

Kat.Nr. 62
Babyhäubchen, 1. Hälfte 19. Jahrhundert
braunes Baumwollgarn, gestrickt, Perlstickerei, 14,5 x 16,5 cm
Museum für Kunst und Gewerbe Hamburg
Inv.Nr. 1885.1188
Lit.: Holm, bei Nr. 70.

Kat.Nr. 63
Babyhäubchen, 1. Hälfte 19. Jahrhundert
braunes Baumwollgarn, gestrickt, Perlstickerei, breite untere Tüllbordüre, 17,0 x 18,0 cm
Museum für Kunst und Gewerbe Hamburg
Inv.Nr. 1911.73
Lit.: Holm, bei Nr. 70.

Kat.Nr. 64
Beutel, 1830-1840
Perlarbeit, Stickerei auf Seidengrund, 20,5 x 17,5 cm
Museum für Kunst und Gewerbe Hamburg
Inv.Nr. 1995.90
Lit.: Holm, Nr. 90.

Kat.Nr. 65
Bügeltasche, 2. Hälfte 19. Jahrhundert
Perlarbeit, innen Seidenfutter, Hornbügel (wahrscheinlich nachträgliche Ergänzung), 27,5 x 17,5 cm
Museum für Kunst und Gewerbe Hamburg
Inv.Nr. 1975.171
Lit.: Holm, Nr. 91.

Kat.Nr. 66
Eierbecher, 1. Hälfte 19. Jahrhundert
Metallkörper mit Perlnetz umkleidet, H. 4,9 cm, oberer Dm. 3,9 cm
Museum für Kunst und Gewerbe Hamburg
Inv.Nr. 1981.489
Lit.: Holm, Nr. 128.

Kat.Nr. 67
6 Paar Aussteuerstrümpfe, 1. Hälfte 19. Jahrhundert
weiße Baumwolle, bunte Glasperlchen, handgestrickt, Länge jeweils ca. 55,0 cm
Münchner Stadtmuseum, Modemuseum
Inv.Nr. 68/1513/1, 68/1513/2, 68/1513/3, 68/1513/4, 68/1513/5, 68/1513/7.

Kat.Nr. 68
Damenstrümpfe, Lübeck 1828
Baumwolle, gestrickt, L. 58,0 cm, B. 14,0 cm
Museum für Kunst und Kulturgeschichte der Hansestadt Lübeck
Inv.Nr. 2088
Lit.: Kat. Von der Redlichkeit des Bürgers. Kunst und Kulturgeschichte der Biedermeierzeit in Lübeck 1815-1848, Ulrich Pietsch (Hg.), Museum für Kunst und Kulturgeschichte der Hansestadt Lübeck, Behnhaus, Lübeck 1992, S. 120, Nr. 1 (m.Abb.).

Kat.Nr. 69
2 Brautstrumpfbänder, 1. Hälfte 19. Jahrhundert
Kreuzstichmuster auf Wolle und Seide auf Stramin, jeweils 27,6 x 5,2 cm
Deutsches Textilmuseum Krefeld
Inv.Nr. 13133

Kat.Nr. 70
Damenschuhe, Hamburg um 1845
Firmenschild mit Inschrift: C. Kegel Hermannstraße 32 vom Jungfernstieg links im ersten Hause Hamburg
Leder, Seidenband, L. je 12,5 cm
Museum für Kunst und Kulturgeschichte der Hansestadt Lübeck
Inv.Nr. 1933/110
Lit.: Kat. Von der Redlichkeit des Bürgers. Kunst und Kulturgeschichte der Biedermeierzeit in Lübeck 1815-1848. Ulrich Pietsch (Hg.), Museum für Kunst und Kulturgeschichte der Hansestadt Lübeck, Behnhaus, Lübeck 1992, S. 120, Abb. Nr. 121.

Kat.Nr. 71
Stopfmustertuch, 1796
Leinen, Baumwollgarn, 31,5 x 33,0 cm
Deutsches Textilmuseum Krefeld
Inv.Nr. 14814
Lit.: „Langes Fädchen - faules Mädchen", Textile Handarbeiten in Erziehung, Beruf und Freizeit.
In: Schriften des Historischen Museums Hannover, Heft 3, Hannover 1993.

Kat.Nr. 72
Jean Massard d.Ä.
nach Jean-Baptiste Greuze
Die vielgeliebte Mutter, 1775
bez.: Peint. par J.B. Greuze Peintre du Roi / Gravée par J. Massard, 1779 / A Paris chez J.B. Greuze Rue ... / Par son très humble et très oblissant Serviteur J.B. Greuze
Legende: La Mère bien Aimée / A Madame de la Borde (Die vielgeliebte Mutter / Für Madame de la Borde)
Kupferstich, Radierung, 55,2 x 65,6 cm (Platte), 48,6 x 62,3 cm (Blatt)
Kupferstichkabinett der Kunstsammlungen der Veste Coburg, Coburger Landesstiftung
Inv.Nr. X, 116,41
Lit.: Duncan 1982, S. 202ff. - Kat. Sklavin oder Bürgerin, Frankfurt 1989, S. 725.

Kat.Nr. 73
Augustin Claude le Grand
Jean Jacques Rousseau oder der Natürliche Mensch, um 1785
Legende: „Jean Jacques Rousseau ou l'homme de la nature / Il rendit les Meres a leurs devoirs et les Enfants au bonheur / Vitam impendere vero"
(Jean Jacques Rousseau oder der natürliche Mensch / Er gab den Müttern ihre Pflichten zurück und den Kindern das Glück / Das Leben der Wahrheit widmen)
Kupferstich, Punktiermanier, 44,4 x 36,9 cm
Kupferstichkabinett der Kunstsammlungen der Veste Coburg, Coburger Landesstiftung
Inv.Nr. X,128,5

Kat.Nr. 74
Noel Lemire
Frontispiz zu „Emile ou de l'Education", 1793
bez. u.l.: Cochin Inv. et Del.; u.r.: Le Mire, sculp. l'an 2e
Text am unteren Blattrand: Frontispice d'Emile
Kupferstich, 34,5 x 25,7 cm (Blatt)
Westfälisches Landesmuseum für Kunst und Kulturgeschichte Münster, Porträtarchiv Diepenbroick
Inv.Nr. C-501386 PAD
Lit.: Siegfried Kessemeier/Jürgen Krause, Köpfe der französischen Revolution. Graphische Bildnisse aus dem Porträtarchiv
Diepenbroick. Bildhefte des Westfälischen Landesmuseums für Kunst und Kulturgeschichte, Nr. 27, Münster 1989, S. 73,
Nr. 6.2 (m.Abb.).

Kat.Nr. 75
Unbekannter Maler
Bildnis einer Dame mit Säugling, um 1775
Öl/Leinwand, 84,0 x 62,0 cm
Kunsthandel Rolf Oberacker, Wiesbaden

Kat.Nr. 76
Philipp Friedrich Hetsch
Friederike Philippine Rapp mit Tochter, um 1788
Öl/Leinwand, 156,0 x 119,5 cm
Galerie der Stadt Stuttgart – Inv.Nr. 0-1888
Lit.: Werner Fleischhauer, Philipp Friedrich Hetsch, Ein Beitrag zur Kunstgeschichte Württembergs, Stuttgart 1929, S. 45f.,
Nr. 15. - Ders., Das Bildnis in Württemberg 1760-1860. Geschichte, Künstler und Kultur, Stuttgart 1939, S. 37 m.Abb. -
Ellen Spickernagel, Zwischen Venus und Juno. In: Städeljahrbuch NF 8, 1981, S. 309. - Isabella Fehle. In: Kat. Baden und
Württemberg, Stuttgart 1987, Nr. 1164 m.Abb. - Karin Görner. In: Kat. Sklavin oder Bürgerin, Frankfurt 1989, S. 718, 730,
Nr. 9, 13, Abb. S. 202. - Herbert Eichhorn. In: Kat. Schwäbischer Klassizismus, Stuttgart 1993, S. 169, Abb. S. 168.

Kat.Nr. 77
Philipp Friedrich Hetsch
Cornelia, die Mutter der Gracchen, 1794
bez.a.Sockel von Cornelias Sessel: Hetsch, 1794
Öl/Leinwand, 112,0 x 136,0 cm
Staatsgalerie Stuttgart
Inv.Nr. 679
Lit.: Kat. Christian von Holst (Hg.), Schwäbischer Klassizismus zwischen Ideal und Wirklichkeit 1770-1830, Stuttgart 1993,
S. 203 (hier weitere Literatur).

Kat.Nr. 78
Johann Christoph Rincklake
Marianne Rincklake als Schwangere, 1801
Öl/Leinwand/Holz, 60,5 x 46,0 cm
Westfälisches Landesmuseum für Kunst und Kulturgeschichte Münster, Dauerleihgabe der Sammlung Rincklake van Endert
Inv.Nr. 1375 LG
Lit.: H. Westhoff-Krummacher, Johann Christoph Rincklake, Ein westfälischer Bildnismaler um 1800, München 1984,
S. 146, 380.

Kat.Nr. 79
Johann Rösler
Elisabeth Anna Gräfin von Westphalen zu Fürstenberg geb. Gräfin von Thun und Hohenstein mit ihrem Sohn Clemens
August, 1806
Beschriftet auf der Rückseite: Roesler 1806
Öl auf Leinwand, 68,0 x 83,0 cm
Privatbesitz

Elisabeth Anna Gräfin von Westphalen zu Fürstenberg (Pressburg 1783 - 1860 Prag) war Herrin auf Kulm in Böhmen. 1804 heiratete sie in Prag Friedrich Wilhelm Graf von Westphalen zu Fürstenberg (Hildesheim 1780 - 1809 Hausen/Bayern). Er fiel 1809 als K.u.K.-Hauptmann in der Schlacht von Hausen. 1805 wurde dem Paar der Sohn Clemens August geboren (Frankfurt 1805 - 1885 Laer). Er wurde 1858 Landtagsmarschall des Provinziallandtages in Münster. Seine Büste von Elisabeth Ney befindet sich im Westfälischen Landesmuseum. Nachdem ihr Mann 1809 gefallen war, heiratete sie in 2. Ehe ihren Schwager Wilhelm Clemens Graf von Westphalen.

Kat.Nr. 80
Johann Baptist Seele
Dr. Karl Christian und Friederike Henriette Klein mit ihrer Tochter Lotte, 1809
bez. u.l. am Tischrand: Seele im Decemb. 1809
Öl/Leinwand, 115,0 x 93,5 cm
Staatsgalerie Stuttgart
Inv.Nr. 1979
Lit.: Kat. Christian von Holst (Hg.), Schwäbischer Klassizismus zwischen Ideal und Wirklichkeit 1770-1830, Stuttgart 1993, S. 345 (hier weitere Literatur).

Kat.Nr. 81
Carl Joseph Begas
Wilhelmine Begas, 1825
bez. r.a.d.Tisch: Meine geliebte Frau von ihrem Manne C. Begas gezeichnet, Ihren Eltern zum Weihnachts Geschenke am 24ten December 1825
Kohle, weiß gehöht auf braunem Papier, 25,0 x 21,2 cm
Vorstudie zu dem 1828 ausgeführten Ölbild der Wilhelmine Begas (vgl. Kat.Nr. 124)
Graphische Sammlung des Wallraf-Richartz-Museums Köln
Inv.Nr. 1958/47
Lit.: Kat. Carl Joseph Begas, Heinsberg 1994, S. 182.

Kat.Nr. 82
Das Spielzimmer, um 1825
aus: Kinder-Bilder, Zwölf Blätter zur Unterhaltung und mündlichen Belehrung, 1. Heft für Mädchen (Fragment), Blatt Nr. 2
Zeichnung wahrscheinlich von Johann Michael Voltz
Verleger wahrscheinlich Herzberg (Augsburg)
Kupferstich, Radierung, 21,0 x 28,0 cm (Platte)
Germanisches Nationalmuseum Nürnberg
Inv.Nr. HB 25 889, Kapsel 1234a
Lit.: Kat. Vater, Mutter, Kind. Bilder und Zeugnisse aus zwei Jahrhunderten. Münchner Stadtmuseum 1987. Darin: Hans Ottomeyer, Wer hat Kinderstube? Zur Geschichte von Kinderzimmern und Kindermöbeln, S. 184-193. - Ulrike Zischka, Von Puppen, Hampelmännern und Baukästen. Spielzeug von 1800 bis in die Gegenwart, ibid., S. 260-274.

Kat.Nr. 83
Theobald Freiherr von Oer
Schwangere Mutter mit vier Kindern aus Sora, 1838
bez. u.r.: Famiglia de Sora / Roma 12.12.38 / Th. v. Oer
Bleistift, 26,0 x 27,8 cm
Westfälisches Landesmuseum für Kunst und Kulturgeschichte Münster
Inv.Nr. KdZ 38 LM

Kat.Nr. 84
Ferdinand Georg Waldmüller
Unbekannte Dame mit einem Kind, 1855
Bezeichnet: u.r. im Hintergrund: Waldmüller / 1855
Öl/Leinwand, 133,0 x 100,0 cm (oval)
Westfälisches Landesmuseum für Kunst und Kulturgeschichte Münster, Dauerleihgabe der Bundesrepublik Deutschland
Inv.Nr. 1168 BRD

Lit.: Bruno Grimschitz, Ferdinand Waldmüller, Salzburg 1957, S. 351, Abb. 814. - H. Westhoff-Krummacher, Gemälde des 19. Jahrhunderts im Westfälischen Landesmuseum für Kunst und Kulturgeschichte, Münster 1975, S. 170, Abb. S. 171. - Dies., Johann Christoph Rincklakes Bildnis der Familie Beyerle. Eine Motivstudie zum Thema „Geburtstag". In: Westfalen 60, 1982, S. 237-252.

Kat.Nr. 85
Ludwig Richter
Unter Reben · Blüht Das Leben, 1861
aus der Folge: „Für's Haus / Herbst"
bez. u.r.: K. Oertel AS
Text am unteren Bildrand: Unter Reben · Blüht Das Leben.
Holzschnitt, 19,7 x 14,0 cm
Germanisches Nationalmuseum Nürnberg
Inv.Nr. H 7137, Kapsel 74
Lit.: Hoff/Budde, Nr. 489. - Stubbe, S. 195.

Kat.Nr. 86
Ludwig Richter
Trink und iß, Gott nicht vergiß, 1874
aus der Folge: „Bilder und Vignetten"
bez. u.r.: K. Oertel sc.
Text in der Kartusche am unteren Bildrand: Trink und iß / Gott nicht vergiß
Holzschnitt, 12,0 x 11,9 cm
Germanisches Nationalmuseum Nürnberg
Inv.Nr. H 6102, Kapsel 75
Lit.: Hoff/Budde, Nr. 591. - Stubbe, S. 285.

Kat.Nr. 87
Christian Gottlieb Schick
Charlotte Fossetta, um 1798
bezeichnet auf der Rückseite unten links: Schick (übertragen auf die Doublierleinwand): spätere Aufschrift auf dem Spannrahmen oben: Geb. München 17... zu Mainz gemalt 1800
Öl/Leinwand, 46,0 x 36,0 cm
Privatbesitz
Lit.: Ulrike Gauss/Christian von Holst, Kat. Gottlieb Schick, Ein Maler des Klassizismus, Stuttgart 1976, Nr. 7, Abb. 17. - Kat.: Sklavin oder Bürgerin, Frankfurt 1989, Nr. 14,6 mit Abb. - Christian von Holst (Hg.), Kat.: Schwäbischer Klassizismus, Stuttgart 1993, S. 227, Nr. 112 (Abb.).

Kat.Nr. 88
Susette Henry geb. Chodowiecki
Häusliche Freuden, um 1802
Öl/Leinwand, 64,0 x 51,0 cm
Bomann-Museum Celle
Inv.Nr. BM 265,2/St.
Lit.: H. Börsch-Supan (Hg.), Die Kataloge der Berliner Akademie-Ausstellungen 1786-1850, Berlin 1971, S. 1802, Nr. 62.

Kat.Nr. 89
Karoline Polyxene Susanne Basse geb. Freiin von Goldner
Brieftasche, 1817
silberfarbener Metallstramin mit farbiger Chenille-Stickerei eines Blumenbouquets und einer Rosengirlande, 17,5 x 10,5 cm
Historisches Museum der Stadt Frankfurt am Main
Inv.Nr. HMF X 8389
Lit.: Philipp Friedrich Gwinner, Kunst und Künstler in Frankfurt, Frankfurt 1862, S. 441. - Kat. Sklavin oder Bürgerin, Frankfurt 1989, S. 706 (m.Abb.).

Kat.Nr. 90
Georg Friedrich Kersting
Die Stickerin, 1827
bez. a.d.Rs. (von fremder Hand): G. Kersting 1827
Öl/Holz, 47,5 x 36,5 cm
Kunsthalle zu Kiel
Inv.Nr. 7
Lit.: H. Uhde (Hg.), Louise Seidler, Erinnerungen und Leben der Malerin, Weimar o.J., S. 63, 102f. - Hannelore Gärtner, Georg Friedrich Kersting, Leipzig 1988. - Werner Schnell, Georg Friedrich Kersting, Berlin 1994 (hier weitere Literatur).
Es gibt drei Fassungen des Gemäldes. Für die erste, 1811 entstandene, heute in den Weimarer Kunstsammlungen befindliche Fassung, stellte die junge Malerin Louise Seidler das Modell. „Es ist mein eigenes Porträt [...] wo ich selbst gesessen habe", schreibt sie in ihrem Tagebuch (Hermann Uhde [Hg.], Louise Seidler, Erinnerung und Leben der Malerin, Weimar o.J., S. 63 und 102f.). 1811 war es als weibliches Pendant zu dem männlichen Innenraumbild „Mann am Sekretär" in Weimar ausgestellt, ähnlich wie Kersting auch die Atelierbilder von Gerhard von Kügelgen und Caspar David Friedrich als Gegenstücke ausstellte, um unterschiedliches Tätigsein und die persönliche Weltsicht der Künstler zu verdeutlichen. Eine zweite ebenfalls auf Louise Seidler bezogene Fassung befindet sich im Nationalmuseum in Warschau.

Kat.Nr. 91
Friedrich Ludwig Hauck
Sophie Freifrau von Morrien und ihre Töchter Albertine, Henriette und Charlotte, 1776
(war) rücks. beschriftet: FL (verbunden) Hauck pinxit / 1776
Öl/Leinwand, 191,0 x 108,0 cm
Westfälischer Privatbesitz
Lit.: H. Westhoff-Krummacher, Lesende Frauen auf westfälischen Bildnissen. Weibliche Existenz zwischen Strickstumpf und Gebetbuch. In: Kat. Als Westfalen lesen lernte, Paderborn 1990, S. 75.

Kat.Nr. 92
Unbekannter Silhouettier
Fürstin Amalia von Gallitzin und Freiherr von Fürstenberg beim Unterricht des Prinzen Demetrius und der Prinzessin Marianne von Gallitzin, 1782 (Faksimile)
Hinterglasmalerei, ca. 27,0 x 34,0 cm
Stadtmuseum Münster
Lit.: H. Westhoff-Krummacher, Lesende Frauen auf westfälischen Bildnissen. In: Kat. Als Westfalen lesen lernte, Paderborn 1990, S. 74f. (m.Abb.).

Kat.Nr. 93
Johann Christoph Rincklake
Rosine Alexandrine Freiin von Korff-Schmising im Park, 1792
bezeichnet links: CIR 1792
Öl/Kupfer, 31,2 x 26,2 cm
Westfälischer Privatbesitz
Lit.: Johann Daniel Hensel, System der weiblichen Erziehung, besonders für den mittlern und höhern Stand, 2 Teile, Halle 1787/88, I, S. 335-338. - H. Westhoff-Krummacher, S. 517.

Kat.Nr. 94
Friedrich Wasmann
Minna Wasmann, die Schwester des Künstlers, um 1828
unbezeichnet
Öl/Leinwand, 21,3 x 16,0 cm
Hamburger Kunsthalle
Inv.Nr. 1366
Lit.: Bernt Grönvold (Hg.), Friedrich Wasmann, Ein deutsches Künstlerleben von ihm selbst geschildert, Leipzig 1915, S. 12f. - P. Nathan, F. Wasmann, München 1954, Nr. 1, S. 4, 123, Abb.Taf. 1. - Katalog der Meister des 19. Jahrhunderts in der Hamburger Kunsthalle, Hamburg 1969, S. 356.

Kat.Nr. 95
Ludwig Emil Grimm
Amalie von Heereman-Zuydtwyck, 1827
Bez. u.r. auf der Baumwurzel: 22t Aug. 27. ad. viv.; unterhalb der Darstellung außerhalb der Einfassungslinie „Amalia von Zuydtwick"
Bleistift auf hellem Papier, 43,7 x 34,3 cm
Privatbesitz
Lit. Ingrid Koszinowski/Vera Leuschner, Ludwig Emil Grimm, Zeichnungen und Gemälde, Bd. 1, Marburg 1990, S. 120, P. 238 (m.Abb.) (hier weitere Literatur).
Die Zeichnung entstand während L.E. Grimms Westfalenreise 1827.

Kat.Nr. 96
Friedrich Fleischmann
Maria Hedwig Sibylla Freiin Haller von Hallerstein, um 1831 (Faksimile)
bez.: Fr. Fleischmann del & sculp.
Inschrift des Buches: Wenn der Grab / gesang im Thal / verhallet / bricht vielleicht / schon euer Morgen an.
Legende: Maria Hedwig Sibilla Freyin Haller v. Hallerstein / Geboren den 12. Oktober 1782 / gestorben 21. December 1831
Stahlstich, 19,5 x 18,5 cm (Platte), 27,0 x 19,0 cm (Blatt)
Bildarchiv Preußischer Kulturbesitz Berlin

Kat.Nr. 97
Johannes Sprick
Die Familie des Freiherrn Clemens August von Twickel beim Tee in Haus Havixbeck, um 1840
Öl/Leinwand, 59,0 x 67,0 cm
Westfälischer Privatbesitz
Lit.: H. Westhoff-Krummacher, Lesende Frauen auf westfälischen Bildnissen. Weibliche Existenz zwischen Strickstrumpf und Gebetbuch. In: Kat. Als Westfalen lesen lernte, Paderborn 1990, S. 83ff.

Kat.Nr. 98
Johann Peter Hasenclever
Die Sentimentale, 1846
bez. u.l.: J.P. Hasenclever 1846
Öl/Leinwand, 36,5 x 30,5 cm
Kunstmuseum Düsseldorf im Ehrenhof
Inv.Nr. 4299
Lit.: Kat. Die Düsseldorfer Malerschule, Mainz 1979, S. 327f. - Hanna Bestvater-Hasenclever, J.P. Hasenclever, Recklinghausen 1979, S. 28, 132, Abb. 66. - Knut Soiné, Johann Peter Hasenclever, Neustadt 1990, S. 127 (m.Abb.).

Kat.Nr. 99
Peter Schwingen
Die Familie des Johann Wilhelm von Eynern, 1846
bez. u. dat. u.r.: P. Schwingen 1846
Öl/Leinwand, 47,0 x 40,0 cm
Kunstmuseum Düsseldorf im Ehrenhof
Inv.Nr. 4381
Lit.: Ernst von Eynern, Friedrich von Eynern, Elberfeld 1901, S. 8. - Walter Holzhausen, Peter Schwingen. Maler aus Muffendorf, Bad Godesberg 1964, S. 14, 25, Abb. 11. - Irene Markowitz, Die Düsseldorfer Malerschule, Düsseldorf 1969, S. 327, Abb. 240 (hier weitere Literatur).
Johann Wilhelm von Eynern (1773-1845) war in Frankreich, Belgien und England kaufmännisch ausgebildet, betrieb mit seinem Bruder Johann Friedrich die Firma „J.P. von Eynern & Söhne", er widmete sich der Bänder- und Litzenfabrik, sein Bruder dem Garn- und Indigo-Handel. J.W. von Eynern heiratete die Kaufmannstochter Johanna Katharina Rittershaus (1779-1842). Das Paar hatte drei Töchter und einen Sohn, von denen Nanette von Eynern (1804-1875) unverheiratet bei den Eltern blieb.

Kat.Nr. 100
Caroline von der Embde
Lesendes Mädchen am Fenster, 1850/55
Öl/Leinwand, 51,5 x 40,0 cm
Staatliche Museen Kassel, Neue Galerie
Inv.Nr. AZ 262
Lit.: Marianne Heinz, Bestandskatalog der Gemälde des 19. Jahrhunderts, Kassel 1991, S. 56.

Kat.Nr. 101
Guido Philipp Schmitt
Lesendes Mädchen, 1854
bez. u.l.: Heidelberg. 30. April 1854 / Guido Schmitt
Bleistift/Papier (vergilbt), 42,8 x 30,0 cm
Kurpfälzisches Museum der Stadt Heidelberg
Inv.Nr. Z 3575

Kat.Nr. 102
Unbekannter Zeichner
Sophie von La Roche, 1799
Kupferstich, 13,9 x 9,2 cm
Titelkupfer in: Sophie von La Roche, Mein Schreibetisch, Leipzig 1799
Lippische Landesbibliothek Detmold

Kat.Nr. 103
Johann Heinrich Ramberg
Die gelehrte Frau, 1802
bez. u.l.: J. Heinr. Ramberg invenit-delint. Hannover 1802. Die gelehrte Frau
aquarellierte Federzeichnung, laviert, 11,0 x 8,1 cm
Entwurf zu dem Stich von C.F. Stoelzel in Pockels Taschenbuch auf das Jahr 1803
Niedersächsisches Landesmuseum Hannover
Inv.Nr. Z 820
Lit.: Franziska Forster-Hahn, Johann Heinrich Ramberg als Karikaturist und Satiriker.
In: Hannoversche Geschichtsblätter, N.F. 17, Heft 1/3 1963, S. 1-125. - Kat. Freiheit, Gleichheit, Brüderlichkeit, Frankfurt
1989, S. 573, Abb. S. 575.

Kat.Nr. 104
Johann Christoph Rincklake
Sybilla Katharina Elisabeth Schücking geb. Busch, 1810
Öl/Eichenholz, 32,7 x 26,0 cm
Nach einer alten Rahmenaufschrift 1810 datiert
Westfälisches Landesmuseum für Kunst und Kulturgeschichte Münster, Depositum Schücking
Lit.: Anton Henze, Westfälische Kunstgeschichte, Recklinghausen 1957, Nr. 270 (Abb.). - H. Westhoff-Krummacher 1984,
S. 146, 447 (hier ausführliches Literaturverzeichnis). - Iris Nölle-Hornkamp/Eckhard Mating, Katharina Busch. Eine längst
vergessene Dichterin.
In: Jahrbuch Westfalen 1990, S. 61-69.

Kat.Nr. 105
Johann Heinrich Wilhelm Tischbein
Die Dichterin Engel Christine Westphalen geb. von Axen, um 1815
unbezeichnet
Öl/Leinwand, 41,0 x 34,0 cm
Hamburger Kunsthalle
Inv.Nr. 567
Lit.: Katalog der Alten Meister der Hamburger Kunsthalle, Hamburg 1956, S. 157.
Nach diesem Gemälde entstand ein Aquatintablatt von Johann Joachim Faber.

Kat.Nr. 106
Johannes Sprick
Bildnis Annette von Droste-Hülshoff, 1840
Öl/Holz, 15,5 x 12,5 cm
Westfälisches Landesmuseum für Kunst und Kulturgeschichte Münster
Inv.Nr. 1096 LM
Lit.: Annette von Droste-Hülshoff, Die Briefe, K. Schulte Kemminghausen (Hg.), 2 Bde., Jena 1944. - Dies., Hist.-krit. Ausg. Werke, Briefwechsel, Tübingen, Bd. 8,1: Briefe 1805-38 (1987); Bd. 9,1: Briefe 1839-42, bearb. v. W. Gödden (1993). - Walter Gödden, Annette von Droste-Hülshoff. Leben und Werk, eine Dichterchronik, Bern 1994.

Kat.Nr. 107
Christiane Luise Duttenhofer geb. Hummel
Therese Huber am Schreibtisch, um 1820
Scherenschnitt, H. 7,5 cm (Bild)
Schiller-Nationalmuseum / Deutsches Literaturarchiv Marbach am Neckar
Inv.Nr. 1513

Kat.Nr. 108
Ludwig Emil Grimm
Anna Freiin von Haxthausen dichtend und malend, um 1827
beschriftet: Das was mir scheint ist nicht des Himmels schöne Sonne / Nicht des Mondes Silber Licht / das klare Blau / die Morgenröthe nicht / Auch nicht der Abendsonne goldene Strahlen / Es ist etwas, was ists? schöner noch / als alles, was ich erwarte [?] / dunkel ist s tief verborgen / wer kans ahnden? / Mir [?] verschlossen mir im innersten / gedenk ich oft, was ists / ich weis nicht was, nicht Antwort kanns mir geben / Ein heimlich Grauen / wonnevoll zugleich / Es ist ein Schauern / ins Geisterreich / Nenne es die edle Dichtkunst wie Du willst / Mit allen ihren himmelschönen Strahlen / Nur beim Denken, beim Denken / findest Du ihre Spur / Berge, Wälder, Blumen, glänzend reine Wellen / Ströme, Flüsse, Seen / Wenn sich unterirdische Quellen / Über schroffe Felsen / Wölzen, ja ins Geisterreich.
Federzeichnung, 27,5 x 23,0 cm (Faksimile)
Westfälischer Privatbesitz
Lit.: Adolf Stoll (Hg.), Ludwig Emil Grimm, Lebenserinnerungen, Leipzig 1911, S. 387f. - Margarete Lippe, Ludwig Emil Grimm und der von Haxthausensche Kreis. In: Westfalen 23, 1938, Heft 2, S. 154.

Kat.Nr. 109
Wilhelm Georg Adolf Busch
Sybilla Katharina Elisabeth Schücking geb. Busch, 1828
bez. a.d.Rs.: Katharina Schücking, gemalt in ihrem 36. Jahre von W: Busch, ihrem Bruder. Anno 1828
Aquarell, Mischtechnik, Papier/Holz, 26,1 x 21,5 cm
Erhaltungszustand: Entstellende und unsachgemäß, nicht näher zu spezifizierende Aufhellungen in den flächigen Partien von Gesicht und Hals
Westfälisches Landesmuseum für Kunst und Kulturgeschichte Münster, Depositum Schücking

Kat.Nr. 110
Ludwig Emil Grimm
Amalia von Heereman-Zuydtwyck am Schreibsekretär, 1831
bez.u.dat.: Das ist die edle / Nichte / ad viv 10n April / 1831
Sepiafederzeichnung, 19,7 x 12,8 cm
Universitäts- und Landesbibliothek Münster, Nachlaß Schulte Kemminghausen
Lit.: Ingrid Koszinowski/Vera Leuschner, Ludwig Emil Grimm, Zeichnungen und Gemälde, Bd. 1, Marburg 1990, S. 154, Nr. P 326. - Anneliese und Wolfhard Raub, Annette von Droste-Hülshoff und ihr Kreis, Münster 1991, S. 52f.

Kat.Nr. 111
Johann J. August von der Embde
Bildnis der Frau des Apothekers Horstmann, 1822
bez. l.a.d. Baumstamm: A. Embden 1822
Öl/Leinwand, 83,3 x 67,2 cm

Staatliche Museen Kassel, Neue Galerie
Inv.Nr. LM 1934/81
Lit.: Marianne Heinz, Bestandskatalog der Gemälde des 19. Jahrhunderts, Neue Galerie, Kassel 1991, S. 50, Kat.Nr. 140 (m.Abb.).

Kat.Nr. 112
Luise Seidler
Pauline und Melanie Freiinnen Spiegel von und zu Peckelsheim, um 1829
Öl/Leinwand, 105,0 x 84,5 cm
Goethe-Museum Düsseldorf, Anton-und-Katharina-Kippenberg-Stiftung
Inv.Nr. 1782/1982
Lit.: Kat. Goethe in seiner Zeit, Düsseldorf 1993, S. 297.

Kat.Nr. 113
Carl Ferdinand Sohn
Die beiden Leonoren, 1836
bez. u.l.: 18 CS.36
Öl/Leinwand, 68,5 x 58,0 cm
Muzeum Narodowe, Sammlung Athanasius Graf Raczyński, Poznań
Inv.Nr. MNP Mo 694
Kleinere Wiederholung des Gemäldes von 1834 für den Grafen Raczyński.
Lit.: Kat. Die Düsseldorfer Malerschule, Düsseldorf/Darmstadt 1979, S. 443, Nr. 208 (m.Abb.). - Kat. Sammlung Graf Raczyński, Malerei der Spätromantik aus dem Nationalmuseum Poznań, München 1992.

Kat.Nr. 114
Bernhard Rode
Allegorie der Keuschheit, um 1788
Radierung, 13,9 x 11,0 cm
Grafische Sammlung der Kunsthalle zu Kiel
Inv.Nr. AB 3069, Nr. 52
Lit.: Karl Wilhelm Ramler, Allegorische Personen zum Gebrauch der bildenden Künstler, Berlin 1788, S. 49. - Kat. Radierungen von Bernhard Rode 1725-1797, Kiel 1986.

Kat.Nr. 115
Anton Wilhelm Tischbein
Luise Wilhelmine Prinzessin von Anhalt-Bernburg mit Taube, um 1803/04
Öl/Leinwand, 59,0 x 49,0 cm
Anhaltische Gemäldegalerie Dessau, Schloß Georgium
Inv.Nr. 305
Luise Wilhelmine Prinzessin von Anhalt-Bernburg (1799-1882) war die Tochter des Herzogs Alexius von Anhalt-Bernburg und seiner Frau Friederike. 1817 heiratete sie den Prinzen Friedrich von Preußen. Tischbein porträtierte um 1803/04 die etwa vier- bis fünfjährige Prinzessin in ganzer Figur in einem rosa-farbenen, hochgegürteten Empire-Kleid. Sie hält mit beiden Händen eine weiße Taube an sich.

Kat.Nr. 116
Johann Christoph Rincklake
Antoinetta Freiin von Droste-Kerckerinck mit Taube, 1811
rückseitig beschriftet: Antonetta von Droste Kerckerinck, gebohren den 17.ten July 1802 gemahlt den 17.ten July 1811
Öl/Eichenholz, 38,7 x 31,0 cm
Westfälischer Privatbesitz
Lit.: H. Westhoff-Krummacher, S. 203 (m.Abb.), S. 456, Kat.Nr. 300.

Kat.Nr. 117
Johann J. August von der Embde
Bildnis der Gräfin Louise Bose als Kind, 1820

bez. u.l. auf einem Stein: Embden fec. 1820
Öl/Leinwand, 111,5 x 80,5 cm
Staatliche Museen Kassel, Neue Galerie
Inv.Nr. AZ 35a
Lit.: Marianne Heinz, Bestandskatalog der Gemälde des 19. Jahrhunderts, Kassel 1991, S. 50, Nr. 137 (m.Abb.).

Kat.Nr. 118
Heinrich Christoph Kolbe
Luise Kolbe, um 1825
Öl/Leinwand, 107,0 x 83,0 cm
Von der Heydt-Museum Wuppertal
Inv.Nr. G 465
Lit.: Uta Laxner-Gerlach, Von der Heydt-Museum Wuppertal, Katalog der Gemälde des 19. Jahrhunderts, Wuppertal 1974,
S. 112 (m.Abb.) (hier weitere Literatur).

Kat.Nr. 119
Carl Joseph Begas
Clara Susanna Kugler geb. Hitzig, um 1833
Öl/Leinwand, 70,0 x 53,0 cm
Privatbesitz
Lit.: Petra Wilhelmy, Der Berliner Salon im 19. Jahrhundert, Berlin/New York 1989, S. 704ff. - Kat. Carl Joseph Begas,
Heinsberg 1994, S. 89f., 130, Abb. S. 248.

Kat.Nr. 120
Franz Wilhelm Harsewinkel
Mädchen mit Rose, um 1835
Bez. u.l.: Harsewinkel
Öl/Leinwand, 100,5 x 69,0 cm
Westfälisches Landesmuseum für Kunst und Kulturgeschichte Münster
Inv.Nr. 542 LM
Lit.: H. Westhoff-Krummacher, Gemälde des 19. Jahrhunderts im Westfälischen Landesmuseum für Kunst und Kultur-
geschichte, Münster 1975, S. 52.

Kat.Nr. 121
Unbekannter Zeichner
Caroline Eleonore von Wendt-Papenhausen, um 1825
beschriftet r.u.: Caroline Droste/Hülshoff
Bleistift, 20,2 x 16,5 cm
Universitäts- und Landesbibliothek Münster, Nachlaß Schulte Kemminghausen
Lit.: Anneliese und Wolfhard Raub, Annette von Droste-Hülshoff und ihr Kreis, Münster 1991, S. 48.
Caroline von Wendt-Papenhausen (Gevelinghausen 1802 - 1881 Münster) ist um 1825, als etwa 23jähriges junges Mädchen,
vielleicht schon als Braut von Annette von Droste-Hülshoffs Bruder Werner Constantin von Droste-Hülshoff, dargestellt, den
sie 1826 heiratete und mit dem sie zehn Kinder hatte. Annette von Droste-Hülshoff bezeichnete sie einmal als ihre Lieblings-
schwägerin.

Kat.Nr. 122
Wilhelm von Kügelgen
Julie Krummacher, 1826
bez.: „Roma 1826 / Julchen aus dem Gedächtnisse"
Bleistift, 15,7 x 13,2 cm
Privatbesitz
Lit.: Wilhelm von Kügelgen, Jugenderinnerungen eines alten Mannes, 2. Bd., Leipzig 1925, S. 86, 121, 153. - Hans Schöner,
Wilhelm von Kügelgen, Sein Leben und seine Bilder, Kiel 1992, S. 72.

Kat.Nr. 123
Heinrich Olivier
Junges Mädchen am Hausaltar betend, 1824
Öl/Leinwand, 53,7 x 43,5 cm
Anhaltische Gemäldegalerie Dessau, Schloß Georgium – Inv.Nr. 297
Lit.: Ludwig Grote, Die Brüder Olivier und die deutsche Romantik, Berlin o.J., S. 369.

Kat.Nr. 124
Carl Joseph Begas
Bildnis Wilhelmine Begas geb. Bock, um 1828
Öl/Leinwand, 66,0 x 56,0 cm
doubliert, stellenweise verputzt und übermalt.
B. Stegemann, Krefeld
Vermutlich eigenhändige Wiederholung des 1828 entstandenen Bildnisses der Wilhelmine Begas in der Nationalgalerie Berlin.
Abweichend hat das Berliner Bild eine besonders schöne emailleartige Glätte und Dichte der Oberfläche, die - bei sehr unterschiedlicher Ausführung - Begas' beste Arbeiten auszeichnen. Eine 1825 entstandene Vorstudie zu dem Gemälde befindet sich
im Kupferstichkabinett des Wallraf-Richartz-Museums in Köln (vgl. Kat.Nr. 81).
Lit.: Kat. Carl Joseph Begas, Heinsberg 1994 (dort ausführliches Literaturverzeichnis), S. 126, Nr. 65, S. 125, Nr. 64, S. 86-87
und S. 182, Nr. 250 (Vorstudie, 1825).

Kat.Nr. 125
Louis Ammy Blanc
Die Kirchgängerin, 1837
bez. u.l.: L. Blanc Febr. 37
Öl/Leinwand, 115,0 x 84,0 cm
Als Wiederholung der 1. Fassung von 1834 (Landesgalerie Hannover) gemalt im Auftrag der Herzogin von Cambridge
Rheinisches Landesmuseum Bonn
Inv.Nr. 67268
Lit.: L. Schreiner, Die Gemälde des 19. und 20. Jahrhunderts in der Niedersächsischen Landesgalerie Hannover, München
1973, Nr. 67 (mit Zusammenstellung der älteren Literatur). - Kat. Die Düsseldorfer Malerschule, Düsseldorf 1979, S. 269ff.
Abb. 38, S. 271. - Ingeborg Krüger, zum Nachleben des Motivs. In: Rheinisches Landesmuseum Bonn 4/78, S. 58-60; 3/94; 3/
82, S. 43-47; 5/84, S. 84ff; 1-2/87, S. 20-23; 6/90, S. 87-91; 3/4, S. 70-77.

Kat.Nr. 126
Wilhelm von Kügelgen
Friederike von Siegsfeld als „Glaube", 1848
bez. o.r.: W.v.Kügelgen inv. 1848 (in die nasse Farbe geritzt)
Öl/Leinwand, 90,0 x 62,5 cm
Städtisches Heimatmuseum Ballenstedt
Inv.Nr. Ba V 514 K1
Lit.: Wilhelm von Kügelgen, Lebenserinnerungen des alten Mannes, Leipzig 1825. - Johannes Werner (Hg.), Die Schwestern
Bardua, Leipzig 1929. - Hans Schöner, Wilhelm von Kügelgen, Sein Leben und seine Bilder, Kiel 1992, S. 134, 164, Abb. 132
(hier seitenverkehrt).
Friederike von Siegsfeld (Ballenstedt 1822 - 30. Juni 1848 Ballenstedt) war die Tochter des herzoglich Anhalt-Bernburgischen
Oberhofmarschalls Karl von Siegsfeld (Aken 1780 - 1861 Ballenstedt) und seiner Frau Charlotte, geb. Behmer (1792-1869).

Kat.Nr. 127
Wilhelm von Harnier
Bildnis der Luise von Fürstenrecht, 1827
Aquarell, Deckfarben über Bleistift, 21,7 x 17,4 cm
Hessisches Landesmuseum Darmstadt
Inv.Nr. Hz 7748
Dargestellt ist Luise Benedikte von Fürstenrecht geb. von Rudow. Sie war die Ehefrau des Nassauischen Oberforstmeisters
Stephan Schadt, der mit seinem Bruder und seiner Schwester 1794 vom Fürsten Heinrich Ludwig zu Nassau-Saarbrück in den
Adelsstand erhoben wurde und den Namen von Fürstenrecht erhielt.

Kat.Nr. 128
Theobald Freiherr von Oer
Fromme Italienerin, 1839
bez.r.: Annunziata / Roma ti. 29. Magg. / 39
Bleistift, grau laviert, 28,6 x 23,0 cm
Museum für Kunst- und Kulturgeschichte der Stadt Dortmund – Inv.Nr. C 5280
Lit.: Kat. Zeichnungen des 19. Jahrhunderts, Dortmund 1984, S. 98 (m.Abb.).

Kat.Nr. 129
Carl Joseph Begas
Die Loreley, 1835
bez. rückseitig auf dem Originalkeilrahmen: C. BEGAS 1835
Öl/Leinwand (doubliert), 124,0 x 136,0 cm
Kreismuseum Heinsberg/Geilenkirchen – Inv.Nr. CI 01
Lit.: Kunstblatt 1836, Nr. 35, S. 141f.; 1836, Nr. 36, S. 145-147. - Franz Kugler, Die Loreley des Herrn Professor Begas. In: Kleine Schriften und Studien zur Kunstgeschichte, Stuttgart 1854, Teil 3, S. 56. - Ernst Beutler, Der König in Thule und die Dichtungen von der Loreley. In: Essays um Goethe, hg. von Christian Beutler, Wiesbaden 1947, S. 301-359. - Wolfgang Minaty, Die Loreley, Gedichte, Prosa, Bilder, Frankfurt 1988, S. 11. - Ulrike Fuß, Die Geschichte einer legendären Frau. In: Kat. Mythos Rhein, Ludwigshafen 1992, S. 267-270. - Kat. Carl Joseph Begas, Heinsberg 1994 (dort ausführliches Literaturverzeichnis).

Kat.Nr. 130
Wilhelm von Schadow
Pietas und Vanitas, um 1840
lavierte Federzeichnung, Bleistift, 37,9 x 29,5 cm
Kunsthalle Bremen, Kupferstichkabinett – Inv.Nr. 1961/42
Lit.: Auswahlkatalog des Rheinischen Landesmuseums Bonn, Bonn 1977, S. 171f. - Kat. Die Nazarener in Rom, München 1981, S. 225f.

Kat.Nr. 130a
Wilhelm von Schadow
Zweitfassung der Pietas, um 1840
lavierte Federzeichnung, Bleistift, 18,0 x 10,3 cm
Kunsthalle Bremen, Kupferstichkabinett
Inv.Nr. 1961/47
Lit.: Auswahlkatalog des Rheinischen Landesmuseums Bonn, Bonn 1977, S. 171f. - Kat. Die Nazarener in Rom, München 1981, S. 225f.

Kat.Nr. 131
Johann Friedrich August Tischbein
Porträt Frau Schmidt-Capelle, 1786
bez. l.a.d. Säule: Tischbein 1786
Öl/Leinwand, 115,0 x 88,0 cm
Staatliche Museen Kassel, Neue Galerie
Inv.Nr. AZ 1544
Lit.: Kat. Johann Heinrich Tischbein d.Ä., Kassel 1989, Nr. 12.

Kat.Nr. 132
Johann Christoph Rincklake
Elisabeth Rincklake, geb. Heidvogt, um 1800
Öl/Leinwand, 62,5 x 49,0 cm
Westfälisches Landesmuseum für Kunst und Kulturgeschichte Münster, Dauerleihgabe der Sammlung Rincklake van Endert Münster
Inv.Nr. 1380 LG
Lit.: H. Westhoff-Krummacher, S. 156, 381.

Kat.Nr. 133
Johann Christoph Rincklake
Bildnis der Christine Freifrau von Elverfeldt geb. Freiin von Vittinghoff gen. Scheele zu Schelenburg, 1804
Öl/Leinwand, 83,3 x 63,7 cm
Westfälischer Privatbesitz

Kat.Nr. 134
Johann Baptist Joseph Bastiné
Christine Dorothea Wilhelmina Pastor geb. von Scheibler, um 1830
Öl/Leinwand, 96,0 x 73,5 cm
Wallraf-Richartz-Museum Köln – Inv.Nr. WRM 2477
Lit.: H.F. Macco, Geschichte und Genealogie der Familie Pastor, Aachen 1905, S. 181. - F. Kuetgens, Johann Bastiné. In: Aachener Kunstblätter 1928, Heft XIV, S. 85 und 102, Abb. S. 66 (Variante in Privatbesitz). - Rolf Andree, Katalog der Gemälde des 19. Jahrhunderts im Wallraf-Richartz-Museum, Köln 1964, S. 18.
Christine Dorothea Wilhelmina Pastor, geb. von Scheibler (Montjoie 1762 - 1834 Aachen), Tochter des Bernhard Georg Edler von Scheibler und der Klara Maria Moll aus Hagen. Ihr Vater hatte große Tuchfabriken in Hagen, Herdecke und später in Montjoie im Herzogtum Jülich. 1792 heiratete sie in die alte, bedeutende Familie des Aachener Tuch- und Burtscheider Nadelfabrikanten Gotthard Pastor (Burtscheid 1757-1816 Aachen). Das Paar hatte sechs Kinder.

Kat.Nr. 135
Philipp Friedrich Hetsch
Caroline Scheffauer, um 1792
Holz, 71,5 x 56,5 cm
Galerie der Stadt Stuttgart – Inv.Nr. O - 2696
Lit.: Kat. Sklavin oder Bürgerin, Frankfurt 1989, S. 515f., Nr. 2, 11, Abb. S. 400. - Kat. Schwäbischer Klassizismus zwischen Ideal und Wirklichkeit 1770-1830, Stuttgart 1993, S. 199, Nr. 99, Abb. 176.

Kat.Nr. 136
Christian Gottlieb Schick
Heinrike Dannecker, 1802
Öl/Leinwand, 91,0 x 70,0 cm (l.u. beschnitten)
Staatsgalerie Stuttgart – Inv.Nr. 799
Lit.: Christian von Holst, Johann Heinrich Dannecker, Der Bildhauer, Stuttgart 1987. - Kat. Christian von Holst (Hg.), Schwäbischer Klassizismus zwischen Ideal und Wirklichkeit 1770-1830, Stuttgart 1993, S. 306 (hier weitere Literatur).
Eine zweite, ebenfalls 1802 entstandene Fassung befindet sich in der Nationalgalerie Berlin.

Kat.Nr. 137
Carl Joseph Begas
Zwei Mädchen auf dem Berge, 1835
unbezeichnet
Öl/Leinwand, 56,6 x 63,0 cm
Rheinisches Landesmuseum Bonn – Inv.Nr. 85.0033
Lit.: Ingeborg Krüger, Zwei Mädchen auf dem Berge, Zu einem neu erworbenen Bild von Carl Begas. In: Das Rheinische Landesmuseum Bonn. Bericht aus der Arbeit des Museums, Heft 5, 1985, S. 70-73. - Kat. Carl Joseph Begas, Blick in die Heimat, Heinsberg 1994, S. 135 (hier unter Kat.Nr. 92 ausführlich weitere Literatur).
Bei dem Bonner Bild handelt es sich um eine zweite Fassung eines 1935 datierten und signierten Gemäldes, das sich im Museum in Schwerin befindet.

Kat.Nr. 138
Karl Christian Andreae
Maria und Theresia von Arnswaldt, 1852 (Faksimile)
beschriftet: das links sitzende Mädchen „Maria von Arnswaldt", das rechts sitzende „Therese"; auf dem Umschlagtuch von Maria und auf dem Rock von Therese Inschriften
Bleistift, 19,7 x 24,3 cm
Universitäts- und Landesbibliothek Münster, Nachlaß Schulte Kemminghausen
Lit.: Anneliese und Wolfhard Raub, Annette von Droste-Hülshoff und ihr Kreis, Münster 1991, S. 58f.

Biographien

Karl Christian Andreae (Mülheim/Ruhr 1823 - 1904 Sinzig)
Bildnis- und religiöser Historienmaler. Mit 16 Jahren begann er sein Studium an der Düsseldorfer Akademie als Schüler von Wilhelm von Schadow und Karl Sohn. 1845-49 in Rom, wo er Kontakte zu Steinle, Overbeck und Cornelius knüpfte. 1857-81 in Dresden. Seit 1881 in Leipzig.
Kat.Nr. 138

Heinrich Gotthold Arnold (Lomnitz bei Radeberg/Sachsen 1785 - 1854 Dresden)
Historien- und Genremaler. Studium, später Professur an der Dresdener Akademie. War neben seiner Tätigkeit als Maler und Kupferstecher tätig.
Kat.Nr. 49, 50

Caroline Bardua (Ballenstedt/Harz 1781 - 1864 Ballenstedt)
Porträtmalerin. Dank einer Empfehlung Goethes 1805 erster Kunstunterricht beim „Kunstpapst" Heinrich Meyer in Weimar. 1807 Schülerin von Gerhard von Kügelgen in Dresden. Seit 1819 als Porträtmalerin in Berlin. Zwischen 1813 und 1818 Porträtaufträge in Coswig, Halberstadt, Halle, Magdeburg und Leipzig. Zwischen 1827 und 1833 Aufträge in Koblenz, Mainz, Heidelberg, Wiesbaden, Köln, Krefeld und Paris. 1833 Rückkehr nach Berlin. Seit 1852 in Ballenstedt.
Kat.Nr. 5, 28

Karoline Polyxene Susanne Basse geb. Freiin von Goldner (Offenbach 1798-1835 Frankfurt)
Landschaftsmalerin. Ausbildung bei Joseph Oechs.
Kat.Nr. 89

Johann Baptist Joseph Bastiné (Löwen 1783 - 1844 Aachen)
Historien- und Bildnismaler. Studium an der Kunstakademie in Löwen. 1804-1806 zusammen mit Ingres Schüler von David in Paris. Seit 1811 in Aachen tätig. Seit 1814 Zeichenlehrer am dortigen Gymnasium.
Kat.Nr. 7, 134

Carl Joseph Begas (Heinsberg/Aachen 1794 - 1854 Berlin)
Religiöser Historien- und Porträtmaler. Erste Ausbildung in Bonn 1813-1821 bei Jean Antoine Gros in Paris. 1821 Köln. 1822-24 Italienaufenthalt. Seit 1824 in Berlin. 1826 dort Professor an der königlichen Akademie.
Kat.Nr. 15, 24, 81, 119, 124, 129, 137

Louis Ammy Blanc (Berlin 1810 - 1885 Düsseldorf)
Genre- und Porträtmaler. Studium an der Berliner und an der Düsseldorfer Akademie. 1840-42 für den Königshof in Hannover tätig. 1846-47 für den Großherzog von Darmstadt. Danach Rückkehr nach Düsseldorf.
Kat.Nr. 125

Wilhelm Georg Adolf Busch (Münster 1797 - ?)
Bruder von Katharina Schücking. Lebte noch 1841 in Münster.
Kat.Nr. 109

Heinrich Anton Dähling (Hannover 1773 - 1850 Potsdam)
Miniatur-, Landschafts-, Historien- und Genremaler. Seit 1793 Student, 1811 Mitglied, 1814 Professor an der Berliner Akademie. 1802 Aufenthalt in Paris. 1811 in Dresden.
Kat.Nr. 3

J.M. oder Theodor Dornbusch (Wesel ?)
Ein Maler J.M. Dornbusch stellte 1814 in der Berliner Akademie aus. Ein Historienmaler Dornbusch aus Uerdingen soll nach Nagler's Künstlerlexikon 1822 Schüler der Düsseldorfer Akademie gewesen sein. Beim Verkauf des Bildes 1914 wird der Vorname des Malers mit Theodor angegeben.
Kat.Nr. 38

Christiane Luise Duttenhofer geb. Hummel (Weiblingen 1776 - 1829 Stuttgart)
Da ihr eine fundierte künstlerische Ausbildung versagt blieb, wandte sie sich der Scherenschnittkunst zu. 1804 heiratete sie den Kupferstecher C.F.T. Duttenhofer. Mit ihm ging sie nach Rom, wo sie z.B. Angelika Kaufmann mehrfach im Scherenschnitt festhielt. Sie silhouettierte sehr treffend und nicht ohne Spott viele berühmte Persönlichkeiten der Stuttgarter Kunstszene.
Kat.Nr. 107

Marie Ellenrieder (Konstanz 1791 - 1863 Konstanz)
Malte Bildnisse und religiöse Darstellungen. 1810 Lehre bei dem Miniaturmaler Joseph Einsle in Konstanz. 1813/16 Studium an der Münchener Akademie. 1816/22 in Konstanz und Zürich tätig. 1822/24 und 1838/40 in Rom. 1829 zur badischen Hofmalerin ernannt. Dann bis zum Lebensende in Konstanz tätig.
Kat.Nr. 4

Caroline von der Embde (Kassel 1812 - 1867 Hamburg?)
Genre- und Porträtmalerin. Lernte bei ihrem Vater August von der Embde, griff besonders beliebte Motive ihres Vaters auf und malte für ihn unter dem Namen von der Embde Porträts. Seit 1850 in Düsseldorf tätig. Heiratete 1850 nach Hamburg.
Kat.Nr. 100

Johann J. August von der Embde (Kassel 1780 - 1862 Kassel)
Bildnis- und Genremaler. 1799-1804 Studium an der Kasseler Akademie. Bildete sich selbst durch Kopieren alter Meister in Bayreuth, Dresden, Düsseldorf, Gotha, Erfurt und Weimar weiter. Weitere Studien an den Akademien in München 1812 und Wien 1814. Rückkehr nach Kassel.
Kat.Nr. 111, 117

Friedrich Fleischmann (Nürnberg 1791 - 1834 München)
Graphiker und Maler. Arbeitete für die Campe'sche Buchhandlung in Nürnberg. 1814 Reise mit Campe nach Holland und England. Seit 1831 in München tätig.
Kat.Nr. 96

Bernhard Dietrich Funke (Varel 1799 - 1837 Bremen)
Bildnis-, religiöser Historienmaler und Lithograph. Aufträge für den Oldenburger Hof. Sonst in Bremen tätig.
Kat.Nr. 8

Augustin Claude le Grand (Paris 1765 - 1815 Paris)
Zeichner und Kupferstecher. Verbrachte ab 1780 mehrere Jahre in England.
Kat.Nr. 73

Ludwig Emil Grimm (Steinau 1790 - 1863 Kassel)
Porträt-, Genre- und Historienmaler, Zeichner und Radierer. Besuchte seit 1808 die Akademie in München. Bereiste 1816 Italien. Lebte bis 1830 in München, dann in Kassel, wo er seit 1832 Professor für Malerei an der Akademie war.
Kat.Nr. 10, 55, 95, 108, 110

Wilhelm von Harnier (München 1800 - 1838 München)
Jurist, Porträt-, Landschaftsmaler und Zeichner. 1817 Romaufenthalt. Kontakte zu den Nazarenern. 1823 Parisaufenthalt. Tätig in Darmstadt und Meran.
Kat.Nr. 30, 31, 127

Franz Wilhelm Harsewinkel (Wiedenbrück 1796 - 1872 Münster)
Maler in Münster.
Kat.Nr. 120

Johann Peter Hasenclever (Remscheid 1810 - 1853 Düsseldorf)
Genre- und Porträtmaler. Seit 1827 Studium an der Düsseldorfer Akademie bei Theodor Hildebrandt. 1838 in München. 1840 Reise nach Oberitalien. Seit 1842 in Düsseldorf tätig.
Kat.Nr. 19, 98

Friedrich Ludwig Hauck (Homburg v.d.H. 1718 - 1801 Offenbach)
Porträtmaler und Stecher. Nach längeren Reisen durch Deutschland und England ließ er sich 1744 in Frankfurt/Main nieder.
Kat.Nr. 91

Susanne (Susette) Henry geb. Chodowiecki (Berlin 1763 - 1819)
Porträt- und Genremalerin. Schülerin ihres Vaters Daniel Chodowiecki und von Anton Graff. Ansässig in Brandenburg. Seit 1787 in Potsdam, seit 1795 in Berlin. Mitglied der Berliner Akademie, wo sie seit 1786 regelmäßig ausstellte.
Kat.Nr. 35, 88

Philipp Friedrich Hetsch (Stuttgart 1758 - 1838)
Historien- und Porträtmaler. 1781 und 1783 Studienaufenthalte bei Vien, Vernet und David in Paris. 1783-90 Schüler an der Hohen Karlsschule Stuttgart, dort 1787-1794 Professor. 1798-1816 Direktor der Ludwigsburger Gemäldegalerie.
Kat.Nr. 11, 76, 77, 135

Jodocus Matthias Kappers (Münster 1717 - 1781)
In Münster als Porträtmaler des Adels tätig.
Kat.Nr. 1

Georg Friedrich Kersting (Güstrow 1785 - 1847 Meißen)
1805 Studium an der Akademie in Kopenhagen. 1808 Übersiedlung nach Dresden. 1816 in Warschau. Seit 1818 Lehrtätigkeit an der Meißener Porzellanmanufaktur.
Kat.Nr. 36, 90

Wilhelm von Kobell (Mannheim 1766 - 1853 München)
Kobell studierte bei seinem Vater, dem Hofmaler Ferdinand Kobell, und an der Mannheimer Zeichenakademie. 1792 wurde er als Hofmaler nach München berufen. Hier wirkte er vorwiegend als Landschafts- später auch als Schlachtenmaler. Seit 1814 war Kobell Professor für Landschaftsmalerei an der Akademie der bildenden Künste in München.
Kat.Nr. 48

Etienne Maria Kolbe (Paris 1809 - 1836 Düsseldorf)
Porträtmaler. Ausgebildet unter Anleitung seines Vaters Heinrich Christoph Kolbe, setzte er dessen Porträtmalerei in verfeinerter Technik fort.
Kat.Nr. 26, 27

Heinrich Christoph Kolbe (Düsseldorf 1771 - 1836 Düsseldorf)
Studium an der Kurfürstlichen Akademie in Düsseldorf. Dann in Antwerpen und Brüssel. seit 1800 längere Zeit in Paris. Bekanntschaft mit den David-Schülern André Vincent und François Gérard. 1818 wieder in Paris. 1822-31 Professor an der Düsseldorfer Akademie, 1822 und 1826 Aufenthalte in Weimar, 1822 in Dresden.
Kat.Nr. 14, 37, 118

Albert Korneck (Breslau 1813 - 1905 Berlin)
Porträt- und Genremaler. Seit 1833 Studium an der Berliner und ab 1836 an der Düsseldorfer Akademie. 1840 Umzug nach Berlin. Beteiligung an Ausstellungen der Berliner Akademie.
Kat.Nr. 41

Louis Krevel (Braunschweig 1801 - 1876 Trier)
Krevel war einer der wichtigsten und produktivsten Porträtmaler des Rheinlandes im 19. Jahrhundert. Ausbildung beim Vater Johann Hilarius Krevel, 1824-1830 Parisaufenthalt. Bis 1865 tätig in Köln. Seit 1830 geschätzter Porträtist des rheinischen Bürgertums. – Kat.Nr. 39

Wilhelm von Kügelgen (St. Petersburg 1802 - 1867 Ballenstedt)
Historien- und Porträtmaler. Ausbildung bei seinem Vater und an der Dresdener Akademie. 1825/26 in Rom. 1827/28 in Estland und St. Petersburg. 1833-1855 herzoglicher Hofmaler in Ballenstedt. 1841/42 vier Monate in Münster. 1855 Beginn der „Jugenderinnerungen eines alten Mannes", die ihn als Schriftsteller bekannt machten.
Kat.Nr. 122, 126

Willem Joseph Laquy (Brühl b.Köln 1738 - 1798 Kleve)
In Amsterdam tätig. Malte Porträts und Genrebilder.
Kat.Nr. 12

Noel Lemire (1724 Rouen - 1801 Paris)
Kupferstecher. Schüler von G.B. Descamps in Rouen und seit 1745 von J.Ph. Lebas in Paris. Lemire war einer der wichtigsten französischen Stecher des 18. Jahrhunderts.
Kat.Nr. 74

Jean Massard d.Ä. (Bellême 1740 - 1822 Paris)
Kupferstecher. Massard war Schüler von Martinet und später einer der wichtigsten Reproduktionsstecher des 18. Jahrhunderts.
Kat.Nr. 72

Franz Michelis (Lebensdaten unbekannt)
Maler, Zeichner und Kupferstecher. Um 1800 in Münster tätig. Vater des Malers Alexander Michelis.
Kat.Nr. 54

Theobald Freiherr von Oer (Nottbeck bei Stromberg 1807 - 1885 Coswig bei Dresden)
Historien- und Genremaler, Illustrator und Radierer. 1826-1832 Schüler von F. Matthäi in Dresden und 1832-1837 von W. von Schadow in Düsseldorf. 1837-1839 Reisen nach Paris, Algier und Italien. Seit 1839 in Dresden tätig.
Kat.Nr. 83, 128

Heinrich Olivier (Dessau 1783 - 1848 Berlin)
Bruder von Ferdinand und Friedrich Olivier. Erster Kunstunterricht bei K.W. Kolbe. 1804 in Dresden. 1807 in Paris, wo er im Musée Napoléon Werke Raffaels kopierte. 1810 in Dessau. 1815 in Wien. Als Zeichen- und Sprachlehrer in Berlin.
Kat.Nr. 123

Johann Heinrich Ramberg (Hannover 1763 - 1840)
Maler, Radierer, Zeichner, Illustrator, Karikaturist. Studierte 1781-1788 in London bei Benjamin West. 1790-1793 Reisen in Italien. 1793 Hofmaler in Hannover.
Kat.Nr. 103

Gerhard Wilhelm von Reutern (Livland 1794 - 1865 Frankfurt/M.)
Genre- und Trachtenmaler. Gründete mit Ludwig Emil Grimm die Willingshäuser Malerkolonie. Deutsch-baltischer Herkunft. Studierte zunächst Militärwissenschaften. Kämpfte als russischer Husar in der Völkerschlacht bei Leipzig. Seit 1825 Verbindung zu Ludwig Emil Grimm, der ihn zum Trachtenmalen anregte. Unterricht im Ölmalen in Kassel und seit 1835 an der Düsseldorfer Akademie.
Kat.Nr. 25

Ludwig Richter (Dresden 1803 - 1884 Dresden)
Maler und Holzschnittillustrator. Nach Studien an der Dresdener Akademie hielt sich Richter zwischen 1823 und 1826 in Italien auf. Nach seiner Rückkehr war er an der Zeichenschule in Meißen tätig, danach an der Dresdener Akademie. Seit etwa 1835 beschäftigte sich Richter intensiv mit der Holzschnittechnik und wurde in der Folgezeit zu einem der gefragtesten deutschen Illustratoren, dessen „Volksbücher" und Literaturillustrationen sich bis heute großer Beliebtheit erfreuen.
Kat.Nr. 45, 46, 85, 86, 93

Johann Christoph Rincklake (Harsewinkel 1764 - 1813 Münster)
Maler. Studienaufenthalte in Düsseldorf, Wien, Dresden und Berlin. Seit 1799 als Bildnismaler vornehmlich in Münster tätig.
Kat.Nr. 22, 23, 34, 78, 104, 116, 132, 133

Bernhard Rode (Berlin 1725 - 1797 Berlin)
Historienmaler und Radierer biblischer, mythologischer, allegorischer und literarischer Darstellungen. 1741 Eintritt in die Werkstatt von Antoine Pesne. Um 1748 Studienaufenthalte in Paris. 1752 in Rom und Venedig. 1756 Mitglied, 1783 Direktor der Akademie der Schönen Künste in Berlin. Wurde in seinen Themen von dem gelehrten Dichter und Freund Lessings, Karl Wilhelm Ramler, beraten. – Kat.Nr. 33, 114

Johann Rösler (Görlitz 1775 - 1845 Dresden)
Historien- und Bildnismaler. Schüler von G.B. Casanova. 1803/1806 in Rom. Seit 1815 Professor der Dresdner Akademie.
Kat.Nr. 79

Heinrich Franz Gaudenz von Rustige (Werl 1810 - 1900 Stuttgart)
Maler, Radierer und Schriftsteller. Studium 1828/36 in Düsseldorf. Beeinflußt von W.v. Schadow. Lebte 1836-42 in Frankfurt, dann in Paris und Mainz. 1845/87 Lehrer an der Akademie in Stuttgart.
Kat.Nr. 29

Wilhelm von Schadow (Berlin 1788 - 1862 Düsseldorf)
Schüler seines Vaters Gottfried Schadow und von F.G. Weitsch. Ging 1811 nach Rom, wo er zum Kreis der Nazarener gehörte. Seit 1819 Lehrer an der Berliner, seit 1826 Direktor an der Düsseldorfer Kunstakademie.
Kat.Nr. 130

Christian Gottlieb Schick (Stuttgart 1776 - 1812 Stuttgart)
Maler. Lernte 1887/94 bei Hetsch auf der Hohen Karlsschule. Schloß sich besonders an Dannecker an. Weiterbildung 1798/1802 bei J.L. David in Paris. 1802/11 Aufenthalt in Rom. Besuche im Hause Wilhelm von Humboldts.
Kat.Nr. 87, 136

Guido Philipp Schmitt (Heidelberg 1834 - 1922 Miltenberg)
Sohn und Schüler des Heidelberger Malers Georg Philipp Schmitt und Bruder des Malers Nathanael Schmitt, seit 1859 bis 1896 sehr geschätzt als Porträtist in London tätig, dann wieder in Heidelberg.
Kat.Nr. 51, 101

Adolf Schroedter (Schwedt a.d.Oder 1805 - 1875 Karlsruhe)
Historien- und Genremaler, Zeichner und Illustrator. 1820 Schüler an der Berliner Akademie. 1829 Studium bei Schadow in Düsseldorf. 1848-54 in Frankfurt/Main. 1854-59 in Düsseldorf. Wurde 1859 Professor für Ornamentzeichnen an der Technischen Hochschule in Karlsruhe.
Kat.Nr. 6

Peter Schwingen (Muffendorf/Bad Godesberg 1813 - 1863 Düsseldorf)
Genremaler. 1832/1845 Ausbildung an der Düsseldorfer Akademie bei Theodor Hildebrandts und Carl Ferdinand Sohn.
Kat.Nr. 99

Johann Baptist Seele (Meßkirch 1774 - 1814 Stuttgart)
Bildnis-, Genre- und Schlachtenmaler. Zögling der Hohen Karlsschule in Stuttgart. 1794 Aufenthalte in Paris, 1796/97 der Schweiz, 1801 am Karlsruher Hof, 1808/09 in München und Wien. 1804 Ernennung zum Hofmaler und Galeriedirektor in Stuttgart.
Kat.Nr. 80

Luise Seidler (Jena 1786 - 1866 Weimar)
Malerin und Schriftstellerin. Studierte in Gotha, Jena und 1810/11 in Dresden bei Chr.L. Vogel und Gerhard von Kügelgen. 1817 in München, seit 1823 mit Unterbrechungen in Weimar tätig. 1818/23 und 1832/33 Aufenthalte in Rom, 1826 in Paris. Seit 1837 großherzoglich sächsische Hofmalerin.
Kat.Nr. 112

Carl Ferdinand Sohn (Berlin 1805 - 1867 Köln)
Bildnis und Historienmaler. Seit 1823 Schüler von Wilhelm von Schadow. Zunächst an der Berliner, seit 1826 an der Düsseldorfer Akademie. 1830/31 mit Bendemann, Hildebrandt, Hübner und Schadow in Italien. 1838 wird er Professor für Malerei und Zeichenkunst an der Düsseldorfer Akademie.
Kat.Nr. 113

Johannes Sprick (Bielefeld 1808 - 1842 Belgien)
Maler und Lithograph. Schüler der Berliner Akademie. Vorwiegend in Münster tätig. Seit 1838 von Annette von Droste-Hülshoff gefördert. – Kat.Nr. 9, 97, 106

Anna Dorothea Therbusch geb. Lisiewska (Berlin 1721 - 1782 Berlin)
Bildnis- und Historienmalerin. Bekanntestes Mitglied der Künstlerfamilie. Schülerin ihres Vaters Georg Lisiewska. Schulte sich an Pesne und Watteau. 1742 Heirat mit dem Gastwirt und Maler Ernst F. Therbusch und hatte mit diesem vier Kinder. Nach dessen Tod 1761 Aufträge am Stuttgarter, 1763 am Mannheimer Hof. 1764 in Berlin. 1765-1768 in Paris, wo sie Mitglied der Académie Royale wurde. 1769/70 Rückkehr nach Berlin über Brüssel und Holland.
Kat.Nr. 2

Anton Wilhelm Tischbein (Haina 1730 - 1804 Hanau)
Malte Bildnisse, Landschaften und Gesellschaftsstücke. Schüler seines Bruders Johann Valentin. Weiterbildung auf Reisen in Holland. 1758 in Laubach. seit 1765 (?) in Frankfurt und Hanau, dort seit 1769 Hofmaler.
Kat.Nr. 115

Johann Friedrich August Tischbein (Maastricht 1750 - 1812 Heidelberg)
Schüler seines Vaters Johann Valentin Tischbein in Hildburghausen und seines Onkels Johann Heinrich Tischbein d.Ä. in Kassel. Er war tätig an den Höfen in Kassel, Arolsen, Weimar und Dessau.
Kat.Nr. 131

Johann Heinrich Wilhelm Tischbein (Haina 1751 - 1829 Eutin)
Seit 1766 Schüler seines Onkels Johann Jacob Tischbein in Hamburg. Bereiste Holland, die Schweiz und Italien. Seit 1787 in Neapel, wo er 1789 Akademiedirektor wurde. 1800 ließ er sich in Hamburg nieder. 1809 Übersiedlung nach Eutin.
Kat.Nr. 105

Johann Michael Voltz (Nördlingen 1784 - 1858 Nördlingen)
Maler, Radierer, Illustrator und Karikaturist. Schüler der Augsburger Akademie. Aufenthalte in München, Nürnberg, dem Schwarzwald und der Schweiz.
Kat.Nr. 21, 42

Ferdinand Georg Waldmüller (Wien 1793 - 1865 Hinterbrühl bei Mödling)
1807-1813 Studium an der Wiener Akademie. Seit 1811 Theatermaler in Agram, Baden bei Wien, Prag und Brünn. Seit 1825 wiederholt in Italien. 1830-1857 Professor an der Wiener Akademie. 1830 und 1855 in Paris. 1856 in London.
Kat.Nr. 16, 17, 84

Friedrich Wasmann (Hamburg 1805 - 1886 Meran)
Lernte zuerst in Hamburg. 1824-1828 Schüler von Gustav Heinrich Nacke an der Dresdener Akademie. 1829 Rückkehr nach Hamburg. 1829 Aufenthalt in München, 1830/31 in Meran, 1832/35 in Rom, 1835 München, 1839/40 in Meran und Bozen. 1843 Rückkehr nach Hamburg. 1846 bis zu seinem Tode in Meran.
Kat.Nr. 18, 94

Georg Konrad Weitbrecht (Ernsbach am Kocher 1796 - 1836 Stuttgart)
Zeichner, Ziseleur und Modelleur. 1813/14 Schüler von Johann Heinrich Dannecker. Studium der Malerei an den Akademien in Mailand (1815) und Florenz (1816). Ausbildung zum Modelleur und Graveur bei der Silberwarenfabrik Peter Bruckmann in Heilbronn. 1823 als Zeichner und Modelleur Entwürfe von Eisengüssen in Wasseralfingen. 1825 Fries für den Festsaal von Schloß Rosenstein. Italienaufenthalt 1828/30. Arbeitet dort unter Thorvaldsen. Lehrer für Zeichnen und Modellieren an der Kunstschule. 1832 Professor für Ornamentzeichnen an der Gewerbeschule in Stuttgart.
Kat.Nr. 40

Friedrich Georg Weitsch (Braunschweig 1758 - 1828 Berlin)
Maler und Radierer. Schüler seines Vaters Johann Friedrich Weitsch und Wilhelm Tischbeins in Kassel. 1784/87 Aufenthalt in Amsterdam und Italien. 1787 Hofmaler in Braunschweig. 1798 preußischer Hofmaler uund Rektor der Berliner Akademie.
Kat.Nr. 13

Januarius Zick (München 1730 - 1797 Ehrenbreitstein)
Maler und Architekt. Schüler seines Vaters Johann Zick. 1757 in Paris. Aufenthalte in Basel und Rom - dort Ausbildung durch A.R. Mengs. Maler am Trierer Hof. 1762 Niederlassung in Ehrenbreitstein. Als Großmaler für Kirchen und Schlösser und Porträtist für bürgerliche Kreise tätig. – Kat.Nr. 52, 53

Bibliographie

Quellen

Anonymer Autor:
Vertraute Briefe über die jetzige abentheuerliche Lesesucht und über den Einfluß derselben auf die Verminderung des häuslichen und öffentlichen Glücks, Hannover 1794. In: Quellen zur Geschichte des Buchwesens, München 1981.

Arndt, E.M.:
Fragmente über Menschenbildung (1805), Bibliothek Pädagogischer Klassiker, Friedrich Mann (Hg.), Langensalza 1904.

Arndt, E.M.:
Ernst Moritz Arndts Briefe an Psychidion oder Über weibliche Erziehung (1819), Bibliothek Pädagogischer Klassiker, Friedrich Mann (Hg.), Langensalza 1904, S. 200.

Arnim, B. von:
Bettina von Arnim, Briefe an Caroline von Günderode, Ein Lesebuch, C. Bürger/B. Diefenbach (Hg.), Stuttgart 1987.

Beyer, J. R. G.:
Über das Bücherlesen in so fern es zum Luxus unserer Zeiten gehört, Erfurt 1796. In: Quellen zur Geschichte des Buchwesens, München 1981.

Boone, P.J.C.:
Die Pflichten des christlichen Weibes, Mainz 1857.

Brandes, E.:
Über die Weiber, Leipzig 1787.

Campe, J.H.:
Höchstnötige Belehrung und Warnung für junge Mädchen zur frühen Bewahrung ihrer Unschuld, Wolfenbüttel 1787.

Campe, J.H.:
Väterlicher Rath für meine Tochter. Ein Gegenstück zum Theophron, Braunschweig 1796, Ruth Bleckwenn (Hg.), Quellen und Schriften zur Geschichte der Frauenbildung, Bd. 3, Paderborn 1988.

Diderot, D.:
Aesthetische Schriften, F. Bassenge (Hg.), Berlin 1984.

Droste-Hülshoff, A. von:
Die Briefe der Annette von Droste-Hülshoff, K. Schulte Kemminghausen (Hg.), Bd. 1, Jena 1944.

Essich, J.G.:
Vernünftige Anweisungen zu einem langen und gesunden Leben, Augsburg 1784.

Fénelon, Francois de Salignac de la Mothe:
Traité de l'éducation des filles, Amsterdam 1687. Erste deutsche Übersetzung 1698 von August Hermann Francke. In dt. Übersetzung mit Kürzungen von Josef Esterhues, Paderborn 1956.

Gleim, B.:
Über die Bildung der Frauen und die Behauptung ihrer Würde in den wichtigsten Verhältnissen ihres Lebens, Bremen/Leipzig 1814.

Hippel, T.G. von:
Über die bürgerliche Verbesserung der Weiber (1792). In: Sämtliche Werke, Bd. 6, Berlin 1828.

Hippel, T.G. von:
Über die Ehe (1774, 1793). In: Sämtliche Werke, Bd. 5, Berlin 1828.

Hippel, T.G. von:
Nachlaß über weibliche Bildung (1801). In: Sämtliche Werke, Bd. 7, Berlin 1828.

Kant, I.:
Anthropologie in pragmatischer Hinsicht, 1798, Wolfgang Becker (Hg.) mit Nachwort von Hans Belting, Stuttgart 1983.

Knigge, A. von:
Umgang mit Menschen, Hannover 1788.

Kügelgen, W. von:
Erinnerungen 1802-1867, Johannes Werner (Hg.), Bd. 3, Leipzig 1925.

Meier, J.H.:
Über weibliche Bildung durch öffentliche Anstalten, Lübeck 1826.

Möser, J.:
Sämtliche Werke, Bd. 4, Oldenburg 1943.

Niemeyer, A.H.:
Grundsätze der Erziehung und des Unterrichts, Halle 1796, Paderborn 1870 (Nachdruck).

Overberg, B.:
Anweisung zum zweckmäßigen Schulunterricht für die Schullehrer im Fürstentum Münster, bearb. von Josef Esterhues, Paderborn 1957.

Pockels, C.F.:
Versuch einer Charakteristik des weiblichen Geschlechtes, Bd. 1, Hannover 1797.

Ramler, K.W.:
Allegorische Personen zum Gebrauche der bildenden Künstler, Berlin 1788.

Raumer, K. von:
Die Erziehung der Mädchen, Stuttgart 1853. In: Quellen und Schriften zur Geschichte der Frauenbildung, Ruth Bleckwenn (Hg.), Paderborn 1988.

Rebeur, W. von:
Elisa oder das Weib, wie es seyn sollte, 2 Theile, Frankfurt/Leipzig 1799/1800.

Richter, J.P. (Jean Paul):
Levana oder Erziehlehre. Braunschweig 1807. Neuausgabe von K.G. Fischer, Paderborn 1963.

Rousseau, J.J.:
Emile oder über die Erziehung (1762), Martin Rang (Hg.), Stuttgart (Reclam-Ausgabe), 1970.

Salzmann, C.G.:
Carl von Carlsberg oder über das menschliche Elend, Leipzig 1783, Bern 1977 (Neudruck).

Schmitz, R. (Hg.):
Henriette Herz, Erinnerungen, Frankfurt 1984.

Schwarz, F.H.C.:
Friedrich Heinrich Christian Schwarz (1766-1837), Lehrbuch der Erziehungs- und Unterrichtslehre, Schönings Sammlung pädagogischer Schriften, Reprint Paderborn 1968.

Seidler, L.:
Erinnerungen der Malerin Louise Seidler, Hermann Uhde (Hg.), Weimar 1965.

Sintenis, C.F.:
Der Mensch im Umkreis seiner Pflichten, Bd. 2, Leipzig 1804-1807.

Trapp, E.C.:
Versuch einer Pädagogik, Berlin 1780, Paderborn 1977 (Nachdruck).

Uden, K.F.:
Über die Erziehung der Töchter des Mittelstandes, Stendal 1783.

Wackenroder, H.W.:
Über die Kinderfiguren auf den Raffaelschen Bildern. In: Werke und Briefe, Heidelberg 1967.

Wasmann, F.:
Ein deutsches Künstlerleben, Bernt Grönvold (Hg.), Leipzig 1915.

Werner, J. (Hg.):
Die Schwestern Bardua, Leipzig 1929.

Wollstonecraft, M.:
Verteidigung der Rechte der Frauen (1792), übersetzt von Edith Schotte, Leipzig 1989.

Wollstonecraft, M.:
A Vindication of the Rights of Woman, London 1792, 2 Bde., übertragen von Bertha Pappenheim, Dresden/Leipzig 1899, Neuaufl. bearb. von Berta Rahm, Zürich 1978.

Sekundärliteratur

Badinter, E.:
Mutterliebe - Geschichte eines Gefühls vom 17. Jahrhundert bis heute, München 1981.

Baumgärtel, B.:
Angelika Kauffmann (1741-1807), Bedingungen weiblicher Kreativität in der Malerei des 18. Jahrhunderts, Weinheim/Basel 1990 (Ergebnisse der Frauenforschung, 20).

Berger, R.:
„Und ich sehe nichts als die Malerei", Autobiographische Texte von Künstlerinnen des 18.-20. Jahrhunderts, Frankfurt 1987.

Bestvater-Hasenclever, H.:
J.P. Hasenclever, Ein wacher Zeitgenosse des Biedermeier, Recklinghausen 1979.

Boas, G.:
The Cult of Childhood, London 1966.

Börsch-Supan, H.:
Die Deutsche Malerei von Anton Graff bis Hans von Marées 1760-1870, München 1988.

Bovenschen, S.:
Die imaginierte Weiblichkeit, Frankfurt 1979.

Bröhan, M.:
Die Malerin Caroline Bardua. In: Der Bär von Berlin, Jahrbuch des Vereins für die Geschichte Berlins, 1984.

Buchsbaum, M:
Ferdinand Georg Waldmüller 1793-1865, Salzburg 1976.

Daly, M.:
Kirche, Frau und Sexus, Olten 1970.

Dülmen, A. van:
Frauen, Ein historisches Lesebuch, 5. Aufl., München 1991.

Dülmen, A. van:
Frauenleben im 18. Jahrhundert, München/Leipzig/Weimar 1992.

Duncan, C.:
Happy mothers and other new ideas in eighteenth century french art. In: The Art Bulletin 55, 1973, S. 571.

Einem, H. von:
Deutsche Malerei des Klassizismus und der Romantik 1760-1840, München 1978.

Feyl, R.:
Sein ist das Weib, Denken der Mann, Köln 1991.

Frevert, U.:
Frauen-Geschichte. Zwischen bürgerlicher Verbesserung und neuer Weiblichkeit, Frankfurt 1986.

Gärtner, H.:
Georg Friedrich Kersting, Leipzig 1988.

Geismeier, W.:
Biedermeier, Das Bild vom Biedermeier, Zeit und Kultur des Biedermeier, Kunst und Kunstleben des Biedermeier, Leipzig 1979.

Gödden, W.:
Annette von Droste-Hülshoff, Leben und Werk, Eine Dichterchronik, Bern 1994.

Gössmann, E.:
Ob die Weiber Menschen seyn, oder nicht? In: Archiv für philosophie- und theologiegeschichtliche Frauenforschung, Bd. 4, München 1988.

Grimschütz, B.:
Ferdinand Georg Waldmüller, Salzburg 1957.

Grote, L.:
Die Brüder Olivier und Die Deutsche Romantik, Deutscher Verein für Kunstwissenschaft (Hg.), Berlin 1938.

Hagen, R.:
Kinder, wie sie im Buche stehen, München 1967.

Hase, U. von:
Joseph Stieler 1781-1858, Sein Leben und sein Werk, Reutlingen 1971.

Herding, K.:
Deutscher Klassizismus nach der französischen Revolution. In: Kat. Freiheit-Gleichheit-Brüderlichkeit, Nürnberg 1989, S. 129.

Holst, Chr. von:
Johann Heinrich Dannecker, Stuttgart 1987.

Honegger, C.:
Die Ordnung der Geschlechter, Die Wissenschaften vom Menschen und das Weib 1750-1850, Frankfurt/New York 1991.

Hübel, M.:
Mein Schreibetisch, Schriftstellerinnen aus drei Jahrhunderten, Mainz 1994.

Keller, H.:
Deutsche Maler des 19. Jahrhunderts, München 1979.

Schulte Kemminghausen, K./Woesler, W.:
Annette von Droste-Hülshoff. Westfälische Kunst, 4. veränd. Aufl., München 1981.

Kiener, F.:
Kleidung, Mode und Mensch, Versuch einer psychologischen Deutung, München/Basel 1956.

Klaus, B.:
Idylle: Theorie, Geschichte, Darstellung in der Malerei, 1750-1850; zur Anthropologie dt. Seligkeitsvorstellungen.
In: Dissertationen zur Kunstgeschichte 4, Köln/Wien 1977.

Kluckhohn, P.:
Die Auffassung der Liebe in der Literatur des 18. Jahrhunderts in der deutschen Romantik, Halle 1931.

Koszinowski, I./Leuschner, V.:
Ludwig Emil Grimm, Zeichnungen und Gemälde, Marburg 1990.

Kronberger-Frentzen, H.:
Das deutsche Familienbildnis, Leipzig 1940.

Kuetgens, F.:
Johann Baptist Joseph Bastiné. In: Aachener Kunstblätter, Jahresschrift des Museumsvereins, Aachen 1928.

Ladj-Teichmann, D.:
Erziehung zur Weiblichkeit durch Textilarbeiten, Ein Beitrag zur Sozialgeschichte der Frauenarbeit im 19. Jahrhundert, Weinheim/Basel 1983.

Lange, S.:
Ob die Menschen Weiber sind, Geschlechterdebatten um 1800, Leipzig 1992.

Leierseder, B.:
Das Weib nach den Ansichten der Natur, phil.diss. München 1981.

Lippe, M.:
Ludwig Emil Grimm und der Von Haxthausensche Kreis. In: Westfalen 23, 1938, Heft 2, S. 163, 171.

Lippe, M.:
Ludwig Emil Grimm und Westfalen (Nachtrag). In: Westfalen 24, 1939, Heft 2.

Lorenz, A.:
Das deutsche Familienbild in der Malerei des 19. Jahrhunderts, Darmstadt 1985.

Meise, H.:
Die Unschuld und die Schrift, Deutsche Frauenromane im 18. Jh., Berlin/Marburg 1983.

Möller, H.:
Vernunft und Kritik. Deutsche Aufklärung im 17. und 18. Jahrhundert, Frankfurt 1986.

Pesch, O.H.:
Thomas von Aquin - Grenze und Größe mittelalterlicher Theologie, Mainz 1988.

Pomeroy, S.B.:
Frauenleben im klassischen Altertum, Stuttgart 1985.

Ranke-Heinemann, U.:
Eunuchen für das Himmelreich, Hamburg 1988.

Reif, H.:
Westfälischer Adel 1770-1860, Göttingen 1979.

Schenda, R.:
Volk ohne Buch, Studien zur Sozialgeschichte der populären Lesestoffe 1770-1910, Frankfurt 1977.

Schmidt-Linsenhoff, V.:
Künstlerinnen - Broterwerb und „Dilettanterey". In: Kat. Sklavin oder Bürgerin, Frankfurt/Main 1989, S. 651.

Schöner, H.:
Wilhelm von Kügelgen, Sein Leben und seine Bilder, Kiel 1992.

Schreiner, K.:
Konnte Maria lesen? Von der Magd des Herrn zur Symbolgestalt mittelalterlicher Frauenbildung. In: Merkur, Deutsche Zeitschrift für europäisches Denken, 44. Jg. 1990, Heft 1, S. 86.

Simmel, M.:
Erziehung zum Weibe, Mädchenbildung im 19. Jahrhundert, Frankfurt 1980.

Stern, C.:
Der Text meines Herzens, Das Leben der Rahel Varnhagen, Hamburg 1994.

Stubbe, W.:
Das Ludwig-Richter-Album, Sämtliche Holzschnitte, München 1974.

Vigneau-Wilberg, P.:
Der Maler Friedrich Carl Gröger. In: Studien zur schleswig-holsteinischen Kunstgeschichte, Bd. II, Neumünster 1971, S. 71.

Walesca Tielsch, E.:
Femina Sapiens, Kampf und Erfolg der Frau als Philosophin, Naturwissenschaftlerin oder Ärztin in Orient und Antike, Mittelalter, Renaissance und Neuzeit. In: Elisabeth Gössmann (Hg.), Das Wohlgelahrte Frauenzimmer, München 1984, S. 139ff.

Weber-Kellermann, I.:
Frauenleben im 19. Jahrhundert: Empire und Romantik, Biedermeier, Gründerzeit, München 1983.

Westhoff-Krummacher, H.:
Die Malerei vom 18. bis 20. Jahrhundert. In: Geschichte der Stadt Münster, Münster 1993, Bd. 3, S. 448f.

Westhoff-Krummacher, H.:
Johann Christoph Rincklake, Ein westfälischer Bildnismaler um 1800, München 1984.

Westhoff-Krummacher, H.:
Lesende Frauen auf westfälischen Bildnissen. Weibliche Existenz zwischen Strickstrumpf und Gebetbuch. In: Kat. Von den Musen wachgeküßt, Als Westfalen lesen lernte, Paderborn 1990.

Westhoff-Krummacher, H.:
Johann Christoph Rincklakes Bildnis der Familie Beyerle. Eine Motivstudie zum Thema Geburtstag. In: Westfalen 60, 1982.

Wilhelmy, P.:
Der Berliner Salon im 19. Jahrhundert, Berlin/New York 1989.

Ausstellungskataloge

Kat. Berlin 1966 - Schloß Charlottenburg, Höfische Bildnisse des Spätbarock, bearb. von Helmut Börsch-Supan.

Kat. Bremen 1984/85 - Ein Hauch von Eleganz.

Kat. Bremen 1994 - Bettina Baumgärtel, „... ihr werten Frauenzimmer auf!“. Malerinnen der Aufklärung.

Kat. Dortmund 1984 - Zeichnungen des 19. Jahrhunderts.

Kat. Düsseldorf 1979 - Die Düsseldorfer Malerschule, Wend von Kalnein (Hg.).

Kat. Frankfurt 1977 - Die Nazarener.

Kat. Frankfurt 1989 - Sklavin oder Bürgerin? Französische Revolution und Neue Weiblichkeit 1760-1830.

Kat. Hamburg 1977 - Runge in seiner Zeit, Kunst um 1800.

Kat. Hamburg 1986 - Eva und die Zukunft - Das Bild der Frau seit der französischen Revolution.

Kat. Heinsberg 1994 - Carl Joseph Begas (1794-1854), Blick in die Heimat, Museumsschriften des Kreises Heinsberg 15.

Kat. Karlsruhe 1978 - Die deutschen Zeichnungen des 19. Jahrhunderts.

Kat. Kassel 1985 - Ludwig Emil Grimm 1790-1863, Museum Fridericianum und Hanau, Schloß Steinheim.

Kat. Kassel 1985 - Ludwig Emil Grimm, Maler, Zeichner, Radierer.

Kat. Köln 1973 - Sehnsucht nach Italien, Deutsche Zeichner im Süden 1770-1830.

Kat. Konstanz 1992 - Angelika Kauffmann (1741-1807), Marie Ellenrieder (1791-1863), Malerei und Graphik.

Kat. Ludwigshafen 1992 - Mythos Rhein.

Kat. Lübeck 1992 - Von der Redlichkeit des Bürgers.

Kat. München 1987 - Hans Ottomeyer in Zusammenarbeit mit Ulrike Laufer, Biedermeiers Glück und Ende, ... die gestörte Idylle 1815-1848.

Kat. München 1988 - Georg Himmelheber (Verf.), Kunst des Biedermeier.

Kat. Münster 1984 - Johann Christoph Rincklake - Westfalens Gesellschaft um 1800, Hildegard Westhoff-Krummacher (Hg.).

Kat. Nürnberg 1989 - Freiheit, Gleichheit, Brüderlichkeit, 200 Jahre Französische Revolution in Deutschland, Germanisches Nationalmuseum.

Kat. Paderborn 1990 - „Von den Musen wachgeküßt..." Als Westfalen lesen lernte W. Gödden/I. Nölle-Hornkamp (Hg.).

Kat. Stuttgart 1993 - Schwäbischer Klassizismus zwischen Ideal und Wirklichkeit 1770-1830, bearb. von Christian von Holst.

Kat. Wien 1968/69 - Angelika Kauffmann und ihre Zeitgenossen.

Kat. Wien 1988 - Bürgersinn und Aufbegehren, Biedermeier und Vormärz in Wien 1815-1848.

Bestandskataloge

Kat. Mus. Berlin 1976 - Verzeichnis der Gemälde und Skulpturen des 19. Jahrhunderts, Nationalgalerie.

Kat. Mus. Bonn 1977 - Rheinisches Landesmuseum Auswahlkatalog, Kunst und Kunsthandwerk Mittelalter und Neuzeit.

Kat. Mus. Dresden 1988 - Gemäldegalerie Alte Meister Dresden.

Kat. Mus. Düsseldorf 1968 - Kunstmuseum, Die Gemälde des 19. Jahrhunderts, bearb. von Rolf Andree.

Kat. Mus. Düsseldorf 1969 - Die Düsseldorfer Malerschule, Bd. 2, bearb. von Irene Markowitz.

Kat. Mus. Frankfurt 1988 - Historisches Museum, Zur Geschichte der Unterwäsche 1700-1960, bearb. von Almut Junker/Eva Stille.

Kat. Mus. Hamburg 1956 - Katalog der Alten Meister der Hamburger Kunsthalle.

Kat. Mus. Kassel 1991- Bestandskatalog der Gemälde des 19. Jahrhunderts, Marianne Heinz (Hg.).

Kat. Mus. Köln 1964 - Katalog der Gemälde des 19. Jahrhunderts im Wallraf-Richartz- Museum, bearb. von Rolf Andree.

Kat. Mus. München 1973 - Die Gemälde des 19. und 20. Jahrhunderts in der Niedersächsischen Landesgalerie Hannover, L. Schreiner (Hg.).

Kat. Mus. Münster 1975 - Katalog der Gemälde des 19. Jahrhunderts im Westfälischen Landesmuseum Münster, bearb. von Hildegard Westhoff-Krummacher.

Kat. Mus. Wesel 1994 - Städtisches Museum, Schätze im Verborgenen, bearb. von Werner Arand.

Kat. Mus. Wuppertal 1974 - Von der Heydt-Museum Wuppertal, Katalog der Gemälde des 19. Jahrhunderts, bearb. von Uta Laxner-Gerlach.

Abgekürzt zitierte Literatur

Arndt I: Fragmente über Menschenbildung (1805), Bibliothek Pädagogischer Klassiker, Friedrich Mann (Hg.), Langensalza 1904.

Arndt II: Ernst Moritz Arndts Briefe an Psychidion oder Über weibliche Erziehung (1819), Bibliothek Pädagogischer Klassiker, Friedrich Mann (Hg.), Langensalza 1904, S. 200ff.

Baumgärtel: Kat. Bremen 1994, „... ihr werten Frauenzimmer auf!".

Campe: J.H. Campe, Väterlicher Rat für meine Tochter. Ein Gegenstück zum Theophron, Braunschweig (1788) 1796, Reprint Paderborn 1988.

Campe II: J.H. Campe, Höchstnötige Belehrung und Warnung für junge Mädchen zur frühen Bewahrung ihrer Unschuld, Wolfenbüttel 1787.

Campe III: J.H. Campe, Väterlicher Rat für meine Tochter. Ein Gegenstück zum Theophron, Braunschweig 1789.

Duncan 1973: C. Duncan, Happy mothers and other new ideas in eighteenth century french art. In: The Art Bulletin 55, 1973, S. 571ff.

Fénelon: F. Fénelon de Salignac, Traité de l'éducation des filles, Amsterdam 1687. Erste deutsche Übersetzung 1698 von August Hermann Francke. Zuletzt in dt. Übersetzung mit Kürzungen von Josef Esterhues, Paderborn 1956.

Frevert: U. Frevert, Frauengeschichte. Zwischen bürgerlicher Verbesserung und neuer Weiblichkeit, Frankfurt 1986.

Gleim: B. Gleim, Über die Bildung der Frauen und die Behauptung ihrer Würde in den wichtigsten Verhältnissen ihres Lebens, Bremen/Leipzig 1814.

Hippel: T.G. von Hippel, Über die Ehe (1774, 1793). In: Sämtliche Werke, Bd. 5, Berlin 1828.

Hippel II: T.G. von Hippel, Über die bürgerliche Verbesserung der Weiber (1792), Bd. 6. In: Sämtliche Werke, Bd. 6, Berlin 1828.

Hippel III: T.G. von Hippel, Nachlaß über weibliche Bildung (1801). In: Sämtliche Werke, Bd. 7, Berlin 1828.

Hoff/Budde: J.F. Hoff, Adrian Ludwig Richter, Maler und Radierer, Verzeichnis seines gesamten graphischen Werkes, 2. überarb. Auflage von Karl Budde (Hg.), Freiburg i.Br. 1922.

Holm: E. Holm, Glasperlen, Mythos, Schmuck und Spielereien aus fünf Jahrtausenden, München 1984.

Honegger: C. Honegger, Die Ordnung der Geschlechter, Die Wissenschaften vom Menschen und das Weib 1750-1850, Frankfurt/New York 1991.

Jean Paul: Jean Paul Richter, Sämtliche Werke, Levana oder Erziehlehre. Braunschweig 1807. Neuausgabe von K.G. Fischer, Paderborn 1963.

Kant: Immanuel Kant, Anthropologie in pragmatischer Hinsicht 1798, Wolfgang Becker (Hg.) mit Nachwort von Hans Belting, Stuttgart 1983.

Kat. Die Nazarener: Frankfurt 1977, Städelsches Kunstinstitut und Städtische Galerie.

Kat. Düsseldorf 1969: Die Düsseldorfer Malerschule Bd. 2, bearb. von Irene Markowitz.

Kronberger-Frentzen: H. Kronberger-Frentzen, Das deutsche Familienbildnis, Leipzig 1940.

Kügelgen: W. von Kügelgen, Lebenserinnerungen eines alten Mannes, Bd. 2, Leipzig 1925.

Laxner-Gerlach: U. Laxner-Gerlach, Von der Heydt Museum Wuppertal. Katalog der Gemälde des 19. Jahrhunderts, Wuppertal 1974.

Leierseder: B. Leierseder, Das Weib nach den Ansichten der Natur, phil.diss. München 1981.

Lorenz: Angelika Lorenz, Das deutsche Familienbild in der Malerei des 19. Jahrhunderts, Darmstadt 1985.

Overberg: B. Overberg, Anweisung zum zweckmäßigen Schulunterricht für die Schullehrer im Fürstentum Münster, bearb. von Josef Esterhues, Paderborn 1957.

Pesch: O.H. Pesch, Thomas von Aquin - Grenze und Größe mittelalterlicher Theologie, Mainz 1988.

Ramler: K.W. Ramler, Allegorische Personen zum Gebrauch bildender Künstler, Berlin 1788.

Rousseau: J.J. Rousseau, Emile ou de l'éducation, 1762. In deutscher Übersetzung von Ludwigs Schmidts, Paderborn 1971.

Simmel: M. Simmel, Erziehung zum Weibe, Mädchenbildung im 19. Jahrhundert, Frankfurt 1980.

Wackenroder: W.H. Wackenroder, Über die Kinderfiguren auf Raffaelschen Bildern. In: Werke und Briefe, Heidelberg 1967.

Westhoff-Krummacher I: Hildegard Westhoff-Krummacher, Johann Christoph Rincklake, Ein westfälischer Bildnismaler um 1800, München 1984.

Westhoff-Krummacher II: Hildegard Westhoff-Krummacher, Lesende Frauen auf westfälischen Bildnissen. Weibliche Existenz zwischen Strickstrumpf und Gebetbuch. In: Kat. Von den Musen wachgeküßt. Als Westfalen lesen lernte, Paderborn 1990.

Westhoff-Krummacher III: Hildegard Westhoff-Krummacher, Die Malerei vom 18. bis 20. Jahrhundert. In: Geschichte der Stadt Münster, Münster 1993, Bd. 3, S. 448f.

Wollstonecraft I: M. Wollstonecraft, Verteidigung der Rechte der Frauen (1792), übersetzt von Edith Schotte, Leipzig 1989.

Wollstonecraft II: M. Wollstonecraft, A Vindication of the Rights of Woman, 2 Bde. London 1792, übertragen von Bertha Pappenheim, Dresden/Leipzig 1899, Neuaufl. bearb. von Berta Rahm, Zürich 1978.

Händlernachweis

Händler für Malerei des 18. und 19. Jahrhunderts, die der Ausstellung ihre finanzielle Unterstützung gewährten:

Kunsthaus am Museum
Carola van Ham
Drususgasse 1-5
D - 50667 Köln
Tel.: 0221/25 20 57
Fax: 0221/25 78 558

Kunsthaus Lempertz
Neumarkt 3
D - 50667 Köln
Tel.: 0221/92 57 290
Fax: 0221/92 57 296

Stuttgarter Kunstauktionshaus Dr. Fritz Nagel
Adlerstraße 31-33
D - 70199 Stuttgart
Tel.: 0711/649 69 47
Fax: 0711/649 69 69

Fotonachweis

Jörg P. Anders, Berlin
Bildarchiv Foto Marburg
Ute Brunzel, Kassel
Peter Frese, Wuppertal
Klaus Göken, Berlin
Hagemann GmbH, Krefeld
Ralph Hinterkeuser, Bonn
Jörg Jordan, Münster
Sebastian Kaps, Dessau
Reklamestudio Klaster, Enschede
Walter Klein, Düsseldorf
Landesbildstelle Rheinland, Düsseldorf
Frank Plate, Frankfurt/Main
Foto Renard, Kiel
Rheinisches Bildarchiv, Köln
Matthias Roesgen GmbH, Wesel
Eva Rokos, Grünwald
Seitz-Gray, Frankfurt/Main
W. Semet, Heidelberg
Rudolf Wakonigg, Münster
Elke Walford, Hamburg
Westfälisches Amt für Denkmalpflege, Münster
sowie die jeweiligen Eigentümer der Leihgaben.

Impressum

Ausstellung und Katalog:
Hildegard Westhoff-Krummacher

Organisation und Katalogredaktion:
Vera Losse

Lektorat:
Agnes Schmanck

Druckbetreuung:
Siegfried Heemann

Gesamtherstellung:
Kleins Druck- und Verlagsanstalt, Lengerich

© Landschaftsverband Westfalen-Lippe
Westfälisches Landesmuseum für Kunst und Kulturgeschichte, Münster 1995

ISBN 3-88789-119-8

Gefördert vom
Kultusministerium
des Landes
Nordrhein-Westfalen
NRW.